Göç ve Uyum

TRANSNATIONAL PRESS LONDON

Books by TPL

Göç ve Uyum

Overeducated and Over Here

Politics and Law in Turkish Migration

Family and Human Capital in Turkish Migration

Turkish Migration, Identity and Integration

Little Turkey in Great Britain (forthcoming)

Journals by TPL

Migration Letters

Remittances Review

Göç Dergisi

Journal of Gypsy Studies

Kurdish Studies

International Economics Letters

Border Crossing

Transnational Marketing Journal

Göç ve Uyum

Derleyenler:
Betül Dilara **Şeker**
İbrahim **Sirkeci**
M. Murat **Yüceşahin**

2. BASKI

TRANSNATIONAL PRESS LONDON
2015

Göç ve Uyum [Migration and Integration]

Derleyenler [Edited by]: Betül Dilara Şeker, İbrahim Sirkeci, M. Murat Yüceşahin

Copyright © 2015 by Transnational Press London

All rights reserved.

First Published in 2015 by TRANSNATIONAL PRESS LONDON in the United Kingdom, 12 Ridgeway Gardens, London, N6 5XR, UK.
www.tplondon.com

 Transnational Press London® and the logo and its affiliated brands are registered trademarks.

Tüm hakları saklıdır. Tanıtım için veya akademik dergilerde kullanılmak üzere yapılan kısa alıntılar dışında yayıncının açık yazılı izni olmaksızın hiçbir şekilde kopyalanamaz, elektronik, basılı veya herhangi başka bir yolla çoğaltılamaz, yayınlanamaz, satılamaz ve dağıtılamaz. [All rights reserved. This book or any portion thereof may not be reproduced or used in any manner whatsoever without the express written permission of the publisher except for the use of brief quotations in a book review or scholarly journal.]

Bu kitaptaki çalışmaların çoğaltılması ile ilgili izinler için aşağıdaki e-posta adresiyle iletişime geçiniz [Requests for permission to reproduce material from this work should be sent to]:
    sales@tplondon.com

İkinci Baskı [Second Printing]: 2015 Birleşik Krallık [United Kingdom]

ISBN 978-1-910781-06-7

Paperback

Cover photo – Kapak fotoğrafı: Altay MANÇO

İçindekiler

Teşekkür vi
Yazarlar Hakkında vii
Uyum Çalışmalarına Giriş ....
    İbrahim Sirkeci, M. Murat Yüceşahin, Betül Dilara Şeker 1
Bölüm 1: Göç ve Uyum Süreci: Sosyal Psikolojik Bir Değerlendirme ....
    Betül Dilara Şeker 9
Bölüm 2: Göçmenlerde Sosyo-Psikolojik Entegrasyon Analizi ....
    Duygu Türker ve Ayselin Yıldız 23
Bölüm 3: Entegrasyon/Uyum: Kavramsal ve Yapısal Bir Analiz ....
    Ali Çağlar ve Abdülkadir Onay 33
Bölüm 4: Türkiye'de Kamu Yönetiminde Uyum Çalışmaları ....
    Güven Şeker 65
Bölüm 5: Göç, Kente Bağlılık ve Bireycilik-Toplulukçuluk: Kültürel ve
Mekansal Göstergeler...
    Melek Göregenli ve Pelin Karakuş 77
Bölüm 6: ABD, Ohio, Columbus'ta Latin Göçmenler, Ayrımcılık ve Uyum
    Jeffrey H. Cohen ve Nidia Merino Chavez 103
Bölüm 7: İngiltere'de Göçmenlerin Ekonomik Uyumu ve İşgücü
Piyasasında Azınlıklar..
    İbrahim Sirkeci ve Necla Açık 113
Bölüm 8: Göçmenlerin İtalya'da Entegrasyonu ....
    Fabio Salomoni 131
Bölüm 9: Türkiye'de Göçün Farklı Tipleri ve Yönetim Stratejileri ....
    Zerrin Toprak Karaman 149
Bölüm 10: Türkiye'de Almanlar ve Almancılar ....
    Sinan Zeyneloğlu ve İbrahim Sirkeci 173
Bölüm 11: Göçmen ya da Yerli Olmaya İlişkin Algılar: Selçuk'la Çift-
kültürlü Özdeşim Süreci...
    İrem Umuroğlu, Melek Göregenli, Pelin Karakuş 215
Bölüm 12: Türkiye'de Yerleşik Yabancılar: Avrupa Birliği Emeklilerin
Güneşi Arayışı..
    Halil İbrahim Bahar 235
Bölüm 13: Yerleşik Yabancıların Toplumla Bütünleşme Aracı Olarak
Danışma Meclisleri ve Kent Konseyleri ....
    İbrahim Güray Yontar 255
Kaynakça 274

Teşekkür

Bu kitabın hazırlanmasında emeği geçen herkese teşekkür ederiz. 2014 yılında Ankara'da Göç İdaresi Genel Müdürlüğü'nün düzenlediği göçmen uyumu konulu çalıştaya katılanlara ve düzenleyenlere de bu çalışmanın hazırlanmasına vesile oldukları için teşekkür ederiz. Kapak fotoğrafını veren dostumuz Dr Altay Manço'ya çok teşekkür ederiz. *Göç Dergisi* yayıncı ve editörlerine Zeyneloğlu ve Sirkeci'nin makalesini yeniden basmamıza izin verdikleri için teşekkür ederiz. Bu çalışma süresince gayet stresli ve koşuşturmacalı süreçte bize destek olan, sevgi ve dostluklarını esirgemeyen ailelerimize ve arkadaşlarımıza da çok teşekkür ederiz.

Yazarlar Hakkında

Dr. Necla Açık Manchester Üniversitesi, Kriminoloji Bölümü'nde görev yapmaktadır. Lisans eğitimini Berlin Özgür Üniversitesi'nde Islam Bilimleri, Sosyoloji ve Siyasal Bölümü'nde tamamlayan Dr Açık, yüksek lisansını ve doktora tezini Manchester Universitesi Sosyal Istatistik Bölümü'nde tamamladı. Dr Açık daha önce Londra Regent's Üniversitesi Ulusötesi Araştırmalar Merkezi'nde ve diğer başka üniversitelerde araştırmacı olarak görev yapmıştır. Açık'ın araştırma konuları arasında etnik eşitsizlikler, göç, siyasi tüketim, katılımcı demokrasi, karşılaştırmalı Avrupa politikası, Ortadoğu'da cinsiyet ve milliyetçilik ve Birleşik Krallık'ta Müslüman gençlik bulunmaktadır.

Prof. Dr. Halil İbrahim Bahar 1965 yılında Eynesil'de (Giresun) doğdu. 1988 yılında Polis Akademisi'nden mezun oldu. 1991 yılında yüksek lisans derecesini ve 1995 yılında da doktora derecesini Leicester University, Center for the Study of Public Order'dan (İngiltere) aldı. 2001 yılında kurumlar sosyolojisi doçenti ve 2006 yılında profesör olan Halil İbrahim Bahar, Polis Akademisi Güvenlik Birimleri Fakültesi'nde Sosyoloji, Polis Akademisi Güvenlik Birimleri Enstitüsü'nde de Mağdur Bilimi dersleri vermektedir. Prof. Bahar 2002 ile 2009 yılları arasında Polis Akademisi başkan yardımcılığı görevinde de bulundu. 2005-2010 yılları arasında, bağımsız bir düşünce kuruluşu olan Uluslararası Stratejik Araştırmalar Kurumu (USAK), Sosyal Araştırmalar Merkezi başkanlığını yaptı. Haziran 2011 tarihinden itibaren Ankara Strateji Enstitüsü'nde çalışmalarını devam ettiren Prof.Dr. Halil İbrahim Bahar'ın çalışma alanlarının başında toplumsal denetim, terörizm, aile içi şiddet, çocuk suçluluğu, demokratik polislik politikaları, yerleşik yabancılar ve kent güvenliği gelmektedir. Poliste Demokrasi ve İnsan Hakları (1998), Türk Demokrasi Vakfı; Okul ve Ailede Şiddet (2001), Polis Akademisi Yayınları; editörlüğünü yaptığı Suç Mağdurları (2006) Adalet Yayınevi ve Sosyoloji (2011) (4.baskı) Kitabı Akademik Hayat tarafından yayınlanmıştır.

Prof. Dr. Jeffrey H. Cohen Amerika Birleşik Devletleri Ohio Eyalet Üniversitesi Antropoloji Bölümünde Profesör olarak çalışmaktadır. Profesör Jeffrey Cohen'in araştırmaları üç alana odaklanmaktadır: göç, gelişme ve beslenme konuları. Çalışmaları Ulusal Bilim Vakfı desteği ile 1990'ların başından beri Oaxaca'da, ABD'ye Meksika'dan gelen yerli topluluklara göçün etkisi, yapısı ve sonuçları konularında çalışmaktadır. Ayrıca Meksika, Dominik ve Türk göçü konularında karşılaştırmalı araştırmalar yapmıştır. Geleneksel gıdalar, beslenme ve göç üzerine yaptığı çalışma Ulusal Coğrafya Topluluğu (National Geographic Society) tarafından desteklenmiştir. Oaxaca üzerine devam eden çalışmalarına ek olarak, halen Columbus Meksikalıların göçü konusunda çalışmalarına devam etmektedir. *Migration Letters* dergisinin eş-editörlüğünün yanı sıra çeşitli dergilerin yayın kurullarında görev almaktadır. Kitapları Küresel Mali Kriz ve Ötesi Sürecinde Göç ve Gelirleri, (*Migration and Remittances during the Global Financial Crisis and Beyond* - I. Sirkeci ve D. Ratha ile Dünya Bankası, 2012) ve Göç Kültürleri, Çağdaş Hareketliliğin Küresel Doğası isimli (*Cultures of Migration, the global nature of contemporary mobility* - University of Texas Press, 2011, I. Sirkeci ile beraber) kitapları ayrıca ABD'de Choice dergisi tarafından en iyi kitaplar arasına (Outstanding Academic Title) girmiştir.

Prof. Dr. Ali Çağlar Hacettepe Üniversitesi Sosyal ve İdari Bilimler Fakültesi Sosyal Çalışma ve Sosyal Hizmetler Bölümü'nden 1983 yılında birincilikle Lisans derecesi alan Dr. Çağlar, aynı yıl Hacettepe Üniversitesi tarafından, "İhsan Doğramacı Üstün Başarı Ödülü" ile ödüllendirilmiştir. 1983-1985 yılları arasında Araştırma Görevlisi olarak çalıştığı Cumhuriyet Üniversitesi Sosyoloji Bölümü'nden Yüksek Lisans derecesini aldı. 1985 – 1994 yılları arası ODTÜ Sosyoloji Bölümü'nde Araştırma Görevlisi olarak çalıştı. Bu arada 1990-1994 yılları arasında British Council'dan kazandığı Chevining Bursu ile doktorasını İngiltere University of Surrey Sosyoloji Bölümü'nde yaptı. 1995 yılından beri Hacettepe Üniversitesi İktisadi ve İdari Bilimler Fakültesi Siyaset Bilimi ve Kamu Yönetimi Bölümü'nde akademik çalışmalarını sürdüren Dr. Çağlar, 1995 yılında Yardımcı Doçent, 1998 yılında Doçent ve 2004 yılında ise Profesör oldu. 2001-2003 yılları arasında Avrupa Güvenlik ve İşbirliği Teşkilatı (AGİT) Kosova Misyonu Seçimler Bölümü'nde Prizren Bölgesi seçimlerle ilgili eğitimlerden sorumlu "Uluslararası Bölgesel Eğitmen" olarak yöneticilik yaptı. Üniversitesi ve Bölümünde değişik idari görevler yürüten Dr. Çağlar, 2005 – 2010 yılları arasında ayrıca Siyaset Bilimi ve Kamu Yönetimi Bölüm Başkanlığı; 2007 - 2011 yılları arasında ise Hacettepe Üniversitesi Stratejik Araştırmalar Merkezi Müdürlüğü görevlerinde bulundu. Ağustos 2011 – Şubat 2012 tarihleri arasında, Üniversitelerarası Kurul Genel Sekreterliği görevini yürüttü. 27 Aralık 2011 tarihinden beri, Hacettepe Üniversitesi Rektör Yardımcısı olarak görev yapmaktadır.

Dr. Çağlar'ın ana uzmanlık alanı "Ulusal ve Uluslararası Güvenlik Çalışmaları (Terör, Polis, Suç), Uzlaşmazlıkların Çözümü; alt uzmanlık alanı ise Türk Siyasi Hayatı, Siyasal İletişim, Siyasal Propaganda ve Siyasal Tanıtım ile Sığınmacı ve Göçmen Çalışmaları"dır. Hacettepe Üniversitesi'nin yanı sıra Başkent Üniversitesi, TOBB Ekonomi ve Teknoloji Üniversitesi, Kara Harp Okulu Savunma Bilimleri Enstitüsü ile Milli Güvenlik Akademilerinde de yarı-zamanlı öğretim üyesi olarak dersler vermiştir. Dr. Çağlar'ın uluslararası ve ulusal akademik dergilerde pek çok makalesi ve ayrıca 3 adet yayınlanmış kitabı bulunmaktadır. Bu güne kadar alana dayalı, yurtiçi ve yurtdışı pek çok araştırma projesi gerçekleştirmiş, ulusal ve uluslararası kongrelerde sayısız tebliğ ve konferanslar sunmuş, 17 Master ve Doktora tezi yönetmiştir. Uluslararası İlişkiler Konseyi, International Society of Political Psychology, The British Sociological Association, International Sociological Association ve Sosyoloji Derneği üyesi, Ankara Üniversitesi Politik Psikoloji Araştırma ve Uygulama Merkezi Danışmanıdır.

Prof. Dr. Melek Göregenli Ege Üniversitesi Psikoloji Bölümü sosyal psikoloji anabilim dalında çalışmaktadır. Türkiye'nin Avrupa Birliği'ne girişine yönelik tutumlar, şiddet ve işkencenin meşru-laştırılması süreçleri, muhafazakarlık, ifade özgürlüğü ve iç göçler konusunda tamamlanmış projeleri ve ulusal, uluslar arası yayınları vardır. Ayrımcılığın farklı alanlarında, özellikle nefret söylemi, homofobi ve Kürt sorunu konusunda yayınları, atölye çalışmaları ve STK'larla yürüttüğü çok sayıda çalışması bulunmaktadır. Akademik ilgi alanları politik psikoloji, kültürlerarası psikoloji ve çevre psikolojisidir. Altı ilde iç göç süreçlerinin incelendiği

"Kente enteg-rasyonun, yer kimliği, bireycilik-toplulukçuluk ve kente entegrasyon süreçleri açısından incelenmesi" başlıklı, TUBİTAK Projesi'ni 2014 yılında tamamlamıştır. Ayrıca, Türkiye'nin Avrupa Birliği'ne girişine yönelik tutumların ve bu tutumların çoklu kimlik yaklaşımlarıyla ilişkisinin araştırıldığı TUBİTAK araştırmaları, çok kültürlülüğün sosyal psikolojik arka planının anlaşılmasına yönelik sosyal-siyaset psikolojisi, kültürlerarası psikoloji ve çevre psikolojisinin teorik yaklaşımlarını bütünleştirici bir teorik çerçeve oluşturmayı amaçlamaktadır. Son dönemde muha-fazakarlığın sosyal psikolojik arka planı üzerinde çalışmaktadır.

Dr. Pelin Karakuş lisans derecesini Ege Üniversitesi Psikoloji Bölümü'nden, yüksek lisans ve doktora derecelerini Ege Üniversitesi Sosyal Psikoloji Anabilim Dalı'ndan almıştır. 2007-2010 yılları arasında İzmir Ticaret Odası Kamuoyu Araştırma Ofisi'nde Sosyal Psikolog olarak görev almış, bu dönem içerisinde ekip arkadaşlarıyla birlikte İzmir'deki ekonomik, politik ve toplumsal koşulları inceleyen çok sayıda araştırma projesi yürütmüştür. Bu dönemde yürüttüğü önemli çalışmalardan biri "Kemeraltı Envanter Çalışması"dır. 2011-2014 yılları arasında, yürütücülüğünü Prof. Dr. Melek Göregenli'nin yapmakta olduğu iki ayrı TÜBİTAK projesinde bursiyer asistan olarak görev almış ve doktora eğitimini 2014 yılında tamamlamıştır. Doktora tezinde İzmir'de yaşayan farklı kimlik gruplarının kente aidiyetlerini, çok-kültürlülük ideolojisi ve kültürleşme pratikleri gibi sosyal psikolojik yapılarla ilişkileri bağlamında incelemiştir. Çalışmalarında genel olarak farklı sosyal kimlik gruplarının mahalle ve kent gibi farklı ölçekteki mekansal birimlerle ilişkileri üzerine yoğunlaşmıştır. Akademik ilgi alanları arasında ülke içi ve ülke dışına göçler, yer kimliği, mekan kullanımı, kültürleşme, değerler, gruplararası ilişkiler ve nefret suçları yer almaktadır. Lisansüstü eğitimi sırasında uluslararası alanda düzenlenen çeşitli eğitim programlarına burslu olarak katılma şansı kazanmıştır. Yayımlanmış ortak yazarlı çalışmalarından bazıları şunlardır: "Göç Araştırmalarında Mekan Boyutu: Kültürel ve Mekansal Bütünleşme", Türk Psikoloji Yazıları, 17, 2014; "The values and attitudes towards Turkey's entry the EU in a cross-cultural sample", Psychology Research, 2 (6), 2012.

Prof. Dr. Zerrin Toprak Karaman Diyarbakır doğumludur. Dokuz Eylül Üniversitesi, İktisadi ve İdari Bilimler Fakültesi Kamu Yönetimi Bölümü Bölüm başkanıdır. Dokuz Eylül Üniversitesi Kamu Yönetimi Bölümü Kentleşme ve Çevre Sorunları Anabilim dalında 1985 yılında Doktor, 1990 yılında Doçent ve 1996 yılında Profesör unvanlarını almıştır. Halen DEÜ, Kamu Yönetiminde Kentleşme ve Çevre Sorunları Anabilim Dalı Başkanı, "İzmir İli Stratejik Planlama, Yönetişim ve Araştırma Merkezi" (İZİSYÖM-2005-Halen görevini sürdürmektedir.) kurucu müdürüdür. DEÜ'nin temsilcisi sıfatıyla İzmir Kalkınma Ajansı Kalkınma Kurulu Üyesi olarak (2006 -2013) görevlendirilmiştir. İzmir Yerel Gündem 21'in (1995-2010) dönemi çalışmalarında, yerel /ulusal stratejisyen konumunda aktif olarak gönüllü çalışmıştır. İzmir Valiliği İl Kalite Koordinasyon Kurulunun "Kurul Temsilci Üyesi"dir (2013-Halen). 2013 yılında "Dağlık Alanların Sürdürülebilirliği ve Yönetişimi" Derneğini kurmuştur. Ulusal düzeyde yerel yönetimler ve çevre ihtisas komisyonlarında kalkınma planlarının hazırlanmasında görevlendirilmiştir. Evli ve bir kız çocuğu annesidir.

Yerel Yönetimler, Kent Yönetimi ve Politikası, Çevre Yönetimi ve Politikası kitapları, yerel siyaset, kent ve çevre sorunları, Avrupa Konseyi Yerel ve Bölgesel Yönetimler Kongresi anlaşmaları içerikli ulusal ve uluslararası dergilerde yayınlanmış araştırma ve makale çalışmaları, çeşitli kurum ve kuruluşlardan ödülleri bulunmaktadır.

Abdulkadir Onay halen Ankara Barosu'na kayıtlı avukat olan yazar, 1988 yılında Kara Harp Okulu'ndan Jandarma Subayı olarak mezun olmuş ve 1995 yılında Ankara Üniversitesi Hukuk Fakültesi'nden ikinci lisans derecesini almıştır. İlk yüksek lisans derecesini Hacettepe Üniversitesi Uluslararası İlişkiler Bölümü'nden, ikinci yüksek lisans derecesini Selçuk Üniversitesi Sosyoloji Bölümü'nden almıştır. 2008 yılında Washington Institute for Near East Policy adlı düşünce kuruluşunda Türkiye masasında terör konusunda muhtelif makaleler yazmıştır. 2013-2014 akademik yılında, Fransa Lille-II Üniversitesi Siyaset Çalışmaları Enstitüsü'nde (SciencePo Lille) Certificate d'Etudes Politiques (CEP) programını tamamlamıştır. Şu anda Hacettepe Üniversitesi'nde Siyaset Bilimi Ana Bilim Dalında doktora öğreniminde tez aşamasındadır. Araştırmalarında etnik temelli terör, etnik çatışmalar ve ayaklanmalar konularında yoğunlaşmaktadır.

Fabio Salomoni Milano Üniversitesinde ve ODTÜ Siyaset Bilimi ve Sosyoloji okudu. Brno Masaryck Üniversitesi Sosyoloji bölümünde doktorası sürmektedir. Göç, Toplumsal bellek/toplumsal kimlik ve dini çalışmaları alanlarında çalışmaktadır. Türkiye ile ilgili çeşitli konularda ses ve video belgeseli yapmıştır. Türkçe'den İtalyancaya kitaplar çevirmiştir. En son Ahmet Hamdi Tanpınar'ın 'Saatleri Ayarlama Enstitüsü" İtalyancası 2014'te çıkmıştır. 2001'den beri Türkiye'de yaşamakta ve halen Koç Üniversitesinde Yabancı Diller Programında ders vermektedir.

Prof. Dr. İbrahim Sirkeci Londra Regent's Üniversitesi'nde Ria Financial Ulusötesi Çalışmalar ve Pazarlama Profesörü ve Regent's Ulusötesi Çalışmalar Araştırma Merkezi'nin direktörüdür. Sirkeci doktorasını Coğrafya alanında Sheffield Üniversitesi'nde tamam-lamıştır. Lisansını Bilkent Üniversitesi Siyaset Bilimi ve Kamu Yönetimi bölümünde tamamlamıştır. Regent's Üniversitesi'nden önce Bristol Üniversitesi'nde çalışmıştır. Temel araştırma alanları arasında insan hareketliliği, ulusötesi pazarlama ve tüketiciler, istihdam piyasaları, göçmen dövizleri bulunmaktadır. Migration Letters, Göç Dergisi ve Transnational Marketing Journal gibi uluslararası hakemli akademik dergilerin editörlüğünü yürütmektedir. Kitapları arasında Transnational Marketing and Transnational Consumers (Springer, 2013), Migration and Remittances during the Global Financial Crisis and Beyond (World Bank, 2012 J. Cohen ve D. Ratha ile birlikte), and Cultures of Migration, the global nature of contemporary mobility (University of Texas Press, 2011 J. Cohen ile birlikte). Bu kitabı ABD'de en iyi akademik kitaplar arasına seçilmiştir. Sirkeci 2012 yılından beri uluslararası Türk Göç Konferansları serisinin başkanlığını yürütmektedir.

Yrd. Doç. Dr. Betül Dilara Şeker Ege Üniversitesi, Edebiyat Fakültesi Psikoloji Bölümünden 1993 yılında mezun olmuştur. Yüksek Lisans ve Doktorasını Ege Üniversitesi Sosyal Bilimler Enstitüsü Sosyal Psikoloji Anabilim dalında yapmıştır. Aynı zamanda Eğitim Yönetimi ve Deneticiliği Yüksek Lisans programını tamamlamıştır. 1997-2007 yılları arasında Milli Eğitim bünyesinde İzmir ilinde farklı okullarda ve İl ARGE bürosunda çalışmıştır. 2007 yılından 2012 yılına kadar Yüzüncü Yıl Üniversitesi Psikoloji Bölümünde görev yaptıktan sonra halen Celal Bayar Üniversitesi Psikoloji bölümünde çalışmaktadır. Aynı üniversitenin farklı bölümlerinde Sosyal Psikoloji, Davranış Bilimleri, Psikoloji dersleri vermektedir. Kültürleşme, bireycilik-toplulukçuluk, değer sistemleri, göç süreci, uyum, konularında çalışma yapmaktadır. Evli ve bir çocuk annesidir.

Doç. Dr. Güven Şeker 1996 yılında Polis Akademisi'nden mezun oldu ve 2002 yılında yüksek lisans ve 2009 yılında da doktora derecelerini Dokuz Eylül Üniversitesinden aldı. 2014 yılında Kamu Yönetimi doçenti oldu. Celal Bayar Üniversitesi İktisadi İdari Bilimler Fakültesinde Kamu Yönetimi, İdare Hukuku, Kriminoloji, Personel Yönetimi, Celal Bayar Üniversitesi Sosyal Bilimler Enstitüsü'nde Kamuda Güvenlik Politikaları, İnsan Hakları derslerinin yanında Türkiye Ortadoğu Amme İdaresi Enstitüsü'nde Göç Hukuku: Ulusal ve Uluslararası Mevzuat konulu dersi vermektedir. Celal Bayar Üniversitesi Kamu Yönetimi Bölümünde öğretim üyesidir. Celal Bayar Üniversitesi, Nüfus ve Göç Araştırma ve Uygulama Merkezi Kurucu Müdürü (NÜGAM) ve Göç Dergisi yardımcı editörlüğünü yürütmektedir. Yazar 16 yıl farklı İl Emniyet Müdürlüklerinde yönetici, eğitici olmuş 2005-2007 yılları arasında Birleşmiş Milletler Sudan Misyonunda Eğitim Koordinatörlüğü sonrasında, 2007-2012 yılları arasında Van Yabancılar Şube Müdürlüğü yapmıştır. Finlandiya ve Birleşik Krallık'ta göç, göç yönetimi, menşe ülke bilgi sistemi gibi farklı konularda proje çalışmaları yapmıştır. Yerel yönetimler, kent güvenliği, kırsal alan güvenliği, kamu yönetimi, temel hak ve özgürlükler, yabancılar, göç, göç yönetimi ve sınır güvenliği konularında çalışmaları olan yazar, evli ve 1 çocuk babasıdır.

Yrd. Doç. Dr. Duygu Türker Dokuz Eylül Üniversitesi, İngilizce İşletme Bölümü'nden 2001 yılında mezun olmuştur. 2003 yılında Ankara Üniversitesi, Sosyal Bilimler-Çevre ve 2006 yılında Dokuz Eylül Üniversitesi, İngilizce İşletme Yüksek Lisans Programlarını tamamlayarak, 2010 yılında Dokuz Eylül Üniversitesi, Kamu Yönetimi Bölümü'nde doktora derecesini almıştır. 2007-2008 akademik yılında, Norveç Hükümeti Araştırma Konseyi tarafından verilen burs ile Oslo Üniversitesi'nde konuk araştırmacı olarak görev yapmıştır. Yaşar Üniversitesi, İşletme Bölümü'nde 2004 yılında Araştırma Görevlisi olarak göreve başlamış, 2005 yılında Meslek Yüksekokulu, Lojistik Programı'na Öğretim Görevlisi ve Program Sorumlusu olarak atanmıştır. 2011 yılından itibaren İşletme Bölümü, Yönetim-Organizasyon alanında Yardımcı Doçent olarak görev yapmaktadır. Araştırma alanları arasında kurumsal sosyal sorumluluk, sürdürülebilirlik, çevre yönetimi, etik, girişimcilik ve örgütlerarası ilişkiler gibi konular bulunmaktadır.

Gamze İrem Umuroğlu Lisans derecesini Ege Üniversitesi Psikoloji Bölümü'nden almış ve halen Ege Üniversitesi Sosyal Psikoloji Anabilim Dalı'nda yüksek lisansına devam etmektedir. 2009 yılında Ruh Sağlığında İnsan Hakları Girişimi Derneği tarafından yürütülen bir Avrupa Birliği Projesinde Psikolog olarak görev almıştır. 2007-2010 yılları arasında İzmir Ticaret Odası Kamuoyu Araştırma Ofisi'nin yürüttüğü ekonomik, politik ve sosyal içerikli çok sayıda araştırma projesinde görev almıştır. 2011-2014 yılları arasında, Prof. Dr. Melek Göregenli'nin yürütmekte olduğu iki ayrı TÜBİTAK projesinde bursiyer asistan olarak yer almıştır. Lisans esnasında dahil olduğu staj ve eğitim programlarından başlamak üzere, öğrenim hayatı boyunca sosyal ve çevre psikolojisi yaklaşımlarından hareketle gerçekleştirilen çok sayıda araştırma projesinde görev almış, ulusal alanda düzenlenen çeşitli kongrelere katılma şansı kazanmıştır. Yayımlanmış çalışmaları ağırlıklı olarak ülke içi göçler, kültürleşme, kent kimliği, gruplararası ilişkiler ve nefret suçları üzerinedir.

Yrd. Doç. Dr. Ayselin Gözde Yıldız Lisans derecesini Dokuz Eylül Üniversitesi Uluslararası İlişkiler, yüksek lisansını ODTÜ Avrupa Çalışmaları, doktora derecesini ise ODTÜ Uluslararası İlişkiler alanından almıştır. Doktora tezini "Avrupa Birliği Göç Politikasının Dış Boyutu ve Transit Ülkeler Üzerindeki Uygulamaları: Türkiye ve Fas Karşılaştırması" başlıklı çalışması ile tamamlamıştır. 2005 yılından bu yana Yaşar Üniversitesi'nde Avrupa Birliği Merkezi Müdürü ve Uluslararası İlişkiler Bölümü'nde öğretim üyesi olarak görev yapmaktadır. Misafir araştırmacı olarak Wageningen Üniversitesi, Kaliforniya Üniversitesi Berkeley ve Pittsburgh Üniversitesi'nde bulunmuştur. Akademik ilgi alanları içerisinde Türkiye-AB ilişkileri, göç ve iltica politikaları, sınır güvenliği ve yönetimi, Avrupalılaşma, entegrasyon teorileri ve AB dış ilişkileri yer almaktadır. Yayınlanmış çalışmalarından bazıları şunlardır: "Lizbon Anlaşması Sonrası AB-Türkiye İlişkilerinin Teorik Analizi", "Avrupa Genişleme Sürecinin Teorik Analizi: Rasyonalizm veya İnşacı Yaklaşım?", "Demografik Tehditler Kapsamında Göçü Avrupa Komşuluk Politikasına Dahil Etmek". Türkiye'deki Suriyeli mülteciler üzerine tamamladığı alan çalışması ise yayın aşamasındadır.

Doç. Dr. İbrahim Güray Yontar lisans, yüksek lisans ve doktora derecelerini Dokuz Eylül Üniversitesi Kamu Yönetimi Bölümü'nden almıştır. Halen Dokuz Eylül Üniversitesi İktisadi ve idari Bilimler Fakültesi Kamu Yönetimi Bölümü Kentleşme ve Çevre Sorunları Anabilim Dalı'nda öğretim üyesi olarak çalışmaktadır. Doktora tezinde, belli bir süredir yerleşik durumda bulunan yabancıların yerel siyasal yaşama katılım yollarından seçme ve seçilme haklarını Avrupa Konseyi ve Avrupa Birliği belgeleri çerçevesinde değerlendirerek seçilmiş ülkeleri incelemiş ve Türkiye'nin bu konudaki durumunu analiz etmiştir. Yayınlanmış çalışmalarından bazıları şunlardır: Avrupa Konseyi'nin (Council of Europe) 1992 tarihli Yabancıların Kamusal Yaşama Katılımına Dair Sözleşmesi'nin Türkçe'ye çevirisi, "Dış Göçler" Kitap Editörlüğü-İzmir BŞB Kent Kitaplığı, İzmir, (2013), "Sürdürülebilir Çevre ve Ekonomi İçin Bir Araç: Türkiye'de ISO 14001 Çevre Yönetim Sistemi Standardı", *Review of Social, Economic & Business Studies*, "Romanlarda Yoksulluk Olgusu", "Göçmenlerin Bulgaristan'la Yerel Bağları", Yunus Emre Özer ile birlikte "Kent Güvenliğini Tehdit Eden Bir Unsur Olarak Dilencilik" *Elektronik Sosyal Bilimler Dergisi*, "Environmental Impact Assessment", "Encyclopedia of Corporate Social Responsibility". Yakın tarihli araştırmalarında daha çok yerleşik yabancıların şehir yaşamına uyumu için yerel katılım mekanizmalarına, afetler ve iklim değişikliği kaynaklı nüfus hareketlerine ve kentsel sürdürülebilirlik konularına odaklanmıştır.

Doç. Dr. M. Murat Yüceşahin Ankara Üniversitesi, Dil ve Tarih-Coğrafya Fakültesi, Coğrafya Bölümü'nde doçent olarak görev yapmaktadır. 2002 yılında tamamladığı doktorasından sonra özellikle nüfus coğrafyası ile ilgili araştırmalara yönelmiş ve bu alanda pek çok yayın yapmıştır. 2011 yılında Laxenburg, Avusturya'da 'International Institute for Applied Systems Analysis (IIASA), World Population Program'a davetli araştırmacı olarak katılmış, Türkiye nüfusunun doğurganlık, ölümlülük ve göç eğilimlerine ilişkin deneysel çalışmalar yapmıştır. Yüceşahin'in başlıca ilgi alanları arasında nüfus coğrafyası, sosyal coğrafya ve feminist coğrafya yer almaktadır. Pek çok akademik görevinin yanı sıra Dr. Yüceşahin, göç çalışmaları alandaki ilk Türkçe akademik yayın olan Göç Dergisi'nin yönetici editörlüğünü de yürütmektedir.

Yrd. Doç. Dr. Sinan Zeyneloğlu Gaziantep Üniversitesi, Şehir ve Bölge Planlama Bölümü'nde görev yapmaktadır. Lisans eğitimini Boğaziçi Üniversitesi'nde Sosyoloji Bölümü'nde, yüksek lisansını Nüfusbilim alanında Hacettepe Üniversitesi Nüfus Etütleri Enstitüsü'nde ve Şehir ve Bölge Planlama alanındaki Doktorasını İstanbul Teknik Üniversitesi'nde tamamlamıştır. Dr. Zeyneloğlu bu çalışma sırasında Londra Regent's Üniversitesi Ulusötesi Araştırmalar Merkezi'nde doktora sonrası araştırmacı olarak görev yapmıştır. Dr. Zeyneloğlu'nun çalışmaları Türkiye'de nüfusun coğrafi dağılımı, etnisite ve demografik yapılar üzerine odaklanmıştır. Dr. Zeyneloğlu Göç Dergisi yayın kurulu üyesidir ve çeşitli uluslararası akademik dergilerde hakemlik yapmaktadır ve 2014 yılında Londra'da yapılan Türk Göç Konferansı'nın da organizasyon komitesinde yer almıştır. Dr. Zeyneloğlu, TÜBİTAK, Aile ve Sosyal Politikalar Bakanlığı ve Toprak Mahsülleri Ofisi'nin de aralarında bulunduğu çeşitli kurum ve kuruluşların desteğiyle araştırmalar yapmıştır.

Uyum Çalışmalarına Giriş

İbrahim Sirkeci, M. Murat Yüceşahin, Betül Dilara Şeker

Uluslararası göç tarihi çok eskilere dayanmasına karşın Türkiye'nin yeni bir göç ülkesi olarak değerlendirilmesine ilgili alan yazınında sıklıkla rastlanmaktadır. 1960'lar ve 1970'lerdeki yurtdışına kitlesel işçi akınları dikkate alındığında bu hareketlerin Türkiye'nin *"göç geleneği"*ni genel olarak belirlediği söylenebilir. Ancak bu dönemin öncesinde ve sonrasında kitlesel işçi göçlerine ek olarak başka tür nüfus hareketleri de yaşanmıştır ve bunlar arasında içe göçlerin büyüklüğü azımsanamayacak düzeyde önemlidir. Özellikle 1900'lü yılların ilk çeyreğinde yeniden belirlenen politik sınırlar ve kurulan yeni ulus-devletlerde bazı nüfusların karşılıklı değişimi sürecine dayalı olarak yaygın nüfus hareketleriyle karşılaşılmıştır.

Birinci Dünya savaşı öncesinde yapılan son nüfus sayımında yaklaşık 13,4 milyon olarak hesaplanan Osmanlı nüfusu, bu savaş sırasında ve sonrasında hem azalmış hem de ciddi düzeyde yer değiştirme hareketleriyle özelleşmiştir (Behar, 1996). Özellikle *Büyük Mübadele* sürecinde Yunanistan ve diğer Balkan ülkelerinden gelen kitlesel gruplar, Türkiye'de değişik yerlerde iskân edilmişler ve buralarda sosyal ve ekonomik çevreye uyum sağlamaya çalışmışlardır. Dolayısıyla bugünlerde yoğun kitlesel akınlara ev sahipliği yapan Türkiye'nin gündemindeki önemli konulardan biri olan "göçmen uyumu" ilk kez karşılaşılan birsorunsal değildir. Tarihsel süreç içerisinde dönemler halinde yaşanan ve farklı grupların göç akımlarıyla gerçekleşen hareketlerle göçmen uyumu konusu geçmişte de gündeme gelmiştir. 1989'da Bulgaristan'dan Türkiye'ye gelen Türkler bu duruma işaret edilebilecek örneklerdendir. Pek dile getirilmese de, Türkiye'nin özellikle 1980'lerden bu yana aslında milyonlarla ifade edebileceğimiz geri dönüş göçlerine ev sahipliği yaptığı bilinmektedir. Bu yakın tarihli dönemde birinci, ikinci ve üçüncü kuşak pek çok göçmen veya göçmen kökenli nüfuslar Türkiye'ye gelip yerleşmişlerdir (Zeyneloğlu ve Sirkeci, 2014). Burada anılan grupların yaygın olarak Türkçe konuşmaları ve Türk soylu olmalarıyla karşılaştıkları uyum sorunları ve yerelde yaşadıkları çatışmaların, huzursuzlukların ve zorlukların çok da fazla su yüzüne çıkmadığı düşünülebilir. Bu nüfusların uyum deneyimlerine ilişkin yeterli düzeyde çalışmanın yapılmamış olması göçmenlerin çeşitli zorlukları ve belki de kolaylıkları da içerecek şekilde uyum süreci yaşamadıkları anlamına gelmemektedir.

Yakın bir süredir yaşanan Suriyeli kitlesel akını, Türkiye'de en azından başka bir dil konuşan yaklaşık 2 milyon yeni bir nüfusun varlığıyla ilişkili olarak "göçmen uyumu" konusunun akademik tartışmalarda öne çıkmasında bir etkendir. Dolayısıyla hem bugün yaşanmakta olan yeni deneyimlerin hem de başka başka sosyal gruplaraözgü geçmişteki tecrübelerin politika oluşturma ve hizmet planlaması bakımından öneminin göz ardı edilemeyeceği açıktır. Ancak bu noktada uyum konusunun sadece Suriyeli göçmenler ile sınırlı olmadığını vurgulamak önemli gözükmektedir. Bizler, bu kitapta çeşitli göçmenlere özgü uyum örneklerini ve kavramsal yaklaşımları farklı boyutlarıylaele alançalışmalara yer vererek Türkiye'deki uyum tartışmalarına ve göçmen uyumu politikalarına ışık tutmayı amaçladık.

Türkiye Avrupa'nın kıyısında İspanya, İtalya ve Yunanistan'dan sonra azımsanmayacak büyüklükte göçmen alan ülke olma yolunda hızlıca ilerlemektedir. Son zamanlarda çatışmalarla özelleşen Orta Doğu coğrafyasının da etkisiyle bugün Türkiye, özellikle huzursuzluklardan kaynağını alan nüfus hareketlerine hedef bir ülke konumunda bulunmaktadır. Kuzey Amerika, Avustralya, Yeni Zelanda ve Avrupa'daki bilindik geleneksel göç ülkelerinin sahip olduğu göçmen uyumu deneyimleri, Türkiye'nin yakın zamanlarda maruz kaldığı kitlesel akınlar ve göçmenlerin uyum süreçleri çerçevesinde değerlendirilmesi ve dikkate alınması gereken belki de en iyi örneklerdendir.

Bugün dünyada özellikle sosyo-psikolojik açıdan göç kavramı, kültürleşme, asimilasyon, entegrasyon ve uyum süreçleri gibi farklı yaklaşım ve kavramsallarla ele alınmaktadır. Tarihsel süreçteyaygın bir kullanım alanına sahip olduğunu gözlemlediğimiz *"asimilasyon"* kavramı, göçmen grup üyelerinin baskın/yaygın toplumun kültürünün değerlerine uyması, onları benimsemesi ve kendi grup kimliğinden vazgeçmesini ifade etmektedir. Oysa günümüz akademyasında bu kavram, göçmen toplumlara ilişkin olarak farklılıkları kabul etme, tanıma ve destekleme konularını öngörmediğinden ve göçü çokkültürlülük perspektifiyle ele almadığından *'pejoratif'* bir anlama sahip oluşuyla eleştirilmektedir. Bu nedenle de "asimilasyon", ilgiliyazında çoğu kez kullanılmaktan kaçınılan bir kavram halindedir.

Artan küreselleşmeyle, göç eylemleri ve eğilimleriyle, kitle iletişim araçlarının yaygınlaşmasıyla, uluslararası ağların her geçen gün yeni biçim ve doğrultulara sahip olmasıyla değişen şartlar, asimilasyoncu yaklaşımın yerini eritme potasına (melting pot) ve *"çokkültürlülük"* yaklaşımlarına bırakmasıyla sonuçlanmıştır. Daha açıkbir ifadeyle, ulus devlet bilincinin oluştuğu modernleşme süreci sonrasında bu bilincin azalması, bireylerin ve grupların birbirlerinin kimliklerini tanımaları ve kendi kimlikleri üzerinden toplumda tanınma ve kabul görme ihtiyacı hissetmeleriyle farklı etnik, kültürel ve dini grupların çatışmasız bir arada yaşamalarını ifade eden çokkültürlülük anlayışını beraberinde getirmiştir. Yerli halklar ile göçmenlerin kültürel farklılıklarını kabul etme ve bu farklılıkların toplumsal mekânda kabulünü sağlamaya yönelik olarak öncelikle 1970'lerin başında Avustralya ve Kanada'da gelişen çokkültürlülük anlayışı, sonrasında ABD, Büyük Britanya ve Yeni Zelanda'ya yayılmıştır (Doytcheva, 2009). Günümüzün çağdaş toplumlarının artık tek bir kültür, dil ve kimliğe sahip kişilerden oluşmadığı, bir diğer ifadeyle kültürel bakımdan çoğulcu bir yapıda oldukları bilinmektedir (Sam ve Berry, 2006; 1-7). Göç sonrası süreçte uyum ve bütünleşmeyi ifade eden *"entegrasyon"* kavramı ise kamu politikası alanında daha fazla tercih edilmektedir. Entegrasyon, çok genel olarak, yerli ve göçmen toplulukların karşılıklı, yasal, ekonomik, sosyal ve kültürel bakımlardan değişmelerini içeren ve farklı boyutlardan oluşan bir süreç olarak değerlendirilebilir.

Entegrasyon süreci ülkelerin tarihsel geçimişinden bağımsız değildir ve her ülkedeki toplumların bu sürece ilişkin deneyimlerinde bariz farklılıklar söz konusudur. Bu nedenle entegrasyonun bütünsel olarak alt boyutlarında sistematik bakımdan neleri içermekte olduğu, başarılı bir entegrasyon sürecinin nasıl ilerleyeceği konusunda ve sosyal, ekonomik, kütürel, politik hayata nasıl entegrasyon sağlanacağına dönük tartışmalı ve muğlak alanlar bulunmaktadır. Üstelik entegrasyon, ülkelerdeki çeşitli halkların deneyimlerine ilişkin özgülükler içerdiğinden farklı anlamlarla donanmakta, değişik beklenti ve uygulamaları barındırmaktadır. Örneğin; Almanya, Fransa, İsviçre, Belçika gibi ülkelerde asimilasyona benzer bir entegrasyon süreci yaşanırken, Anglo-Sakson ülkelerde sürece ilişkin olarak farklı etnik ve sosyal grupların tüm olanaklara eşit erişimini esas alan birlikte uyumlu bir yaşam vurgusu ön plana çıkmaktadır. Bu kapsamda göç konusuna ilginin ve araştırma ihtiyacının her geçen gün artmakta olduğu Türkiye'de henüz bu alan için belirgin çalışma eksiklikleri ve kavram karmaşaları bulunmaktadır. Bu itibarla entegrasyon, uyum, asimilasyon ve kültürleşme kavramlarının göçle ilişkili işlevsel tanımlamalarının yapılmasının ve Türkiye'ye özgülüklerin belirlen-mesinin yazındaki karmaşıklığı ve çalışma açığını azaltacağı düşünülmektedir.

Elbette farklı etnik ve kültürel geçmişleri olan grupların birarada yaşamaya başlamaları bireysel ve toplumsal gruplar düzeyinde bir takım güçlükleri beraberinde getirmektedir. Göçmenlerin ev sahibi toplumlara, ev sahibi toplumlarınsa tekkültürlü toplumlardan çokkültürlü topluma dönüşümünde ve doğal olarak uyumun gerçek-leşmesi sürecinde önemli sosyal ve psikolojik sorunlar olarak ortaya çıkmaktadır (Kağıtçıbaşı, 2010:370). Farklı kültürel geçmişlere sahip insanlar bir arada uyum içinde yaşayabilirler mi? sorusu özellikle artan göçmen sayıları ile birlikte Türkiye'yide artık daha fazla ilgilendirmektedir. Farklı kültürel geçmişleri olan bireylerin ve sosyal grupların yeni kültürel bağlamlarda uyum içinde yaşaması öncelikle psikolojik bir uyumu, karşılıklı kabullenmeyi ve kolaylaştırıcıları gerektirecektir (Berry, Portinga, Breugelmans, Chasiotis ve Sam, 2011).

Göç sürecinin değerlendirilmesinde bireylerin ve grupların farklı kültürel temas ortamlarında karşılaşması sonucu yaşanan kültürel ve psikolojik değişmeler ise *"kültürleşme"* kavramıyla ifade bulmaktadır (Berry, 1997). Kültürleşme, bireyseldüzeyde, bireye ilişkin davranış repertuarındaki değişmeleri kapsarken, sosyal gruplar düzeyinde toplumsal yapıdaki, kurumlardaki ve kültürel pratiklerdeki değişimleri içermektedir. Birey ve/veya grupların yaşadığı bu değişmeler bazen kısa, bazen de uzun dönemler içerisinde gerçekleşebilme potansiyeline sahiptir ancak sonuçta karşılıklı uyumu sağlamaktadır (Berry, 2005). Toplumdaki farklı göçmen gruplar ve ev sahibi toplum birbirleriyle olan etkileşim sürecinde farklı kültürleşme stratejilerini de benimseyebilmektedirler. Şüphesiz, her iki tarafın etkileşim sürecinde tercih ettiği kültürleşme stratejisi uyum sürecini de doğrudan etkilemektedir. Göç sonucunda ortaya çıkan yeni kültürel bağlam uyumun bireyler tarafından nasıl sağlandığı ile ilgilibirdiğer önemli konudur (Berry, 1997). Elbette kültürleşme sürecindeki zorluklarla başa çıkmanın bir sonucu olarak uyum sürecinde değişmenin tekdüze bir şey olmadığı da tartışmasızdır (Berry, Poortinga, Segall ve Dasen, 2002:370). Nitekim bu değişmeler küçük çaplı ve kolaylıkla elde edilmiş olabileceği gibi, büyükçaplı ve kültürel kargaşa ile çatışmaları ve anomi haline varacak düzeyde güçlükleri de içermiş olabilir (Kağıtçıbaşı, 2010: 367-377).

Karmaşık alt süreçleri ve yapıları da barındıran uyumla ilgili yapılan çalışmaların bir kısmı çeşitli kanallardan gerçekleşen uyum biçimlerini ayrıştırmayı hedef edinmişlerdir. Örneğin Searle ve Ward (1990), uyum sağlamanın çeşitleri ile farklı kültürlerin bulunduğu kültürleşme ortamlarında psikolojik ve sosyo-kültürel uyum sağlama arasındaki farklılığa odaklanmışlardır. Bu konuyla ilgili olarak Berry'nin (2013) de benzer düşünceleri bulunmaktadır. Ona göre uyum, öncelikle -örneğin, mutluluk ya da öz saygı duygusuyla bütünlüklü olarak- içsel ve psikolojiktir. Diğer taraftan uyum,-örneğin, bireyin dahil olduğu toplumdaki diğer insanlarla bağlantı kurması, etkileşmesiyle ortaya çıkan gündelik yaşam etkinliklerindeki yetkinlik olarak- sosyo kültürel olabilmektedir (Berry, 2013:277).

Uyum, sosyo-ekonomik mekânın karakteristiklerine bağlı olarak birey ve çevresi arasındaki uygunluğu kimi zaman güçlendirebilmekte veya azaltabilmektedir. Ancak birey veya grup aynen çevresi gibi olması yönünde bir zorunluluk hissederek gerçekleşen uyum sürecine dahil olduysa bu değişme, *"asimilasyon yolu ile gerçekleşen uyum"* şeklinde nitelenebilir. Ayrıca sosyo-mekânsal karakteristiklere ve/veya değişmelere karşı direnç gösterilerek diğer sosyal grup(lar)la birlikte hareket etmekten kaçınıldığında uyum süreci *"ayrılma/ayrıklık"* biçiminde tersine dönebilmektedir. Buradan anlaşılacağı ve ilgili yazında da değinildiği üzere, uyum sürecinin tüm çıktılarının her koşulda olumlu değer taşımadığının altı çizilmelidir. Ayrıca uyum sürecinin çıktıları her zaman net ve açık sonuçlar da ortaya koymayabilir. Kültürleşmenin sonunda kişinin yeni yaşamını yönetmesi sonucunda güçlü veya zayıf uyum da ortaya çıkabilir (Berry, Poortinga, Segall ve Dasen, 2002:370). Bu konularda yapılacak çalışmalarda hem göçmen hem de ev sahibi nüfuslarda kültürleşmenin hangi alt boyutlarda ne düzeyde gerçekleştiğinin, kolaylaştırıcıların ve zorlaştırıcıların belirlenmesi ve uyum düzeyinin nicel olarak da ölçülmesi oldukça önemli gözükmektedir. Kuşkusuz, yapılacak bu saptamalara dayalı olarak göçmenlere psikolojik ve sosyo-kültürel uyum için ihtiyaç duydukları kaynakları sağlama, farklı boyutları ile yardım edilmesinin yanı sıra ev sahibi toplumda duyarlılığı ve farkındalığı arttırıcı çabalar, gruplar arası gerginliği ve önyargıyı azaltmaya yardımcı olacaktır. Aynı zamanda bu uygulamalar çokkültürlü politikaları destekleme konusunda da önemli bir girişim olarak değer bulacaktır (Kağıtçıbaşı, 2010:389).

Göçmen uyumu konusu özellikle ekonomi ve eğitim alanlarında çokça çalışılmıştır. Ayrıca göçmenlerin istihdamave eğitime katılım örüntüleri de pek çok çalışmaya konu olmuştur. İstihdam piyasasında ve eğitimde göçmenler ile yerli nüfuslar arasında kıyaslamalar sıkça yapılarak ayrımcılık ve ırkçılık üzerine analizler yapılmıştır. Amerika Birleşik Devletleri'nde siyahlar ve Latin Amerika kökenliler, İngiltere'de Güney Asyalılar ve Müslüman göçmen azınlıklar üzerine her iki alanda çok sayıda çalışma bulunmaktadır. Kıta Avrupasındaki çalışmalarda önemli bir göçmen azınlık olarak Türkiyeli göçmenlerin de analizlere konu olduğu görülmektedir.

Bu derlemede yukarıda açıklamaya çalıştığımız önemli gerekçelerle, alanyazında ihtiyaç duyulan boşluğu bir parça giderebilmeyi ümit ediyoruz.

Uyum, göç eden ve göç alan grupların sosyo-kültürel ve politik yapıları ile ulus üstü yapıların da beklentileriyle birlikte değerlendirilmesi gereken bir değişim sürecidir. Özellikle günümüzde artan güvenlik, ekonomik kaygılar gibi farklı belirleyicilerin de etkilediği bu süreç çokdisiplinli bakış açılarını gerektirmektedir. *Şeker*, "Göç ve uyum süreci: sosyal psikolojik bir değerlendirme" başlıklı yazısında uyumla ilgili tüm bu yaklaşımlara dikkat çekerken, "kültürleşme" ve "uyum" etkileşimi üzerinde özel olarak duruyor. *Şeker* bu yazısında göç eden grupların özelliklerine göre kültürleşme stratejileri ve uyum süreçlerinin birlikte ele alınması gerektiğini tartışmakta ve bu alanda tüm grupları kapsayacak gerekli düzenlemelerin, kamu ve sosyal politikalarının oluşturulmasında özellikle disiplinler arası bir yaklaşımla ele alınması gereken ampirik çalışmalara ihtiyaç duyulduğunun altını çiziyor.

Günümüzde göçmenlerin uyum süreçlerine ilişkin çalışmaların yeni paradigmalar ışığında ele alınması gittikçe ağırlık kazanıyor. Bu eksende gerçekleştirilen çalışmaların ülkelerin uygulamakta oduğu göç politikaları üzerindeki etkisini de araştıran çalışmalara büyük ihtiyacın olduğunu gözlemliyoruz. Göçmenlerin toplumsal uyum süreçlerinde daha az ilgi odağına sahip olduğunu gözlemlediğimiz sosyo-psikolojik değerlendirmelere ise hem teorik hem de kavramsal düzeyde ihtiyacın olduğu kuşkusuz gözüküyor. *Türker ve Yıldırım*, burada bahsi geçen ihtiyaçları bütünsel olarak değerlendiren yazılarında göçmen bireylerin kimlik oluşumlarının sosyal gruplarla olan etkileşimleri bağlamında nasıl gerçekleştiğini sosyal kimlik teorisi çerçevesinde inceliyorlar. Çalışma, farklı sosyal gruplara mensup bireyler üzerinden gerçekleşen sosyo-psikolojik uyumu çeşitli öngörülerle açıklayan eleştiriyle ele alıyor.

Uyum süreci ve onunla ilişki kavramsal karmaşıklığa dikkat çektiğimiz yazımızın ilk bölümlerinde bu anlamda yapılacak tartışmaların gerekliliğini burada tekrar hatırlamak durumunda kalıyoruz. Bu bağlamda *Çağlar ve Onay*'ın yazıları, kuramsal düzeyde "entegrasyon/uyum" kavramını tarihsel bir perspektiften ele alan bir değerlendirme ve tartışma yaparken bu önemli kavrama günümüzde yüklenilen anlamları değerlendiriyorlar. Yapılan bu değerlendirmede kavramın, mevcut alan yazınının yanı sıra özellikle sosyolojik ve hukuksal boyutları üzerinde duruluyor. Uyum çalışmaları için kritik derecede önemli gözüken kavramların açıklanması / tartışılması gerektiği vurgusu öne çıkan bu yazıda, uyum çalışmalarında sıklıkla gündeme getirilen "kültürleşme", "kimlik", "asimilasyon", "enteg-rasyon", "çokkültürlülük" ve "reentegrasyon" kavramlarına, konuların tarihsel ve metodolojik akış süreçleri de esas alınarak yer veriliyor.

Uyum konusu akademyada uzun süredir tartışılmakla birlikte başarılı bir uyuma ilişkin sürecin nasıl gerçekleştiği konusunda sistemli bir yaklaşımdan ve anlaşma birliğinden bahsetmek pek mümkün gözükmüyor. *Güven Şeker*, kamu yönetimi alanında uyum çalış-malarının ayrıntılı eleştirisine yer verdiği yazısında öncelikle göç süreciyle birlikte gelişen "uyum", "tolerans", "çok kültürcülük" ve "vatandaşlık" gibi anahtar kavramları konu edintikten sonra uyum politikaları ile uyum sürecinde yaşanan zorluklara değiniyor. Uyum konusunda çeşitli ülke deneyimlerine de yer verilen bu yazıda göçmenlerin sorunları ve çözüm yollarının neler olabileceğinin kısa bir tartışması da yer alıyor. Şeker, bu yazısının son bölümünde Türkiye'deki uyum çalışmalarını hukuksal çerçeveyle de bağ kurarak yeniden değerlendiriyor.

Göç hareketinin çoğu kez farklı büyüklüğe sahip yerleşim birimlerinden büyük kentlere doğru gerçekleşmesi, büyük kentlerin heterojen yapılarının önemli belirleyicilerinden biri olarak var oluyor. Bu altlığa dayalı olarak göç hareketine özgü hedef yerlerde yaşayan göçmenlerin toplumsal uyum süreçlerinin önemli karakteristiklerini onlara özgü sosyo-demografik özellikler, göç etme nedenleri, bireyselleşme ve sosyal gruplarla özdeşleşme eğilimleri üzerinden keşfetmek mümkün olabiliyor. *Göregenli ve Karakuş*, yazılarında bu karakteristiklere dayalı değişkenleri açıklayarak uyum süreçlerini kültürlerarası sosyal psikoloji ve çevre psikolojisine ait yaklaşımlarla tartışıyorlar. Çalışmanın en önemli bulgularından biri, yazıda göç-menlere ilişkin uyum süreçlerinin incelenmesinin toplumsal çaltışmaların çözümlenmesi ve ayrımcılıkların önlenmesinde nasıl da işe yaradığının açıklanıyor olmasıdır.

Takip eden üç bölümde Amerika Birleşik Devletleri, İngiltere ve İtalya'dan göçmen uyumu tartışmalarını aktaran üç çalışma bulunuyor. Cohen ve Chavez'in çalışması Ohio eyaleti başkenti Columbus'taki güney Meksikalı göçmenlerin yasal ve sosyal uyum süreçlerini anlatırken, Sirkeci ve Açık, İngiltere'de Müslüman göçmen azınlıklar ve Doğu Avrupa vatandaşlarının işgücü piyasasında karşılaştıkları dezavantajları göçmen uyum yazını içerisinde ampirik verilerle göz önüne koymaktalar. İtalyan tarihinin ve kimliğinin en önemli öğelerinden biri olarak değerlendirilebilen göç, *Salomoni*'nin ilginç yazısının konusudur. Salomoni yazsısında, öncelikle İtalya'nın diğer Güney Avrupa ülkeleri ile kurup geliştirdiği göç ilişkilerini ve mekânsal örüntüleri tarihsel perspektifle yorumlayıp göçmenlerin İtalya'daki uyum süreçlerine odaklanıyor. Bu yazıda İtalya'ya yakın bölgelerden gelen ve yerleşen göçmen-etnik grupların toplumla bütünleşme deneyimleri ustaca bir kalemden anlatı buluyor.

Türkiye'nin geçmişindeki rutin göç doğrultularına ilaveten son zamanlarda karşılaştığı kitlesel akınların nasıl değerlendirilmesi gerektiği bugün hem kamuoyu hem de çeşitli akademya ve sivil toplum kuruluşlarının başlıca tartışma konusu. *Toprak Karaman*, yazısında tarihsel süreçte yabancıların Türkiye'ye doğru gerçekleşen göç hareketlerinin bir tehdit olarak algılanmasının geçerli olup olmayacağını çeşitli savlarla tartışıyor. Ayrıca yazı, farklı türden göç hareketlerinin incelenmesinin kamu yönetimi alanı için stratejik bir yaklaşım çerçevesi oluşturma konusunda ilgi odağı olabilecek bir önemi ortaya koyuyor.

Zeyneloğlu ve Sirkeci yazılarında, uzun yılardır Almanya ve Türkiye arasında cereyan eden göç hareketlerinin dinamikliğini bir kültür olarak ele alıyorlar. Üzerine çokça yazı yazılan Türkiye-Almanya koridorundaki göç hareketlerini bu yaklaşımla incelemek oldukça enteresan gözüküyor. 1990 ve 2000 Türkiye Genel Nüfus Sayımları sonuçlarından temin edilen verilerin analiz edildiği çalışmada, nicel yaklaşıma dayalı olarak Türkiye-Almanya arasında göç gerçekleştiren farklı nüfus grupları, çeşitli göçmen karaketersitikleri ve onların geliştirdikleri göç kültürlerine göre tespit ediliyor.

Türkiye'de turizm ve göç ilişkisi alanyazında en sık temas edilen konular arasındadır. Bu anlamda Türkiye'nin batısında ve güneyinde turizm merkezi olma özelliğini üstelenen pek çok kasaba ve kentte göçmen yaşamaktadır. *Umuroğlu, Göregenli ve Karakuş,* bir alan araştırmasına dayalı olan yazılarında, neredeyse çoğunluğu göçmenlerden oluşan İzmir'in Selçuk ilçesi sakinlerinin sosyo-kültürel bağlamda "göçmenlik" ve "yerliliği" nasıl deneyimlemekte olduklarını ve farklı sosyal gruplar arasında ayrımcılık algılarının günlük yaşama ve kentsel mekânların kullanımına nasıl yansıdığını tartışıyorlar.

Türkiye'nin sahip olduğu turizm olanakları ve diğer kolaylıklar, yılın büyük bir bölümünü güneş ışıkları altında ve daha iyi bir iklimde yaşayarak sağlıklı ve mutlu bir yaşama sahip olabilmek adına, Kuzey ve Batı Avrupa'dan Türkiye'nin Ege ve Akdeniz kıyılarına, sürekli olarak veya sadece yılın belli bir döneminde kalmak için yerleşen yabancıların sayısının artışıyla sonuçlanıyor. *Bahar* yazısında Avrupa Birliği ülkelerinden Ege ve Akdeniz kıyılarında yerleşen yabancıların Türkiye'ye yerleşme ve uyum süreçlerini inceliyor. Yerleşik yabancılar ile yerel halk arasındaki etkileşim şekilleri ve karşılaşılan temel sorunların gözden geçirildiği bu yazıda, Türkiye'nin yerleşik yabancılarının kendilerine özgü özellikleri nelerdir? Türkiye'ye yerleşme kararının arkasında hangi etkenler vardır? Yabancıların Türkiye'deki yaşamlarında karşılaştıkları temel sorunlar nelerdir? sorularına yanıtlar aranıyor.

Hukuksal çerçeveden yaklaşıldığında yerleşik yabancıların yerel kamusal yaşama katılımı konusu, Avrupa Konseyi ve Avrupa Birliği'nin temel çalışma konularından bir tanesini olarak karşımıza çıkıyor. Bu bağlamda en önemli katılım aracı olarak bilinen seçme ve seçilme hakkının kullanımı konusunda, hak tanımış olsun ya da olmasın, farklı ülkelerin farklı katılma mekanizmaları oluşturduğu da oldukça görünür kalıyor. *Yontar* yazısında, danışma meclislerinin yerleşik yabancıların yerel politik yaşama katılımında ve yerel karar alıcılara etki etmesinde önemli bir araç olmasını Avrupa Konseyi'nin tavsiye metinleri ve kararlarına dayandırarark açıklıyor ve tartışıyor.

Bölüm 1: Göç ve Uyum Süreci: Sosyal Psikolojik Bir Değerlendirme

Betül Dilara Şeker

Göçün tarihi muhtemelen insanlık tarihi kadar eskidir. Günümüzde küreselleşme, sanayileşme, seyahat imkanlarının kolaylaşması, öğrenci ve eğitimci değişim programlarının artması, turizm sektöründe yaşanan gelişmeler yanında dünyanın farklı bölgelerinde yaşanan ekonomik ve/veya sosyal krizler ve savaş gibi farklı nedenler göçmen, mülteci, yabancı işçi, öğrenci hareketlerinde artışa neden olmuştur (Ward, Bochner ve Furnham, 2001:8). Göç kavramı; sosyologlar, siyaset bilimciler, demograflar, tarihçiler, coğrafyacılar (Balkır vd., 2008; Bahar vd., 2009; Südaş, 2011; Çağlar, 2011) tarafından makro analiz düzeyinde yoğun olarak çalışılmasına rağmen psikoloji alanında göreli olarak daha az çalışılmıştır (Dovidio ve Esses, 2001; Kağıtçıbaşı, 2010:368; Kuo, 2014). Ayrıca ülkemizde yaşayan ve Türkiye'den yurt dışına giden yukarıda belirtilen gruplarla ilgili psikoloji alanında (Güngör, Bornstein, ve Phalet, 2012; Şeker ve Boysan, 2013; Şeker ve Sirkeci, 2014; Kuşdil, 2014;) sınırlı sayıda çalışma bulunduğu görülmektedir

Uluslararası Göç Örgütü, 2013 yılında dünyada yaklaşık olarak 214 milyon kişinin uluslararası göçmen olduğunu ortaya koymuştur. Bu rakamın 2000'li yıllarda 150 milyon olduğu ve son on yılda %40 arttığı görülmektedir. Bir diğer ifade ile bu rakam, dünya nüfusunun %.1'ine karşılık gelmektedir ve her 33 kişiden biri göçmendir (IOM, 2013). Bu durumun toplum hayatına pek çok fırsat sağladığı görülse de beklenmeyen yeni mücadele alanlarının da ortaya çıktığı düşünülmektedir.

Günümüzde devletler kendi ekonomilerini güçlendirmek, sosyal ihtiyaçlarını karşılamak, insani yardım, tarihi bağlar, sınırlarını kontrol etmede yaşanan yetersizlikler gibi farklı nedenlerle isteyerek ve/veya istemeden göçmen kabul etmektedir. Modern devlet yapısında göçmen gruplarla ilgili politikalar, yasallar ve uyum (ekonomik, psikolojik, sosyal, kültürel) ile ilgili kamu politikaları çoğulcu ideolojiden etnik ideolojiye kadar geniş bir yelpazede değerlendirilmektedir. Göçmenlerin yeni geldikleri kültürle ilişkilerini düzenleyen, göçmen politikaları ve göçmenlerin ev sahibi toplumla bütünleşmesinde yardımcı olan uyum politikaları bulunmaktadır. Devlet genel olarak eğitim sistemi, kamu yönetimi ve medya aracılığı ile göçmenlik ve uyum konusundaki ideolojik durumunu meşrulaştırarak kamu tutumlarını ve politikalarını etkiler. Uyum kavramı, toplumsal yapının görüşlerini yansıtan kamu politikaları aracılığı ile normatif olarak açıkça ifade edilir. Uyum politikaları, baskın (ev sahibi) toplum ve göçmen grup üyelerinin kültürleşme sürecinden etkilenmekte ve bu süreci etkilemektedir (Berry, 2005). Bir diğer ifade ile grupların kültürleşme eğilimi sosyal veya politik bir boşlukta değil, devletin uyum politikaları ile etkileşimli bir bağlamda ortaya çıkmaktadır (Bourhis, Moise, Perreault, ve Senecal, 1997). Göçmen politikaları; misafir işçi, geçici yerleşimci, yabancı, toprak sahibi göçmen gibi göçmen kategorileri yaratarak göçmen olmanın "sosyal psikolojik gerçekliğini" tanımlamaktadır (Hammer, 1985'den akt., Bourhis vd., 1997). Göçmenler kabul edildikleri baskın toplumda bir veya daha fazla toplulukla karşılaşır. Göçmen gruplar ve baskın toplum üyeleri arasında zaman zaman artan gerilim, uyum konusu ile ilgili çalışma ve düzenlemeler için ilgili aktörleri harekete geçiren faktörlerdendir. Göçmenlerin kültürleşme eğilimleri ve baskın toplumun uyum politikalarının birbiri ile uyumlu-paralel olmasının beklenmesine rağmen zaman zaman çelişkiler ve sorunlar yaşanmaktadır (Bourhis vd., 1997). Bu nedenle günlük yaşamda bireylerin üyesi olduğu toplum içinde uyumun sağlanmasında gruplar arasındaki ilişkilerin ve kültürleşme süreçlerinin sosyal psikolojik bakış açısı ile incelenmesi önem kazanmaktadır (Berry 2005; van Oudenhoven vd., 2006).

Gruplar arası ilişkiler

Günümüzde küreselleşme, artan ticari ve politik ilişkiler gibi nedenlerden dolayı birçok ülke nüfusunun heterojen, çok kültürlü bir yapıda olduğunu görmekteyiz. Özellikle gelişmiş, çatışmadan uzak alanlarda yaşayan göçmen grupları, sığınmacı ve mülteci sayılarında artış nedeniyle toplumda farklı özelliklere sahip gruplar ile bir arada yaşamaktadır. Çok kültürlü toplumlarda gruplar arası ilişkiler iki farklı bakış açısı ile değerlendirilmektedir. Bunlardan ilkinde, baskın (ev sahibi) toplum ve topluma dahil edilmedikçe dışarıda kalan farklı kültürel gruplar bulunur iken ikinci bakış açısında ise baskın toplum, kültürel grupların ihtiyaçlarını karşılar ve belirli bir düzeyde bu grupları topluma dahil eder. Gruplar, toplumdaki yerlerini uzlaşma yolu ile belirlerler. Bu uzlaşım sonucu ulaşılan yapının, sadece baskın toplumu temsil etmediği, aynı zamanda büyüklükleri, güçleri, ne olursa olsun tüm grupları temsil ettiği ve karşılıklı etkileşim içinde ele aldığı varsayılır (Berry, 2011).

Göç kavramı, sosyal psikoloji alanında baskın toplumla göçmen gruplar arasındaki ilişkiler bağlamında Tajfel ve Turner tarafından geliştirilen sosyal kimlik kuramı (1978) ile değerlendirilebilir (akt. Van Oudenhoven vd.2006). Gruplar arası ilişkiler; sosyal kimlik, sosyal sınıflandırma, sosyal karşılaştırma gibi kavramlarla açıklanmaktadır. Sosyal kimlik kuramına göre kişiler üyesi oldukları sosyal grubu dikkate alarak kendilerini tanımlar, değerlendirir ve sınıflandırır. Sosyal kimliğinin gelişiminde ilk süreç dil, deri rengi, etnik ve fiziksel özelliklere göre kişinin yaptığı sosyal sınıflandırmadır. Bu sınıflandırma ile kişiler kendilerini belirli gruplara ait olarak tanımlarlar ve grupla özdeşleşerek bireyin sosyal kimliği ortaya çıkar. Ayrıca sosyal çevredeki diğer gruplar kişiye bir referans sağlar ve kişi kendi grubunun konumunu diğer gruplarla karşılaştırarak belirler. Sosyal yaşamda göçmenler ve baskın gruplar kendilerini ait oldukları gruplara göre tanımlayarak sınıflandırıp olumlu bir kimliğe ve benlik saygısına sahip olmak isterler (Demirtaş, 2003; Hernandez, 2009). Günlük yaşamda farklı gruplar arasında çeşitli nedenlerle (göç, geçici olarak ikamet gibi turizm, uluslar arası eğitim, vb.) isteyerek veya istemeden temas yaşanmakta ve bu temas sonucunda gruplarda bir takım karşılıklı etkileşimden kaynaklanan değişimler meydana gelmektedir. Gruplar arası ilişkiler aynı zamanda kültür kavramı ile de ilişkilidir. Bu nedenle yaşanan bu süreç açıklanırken kültürleşme kavramının üzerinde de dikkatle durulması gerektiği düşünülmektedir.

Kültürleşme

Kültürleşme, sosyal yaşamdaki iki veya daha fazla grubun teması sonucu gruplarda karşılıklı olarak birey ve grup düzeyinde yaşanan değişim sürecidir. Birey düzeyinde yaşanan kültürleşme sürecinde kişide fiziksel (yeni bir yer, ev vb.); biyolojik (yeni hastalıklar, beslenme alışkanlıkları vb.); sosyal (aidiyet vb.); ekonomik (yeni iş vb.); psikolojik, davranışsal ve kültürel bazı değişimler yaşanmaktadır. Grup düzeyinde kültürleşme süreci ise sosyal yapıda, kurumlarda ve kültürel pratiklerde yaşanan değişimleri kapsamaktadır (Berry vd., 1987). Kültürleşme sürecine bağlı olarak kısa süreli ya da uzun süre hatta kuşaklar boyu devam eden değişimler söz konusu olabilir.

Toplumsal yapıda farklı kültürel özelliklere sahip gruplar bir arada yaşarlar. Grupların bir arada yaşamını açıklamada kullanılan üç farklı boyut vardır. Bunlardan ilki; grupların bir arada gönüllü (örneğin; göçmenler) veya zorunlu (örneğin; mülteciler, yerli gruplar ve ulusal azınlıklar) olarak yaşamalarıdır. İkincisi ise hareketlilik boyutudur. Bazı gruplar kendi topraklarında (örneğin; yerleşik) yaşarken bazıları da kendi topraklarından uzak yaşamak zorunda kalabilirler (örneğin; göçmen, etnik kültürel gruplar). Üçüncü boyut ise göç edilen yerde geçirilen süredir. Toplumdaki bazı gruplar göreli kalıcı özellik (örneğin; etnik kültürel gruplar, yerli gruplar) gösterirken bazıları ise geçici (örneğin; uluslararası öğrenciler, işçiler veya sığınmacılar gibi konuklar) olarak değerlendirilmektedir. Kültürleşme çalışmalarında bu grupların değişen tutum, amaç, değer ve becerileri göz önünde bulundurulmalıdır (Berry, 1997).

Kültürleşme sürecini değerlendirmek için çeşitli kuramsal modeller geliştirilmiştir. Kültürleşme süreci; kültürel değişimin köken kültürden baskın kültüre doğru olduğunu ifade eden tek boyutlu veya karşılıklı olduğunu belirten çift boyutlu modellerle değer-lendirilmektedir. İlk kültürleşme çalışmalarında göçmenlerin köken kimliğinden vazgeçerek, yavaş yavaş baskın toplumun kültürel norm, değer, tutum ve davranışlarını benimsediğini ifade eden tek boyutlu yaklaşımın etkili olduğu görülmektedir. 1980' lerden itibaren ise kişinin köken kültür ile yeni geldiği kültür arasında bir denge kuran modelin benimsendiği ortaya konulmuştur (Van Oudenhoven vd., 2006). Bu modelde Berry'nin kültürleşme kuramı en önemli kuram olarak ifade edilebilir (Van Oudenhoven ve Eisses, 1998). Berry'e göre göçmenler yeni yerleştikleri yerde kendi köken kültürlerini koruma, sürdürme isteklilikleri ve baskın topluma katılım ve onunla temas kurma yönündeki eğilimlerine göre değerlendirilirler. Bu iki konu ile ilgili göçmenler, köken ve baskın kültür eğilimlerine göre dört farklı kültürleşme stratejisi ortaya koyar. Kültürleşme stratejileri; tercih, eğilim olarak da adlandırılmakta ve hem tutumları hem de davranışları kapsamaktadır (Berry, 2011). Göçmen gruplar açısından birey düzeyinde değerlendirildiğinde; birey için kendi kültürel kimliğini sürdürmek ve baskın grupla etkileşime geçmek eşit derecede öneme sahip ise bütünleşme, kültürel kimliği sürdürmek yerine baskın kültür benimsenirse asimilasyon, kültürel kimliğini sürdürmeyi tercih ediyor ve baskın kültürle etkileşimden kaçınıyorsa ayrılma, kültürel sürekliliği sağlama ve baskın grupla etkileşime geçmeye yönelik istek düzeyi düşük ise de marjinalleşme stratejileri ortaya çıkmaktadır (Berry, 1997). Göçmen bireylerin kültürleşme stratejileri içinde bulundukları bağlama ve zamana göre farklılaşabilir. Ayrıca kültürleşme stratejileri birbirinden ayrı ve durağan bir yapıda da değildir. Birey zamanla farklı kültürleşme stratejilerini keşfetmekte ve kendisi için daha tatmin edici olana karar vermektedir (Van Oudenhoven vd., 2006).

Kültürleşme stratejilerinde unutulmaması gereken bir diğer konu ise baskın toplumun bir diğer ifade ile ulusal bağlamın da kültürleşme stratejilerini etkilemesidir. Berry, baskın toplum açısından değerlendirdiğinde toplumun kültürleşme beklentilerini yansıtan çok kültürlülük, eritme potası, ayırma ve dışlama olarak adlandırılan stratejileri ortaya koymuştur (Berry, 2001). Baskın grup, göçmen grubun asimilasyon stratejisini benimsemesini desteklediğinde erime potası (melting pot), ayrılma stratejisini desteklediğinde ayırma, baskın grup tarafından göçmen grupların marjinalleşmeleri dayatılıyorsa dışlama (exclusion) ve kültürel çeşitlilik destekleniyorsa uyumu temsil eden çok kültürlülük (multiculturalism) olarak adlandırılan stratejiler meydana gelmektedir (Berry, 2011). Kültürleşme tercihlerinden biri diğerlerinden daha etkili değildir. Etnik grupların, göçmenlerin, mültecilerin ve konuklar gibi kültürleşme gruplarının geliş şekli, süresi gibi özelliklere göre kültürleşme stratejileri farklılaşmaktadır. Kültürleşme süreci tüm gruplar, özellikle de zorunlu olarak yerlerinden ayrılan mülteciler için zor bir süreçtir (Hernandez, 2009).

Alan yazında göçmen gruplarla gerçekleştirilen çalışmalarda bütünleşme stratejisinin daha fazla tercih edildiği aynı zamanda uyumu da en yüksek düzeyde kolaylaştıran kültürleşme stratejisi olduğu; bunu ayrılma stratejisinin izlediği ortaya konulmuştur. Marjinalleşmenin ise en az tercih edilen strateji olduğu gözlenmiştir (Arends-Toht ve Van de Vijver, 2003; Berry, 1997). Ayrıca yapılan çalışmalarda göçmenlerin bütünleşme stratejisini, baskın toplumun kültürleşme stratejisine ve kültürleşmeye ne derece izin verdiğine de bağlı olduğu ortaya konulmuştur (Van Oudenhoven, vd., 2006).

Berry'nin ortaya koyduğu kuram, alanı önemli ölçüde etkilemesine rağmen özellikle marjinalleşme tercihinin hayata uyan, pratikte uygulanabilir bir kavram olmadığını yönünde eleştiriler de yapılmaktadır. Zorunlu olarak, gönülsüz göç eden kişilerin seçimleri dışında marjinalleşmiş olabilecekleri de belirtilmektedir (Van Oudenhoven, vd., 2006).

Kültürleşme sürecinin sadece göçmen deneyimleri ile bağlantılı ele alınması yeterli değildir. Çünkü iki grubun etkileşimi sonucu karşılıklı bir değişim süreci yaşanmaktadır. Bourish vd. (1997) tarafından Berry'nin kültürleşme modeli temel alarak geliştirilen Etkileşimli Kültürleşme Modelinde, baskın toplumun kültürleşme beklentileri ve göçmenlerin benimsedikleri kültürleşme eğilimlerine odaklanarak daha kullanışlı ve kapsamlı bir bakış açısı ortaya konulmuştur. Bu model, kültürel süreklilik (kişilerin ait oldukları grupların belirli kültürel özelliklerine yönelik tutumları) ve temas (dış grubun kültürel pratiklerine yönelik tutumları ve uyumları) kavramlarına vurgu yapmaktadır (Bourish vd., 1997). Etkileşimli Kültürleşme Modelinde, göçmenlerin baskın toplum içinde kullandıkları ve baskın toplum tarafından göçmenlere yönelik kullanılan kültürleşme stratejileri sonucu ortaya çıkan ilişkiler bir arada ve dinamik olarak ele alınmaktadır. Bu modele göre, göçmenler kendi köken kültürlerini koruma arzusu ve baskın kültürü benimseme isteğine bağlı olarak beş kültürleşme stratejisinden birini benimserler. Bu modelde Berry vd.'nin (1989) tanımladığı dört kültürleşme stratejisine –bütünleşme, asimilasyon, ayrılma, marjinalleşme- kişisel değerlendirmelere vurgu yapan bireycilik stratejisi de eklenmiştir (Bourish vd., 1997). Model aynı zamanda baskın toplum üyelerinin göçmenlere yönelik beş kültürleşme stratejisinin olduğunu da ortaya koymaktadır. Bunlar; Bütünleşme, Ayırma (segregation), Asimilasyon, Dışlama (Exclusion) ve Bireycilik'tir (Bourish vd., 1997). İlk üç strateji Berry'nin (1997) bütünleşme, ayrılma ve asimilasyon stratejileri ile paralel olmasına rağmen son iki strateji ise marjinalleşmenin farklılaşmış bir şekli olarak değerlendirilir. Baskın toplumun göçmenlere karşı olan bütünleşme, bireycilik stratejileri göçmenleri olumlu değerlendirerek kabul eder iken asimilasyon, ayrımcı ve dışlayıcı stratejiler ise göçmenleri görmezlikten gelir veya inkar edebilir (Van Oudenhoven vd., 2006). Baskın toplumun stratejileri göçmen grubun etnik, kültürel arka planına ve milliyetine bağlı olarak farklılık göstermektedir. Bu nedenle Bourish vd. (1997), toplumdaki her bir göçmen grubun etkileşimlerinin ayrı ayrı değerlendirilmesi gerektiğini ifade eder. Baskın toplum üyelerinin göçmen gruplara karşı ortaya koydukları kültürleşme stratejileri göçmen grupla etnik, kültürel, dilsel ve dinsel benzerlikler veya farklılıklar temelinde değer verilen ve değer verilmeyen şeklinde sınıflanmasına göre farklılaşmaktadır (Montreuil ve Bourish, 2001). Örneğin, Kanada'nın Quebec bölgesinde yapılan bir çalışmada baskın grubun Fransa'dan gelen göçmenlere karşı bütünleşme ve bireycilik stratejilerini benimsediğini, Haiti'den gelen göçmenlere karşı ise asimilasyon, dışlama ve ayırma stratejilerini daha yüksek oranda benimsediği ortaya konulmuştur (Montreuil ve Bourish, 2001; Montreuil ve Bourish, 2004). Ayrıca baskın toplum ve göçmenlerin kültürleşme stratejilerinin birbiri ile uyumlu veya uyumsuz olmasına göre de uyumlu, sorunlu ve çatışmalı olarak sınıflandırılan farklı ilişkisel sonuçlar ortaya çıkmaktadır. Birbirinden ayrı kategoriler olmayan bu ilişkisel sonuçlar bir uçta çatışmalı diğer uçta uyumlu ve orta noktada da sorunlu ilişkinin olduğu bir süreklilik içinde değerlendirilir (Bourrish, 1997). Horenczyk'in (1996) yaptığı bir çalışmada, Rus göçmenler ve İsrailli ev sahiplerinin bütünleşme stratejisini tercih ettiklerini bu nedenle her iki grup arasında uyumlu bir ilişkinin bulunduğunu ortaya koymuştur. Fakat her zaman gruplar arasında uyumlu bir ilişki gözlenmeyebilir. Örneğin, Van Oudenhoven vd., (1998)'nın çalışmasında ise Hollanda'da baskın toplumun asimilasyon stratejisini desteklediği fakat orada yaşayanlar tarafından Faslı ve Türk göçmenlerin ayrılma stratejisini tercih ettiğinin varsayıldığı ortaya konulmuştur. Ancak gerçekte her iki göçmen grup tarafından da bütünleşme stratejisinin tercih edildiği ortaya konulmuştur. Almanya'da (Zick, Wagner, Van Dick, ve Petzel, 2001).) Slovakya'da (Piontkowski, 2008) yapılan farklı çalışmalarda baskın toplumun göçmenlere karşı asimilasyonu tercih ettiği gözlenirken, Kanada ve Yeni Zelanda'da gibi ülkelerde ise baskın toplumun bütünleşme stratejisini tercih ettiği bilinmektedir (Berry ve Kalin, 1995; Van Oudenhoven vd., 2006).

Uyum

İnsanlar kişisel, sosyal veya farklı nedenlerle daha az gelişmiş yerlerden kaynakların daha fazla olduğu yerlere doğru göç ederler. Bu süreçte göçmenlerin yeni yerleştikleri yere entegrasyonu, bütünleşmesi ve uyumundan söz edilmektedir. Uyum kavramının, bireysel (psikolojik) ve grup (kültürel) düzeylerde karşılaştırmalı olarak ele alınması kültürleşme sürecindeki tarafların yararına olacaktır (Berry, 2011). Uyum ve kültürleşme birbiri ile yakından ilişkili kavramlardır. Uyum, iç veya ulus aşırı göç sonucu yaşanan kültürleşme sürecindeki değişimlerle başa çıkmanın bir sonucu olarak zaman içinde sağlanabilir. Günümüz çok kültürlü toplumlarında bireyler göçmen, mülteci, geçici sığınmacı, konuk, etnik azınlık olarak geçici veya kalıcı sürelerde bulunmaktadır. Bu gruplarla baskın toplum arasında karşılıklı, göreli olarak durağan yaşanan değişim sonucu kişiler yeni yerleştikleri yere biyolojik, psikolojik, sosyal ve ekonomik uyum sağlarlar. Bir diğer ifade ile uyum süreci sağlık durumu, iletişim yeterlilikleri, farkındalık, kabul duygusu, kültürel davranış becerileri, ekonomik yeterlilikler vb. olarak ifade edilen çok boyutlu bir yapıdır (Hernandez, 2009; Sam ve Berry, 2010). Uyum, birey ve çevresi arasındaki artan veya azalan uygunluğun değerlendirmesinin bir göstergesidir. Kültürleşme sürecinde zaman zaman yaşanan olumsuz ve yıkıcı deneyimler, kişilerin yeni girdikleri ortama/kültüre uyumunu güçleştirebilir. Göçmenlerin ve baskın grubun kültürleşme stratejileri de uyumu etkilemektedir. Örneğin, birey/grup, çevresi gibi olması yönünde bir baskı, zorunluluk hissedebilir (baskın grubun kültürleşmede asimilasyon stratejisini tercih etmesi) ya da birey/grup, başat grup içinde asimilasyon veya bütünleşme stratejini tercih edebilir. Zaman zamansa göçmen birey/grup baskın gruba uyumunda sorunlar ve çatışmalar yaşanır (ayrılma ve marjinalleşme) sonrasında ise kültürleşme stresi yaşanabilmektedir (Berry, 2005).

Kültürleşme stresi, kültürleşme sürecinde bireyin günlük yaşam faaliyetlerini yerine getirirken yaşadığı güçlüklerin neden olduğu psikolojik, somatik ve sosyal tüm yönleri kapsayan genel sağlık durumunda sorunlara (kaygı, depresyon, marjinalleşme duygusu ve yabancılaşma ve artan psikosomatik semptomlar ve kimlik karmaşası gibi) yol açar (Ji ve Duan, 2006; Berry vd., 1987). Kültürleşme stresi doğrudan kültürleşme sürecindeki stresörlere dayanmaktadır (Berry vd., 1987). Kültürleşme stresinin, sosyo demografik özellikler, göç öncesi deneyimler, baskın toplumun sosyal bağlamı, göç sonrası kültürleşme deneyimi ve kültürleşme kazanımları gibi farklı tarafları bulunmaktadır. Yapılan farklı çalışmalarda düşük sosyo ekonomik durum, kültürel çeşitliliğe baskın toplumun yaklaşımı, yaş, cinsiyet, eğitim düzeyi, dil yeterliliği, bilişsel stiller ve kültürler arası deneyimlerin de ayrıca kültürleşme stresini etkilediği görülmüştür. (Miranda ve Matheny, 2000). Ayrıca kültürleşme stresi, baskın toplumun kültürleşme tercihlerinden (çoğulculuk, asimilasyon ve dışlama gibi), kültürleşme gruplarından (konuklar veya göçmenler) ve tercih ettikleri kültürlenme stratejilerinden de etkilenmektedir. (Berry, 2005).

Göç sürecinin bireylerin yaşamındaki değişimler sonucu stres düzeylerini ve mücadele etme durumunu arttırdığı ifade edilebilir. Bu durum göçmenler, mülteciler, uluslararası öğrenciler gibi hareketli gruplar ve hatta etnik grup üyeleri için de geçerlidir. Kültürleşme alan yazınında kültürleşme ile bağlantılı stres göçmenlerin ve mültecilerin sıklıkla karşılaştığı bir durumdur

(Kuo ve Roysircar, 2006; Yakushko, Watson ve Thompson, 2008). Stres, bu grupların başa çıkma stratejilerini, fiziksel ve psikolojik iyi olma durumlarını ve uyum sürecini doğrudan etkilemektedir (Kuo, 2014).

Uyum sürecinin açıklanmasında; stres ve başa çıkma (Lazarus ve Folkman, 1984) ile kültürel öğrenme (Church, 1982) kuramları temel alındığı görülmektedir (akt. Ward, 2001, s. 412). İlk kuram, uyumu stres ve stresle başa çıkma olarak ele alırken; ikincisi ise kültürel öğrenme olarak kavramlaştırmaktadır. Bu kuramsal temellere dayanarak Berry (2006) kendi kuramında uyumu; kültürel öğrenme ve yaşanan stresle baş etme olarak ifade etmiştir. Uyum, kişilerin yeni kültürel çevre ile uzlaşabilme becerisini ortaya koyarak belirli davranışları kazanmasıdır. Bu bakış açısında vurgunun göçmenlere yeni bilgileri, dili ve kültürler arası becerileri öğretme, onları eğitme süreci üzerine olduğu görülmektedir. Stres, başa çıkma modeli kültürleşmeyi anlamada daha esnek bir çatı ortaya koymaktadır. Çünkü kültürler arası temasa bağlı olarak kültürleşen bireyin davranışlarında çatışma ve stresin arttığı ifade edilmektedir. Ayrıca bireysel ve durumsal özelliklerin (yaş, dil yeterliliği, kültürel yakınlık vb.) yeni kültürel çevreye uyumu kolaylaştırdığı da ifade edilmektedir (Ward, 2001, s. 413). Kültürleşme çalışmalarında stres ve başa çıkma bakış açısının daha popüler olduğu görülmektedir (Ward, Kennedy, 2001).

Bu iki kuram farklı araştırmacılar tarafından (Searle ve Ward, 1990; Sam, Vedder, Leibkind Neto ve Virta, 2008; Ward ve Kennedy, 1994) kullanılmış ve göçmenlerin uyumu iki boyutlu olarak değerlendirilmiştir. Bunlardan ilki psikolojik uyum, ikincisi ise sosyo kültürel uyum olarak adlandırılır. Psikolojik uyum, stres ve başa çıkmaya dayanır ve uyumun duygusal yönünü ifade eder. Sosyo kültürel uyum ise kültürel öğrenme teorisine dayanır ve uyumun davranışsal yönünü kapsar (Abu-Rayya, 2013). Berry, bu iki uyum alanına üçüncü bir uyum alanı olarak ekonomik uyumu eklemiştir. Ekonomik uyum, yeni dahil olunan kültürel ortamda bireyin işinin etkili ve doyumlu şekilde yaşamasına katkı sağlamasını ifade eder (Berry, 1997).

Berry (2011), yeni kültürel ortamda bireyin sahip olması gereken yetkinlikleri, duygusal ve bilişsel olarak ifade etmektedir. Duygusal yetkinlikler, bireyin kendi grubuna ve diğer gruba karşı olan duygularını, değerlerini ve tutumlarını kapsamaktadır. Örneğin, kültürleşme stratejileri açısından değerlendirildiğinde; bütünleşme stratejisinde bulunan bireyin her iki grubu olumlu değerlendirdiği, asimilasyon stratejisini tercih eden bir bireyin ise baskın grubun tutumları, değerlerini benimsediği ve kendi grubunun değerlerinden uzaklaştığını belirtir. Günlük yaşamla ilgili bilgileri ifade eden bilişsel yetkinlikler, telefonun nasıl kullanılacağını veya ulaşımın nasıl yapılacağını bilmek gibi basit yeterliliklerden vergi sistemini bilmek veya nefret söylemini anlamak gibi karmaşık yeterliliklere uzanan geniş bir yelpazede ele alınır. Örneğin, bütünleşme stratejisinde bireyin her iki grupla ilgili bilgisinin yüksek düzeyde olduğu bilinmektedir. Bireyin her iki grupla ilgili yetkinliğinin en az düzeyde olduğu marjinalleşme stratejisi dışındaki diğer kültürleşme stratejilerinde (asimilasyon, ayrılma) ise bireyin sadece bir grupla ilgili yetkinliğinin daha yüksek düzeyde olduğu görülmektedir. Bireylerin duyguları, düşünceleri, tutumları, değerleri, yeterlilikleri ve performanslarının sosyal bağlama göre farklılaştığı da üzerinde durulması gereken konuların başında gelmektedir.

Ward ve arkadaşları da Berry'nin kültürleşme kuramına dayanarak psikolojik ve sosyokültürel uyum kavramlarını ortaya koymuştur (Searle ve Ward, 1990; Ward ve Kennedy, 1994). Psikolojik uyum, bireyin yeni yerleştiği yerde karşılaştığı stres ve bu stresle başa çıkma becerisidir. Bir diğer ifade ile bireyin yeni kültürel bağlamda kişisel ve kültürel kimliğini açıkça ortaya koyabilmesi ile bağlantılı psikolojik ve fiziksel olarak iyi olma durumunu, genel olarak yaşam memnuniyetini ifade eder. Psikolojik uyum, depresyon ve kaygı gibi zihinsel sağlıkla ilgili göstergelere odaklanırken, sosyokültürel uyum davranış problemleri, okul başarısı, sosyal yeterlilikler gibi bireyin yeni kültürde günlük yaşamını sürdürebilmesi için gerekli becerileri başarılı bir şekilde kazanmasına odaklanmaktadır (Berry, 2005; Sam ve Berry, 2010).

Psikolojik ve sosyokültürel uyum arasında bazı farklılıklar bulunmaktadır. Bunlardan ilki, bu iki uyum düzeyi farklı değişkenler tarafından yordanma eğilimindedir. Psikolojik uyum, depresyon, genel ruhsal rahatsızlık gibi kavramlarla işlevsel hale gelir. Psikolojik uyum kişilik, yaşam doyumu, sosyal destek gibi kavramlar aracılığı ile güçlü olarak yordanmaktadır (Ward ve Kennedy, 1992). Sosyokültürel uyum ise günlük yaşamda karşılaşılan zorluklarla ilişkilendirilerek ölçülür. Sosyokültürel uyum; yeni kültürde yaşama süresi, dil yeterliliği, kültürel uzaklık ve baskın toplumla ilişki düzeyi gibi değişkenler ile yordanmaktadır (Searle ve Ward, 1990). İkinci olarak psikolojik ve sosyokültürel uyum zaman içinde farklı şekillerde dalgalanma gösterebilir. Birey yeni bir kültürde yaşamaya başladığında psikolojik ve sosyokültürel uyum sorunları yaşayabilir. Süreç içinde bireylerin yaşadığı sosyo kültürel sorunlar sabit şekilde azalır ve zaman içinde uyum sağlanırken bu arada psikolojik sorunlar zaman içinde dalgalanma göstererek devam edebilir. Üçüncü olarak bireyin kültürleşme tercihleri ile psikolojik ve sosyo kültürel uyumu arasında farklı düzeylerde ilişki bulunmaktadır. Bireyin yeni yerleştiği kültürde kendini her iki (köken ve baskın) kültürle birlikte tanımlamasının psikolojik sıkıntı ve gerilimini azalttığı ayrıca bireyin kendini yeni kültürle tanımlamasının da yaşanan sosyokültürel uyumu arttırdığı bilinmektedir. Psikolojik ve sosyo kültürel uyum kültürleşme stratejileri ile bağlantılı olarak değerlendirildiğinde; bütünleşme stratejisini tercih eden bireyler asimilasyonu tercih edenlerle karşılaştırıldığında psikolojik uyum düzeyinin daha yüksek olduğu ancak diğer kültürleşme tercihleri arasında bir farklılık bulunmadığı da gözlenmiştir. Sosyokültürel uyumda ise ayrılma stratejisini tercih eden bireylerin yaşadığı sosyal sıkıntının en yüksek düzeyde iken asimilasyon stratejisini tercih eden bireylerin ise en az düzeyde sıkıntı yaşadığı ortaya konulmuştur (Ward ve Rana- Deuba, 1999).

Kültürleşme sürecinde diğer kültürü tanıma, dil yeterliliği, değer ve kuralların öğrenilmesi önemlidir. Özellikle yapılan farklı çalışmalarda dil yeterliliği, iletişim kapasitesi, kültürel yakınlık, o kültürde yaşama süresi gibi değişkenlerin sosyo kültürel uyumu doğrudan etkilediği ve yaşanan uyum sorunlarını azalttığı görülmektedir (Masgoret ve Ward, 2006; Yu, 2010). Bir diğer ifade ile yeni gelinen yerin dilini bilmek baskın kültürle etkileşim ve iletişime katkı sağlamanın yanında kültürel öğrenmeyi ve sosyal desteği arttırmakta, böylece sosyo kültürel uyumun sağlanmasında etkili olmaktadır (Masgoret ve Ward, 2006). Baskın kültürden bireylerle kurulan ilişkiler ve o kültürde uzun süre yaşama yeni toplumun normlarını öğrenmenin yanında günlük yaşantıda karşılaşılan güçlüklerin üstesinden gelmeyi kolaylaştırır (Searle ve Ward, 1990; Hernandez, 2009). Uyum konusunu etkileyen değişkenler arasında kültürel uzaklığın da önemli olduğu görülmektedir. Kültürel uzaklığın fazla olduğu bireyler veya gruplar arasında farklılıklar daha üst düzeyde algılandığı için sosyokültürel uyumda daha fazla sorunlar yaşandığı bilinmektedir (Ward ve ark, 2001). Yapılan çalışmalarda psikolojik ve sosyokültürel uyumla kültürleşme arasındaki ilişki incelenirken birçok aracı değişken ile çalışıldığı görülmüştür. Örneğin, uyum ve kültürleşme arasındaki ilişkide yaş, cinsiyet, etnik köken, din, sosyo-ekonomik durum gibi demografik değişkenlerin (Phinney, Horenczyk, Liebkind ve Vedder, 2001; Schwartz, Unger, Zamboanga ve Szapocznik, 2010); göç yaşı, kaç kuşaktır orada yaşandığı, yeni kültüre yerleşim süresi, göçün gönüllü veya gönülsüz olması gibi göçle ilgili faktörlerin (Berry, 2006; Nguyen ve Benet-Martinez, 2007; Schwartz vd., 2010) ve yeni yerleşilen toplumun etnik yapısı, sosyo politik durumu, ulusal politikaları, kültürleşen bireylere karşı ev sahibi toplumun tutumları, göçmenlerin ayrımcılık deneyimi, ev sahibi kültürle göçmen kültürün benzerlikleri gibi bağlamsal faktörlerin de etkili olduğu gösterilmiştir (Berry vd., 2006; Nguyen ve Benet Martinez, 2007; Ward, 2013).

Farklı araştırmacıların yaptığı çalışmalar uyum ve kültürleşme stratejileri arasındaki ilişkiyi ortaya koymaktadır (örneğin, Berry vd. 2006; Ward ve Kennedy, 1994). Masgoret ve Ward, (2006) yaptığı bir çalışmada uyum sürecinde bütünleşme stratejisinin önemli rol oynadığı, özellikle sosyokültürel uyumun bütünleşme stratejisi ile ilişkili olduğu gözlenmiştir.

Kültürleşme stratejileri ve uyum konusunda yapılan bir diğer çalışmada bütünleşme stratejisinin Avustralya, Kanada, ABD gibi göçmen toplumlarda en fazla tercih edilen ve başarılı uyumu etkileyen kültürleşme stratejisi olduğu ortaya konulmuştur (Berry vd., 2006). Fakat Fransa, Almanya, Birleşik Krallık gibi göçmen gruplardan oluşmamış toplumlarda ise ayrılma veya asimilasyon stratejisi gibi kültürleşmenin diğer şekillerinin psikolojik uyumu daha olumlu şekilde etkilediği ancak sosyo kültürel uyumla olumlu bir ilişkisinin söz konusu olmadığı ortaya konulmuştur (Sam ve Berry, 2010). Ayrıca kültürleşme stratejileri ve uyum konusunda yapılan farklı çalışmalarda da bütünleşme stratejisinin düşük düzeyde kültürleşme stresi ile ve yüksek düzeyde öznel iyi olma (Scottham ve Dias, 2010), yüksek benlik saygısı (Berry ve Sabatier, 2010) ile düşük düzeyde kimlik çatışması (Ward vd., 2011), olumlu duygular (Kosic vd., 2006) ile daha düşük düzeyde, sosyokültürel uyum sorunları (Neto, Barros ve Schmitz, 2005), daha iyi okul başarısı, daha az davranış problemleri (Berry vd., 2006), daha iyi gruplar arası etkileşimle (Zagefka ve Brown, 2002) ilişkili olduğu ortaya konulmuştur.

Sonuç

Uyum kavramı, farklı amaçlarla göç eden gruplar (göçmenler, uluslararası öğrenciler, geçici çalışma için gelenler, mülteciler, etnik kültürel gruplar, insani koruma, sığınmacı) için önemini arttırarak korumaktadır. Farklı göçmen grupların uyumu konusunda yapılan düzenlemeler öncelikli olarak hukuki, ekonomik, uluslararası beklentiler gibi farklı bakış açılarını ve beklenti düzeylerini yansıtmakta, yazılı olarak ifade edilmesine rağmen gerçek hayatta bu grupların beklentilerinin, ihtiyaçlarının karşılanması ve baskın toplumun beklentilerinin karşılanmasında bazı eksiklikler ve aksaklıklar bulunduğu da bir gerçektir. Uyum, göç eden ve göç alan grupların kültürel, sosyal, politik yapıları, ayrıca ulus üstü yapıların da beklentileri, özellikle günümüzde artan güvenlik, ekonomik kaygılar gibi farklı değişkenler dikkate alınarak değerlendirilmelidir. Kültürleşme ve uyum süreçleri göç eden grupların amaç ve beklentilerinden etkilenmektedir. Bu nedenle göç eden grupların özelliklerine göre kültürleşme stratejileri ve uyum süreçlerinin birlikte ele alınması gerektiği düşünülmektedir. Bu alanda tüm grupları kapsayacak gerekli düzenlemelerin, kamu ve sosyal politikalarının oluşturulmasında özellikle disiplinler arası bir yaklaşımla ele alınması gereken ampirik çalışmalara ihtiyaç duyulmaktadır.

Sosyal psikolojik bakış açısı ile uyum konusu ele alındığında gruplar arası ilişkiler ve kültürleşme süreçleri ile ilişkili olarak değerlendirilmektedir. Genel olarak gruplar arası ilişkiler sosyal kimlik kuramının (Tajfel ve Turner, 1978'den akt. Van Oudenhoven vd., 2006) kavramsal çerçevesi ile ele alınırken; kültürleşme kuramı (Berry vd. 1989; Bourish vd., 1997) ile de farklı gruplar arası etkileşimler karşılıklı olarak incelenmektedir. Bu iki kuramsal yapının ortaya koyduğu yaklaşımla uyum süreci Ward ve Rana-Deuba (1999) tarafından psikolojik ve sosyokültürel uyum olarak ele alınmıştır. Göçmenlerin farklı ülkelerdeki uyumları, özelde Türkiyeli göçmenlerin göç ettikleri ülkelerdeki kültürleşme tercihleri ve uyumları ile ilgili farklı çalışmalar (Verkuyten ve Yıldız, 2007; Güngör, Fleischmann ve Phalet, 2011; Seker ve Sirkeci, 2014) yapılmış olmasına rağmen Türkiye'de yaşayan göç eden farklı grupların (göçmenler, uluslararası öğrenciler, geçici çalışma için gelenler, mülteciler, etnik kültürel gruplar, insani koruma, sığınmacı) kültürleşme tercih ve uyumları konularında sınırlı sayıda çalışma bulunmaktadır.

AB'nin 2005 yılında "Avrupa Birliğinde Göçmen Entegrasyon Politikalarındaki Temel İlkeler" ile benimsendiği çok kültürlü toplumlarda karşılıklı uyumun sağlanması için birey ve grupların etkileşiminde kültürel ve psikolojik değişimlere ihtiyaç bulunduğu ortaya konulmuştur. Uygulamada kültürel ve dini farklılıklar, AB'nin diğer hukuki düzenlemeleri veya ulusal düzenlemeler ile çatışan pratikler olmadıkça temel haklar bölümünde garanti altına alınmaktadır. Üye ülkeler ve göçmenler arasındaki etkileşim, kültürler arası diyalog, göçmenler ve göçmen kültürleri hakkındaki eğitimler kent alanını zenginleştirir. Ayrıca göçmenlerin uyumu için devletin kurumları kadar özel hizmet alanlarının, sivil toplum kuruluşlarının da hizmet vermesi, vatandaş olan ve olmayan ayrımı yapmadan uygulama geliştirilmesi beklenilmektedir. Bir diğer önemli konu ise ulusal dilin öğrenilmesinin önemidir (Berry, 2011). Ev sahibi toplumun dili, tarihi ve kurumları hakkında temel bilgiye sahip olma uyum için olmazsa olmazlar arasında bir kural olarak görülmektedir. Ayrıca dil yetkinliği başarılı bir uyum için göçmenlerin temel bilgilere ulaşmasına fırsat sağladığından dolayı, bu doğrultuda devlet ve sivil toplum kuruluşların örgütlenerek dil becerisinin kazandırılması için farklı hizmet yapılarını oluşturmaları beklenir.

Kültürler arası ilişkilerde yaşam içinde bireylerin ve grupların birbirini tanıması, öğrenmesi, değişmesi, uyması zaman almaktadır. Baskın toplum göçmenlerin kamu yaşamına katılımlarında yansız ve tam fırsat eşitliğine dayanan davranışlarda bulunmasına rağmen grup ve birey tarafından ayrımcılık veya dışlanmaya maruz kalabilmektedir. Baskın kültürel toplumda bazı ayrıcalıklı pratikler bulunsa da tüm kültürel grupların ihtiyaçlarının dengeli olarak giderildiği varsayılmaktadır. Günümüzde çok kültürlü toplumlarda birbirinden farklı bir arada yaşayan insanlar arasında sosyal dayanışmanın başarılması elimizdeki kavramlar ve ampirik bulgulara göre olasıdır. İnsanların psikolojik yaşamı, psikolojik süreçler ve davranışlarındaki duygusal ve bilişsel yeterlilikler uyumun başarılmasında önemlidir (Berry, 2011)

Son olarak günümüz toplumlarında kültürel farklılıkların bulunması kaçınılmaz bir durum olarak karşımıza çıkmaktadır. Bu nedenle göç ederek gelen farklı grupların toplum içindeki uyum ve kültürleşme stratejilerinin sosyal politikalar açısından ele alınması, ülkedeki uygulamalar ve göçmenlerin kültürleşme tercihleri arasında paralelliğin sağlanması, toplumu oluşturan gruplar arasında ahengi sağlayacağı ve sürdüreceği düşünülmektedir.

Bölüm 2: Göçmenlerde Sosyo-Psikolojik Entegrasyon Analizi

Duygu Türker ve Ayselin Yıldız

Bir birey veya grubun, ulusal veya uluslararası sınırları aşmak yoluyla gerçekleştirdikleri bir nüfus hareketi olarak tanımlanabilecek göç olgusu (IOM, 2014), küresel ekonomik sistemin bir parçası olan merkez ve çevre ülkelerin sahip olduğu çeşitli itme/çekme faktörlerine (Werner, 1994; 1996) ve dünyanın farklı bölgelerinde artarak yaşanan siyasi krizler, çatışma ve savaşlara da bağlı olarak hemen hemen tüm toplumların karşı karşıya oldukları bir durum haline gelmiştir. 1990 yılında 154 milyon olan uluslararası göçmen sayısı, 2000 yılında 175 milyona ve 2013 yılı itibariyle ise 232 milyona ulaşmıştır (UN, 2013). Dünya nüfusunun %3,2'sine tekabül eden bu rakam (UN, 2013), özellikle gelişmiş ülkelere yönelik bir nüfus dalgası halini almış görünmektedir. Örneğin, Ekonomik İşbirliği ve Kalkınma Teşkilatı'na (OECD) üye ülkelere yönelik göç dalgası, 2001-2011 yılları arasında bu ülkelerdeki nüfus artışının %40'ına tekabül etmektedir. Diğer taraftan, 2011 yılında Avrupa ülkelerine yönelik göçün 2007-2010 kriz dönemindeki %40'lık düşüşün ardından, tekrar yükselişe geçtiği ve %15 oranına ulaştığı görülmektedir (OECD, 2013). Tüm bu göstergeler, uluslararası göç akımlarının, en azından yakın gelecekte azalma göstermeyeceğini ve göç olgusunun çeşitli boyutları ile mercek altına alınması gerekliliğini ortaya koymaktadır.

Ulusal ve uluslararası düzeydeki tüm çabalara rağmen, göçmenlerin yeni yerleştikleri toplumlarda ciddi sorunlarla karşılaştıkları görülmektedir. Günümüzde göçmenler, yerleştikleri toplumun yerel halkından daha yoğun bir şekilde işsizlik sorunu yaşamakta iken (OECD, 2013), iş bulduklarında ise düşük ücret ve kötü çalışma koşullarına maruz kalmakta ve genel olarak insan hakları ihlalleri, ayrımcılık, dışlanma ve emek sömürüsü ile daha sık karşılaşmaktadırlar (OHCHR, 2014). Günümüzde çoğu zaman önyargıların etkisi ile daha çok bir güvenlik tehdidi olarak algılanan göçmenlerin, topluma yaptıkları ekonomik, sosyal ve kültürel katkılar genellikle gerek toplum gerekse politik merciler tarafından görmezden gelinmektedir. Yapılan çalışmalar (OECD, 2010; Wong ve Primecz, 2011; Zlotnik, 2014), göçmenlerin kendi işini kurmak konusunda, yerel halktan daha istekli olduğunu ve onların bu girişimci potansiyellerinin ekonomik büyüme ve yenilikçi fikirlerin artmasına katkı sağladığını göstermektedir. Örneğin, OECD'nin "Girişimcilik ve Göçmenler" raporunda, girişimci göçmenlerin, hem yakın gelecekte karşılaşılacak nüfus azalması veya yaşlanma gibi demografik sorunlara bir çözüm olacağı, hem de ekonomide yeni bir talep kaynağı oluşturduklarına vurgu yapılmaktadır (OECD, 2010). Bu girişimci yaklaşım istihdam olanaklarının, yeni mal ve hizmetlerin geliştirilmesinin yanı sıra, toplumsal uyum ve bağlılığın artmasını da sağlamaktadır (Zlotnik, 2014). Fakat göçmenlere yönelik makro ölçekte bir yaklaşımın geliştirilmesi ve uygulanması, o toplumda sosyal ve ekonomik sermayenin artmasına, uzun vadede gerçek bütünleşmenin oluşmasını sağlayacaktır.

Entegrasyon olgusu, tüm boyutları ile ele alınması gereken bir olgu olup, sadece tek bir boyut üzerinden geliştirilen politika ve yaklaşımların uzun vadede etkisi sınırlı olmaktadır. Örneğin, entegrasyonun daha çok ekonomik ve hukuki boyutuna odaklanan bir yaklaşım, konunun insani boyutunu yeterince dikkate almadığında, göçmen bireylerin, sosyo-ekonomik, sosyo-kültürel ve sosyo-psikolojik boyutlarda ciddi sıkıntı yaşamaları mümkündür. İnsanın sosyal bir varlık olduğu savından hareketle, toplumsal uyum sağlayamayan göçmenlerin, kendi sosyal kimlikleri konusunda bireysel düzeyde sorunlar yaşadıkları (Gül ve Kolb, 2009) ve göçmen kültürlerine aidiyetlerini yerleştikleri toplumun kültüründen daha fazla benimsemek yoluna gittikleri görülmektedir (Şahin, 2010: 115). Özellikle Almanya'da Türk göçmen tecrübesi (örn., Ermağan, 2013) gibi örnekler göz önüne alındığında, bu durumun, uzun vadede gerçek bir toplumsal bütünleşme sağlayamadığını söylemek mümkündür. Bu noktada, konuyu birey ve bireyin toplumla etkileşimi bağlamında ele alan sosyo-psikolojik entegrasyon stratejisinin önemi anlaşılmaktadır. Kısaca, bireylerin duygu, düşünce ve davranışlarının sosyal ortamlardan nasıl etkilendiğine odaklanan sosyal psikoloji yaklaşımı (Brehm ve Kassin, 1996: 6; Kenrick, Neuberg ve Cialdini, 2007: 5) ile konuyu ele alan sosyo-psikolojik entegrasyon, göçmen bireylerin dahil oldukları toplumla etkileşimleri ve bu etkileşimin göçmen ve yerleşik gruplar üzerindeki etkilerini içermektedir. Bu çalışmada, entegrasyonun, yazında nispeten az çalışılan bu boyutu, kavramsal açıdan ve konuya ilişkin teorik yaklaşımlar kapsamında ele alınmıştır. Özellikle Türkiye gibi, Cumhuriyet'in kuruluşundan günümüze, gerek kırsal bölgelerden büyük kentlere, gerekse yurtdışına veya yurda yönelik göç dalgalarının tümünü birden yaşamış bir ülkede (Kirişçi, 1999: 111), sosyo-psikolojik entegrasyonun nasıl gerçekleş-tirilebileceğinin araştırılması önem taşımaktadır. Bu açıdan çalışma, gelecekte konuyla ilgili gerçekleştirilecek yeni çalışmalar için bir çerçeve çizmekte ve sosyo-psikolojik entegrasyonun iletişim temelli stratejik bir yaklaşımla nasıl ele alınabileceği konusunda da öngörüler sunmaktadır.

Kavramsal çerçeve: Entegrasyon ve sosyo-psikolojik entegrasyon

Bireylerin göçmen olarak geldikleri yeni ülke ve bölgelerde yaşadıkları sorunların çözümü ve uzun vadede farklı kültürlerden gelen bu insanlar arasında toplumsal uzlaşının oluşumunda, göç edilen ülkenin göçmenlere karşı nasıl bir entegrasyon stratejisi ve yaklaşıma sahip olduğu belirleyici rol oynamaktadır. Bu noktada, ülkelerin göçmen politikaları arasında, meşruiyetini ulusal ve uluslararası çeşitli dayanaklardan alan farklılıklar olabilmekle birlikte, göç olgusuna yönelik politikaların uzun-vadede başarıya ulaşabilmesinde entegrasyon olgusuna vurgu yapılması önem kazanmaktadır. Berry (1997), entegrasyon olgusunun, bir toplumda bireylerin, kendi özgün kimliklerini ve özelliklerini sürdürmelerinin yanı sıra, toplumla uyumlu ilişkiler kurabilmelerinin de değerli olduğu bir etkileşim stratejisi olduğunu belirtmektedir. Göçmen bireyler tarafından da en çok tercih edilen strateji olan entegrasyon stratejisinin (Berry vd., 1989) başarılı bir şekilde uygulanabilmesi konunun, tüm boyutları ile bütüncül olarak ele alınmasına bağlı görünmektedir.

Entegrasyonun boyutları konusunda ilgili yazında farklı yaklaşımların olduğu görülmektedir. Buna göre, bütünleşmenin psikolojik, sosyokültürel (Searle ve Ward'dan akt. Berry, 1997), ekonomik (Berry, 1997: 13-14), yasal/politik, sosyo-ekonomik, kültürel/dinsel (Penninx, 2005) boyutları olduğu görülmektedir. İlgili yazındaki tipolojilerden hareketle, Şekil 1'de tüm bu boyutlar geniş kapsamlı şekilde ele alınmaktadır. Buna göre, entegrasyon olgusu, hukuksal/siyasal bir zemin üzerinde, bireylerin, ekonomik, sosyal, kültürel ve psikolojik ana boyutları ile sosyo-ekonomik, sosyo-kültürel ve sosyo-psikolojik ara boyutları dikkate alınarak gerçekleştirilmelidir (Türker, 2013).

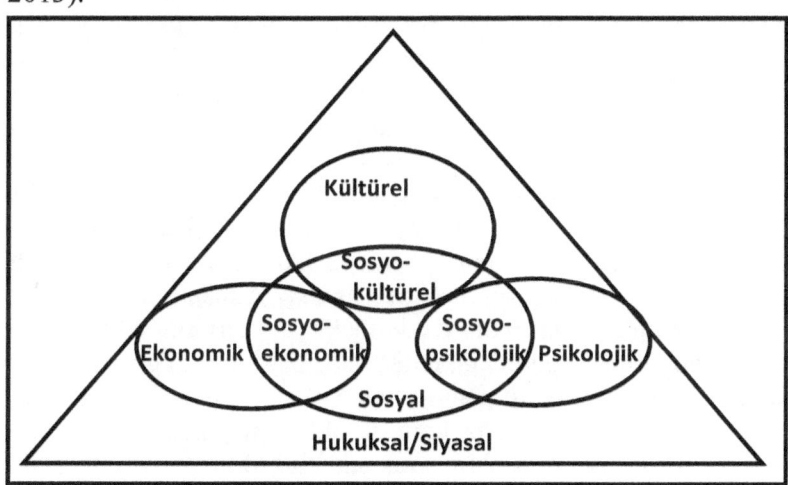

Şekil 1. Entegrasyon Stratejisinin Boyutları
Kaynak. Türker (2013)

Şekil 1'de görülen entegrasyonun bu boyutları içerisinde görece olarak en az çalışılan konunun sosyo-psikolojik boyut olduğunu söylemek yanlış olmaz. İnsanların, bireysel olarak veya grup içerisinde nasıl düşündükleri, hissettikleri, birbirleriyle etkileşim kurdukları ve birbirlerini etkiledikleri anlamaya çalışan sosyal psikoloji (Bordens ve Horowitz, 2002), göçmen bireylerin yeni yerleştikleri bir toplumla entegrasyonları sürecinde önemli bir boyutu teşkil etmektedir. Buna rağmen, sosyo-psikolojik entegrasyonun ne olduğu ve neleri içerdiğine ilişkin yazında, bilgimiz dahilinde, net bir tanımın olmadığı görülmektedir. Gezici-Yalçın (2009), sosyo-psikolojik entegrasyonun, yazında kimlik ve kültürleşme tutumları bağlamında ele alınan bir olgu olduğu belirtilmekle birlikte, konuyu politik katılım özelinde ele almakta ve bu boyutun neyi ifade ettiği üzerinde durmamaktadır. Diğer taraftan, Pitkanen ve Matinheikki-Kokko'ya (2005) göre, sosyo-psikolojik entegrasyon, bireyin hem kendi göçmen grubunun hem de içine dahil olduğu toplumun gösterdiği olumlu tutum ve sosyal bağlantılar ile gelişen bir olgu olup, bu olgunun, yeni ortamlarına uyum süreçlerinde göçmenlere destek sağlayan sosyal ve kültürel ağların (network) varlığı ile göçmenlerin ve toplumun gerçekleştirdiği kültürel etkinliklere katılım gibi unsurları içerdiğini belirtmektedir. Bu yaklaşımın, sosyo-psikolojik ve sosyo-kültürel perspektifleri birleştirdiği görülmekte olup, konunun, sosyal psikolojinin sunduğu sistematik bakış açısı ile ele alınması gerekliliği doğmaktadır.

Sosyal psikoloji, sosyolojinin toplum, psikolojinin ise birey düzeyinde gerçekleştirdiği analizleri tek bir potada eriterek, grup düzeyinde çalışırken bile birey davranışlarını bu grup bağlamında ele almaktadır (Brehm ve Kassin, 1996: 6). Buna göre, sosyo-psikolojik boyutta, kimlik olgusu bireylerin sahip oldukları çeşitli grup üyelikleri ve gruplararası karşılaştırmalar ile yakından bağlantı olup (Tajfel ve Turner, 1979), bireyler bilişsel bir süreç dâhilinde içinde yer aldıkları sosyal ve fiziksel çevreyi kategoriler halinde bölümlemekte ve çevrelerindeki varlıkları bu kategorilere ayırmaktadır (Bilgin, 2008: 164). Evrim sürecinde kazanılan insani bir özellik olarak düşünülebilecek bu kategorilere ayırma davranışı, karmaşık insan yaşamını kolaylaştırmak gibi bir işlev görmekle birlikte (Fiske ve Taylor'dan akt. Bilgin, 2008:165), insanları basitçe Fransız/Alman, beyaz/siyah, kadın/erkek olarak gruplamakta, onlar hakkındaki yargılarımızı etkilemekte ve aynı gruptakilerin birbirine gerçektekinden daha benzer, ayrı gruptakilerin ise gerçektekinden daha farklı algılanmasına yol açabilmektedir (Bilgin, 2008: 167). Göçmenlik durumu söz konusu olduğunda göçmen bireyin, kendisinin ait olduğu grup ile toplum arasında farklılıklara vurgu yapan keskin sınırlar çizerek, benlik algısını bu olumsuz kategorileştirme üzerinde inşa etmesi, toplumun geneline uyum gösteremeyen ve uzun vadede kendi içine kapanan bir göçmen topluluğu oluşmasına neden olmaktadır. Örneğin, Almanya'daki göçmen kimliklerini sınıflandıran Ermağan (2013: 42), bu tür bireyleri, ebeveynin kültürünü çoğunluk kültürüne kıyasla daha ideal bulan "kendi azınlık grubuna yönelen kimlik" kategorisinde ele almakta ve "bu yaklaşımda Alman kültürüne karşı barışık/iç içe olmayan bir tutum"un söz konusu olduğunu belirtmektedir. Diğer taraftan, toplumun da bu göçmen bireylere yönelik önyargılar geliştirmeleri kutuplaşmalara yol açmakta ve hedefin genellikle göçmenler olduğu şiddet olayları baş gösterebilmektedir. Fakat Berry'nin (1997) kültürleşme süreçlerine binaen, sosyo-psikolojik entegrasyon olgusu bireyin hem bir göçmen olarak *ben*, hem de yeni katıldığı toplumun bir parçası olarak *biz* duygularını sağlıklı bir şekilde yaşayabildiği ve hissedebildiği bir ruh halini yaratmayı amaçlamaktadır.

Göçmen kimliği üzerine teorik yaklaşımlar

Sosyo-psikolojik entegrasyonun tam olarak gerçekleşmesi, göç yoluyla gelen bireyin, bu göçmenlik olgusunun kendisi için anlamını tam olarak idrak ederek, içerisine dahil olduğu yeni topluma uyumun gereklerini dengeleyebildiği sağlıklı bir *kimlik* oluşturmasına bağlıdır. Yazında, kimlik olgusunu sosyal etkileşim sürecini de dikkate alarak açıklayan sosyal kimlik teorisi (SKT) (social identity theory) (Tajfel ve Turner, 1985), bireyin benlik algısını sosyo-psikolojik bir perspektiften analiz ederek (Hogg, 2006) entegrasyonun bu boyutuna ilişkin teorik açıklamalar sunabilmektedir.

SKT, bireylerin kendilerini sosyal bir bağlamda tanımlama eğilimi içerisinde olmalarından dolayı, kendileri ve başkalarını farklı sosyal kategorilerle sınıflandırabildiklerini öne sürmektedir (Ashforth ve Mael, 1989; Dutton, Dukerich ve Harquail, 1994; Tajfel ve Turner, 1985). Sosyal kimlik burada bir bireyin kendini ait hissettiği farklı grup ve kategorilerle etkileşimlerinden hareketle oluşturduğu benlik imajının tüm boyutlarını içermekte olup (Hewstone ve Jaspars, 1984), farklı kategorilerde sahip olunan her bir üyelik için birey, o grubun bir üyesi olarak nasıl düşünmesi, hissetmesi ve davranması gerektiğine ilişkin atfettiği özelliklerden hareketle kendi kimliğini tanımlamaktadır (Hogg vd., 1995: 259). Bu noktada, bireyin sosyal kategori olarak neyi tanımladığı oldukça öznel bir sürece işaret edebilmektedir. Kimi bireyler için bu milliyet veya politik ideoloji iken, kimileri için taraftarı olunan bir spor kulübü olabilmekte (Hogg vd., 1995: 259), kimi zamansa bu farklı sosyal kategorilerin her biri bireyin kimlik repertuvarına eklenerek bir sosyal kimlik örüntüsü oluşturabilmektedir.

Elbette bu örüntünün kimi sosyal kategorileri, diğerlerinden daha önemli ve değerli görülebilir; birey, sahip olduğu herhangi bir üyeliği pekiştirmek ve sosyal kimliğini bu boyut üzerinden tanımlamak isteyebilir (Ashforth ve Mael, 1989). Kendini ait hissettiği grubun farklı değerlere sahip, prestijli veya diğerleri ile rekabet halinde olduğunu düşünen birey, bu grup ile özdeşlik kurarak, grubun başarılarını içselleştirebilmekte (Ashforth ve Mael, 1989: 34) ve olumlu bir sosyal kimlik oluşturma ihtiyacı ile (Hewstone ve Jaspars, 1984) kimliğini bu grupla etkileşimi üzerinden kurgulamaktadır. SKT bu yönü ile etnik ve/ya göçmen kökenli kimlik tanımlamalarının incelenmesinde de kullanılabilmektedir (Phinney vd., 2001). Bir bireyin, göçmen olarak kendisini yabancı hissettiği bir toplumun diğer üyeleri ile kendisini ayrıştırması ve aidiyetlik hissi kurduğu kendi göçmen grubu ile özdeşlik kurması son derece doğal bir süreç halini alabilmektedir. Bu durumda, bireyin göçmen grubuna yönelik hissettiği aidiyet ile sosyal kimliğini inşa etmesi arasında bir paralellik bulunmaktadır. Örneğin, Türkiye'ye yerleşmiş 282 Balkan ve Rumeli göçmeni üzerinde yapılan bir araştırma, katılımcıların göçmen gruplarına karşı güçlü bir aidiyet hissettiklerini ve bu göçmenlik olgusunu bir kimlik öğesi olarak benimsediklerini göstermektedir (Türker, 2013).

Dikkat edileceği gibi SKT'nin temelinde, grupiçi özelliklerin diğer grupların özelliklerine göre daha üstün görülmesi fikri yatmakta olup (Brown, 1996: 179), bu durumun olumlu bir kendine saygı algısı oluşturma ihtiyacı gibi (Turner, 1982: 33) temel bir insani güdü olduğu belirtilmektedir (Ethier ve Deaux, 1994: 245). Bu ihtiyaç çoğu zaman oldukça güçlü bir güdü haline gelebilmekte ve gruplar arasında kötü bir geçmişin, rekabetin veya düşmanlığın olmadığı ve sadece bir yazı-tura sonucu ile tesadüfi olarak kategorize edildiği durumlarda bile (Messick ve Mackie, 1989), bireylerin grup içi kayırmacılık eğilimi (ingroup favoritism) içerisinde oldukları görülmektedir (Brehm ve Kassin, 1996). SKT'ye göre, gruplar arası farklılığa vurgu yapılarak oluşturulan bir sosyal kimlik, grubun ayırt edici özelliklerinin farkındalığına bağlı olmakta ve grup üyelerinin paylaşılan bir sosyal kimliği sürdürme istekleri zaman zaman diğer gruplarla çatışmalara zemin hazırlayabilmektedir (Mercer ve Clayton, 2012: 97). Gerçekçi grup çatışma teorisine (realistic group conflict theory) göre (Campbell'den akt. Kenrick vd., 2007; LeVine ve Campbell, 1972; Sherif vd. akt., Zarate vd., 2004), özellikle sınırlı kaynakların olduğu bir çevrede, farklı gruplar bu kaynaklar için rekabet içerisine girebilmekte ve bu durum gruplararasında ön yargıların oluşmasına neden olabilmektedir. Örneğin, yerel halka mensup bireyler, göçmenleri iş gücü piyasasında kendilerine rakip olarak görebilmekte ve onlar olmasaydı kendilerinin bu işlerde çalışacaklarını düşünerek, olumsuz önyargılar geliştirebilmektedir (Zarate vd., 2004).

Bireyin, bir gruba üyeliği nedeni ile ona yönelik olumsuz duygular beslemesini ifade eden önyargılar, ırk, din, cinsel tercih, cinsiyet, yaş gibi demografik özellikler baz alınarak yapılan ayrımcılıklarla genellikle yakın bir ilişki içerisindedir (Brehm ve Kassin, 1996: 132). Geçmişte ve günümüzde yaşanan kimi olayların da gösterdiği gibi göçmen bir kimliğe sahip olan bireylerin, bu tür önyargı ve ayrımcılıklara maruz kalma olasılıkları bulunmaktadır (Pereira, Vala ve Costa-Lopes, 2010; Voci ve Hewstone, 2003). Kuşkusuz bu durum, sosyo-psikolojik entegrasyonu engelleyen bir unsur olabilmektedir. Örneğin, ağırlıklı olarak tek bir kültür ve kimliğin vurgulandığı ulusalcı bir ideolojiye sahip olan toplumlarda, entegrasyon stratejisinin benimsenmesini sınırlandırmaktadır (Berry ve Sam, 1997: 298). Fakat çalışmalar göstermektedir ki, bir kültürel kimliğe aidiyet, bireyin daha geniş bir ulusal varlığa bağlılığını azaltmamaktadır (Berry ve Kalin, 1995; Gudykunst ve Bond, 1997). Özellikle diğer gruplarla benzer özelliklerin keşfedilmesi, grupların birbirlerine yakınlaşmasını sağlayabilmektedir (Brewer ve Campbell, 1976). Temas hipotezine (contact hypothesis) göre (Pettigrew, 1998), gruplar arasında uzun-vadede kurulan yakın ilişki ve arkadaşlıklar, yapıcı temaslara dönüşebilmekte ve farklı gruplar arasındaki önyargıların azalmasını sağlayabilmektedir. Özellikle grup statülerinin eşit olduğu, gruplar arasında ortak amaçların ve işbirliğinin olduğu, bu ilişkinin otorite tarafından desteklendiği (Allport'dan akt. Pettigrew, 1998), bir arkadaşlık olasılığı taşıdığı (Pettigrew, 1998) ve kişisel tanışıklık kurma fırsatının olduğu (Brewer ve Miller'dan akt. Dovidio vd., 2003) durumlarda temas kurmak için gerekli ön koşullar yaratılmış olmaktadır. Temas, gruplararası ilişkilerin geliştirilmesi için kullanılabilecek en etkili strateji niteliğinde olmakla birlikte (Dovidio vd., 2003: 5), belirtilen bu faktörlerin olmadığı bir ortamda gerçekleşen bağlantıların entegrasyon sürecin katkı sağlamadığı görülmektedir. Pettigrew ve Tropp'e (2008) göre, grupların arasında önyargılar, diğer grup hakkında bilgi sahibi olmak, gruplararası ilişki kurma konusundaki endişelerin azalması ve empati kurabilmek gibi faktörlerin varlığı ile azalabilmektedir. Geçmişte birbiri ile rekabet halinde olan iki grubun işbirliği içerisinde çalışacakları ortak bir amaç etrafında bir araya gelmesi, taraflar arasındaki olumsuz tutum ve davranışların ortadan kalkmasını sağlayabilmektedir (Sherif vd.'den akt. Zarate vd., 2004).

Sosyo-psikolojik entegrasyon için stratejik yaklaşım önerisi

Göçmenlere yönelik entegrasyon politikaları genel olarak incelendiğinde, ülkelerin sosyo-psikolojik boyutun farkında oldukları görülmekle birlikte, konuya ilişkin sistematik bir yaklaşım geliştirmedikleri söylenebilir (Türker, 2013). Fakat toplumsal düzeyde etkinlik gösterecek, kapsayıcı mekanizmalar tasarlanmadığında, sosyo-psikolojik entegrasyonun farklı kanal ve mecralar üzerinden gerçekleştirildiği görülmektedir. Bu mecralardan en etkilisi olarak karşımıza çıkan dinsel örgütlenmeler, diğer işlevlerinin yanı sıra, bir grup bilinci ve kimlik duygusu yaratmak yoluyla üyelerinin sosyo-psikolojik ihtiyaçlarını karşılama yoluna gidebilmektedir (Calhoun-Brown, 1996). Diğer taraftan, kendi göçmen grubu ile daha yakın bağlantılar kurabilmek, yine bu aşamada devreye girebilmektedir; özellikle 2000 sonrasında büyük bir gelişme kaydeden iletişim teknolojileri ve her geçen gün kapsamı genişleyen internet ağlarının, günümüzde özellikle genç kuşak göçmenler arasında sosyal medyanın bu yönlü kullanımını oldukça artırdığı gözlenmektedir (Oiarzabal ve Reips, 2012). İrlanda'da yaşayan 65 Polonyalı ve Filipinli göçmen üzerinde gerçekleştirilen bir çalışma, sosyal medya uygulamalarının, katılımcıların arkadaşları ile zaman geçirmeleri ve İrlanda dışında yaşayan yakınları ile ilişki kurmalarına yardımcı olduğunu ortaya koymaktadır (Komito, 2011). Benzer şekilde, farklı ülkelerde yaşayan Türk göçmenlerin de facebook vb. gibi sosyal medya araçları üzerinden kendi aileleri ve göçmen grupları ile daha yakından iletişim kurmaya çalıştıkları gözlenmektedir. Bacigalupe ve Cámara'ya (2012) göre, bilgi iletişim teknolojilerinin uluslararası aile ağlarını yakınlaştırmasının göçmen bireyler ve ailelerinin ruh sağlığı üzerinde ciddi bir psikolojik etkisi olabilir. Bu teknolojilerin, sosyal iletişim amacıyla kullanılması, farklı coğrafyalarda yaşayan bireylerin ilişkilerini canlı tutmalarını sağlaması bakımından son derece önemlidir (Aguila, 2009).

Yeni geldiği toplumla, kendisine sunulan uygun bir entegrasyon mekanizmasının eksikliği sebebi ile toplumun geneli ile uyumlu bir ilişki kuramayan ve sosyal kimlik sorunu yaşayan bireylerin, kendi içerisinde sınırlı bir etkileşime izin veren bu veya benzeri sistemlerin içerisinde kısılıp kalarak, marjinalleşme eğilimi göstermeleri de mümkündür. Özünde entegrasyon stratejisi, izolasyon ve kendini tecrit etmeden ziyade, iletişim ve katılımı içeren bir süreci işaret etmekte olup (Berry ve Sam, 1997), bunun gerçekleştirilmesi toplumsal yaşamın her alanında önem kazanmaktadır. Avrupa Birliği (AB) gibi bölgesel ticaret bloklarının varlığı, iletişim teknolojilerindeki gelişmeler ve uluslararası hale gelen göçmen işçi akımlarının etkisi ile farklı kültürlerden gelen insanlar aynı çatı altında çalışmakta ve örgütlerinin başarısı için *küresel yurttaşlık* olgusu etrafından bilinçli bir kültürlerarası iletişim yeteneğine ihtiyaç duymaktadır (Ting-Toomey, 1999). Konuyla ilgili yapılan çalışmalar, farklı gruplar arasında gerçekleşen iletişimin önemini gözler önüne sermektedir. Örneğin, hastane çalışanları arasında gerçekleştirilen bir çalışma, yerli halka mensup çalışanların, göçmen meslektaşları ile daha sık görüştüklerinde, daha az kaygı duyduklarını ve onlara ve diğer göçmenlere yönelik daha olumlu bir tutum oluşturduklarını göstermektedir (Voci ve Hewstone, 2003). Hatta, daha önce aralarında ciddi problemler olan gruplar arasında kurulan iletişimin bile, gruplar arasında olumlu yönde bir tutum değişikliğine ve güvenin artmasına yol açabildiği bulgulanmıştır (Hewstone, Cairns, Voci, Hamberger ve Niens, 2006). Bu sebeple, sosyo-psikolojik entegrasyonun, bir iletişim stratejisi kapsamında kamu politikası düzeyinde işlerlik kazanması, sorunların çözümünde önem arz etmektedir. Örneğin, göçmenlerin, sosyal ve kültürel ağlar kanalıyla toplumsal faaliyetlere katılımın sağlanması, sosyo-kültürel olduğu kadar sosyo-psikolojik entegrasyon açısından da önemlidir (Pitkanen ve Matinheikki-Kokko, 2005). Bu konuda, makro ölçekte belirlenecek politikalar, özellikle yerel yönetimler aracılığı ile uygulamaya geçirilebilir.

Göçmen bireylerin yerel merkezlerce düzenlenen etkinliklerde halka bir araya gelmesini sağlamak, benzerliklerin keşfini artıracak ve çeşitli işbirliği alanlarının oluşmasını desteleyebilecektir. Diğer taraftan, kamu, özel ve sivil toplum örgütlerince desteklenen sosyal sorumluluk ve/ya sosyal girişimcilik projeleri aracılığı ile farklı gruplara mensup bireylerin ortak bir amaç etrafında bir araya gelmeleri sağlanacaktır.

Sonuç

Tarih boyunca göç konusunda izlenen farklı yaklaşım ve politikalar göstermektedir ki, karşılaşılan kimi sorunlara rağmen, entegrasyon olgusunun sunduğu toplum modelinin daha iyi bir alternatifi bulunmamaktadır. Entegrasyonun gerçekleşebilmesinde, genel kabul gören uygulamaların önceliklerini kısa-vadede göçmenlerin yaşam standardını iyileştirmeyi hedefleyen hukuksal/siyasal ve ekonomik boyutlara verilmekte olduğu görülmekte, orta vadede sosyal ve kültürel mekanizmalarca süreç iyileştirilmeye çalışılmaktadır. Tüm bu öncelik sıralamasında en son aşama genellikle toplumla sağlıklı ve uyumlu ilişkilerin dengeli bir kimlik duygusu içerisinde sürdürülmesini öngören sosyo-psikolojik boyuta gelmektedir. Fakat uzun vadede bireylerin yerleştikleri toplumun bir üyesi olabilmeleri ve sosyal sermayeye tüm potansiyelleri ile katkı sağlayabilmeleri bu son boyuta verilen önemle doğru orantılı görünmektedir. Bu durumda, gerek politika yapıcıların ve sürecin ilgili tüm paydaşlarının, diğer boyutlarının yanı sıra, sosyo-psikolojik boyuta ilişkin de bir çerçeve geliştirmeleri beklenmektedir.

Çalışma kapsamında sunulan teorik bilgi ve uluslararası yaklaşımlar ışığında, göçmenlerin yaşadıkları topluma başarılı entegrasyon süreçlerinin gerek göçmenlerin gerekse yerel toplumun kendini sosyal kimlik örüntüsü içinde nasıl konumlandırdığı ile yakından ilişkili olduğu görülmektedir. Öznel bir değerlendirmeye dayanan sosyal kategorilendirme ve bunun toplum üzerindeki olumsuz etkileri düşünüldüğünde, demokratik karar alma süreçleri sonucu oluşturulan bir sosyo-psikolojik entegrasyon stratejisine neden ihtiyaç olduğu anlaşılmaktadır. Bu bağlamda, göçmen nüfusların yoğun olduğu toplumlarda, karşılıklı 'ötekileştirme' süreçlerini engel-leyebilecek, toplumsal düzeyde işlerliği olan, kapsayıcı ve etkin bir iletişim stratejisi çerçevesinde geliştirilen sosyo-psikolojik enteg-rasyona odaklı kamu politikalarının sorunların çözümüne önemli bir katkı sağlayacağı öngörülmektedir.

Bölüm 3: Entegrasyon/Uyum: Kavramsal ve Yapısal Bir Analiz

Ali Çağlar ve Abdülkadir Onay

Bu bölümün temel amacı, kuramsal düzeyde "entegrasyon – uyum" kavramını tarihsel bir perspektiften ele alarak tartışmak ve dolayısıyla günümüzde kendisine yüklenilen anlamı analiz etmektir. Bu amaca ulaşmak için kavramın, mevcut literatürün yanı sıra özellikle sosyolojik ve hukuksal boyutları üzerinde durularak bir sonuca ulaşılmaya çalışılmıştır.

Entegrasyon - uyum kavramı, özellikle göç ve göçmenlik sürecine paralel olarak toplumların gündemine gelmiş; hem göç alan ve hem de göç veren ülkeler açısından giderek daha çok önem kazanmış ve bahsedilir olmuştur. Entegrasyon kavramı konusunda değerlendirme ve analizlerde bulunabilmek için öncelikle, göç ve göçmenlik kavramlarını açıklamakta yarar olacaktır. Daha sonra, entegrasyon ve re-entegrasyon kavramlarını değerlendirmek için değinilmesi zorunluluk arz eden kimlik, kültürleşme, asimilasyon ve çokkültürlülük kavramları tartışılmıştır. Buradan hareketle, entegrasyon konusu bir bütün olarak ele alınmış ve bir sonuca ulaşılmaya çalışılmıştır.

Türk Dil Kurumu sözlüğünde[1] "Ekonomik, toplumsal, siyasi sebeplerle bireylerin veya toplulukların bir ülkeden başka bir ülkeye, bir yerleşimden başka bir yerleşim yerine gitme işi, taşınma, hicret, muhaceret" olarak tanımlanan göçün disiplinlerarası bir inceleme konusu olması nedeniyle, bir yüzyılı[2] aşkın süredir genel ve teknik düzeyde çeşitli tanımlamalar yapılmıştır. Aynı sözlükte göçmen kavramı ise, "Kendi ülkesinden ayrılarak yerleşmek için başka ülkeye giden (kimse, aile veya topluluk) muhacir" olarak tanımlanmaktadır.

Türkiye'nin hukuk mevzuatı açısından göç kavramı değerlendirildiğinde ise şu şekilde bir açıklamanın yapılmış olduğu görülmektedir. Yabancılar ve Uluslararası Koruma Kanunu'na (11/04/2013 tarih ve 6458 sayı) göre "Göç" kavramı, "Yabancıların, yasal yollarla Türkiye'ye girişini, Türkiye'de kalışını ve Türkiye'den çıkışını ifade eden *düzenli göç* ile yabancıların yasa dışı yollarla Türkiye'ye girişini, Türkiye'de kalışını, Türkiye'den çıkışını ve Türkiye'de izinsiz çalışmasını ifade eden *düzensiz göç* olarak iki ana grupta düzenlenmektedir. Bu tanımdan da anlaşılacağı gibi Türk Hukukunda "göç", bir ülkeye giriş, o ülkede kalış ve o ülkeden çıkış eylemlerinin yasal ve yasadışı olmalarına göre iki ayrı gruba ayrılmaktadır. Düzenliliği sağlayan unsurun ise yasallık unsuru olduğu anlaşılmaktadır.

---

[1] Bkz. Türk Dil Kurumu Online Sözlüğü, www.tdk.gov.tr Erişim: 03.12.2014.
[2] Jackson (1969:6), göç hakkındaki teorileri ilk olarak formüle etme girişimlerinin, E.G.Ravenstein tarafından 1881 ve 1889 yıllarında "Göç Kanunları (The Laws of Migration)" hakkında yazdığı iki makalede yapıldığını ifade etmektedir.

Göçün düzenli veya düzensiz olmasının uygulamadaki en önemli sonucu, düzenli veya düzensiz göçmenlere karşı farklı uyum çalışmalarının mevcudiyetidir. Ancak bu uyum çalışmaları kaçınılmaz olarak *düzensiz göçmenler* olarak tanımlanabilecek; yasadışı göçmenler, sığınmacılar ve mülteciler gibi toplulukların da aynı çalışmalar içinde incelenmesini zorunlu kılmaktadır. Aynı şekilde, göçün yönetimi ile ilgili olarak uluslararası ölçekte hükümetlere ait organizasyonlar (GO), hükümet dışı organizasyonlar (NGO) ve sivil toplum kuruluşları (STK)[3] olarak faaliyet gösteren bazı örgütler[4], kuruluş amacı olarak yalnızca düzenli veya yalnızca düzensiz göç konularından birisine hasredilmiş olsalar da, uyum çalışmaları kapsamında her iki göç kategorisi ile ilgilenmek durumundadırlar.

Osmanlı İmparatorluğunun küçülmeye başlamasıyla birlikte kaybedilen topraklardan Anadolu'ya doğru başlayan göçler, Türk tarihinde acı hatıralar ve uyum problemlerinin izlerini bırakmıştır. Bununla birlikte bazı komşularımızla zamanımıza kadar süregelen toplumsal ve siyasal sorunların bir kısmının kaynağı da göçlerden ve göç edilen yeni ve değişik ortama uyum ve bütünleşme problemlerinden kaynaklanmaktadır. Örneğin; Türk-Ermeni, Türk-Rum hoşnutsuzluklarının arkasında yatan en önemli nedenlerden birisi de, Birinci Dünya Savaşı yıllarındaki Ermenilerin zorunlu (forced) göçü ve Türk Kurtuluş Savaşı sonrasındaki Rumlarla Türklerin karşılıklı zorunlu (impelled) göçüdür. 1960'ların başlarında Batı Avrupa'nın işçi ihtiyacının karşılanmasına yönelik gönüllü (düzenli) Türk işçi göçlerinden kaynaklanan sorunlar da, söz konusu ülkelerle Türkiye arasında önemli bir sorun teşkil etmiştir. Göçmenlerin göç ettikleri yeni ortamlara uyumu ve bütünleştirilmesi çabaları, gerek göç veren, gerekse göç alan ülkelerde, göçmenler üzerinde

---

[3] Bilindiği gibi Hükümet Dışı Örgütler (HDO) de muhtevaları itibarıyla bir sivil toplum kuruluşudur. Ancak "sivil" kelimesine yüklenen anlamın değişik kültürlerde farklı olması nedeniyle, HDO ve STK'ların tanımlanmalarında kavram farklılıkları oluşabilmektedir. Örneğin iktidar konumunda olmayan siyasal partiler veya barolar gibi meslek kuruluşları, genellikle birer STK sayılırken HDO sayılmamaktadırlar. Her iki kavram ve benzer nitelikteki kavramlar için bakınız. Tunçay, Mete (2003). "Sivil Toplum Kuruluşlarıyla İlgili Kavramlar" Sivil Toplum Düşünce&Araştırma Dergisi, Yıl:1, Sayı: 1, Ocak-Subat-Mart. ss.9-13. Ayrıca bkz. II. Ulusal Sivil Toplum Kuruluşları Kongresi Bildiri kitapçığı, 15–16 Ekim 2005, Çanakkale 18 Mart Üniversitesi,
http://www.comu.edu.tr/yayinlar/II_stk_kongre_kitabi_2005.pdf, (Erişim Tarihi: 28.11.2014)

[4] Göç ve sığınma konularıyla ilgili faaliyet gösteren bu örgütler McAdam'a göre (2011: 153) UNHCR, IOM, (9 Aralık 2003-31 Aralık 2005 tarihleri arasında faaliyet gösteren) UN Global Commission on International Migration, the Office of the High Commissioner for Human Rights (OHCHR)-Global Migration Group, OHCHR-Special Rapporteur of the Commission on Human Rights of Migrants, ILO-MIGRANT, The Hague Process on Refugees end Migration, UN Population Fund (UNFPA), Internal Displacement Monitoring Centre (IDMC)'dir.

ekonomik, sosyo-politik ve kültürel alanlarda yeni göç ve kimlik çalışmalarına hız verilmesine yol açmıştır.

Entegrasyon ile ilgili bazı kavramların incelenmesine geçmeden önce, gerek uluslararası literatürde, gerekse ulusal literatürde, bazı terimlerin anlamları üzerinde bir anlam bütünlüğünün bulunmadığını belirtmek gerekir. Bu zaafiyetin en önemli nedenlerinden birisi, ele alınan yabancı dildeki kelimenin Türkçede tam bir karşılığını bulma güçlüğüdür. Bununla birlikte, aynı kelimeye uluslararası literatürde aynı kişilerce farklı dönemlerde veya aynı dönemde farklı kişilerce farklı anlamlar yüklendiği de görülmektedir. Bu çalışmanın en önemli ve sık kullanılan kelimeleri olan *uyum* ve *entegrasyon*[5] kelimelerinin de eleştiriden nasibini alması kaçınılmazdır. Bu nedenle aşağıdaki bölümde bu kavram karmaşasına girilmeden, ayrı ayrı her kavramın, teori veya politikanın, ortaya atıldığı tarihsel çerçeve[6] içinde farklı kullanım alanlarıyla birlikte bir analizi yapılmıştır. Çalışmada, Çağlar'ın (2011:63), "farklı bir kültürel çevreden yeni bir kültürel çevreye gelen bireyler ya da grupların 1) Eritme (assimilation), 2) Uyum (integration), 3) Ayırım (segregation) ve 4) Marjinalleştirme (marginalisation) olmak üzere dört farklı seçenekle karşılaştıkları" şeklindeki değerlendirmesi, ana çerçeve olarak kabul edilmiştir.

Kaygalak (2009:13), göçün kuramsal olarak açıklanmasına dair ilk çabaların Ravenstein'ın göç kanunlarını oluşturduğu 1880 yılına dek uzandığını ifade etmektedir. Dolayısıyla göçlerle birlikte başlayan göçmenlerin uyum çalışmaları konusunda kuramsal yaklaşımların da aynı tarihlerden başlayarak oluştuğunu kabul etmenin uygun olacağı değerlendirilmektedir. Aşağıda, çalışmanın daha iyi anlaşılması için açıklanmasında yarar olduğu düşünülen *kültürleşme, kimlik, asimilasyon, entegrasyon, çokkültürlülük* ve *reentegrasyon* kavramlarına, konuların tarihsel ve metodolojik akış süreçleri esas alınarak sırasıyla yer verilmiştir.

Bir birey, grup ya da topluluğun uyum sürecinden bahsedebilmek için öncelikle o birey, grup ya da topluluğu oluşturan ve "kimlik" olarak tanımladığımız olgudan bahsetmek gerekir. Diğer bir deyişle, uyumdan söz edebilmek için öncelikle, 'onu o kılan ya da ötekini öteki kılan ve onu o, ötekini öteki olarak tanımlamamızı sağlayan şey'i anlamamız ve açıklamamız gerekir. O şey ise kısaca 'kimlik' olarak anlamlandırdığımız durumdur.

---

[5] Bu çalışmada *entegrasyon* kelimesi, Türkçedeki *uyum* kelimesiyle eş anlamlı olarak kullanılmıştır. Halbuki, *uyum* kelimesinin İngilizcedeki en uygun karşılığı, göç literatüründe teknik bir anlamı olmayan *adaptation* terimidir. Aynı şekilde *integration* kelimesinin de Türkçedeki en uygun karşılığı (bir bütünün parçalarını) *bütünleştirmek* terimidir.

[6] Akademik literatürde, kronolojik sıraya göre asimilasyon teorilerinden sonra entegrasyon teorileri, ondan sonra ise çokkültürlülüğe dair teorik çalışmalar ortaya çıkmıştır.

Kimlik

Kimlik, yüzeysel olarak kısaca kişilerin ve çeşitli büyüklük ve nitelikteki toplumsal grupların "kimsiniz, kimlerdensiniz?" sorusuna verdikleri cevaplardır (Karaduman, 2010: 2887). Yurdusev'e göre (1997: 18-29); kimlik toplumsal bir olgudur, varlığın bir vasfıdır, bir tanımıdır. Kimlik, kimlik edinen ile kimlik verenin bileşimidir. Aidiyet olgusu veya kimliklenme süreci çok yönlü, dinamik ve sürekli bir oluşumdur. Bir bireyin sahip olabileceği birden fazla kimlik vardır ve insanlar genellikle aynı anda çok sayıda kimliğe sahiptir. İnsanlar, erkek-kadın, heteroseksüel – homoseksüel, siyah – beyaz – sarı ırk, Hristiyan - Müslüman – Musevi, Asyalı – Avrupalı - Amerikalı ya da ülkemizdeki tanımlarla ulusalcı-İslamcı, Türk, Kürt, Arap, Laz, Zaza, Çerkez, doktor, öğretmen, öğrenci, avukat, yargıç, tamirci, aşçı vb. gibi aynı anda birden çok kimliğe sahip olabilirler. Kimlik edinme, toplumsal bir olgu niteliğine paralel bir biçimde, zaman süreci içinde gerçekleşmesi nedeniyle, tarihsel bir olgudur. Kimlik birimi genişledikçe bireyler üzerindeki etkisi azalır. Yurdusev (1997: 26), bir toplumsal kimliğin oluşmasında ve tanımlanmasında bir yanda "objektif" öğeler, öte yanda da "subjektif" öğeler bulunduğunu öne sürer. Objektif öğeler; mitoslar, din, dil, etnik köken, coğrafya, hayat tarzı, beraber yaşanan tarih, değerler, gelenek ve görenekler gibi toplumsal kimlik biriminin üyeleri tarafından paylaşılan özelliklerdir. Üyelerin aynı zamanda, o kimlik birimine ait olduklarının subjektif bilincine de sahip olmaları gerekir.

Bireyin sahip olduğu kimlikleri genel anlamda, verili (doğumla gelen) ve kazanılmış (eğitim vb aracılığıyla sonradan edinilen) kimlikler olarak ikiye ayırmak olanaklıdır. Aile, kabile, aşiret, ırk, etnik köken, toplum, ulus, cemaat, mezhep, din gibi kimlikler verili kimliklerdir. Birey içine doğduğu aile ortamının sahip olduğu bu kimlikleri, o aile içinde doğmuş olmakla edinmiş olur. Bireyin bu süreçte bir iradesi, tercihi söz konusu değildir. Sonradan kendi tercihi ile ulus, mezhep, cemaat ve dini kimliğini değiştirebilirken, yukarıda sayılmış olan diğer kimliklerini değiştirmesi pek olanaklı değildir. Sonradan edinilen kimliklere bakıldığında ise daha çok eğitim yoluyla ve genellikle bireyin – ailesinin tercihi ile edinilen kimliklerdir. Bunların başında mesleki kimlikler gelir. Öğretmen, doktor, yargıç, eczacı, terzi, tamirci, elektrikçi vb. kimlikler, belli bir eğitim ya da çıraklık-kalfalık sürecinin sonucunda kazandığı bilgi, beceri ve donanım ile edinilirler. Örneğin aynı verili kimliklere sahip olan iki kardeş, aldıkları farklı eğitim ve unvan sonucunda biri şoför kimliği edinirken diğeri ise yargıç kimliği edinebilir. Bu iki kimlik sürecinin dışında bir de yine doğuştan gelen cinsiyet kökenli ve tüm insanların sahip olduğu kadın - erkek, oğlan – kız gibi; aynı şekilde yine tüm insanların farklı sıfatlarla adlandırdıkları ve yaşa dayalı;

bebek, çocuk, ergen, genç, yaşlı; ya da medeni durum odaklı evli, bekar, dul, nişanlı, boşanmış gibi sıfat-kimlikler mevcuttur. Yine cinsel eğilim temelli heteroseksüel, homoseksüel, bi-seksüel, travesti vb gibi kimlik sıfatlandırmalarına rastlamak da olanaklıdır. Aynı şekilde ideolojik tercih temelli sağcı, solcu, dinci, Marksist, liberal, muhafazakar, sosyal demokrat, anarşist vb kimlikler de hemen hemen her toplumda karşılaşılan kimliklerdir. Yaşanılan bölge ya da coğrafya odaklı kimlikler de söz konusudur. Örneğin, kuzeyli, güneyli, batılı, doğulu, Asyalı, Avrupalı, Amerikalı, Afrikalı gibi kimlikler. Kimliklerin algılanması ve kullanılması karşılıklı konum, algı ve tanımlara bağlıdır. Bireyin kendisini ne ile tanımladığının önemi kadar karşısındakilerin de o bireyi o öğe – değer – sıfat ile tanımlaması da önemlidir.

Aydın (1999:12) ise kimliği, iki alt bileşene ayırmaktadır. Bunlardan birincisi, tanınma ve tanımlama, ikincisi ise aidiyettir. Tanınma ve tanımlama bireyin toplum içerisinde, toplum tarafından nasıl tanındığı ve kendisini nasıl tanımladığıdır. Bunun aracı ise dil ve kültürdür. Aidiyet ise bireyin kendini herhangi bir toplumsal gruba dahil hissetmesiyle ortaya çıkar. Burada önemli olan nokta şudur; her ne kadar toplum bireyi belli bir kimlikle tanımlıyorsa da, birey kendini söz konusu kimliği oluşturan topluluğa dahil hissetmiyorsa, o kimliğe sahip olduğu söylenemez. Dolayısıyla Aydın'ın ifadesinde, Yurdusev'in açıklamalarına ilave olarak; bireyin kendini ne şekilde tanımladığının yanında, üyesi bulunduğu topluma dahil hissetmesinin öne çıktığı görülmektedir. Ayrıca, insanın sahip olduğu kimlikler arasında, belli bir hiyerarşi vardır. Bu kimliklerden biri ya da birkaçı, dış etkenlere bağlı olarak, ön plana çıkabilir. Amin Maalouf kimliğin bu özelliğini, Saraybosna'da yaşayan, 50 yaşlarındaki herhangi bir adamı ele alarak şu şekilde örneklendirmektedir (2004: 17):

1980'e gelirken, bu adam şöyle derdi: 'Ben Yugoslavım!', gururla ve gönül koymadan; daha yakından sorular sorulduğundaysa Bosna-Hersek Özerk Cumhuriyeti'nde yaşadığını ve bu arada Müslüman geleneği olan bir aileden geldiğini belirtirdi.

On iki yıl sonra, savaşın en şiddetli günlerinde aynı adam hiç duraksamadan ve bastırarak şöyle cevap verirdi: 'Ben Müslümanım!' Hatta belki de şeriat kurallarına uygun bir sakal bırakmış bile olurdu. Hemen arkasından Boşnak olduğunu ve bir zamanlar gururla Yugoslav olduğunu vurguladığının kendisine hatırlatılmasından hiç hoşlanmadığını da eklerdi.

Bugünse adamımızı sokakta çevirsek önce Boşnak, sonra Müslüman olduğunu söyleyecektir; düzenli olarak camiye gittiğini de belirtecektir; ama ülkesinin Avrupa'nın bir parçası olduğunu ve bir gün Avrupa Birliği'ne katılmasını umut ettiğini söylemeden geçemeyecektir.

Unat (2002: 183), içinde yetişilen ortamın, gençlerin benimseyecekleri kültürel kimliği de belirleyeceğini savunmaktadır. Bu kimliğe özgü tüm işaretler onları toplumun içindeki diğer gruplardan ayırt etmekte ve onlara bir çeşit özgüven vermektedir. Bu kültürel öğeler içinde dil, öğrenim, toplumsal değerler, din, gelenekler, serbest zaman faaliyetleri önemli bir rol oynamaktadır.

Göçmenler bağlamında, kimlik konusunda bir de alt kimlik- üst kimlik konularına değinmek gerekir. Etnolojik olarak üst kimlik, aynı kökene sahip alt grupların ana kimliğidir. Bu anlamda Türklük; Kırgızlar, Özbekler, Kazaklar, Azeriler, Türkmenler, Yakutlar, Gagavuzlar vb. için üst kimliktir. Siyasi anlamda ise üst kimlik, farklı etnik gruplara mensup kişilerin, vatandaşlık bilinciyle benimsediği temsili ulusal kimliktir. Bu kimlik genelde, ülkenin kurucu egemen unsurunun kimliğidir (Önder, 2007: 11). T. C. Anayasası'nın 66. maddesinde de ulusal kimlik, 'Türk" olarak bu anlamda tanımlanmıştır. Bu tanımda esas alınan ölçüt, etniklik değil, vatandaşlıktır. Bu tanımlama, göç edilen ülkeler bağlamında göçmen grupları için de söz konusudur. Örneğin, Birleşik Krallık'ta üst kimlik "British" kavramı ile anılmaktadır ki İngiltere'deki bütün gruplar rahatlıkla bu kimlik ile kendilerini tanımlayabilmektedirler. Çünkü "British" kimliği ne İngiliz, ne İskoç, ne Galler ne de İrlanda ya da göçmenlerin kimliklerine refere etmektedir. Ancak herkesi kucaklayan ana kimlik, bütün bu alt-kimlik grupları tarafından bir üst kimlik olarak gönüllü bir şekilde kullanılmaktadır.

Göç konusu özelinde etnik kimlikten de bahsetmek gerekir. Öztoprak Sağır (2004: 4), Max Weber'in etnik grup kavramını inceleyen ilk sosyal bilimci olduğunu ifade ederek, Weber'e göre bir etnik grubun, "fiziksel tip veya geleneklerin veya her ikisinin benzerlikleri veya kolonileşme ve göç hatıraları sebebiyle ortak bir kökene dair öznel bir inanç taşıyan insan grupları" olduğunu belirtmektedir. Etnik grubun bir üyesi olmak için "nesnel bir kan bağı olup olmaması" önemli değildir. Aydın'a (1999: 53) göre ise etniklik, tıpkı ulus gibi doğal, kendiliğinden ve değişmez bir olgudur, bu anlamda ulusun nüvesidir. Siyasal birliğine eriştiği noktada ise ulus olacaktır. Yani etniklik ulus olabilmenin ön koşuludur.

Kültürleşme

Kültürleşme, kültürel yayılma süreciyle gelen maddi ve manevi öğelerle, başka kültürden birey ve grupların, belli bir kültürel etkileşime girmesi ve karşılıklı etkileşim sonunda her ikisinin de değişmesi olarak tanımlanmaktadır (Güvenç, 2010:121). Güvenç'e göre kültürleşme, iki ya da daha çok sayıdaki kültür grubunun aşağı yukarı sürekli ilişki ve etkileşimi sonucunda, gruplardan birisinin ötekine ait kültürel öğeleri kabul etmesi, benimsemesi ve ortaya yeni bir kültür bileşiminin çıkması süreci olarak tanımlanabilir. Kültürleşme süreci için sürekli ilişki ve etkileşim içinde bulunan en az iki ayrı kültür sistemi gereklidir. Kültürleşme kuramı, bu sürecin belli bir zamanda başladığını, belli bir süre sonra belli düzeylere ulaştığını ileri sürer. Kültürleşme kuramı, ayrıca, gruplardan biri baskın olsa bile, her iki sistemin de bu kültür ilişkisinden etkilendiğini ve değişikliğe uğradığını değerlendirir. Kültürleşme süreci içinde, insanlar değiştiği gibi, tüm kültürel öğeler, araçlar ve kurumlar da değişikliğe uğrar. Yabancı ülkelerde uzunca süre kalan birey ve gruplarda gözlemlenen değişmeler kültürleşmedir (Güvenç, 2010:125). Çağlar ise, kültürleşmenin, yerli kültürün belli öğelerine adapte olmak olduğunu belirtmektedir. Bu durumda kişi asla kendi etnik kimliğini terk etmez, sadece göç ettiği ülkenin dili gibi belli öğelerini öğrenir ve topluma öyle adapte olmaya çalışır (2011: 64). Kültürleşme, grup seviyesinde sosyal yapılarda ve kurumlarda olduğu gibi kültürel pratiklerde değişimi de içerir. Bireysel seviyede ise kişinin davranış dağarcığının gelişmesi ve değişmesi ile ilgilidir. Kültürel etkileşim uzun soluklu bir süreçtir ve bazen yıllar bazen kuşaklar, bazense yüzyıllarca sürebilir. Kültürel etkileşim, karşılıklı uyumun pek çok türü ile ilgili olan ve gruplar arası uzun dönemli psikolojik ve sosyokültürel adaptasyonlara yol açan bir süreçtir (Ceceli Köse, 2011:12).

Löffler (2011: 94), kültürleşmenin bir başka kültüre yakınlaşma (Annäherung) veya o kültüre geçiş yapma (Anpassung) olduğunu ifade etmektedir. Kültürleşme terimi, geçmişle ilgili olabileceği gibi birey ve grupların kültürel ilişki deneyimleriyle de ilgili olabilir. Löffler, terimin açık bir şekilde tanımlanmadığını, ampirik ve normatif olarak farklı anlamlarda kullanıldığını belirtmektedir. Ampirik kavram olarak kültürel özdeşleşme anlamına geldiğini, normatif olarak ise, yabancıların entegrasyonunun ideal şekli olduğunun altını çizmektedir. Berry (2006: 306)'ye göre ise kültürleşme, kültürlerarası ilişkiyle meydana gelen kültürel ve psikolojik değişim sürecidir. Kültürel değişimler, bir grubun geleneklerinde ve onların ekonomik ve siyasal yaşamındaki değişiklikleri içerir. Psikolojik değişimler, bireylerin kültürleşme sürecine, kültürel kimliklerine ve temasta bulundukları gruplarla ilgili sosyal davranışlarına ilişkin değişiklikleri içerir. Berry (2006: 309), *kültürleşme davranışlarını* (acculturation attitudes) değerlendirdiği ölçeğinde, dört adet kültürleşme davranışı saymaktadır. Bunlar *asimilasyon, entegrasyon, ayırma/dışlama* (separation) ve *marjinalizasyon*dur. Berry (1997: 11), egemen olmayan (non-dominant) gruplar açısından bakıldığında; bireyler, kendi kültürel kimliklerini muhafaza etmek istemediklerinde ve diğer kültürlerle günlük ilişkilere (interaction) girmek arayışında olduklarında *asimilasyon*un oluştuğunu ifade etmektedir. Diğer taraftan, bireyler kendi kültürlerine özel bir değer verdiklerinde ve aynı zamanda diğerleriyle ilişkiyi önlediklerinde *ayrılma* (separation) seçeneğinin gerçekleştiğini belirtmektedir. Birisinin hem kendi orijinal kültürünün muhafazası, hem de diğer gruplarla ilişkileri söz konusu olduğunda *entegrasyon* olgusu söz konusu olmaktadır. Bu seçenekte, daha büyük toplumsal ağın bütünleştirici bir parçası (integral part) olma arayışı sürerken, kültürel bütünlük (integrity) bir dereceye kadar muhafaza edilmektedir. Son olarak ise, (genellikle zorlamadan kaynaklanan kültür kaybı nedeniyle) kültürün muhafazası ihtimali düştüğünde ve diğer gruplarla ilişkilerin (genellikle dışlama ve ayrımcılık nedeniyle) karlı olmadığı durumlarda marjinalizasyon söz konusudur. Söz konusu kültürleşme stratejileri kültürel gelenekler, dil, evlilik, sosyal faaliyetler ve arkadaşlarla ilgili sahalarda söz konusudur. Berry (2006: 309) kültürleşme davranışlarını örneğin sosyal faaliyetler sahasında aşağıdaki şekilde göstermektedir: "Hem yaşadığım ülke vatandaşlarıyla hem de kendi etnik grup üyelerimle sosyal faaliyetlerde bulunmayı tercih ederim" (=*entegrasyon*); "yalnızca yaşadığım ülke vatandaşlarıyla sosyal faaliyetleri tercih ederim" (=*asimilasyon*); yalnızca kendi etnik grubumun üyeleriyle sosyal faaliyetleri tercih ederim" (=*separasyon*); ne yaşadığım ülke vatandaşlarıyla, ne de kendi etnik grubumun üyeleriyle sosyal faaliyetlerde bulunmak istemiyorum (=*marjinalizasyon*).

Berry (1997: 18-20), psikolojik kültürleşme fenomenini (psychological acculturation phenomena) beş aşamaya ayırarak incelemektedir: Temas öncesi aşama olan birinci aşamada, her iki kültürün ihtiyaç ve deneyimlerinden kaynaklanan bir talep ortaya çıkmaktadır. İkinci aşama olan temas aşamasında, bireyler, bu ortak deneyimlerinin ne ifade ettiğini gözden geçirmektedirler. Kültürleşme deneyimlerinin bireyler için herhangi bir problem oluşturmadığı kanısına ulaşıldığında değişimler daha kolay olmaktadır. Bu aşamada toplumun büyük çoğunluğunda çok az değişiklik olmakla birlikte, kültürleşmeye başlayan bireyin (acculturating individual) uyumsal değişiklikleri (adaptive changes) oluşmaya başladığından çoğunlukla *uyarlama* (adjustment) aşaması olarak da adlandırılmaktadır. Kültürleşme deneyimi bireyler açısından kontrol edilemez sorunlar yarattığı takdirde, kültürleşme süreci bazen dışlama (separation), bazen de marjinalizasyonla sonuçlanabilecek şekilde başarısız olacaktır. Çatışma aşaması olan üçüncü aşamada; bireyler problemli olarak gördükleri deneyimleriyle başa çıkma yöntemini izleyeceklerdir. Egemen (dominant) toplum üyeleri tarafından diğer grup üyelerini benimsemeye istekli davranışlar gösterildiği takdirde başarı sağlanabilecektir. Psikolojik kültürleşme sürecinin dördüncü aşaması, fizyolojik ve duygusal reaksiyonları da içeren, stres ortamının hakim olduğu kriz aşamasıdır. Bu aşamada davranışsal değişimler kolaylıkla oluşabildiği takdirde, stres muhtemelen oldukça düşük seviyede olacaktır. Ancak kültürleşme problemleri yüksek olduğu ve başarıyla yönetilemediği takdirde, anksiyete ve depresyon gibi psikolojik krizlerin görüldüğü olumsuz sonuçlar oluşabilecektir. Beşinci ve son aşama ise, bireyde veya grupta çevresel taleplere karşı nispeten istikrarlı değişimlerin görülmeye başlandığı uzun dönemli uyum (long-term adaptation) aşamasıdır. Berry ayrıca *re-kültürasyon* ve *de-kültürasyon* şeklinde iki kategoriye ayırdığı kültürleşme sürecinin *re-kültürasyon* kategorisi altında *entegrasyon* ve *asimilasyon* kavramlarını toplarken, *ayrılma* ve *marjinalleştirme* kavramlarını da *de-kültürasyon* kategorisi altında değerlendirmektedir. O'na göre, eğer kültürleşme süreci, etkileşimdeki tüm grup, birey ve kültürlerde bir değişim yaratırsa, söz konusu olan 'entegrasyon'dur; eğer baskın kültürün diğer(ler)ini dönüştürmesi şeklinde işler ise, burada 'asimilasyon' söz konusudur (Aktaran Karataş, 2006: 40).

Pietikäinen (2012: 28) ise kültürleşme sürecinde sık sık meydana geldiğini ifade ettiği *kültür dışı kalma* (deculturation) kavramını kullanmaktadır. Eski kültürel alışkanlıkların bazılarının unutulması anlamına gelmektedir. *Adaptasyon* (adaptation) ve *uyarlama / düzenleme* (adjustment) kavramları, kültürleşme sürecini tanımlarken kullanılan diğer terimlerdendir. O'na göre *adaptasyon*, kültürleşmenin uzun vadeli sonuçlarından konuşulduğunda, *düzenleme/uyarlama* ise kısa vadeli bir kültürleşme sürecinden bahsedildiğinde söz konusu olmaktadır. Kültürleşme kavramına farklı bir yaklaşım getiren Price'a göre ise *kültürleşme, kültürel asimilasyon*dur (1969: 219); kültürleşme veya kültürel asimilasyon, azınlık bir grubun ortaya çıkmasıyla, diğer asimilasyon tipleri arasında ilk olarak ortaya çıkması muhtemel olanıdır. Kültürel asimilasyondan sonra, azınlık grubun ev sahibi toplumun ana kurumlarına katılmasıyla başlayan "yapısal asimilasyon" (structural assimilation) safhasının başlayacağını ve bu safhadan sonra diğer bütün asimilasyon tiplerinin sırasıyla görüleceğini öngörmektedir.[7] Kültürleşme süreci sonucunda, birey veya toplum aynı zamanda bir kimlik değişim sürecine de girmektedir.

Asimilasyon

Entegrasyondan söz edildiğinde, sıklıkla karşılaşılan bir diğer kavram ise asimilasyondur. Türk Dil Kurumu Türkçe Sözlüğü (2014)'nde; "Farklı kökenden gelen azınlıkları veya etnik grupları, bunların kültür birikimlerini, kimliklerini baskın doku ve yapı içinde eriterek yok etme" olarak tanımlanan asimilasyon kavramı için çeşitli tanımlamalar mevcuttur. Güvenç (2010: 121), kültürel özümseme olarak adlandırdığı asimilasyonu, bir kültürel sistemin başka bir kültürel sistemi, giderek kendine benzetmesi, kültürel egemenliği altına alması olarak tanımlamaktadır.

Löffler (2011: 90) ise, kelime olarak asimilasyonun aynılaşma (Angleichung) veya benzeştirme (Ähnlichmachung) anlamına geldiğini ifade

---

[7] Price'ın öngördüğü diğer asimilasyon tipleri; evlilikle asimilasyon *(amalgamation)*, tanımlamaya dayalı asimilasyon *(identificational assimilation)*, kabullenilmiş hal asimilasyonu, *(attitude receptional assimilation)* kabullenilmiş davranış asimilasyonu *(behaviour receptional assimilation)* ve civic assimilation'dur.

etmektedir. O'na göre asimilasyon kavramı iki önemli şekilde kullanılmaktadır: Ampirik açıdan asimilasyon sosyal ve kültürel özdeşleşme olarak değerlendirilebilir. Normatif açıdan ise asimilasyon, bir toplumda göçmenlerin entegrasyonunun ideal bir şekli olarak ortaya çıkmaktadır. Her iki şekilde de, etno-kültürel bir grubun diğerine geçiş yapması (Anpassung) söz konusudur. Ampirik ve tarihsel perspektiften asimilasyon, göçmen birey ve grupların yerellerden farklı olan etnik kökenlerini, dini ve kültürel aidiyetlerini, kendi etnik kimliklerini en geç ikinci neslin başlarında terk etmesi anlamına gelmektedir. Ev sahibi toplumun dili kabul edilirken kendi dilinden vazgeçilmektedir. Egemen kültürün sosyal değerleri, yaşam modeli, kültürel ifade şekilleri, normları, gelenekleri, görenekleri, tarzları, eğilim ve davranış modelleri o derece benimsenmektedir ki, kendi kökenlerine aidiyet bilinci kaybedilerek egemen kültür üyelerinin kimliği benimsenmektedir. Göçmenler ev sahibi toplumun geleneksel inançlarına yönelmekte, kendi etnik grubunun örgütleriyle görüşmemekte, ev sahibi toplumun üyeleriyle evlenmekte, örgüt, dernek ve arkadaşlık ağlarına dahil olmaktadırlar. Önyargı ve ayrımcılık ortadan kalkmış, göçmenlerin önceki sosyal yapıları ev sahibi topluma uyum sağlamıştır. Asimilasyon, ev sahibi topluma kültürel (dil ve değer sistemleri), yapısal (istihdam, eğitim ve toplumsal konumlar), sosyal (yerel toplumun üyeleriyle temaslar) ve duygusal seviyelerde (yeni vatan ve toplumun kimliğini benimseme) tam bir adaptasyonu gerektirir. Asimilasyondan, ancak göçmenler bu dört seviyeyi içselleştirdiklerinde (internalisiert) söz edilebilmektedir. Löffler (2011: 91) ayrıca, normatif açıdan asimilasyonun, göç edilen ülkenin kültürel olarak homojen bir toplum yaratma peşinde olduğu anlamına geldiğini ifade etmektedir. Bu modelde, yerel halkın tarihi kolektif kimliğinin korunması ihtiyacı politik olarak kabul edilmiş olmaktadır. Nispi kültürel homojenlik toplum üyelerine ortak bir kimlik kazandırmaktadır. O'na göre asimilasyon, hem bir durum (Zustand) hem de bir süreç (Prozess) olarak alınabilir. Durum olarak alındığında asimilasyon, göçmenlerin hangi dereceye kadar ev sahibi toplumun dili, değerleri, normları, gelenekleri, yaşam stili ve uygulamalarını kabul ettiğiyle ilgilidir. Süreç olarak düşünüldüğünde ise, asimilasyonun akışı, yöntemi ve hızı söz konusudur.

Kastoryano, (2000: 47) asimilasyonun, "yabancı olma niteliği"nin yok olması sonucunu yarattığını ifade ederek, günümüzde tabu olarak görüldüğünü, köken kültürün tam anlamıyla yok olmasına yol açtığını ve toplumların kültürel çoğulculuğuna ters düştüğünü belirtmektedir. Doytcheva (2013: 30) ise asimilasyon teriminin çoğunlukla göç eden halkların yaşadığı bir olgu olarak bahsedilmesine karşılık, yerli halkların asimilasyonu çok daha önce tecrübe ettiklerini belirtmektedir. Verdiği Fransa örneğinde, bu süreçten ilk olarak Yahudi cemaatlerinin geçtiğini belirterek, 1791'de Fransız Anayasa

Meclisi'nin Yahudilerle ilgili verdiği özgürleşme kararında Clermont-Tonnerre Dükü'nün meşhur söylemine atıfta bulunmaktadır: "Yahudilerden millet olarak her şey esirgenmeli, Yahudilere birey olarak her şey verilmelidir... Devlet içinde ne bir siyasi topluluk olarak ne de bir sınıf olarak var olmamaları, bireysel olarak yurttaş olmaları gerekir". O'na göre Fransa, ulusal asimilasyonu sağladıktan sonra ancak 1920'lerden sonra göçmenlerin asimilasyonuna yönelmiştir.

Berry (1997:12) kültürleşme stratejileri arasında saydığı asimilasyonun egemen olmayan grupların kendi tercihleriyle gerçekleştiğinde *Eriyik Kazanı* (Melting Pot) modelinin geçerli olduğunu, fakat asimile olmaya zorlandıklarında ise fazla kaynatıldığında patlama ihtimali olan *Düdüklü Tencere* (Pressure Cooker) modelinin söz konusu olduğunu düşünmektedir. Tam anlamıyla bir asimilasyonun gerçekleşebilmesi için, kültürel asimilasyon ve yapısal (structural) asimilasyon olarak adlandırdığı iki olgunun birden gerçekleşmesi gerektiğini ifade etmektedir.

Genel olarak asimilasyon teorileri, azınlık grup üyelerinin hakim toplumun değerlerine uyması ve kendi azınlık grup kimliğinden vazgeçmesini öngörür. Asimilasyoncu bakış açısı; farklılıkları kabul etme, tanıma ve destekleme konularını ele almayan bir yaklaşımdır. Doytcheva (2013: 27), asimilasyon yaklaşımının 19'uncu Yüzyıl sonları ve 20'nci Yüzyıl başlarının bir özelliği olduğunu ifade etmektedir. Asimilasyoncu yaklaşım özellikle 1960'lara kadar devletlerin dilsel, dinsel, etnik, kültürel farklılıklara yönelik izlediği politikaların temel arka planını oluşturmaktadır (Ceceli Köse, 2012: 14).

Asimilasyon konusundaki tartışmalar genellikle, 1920'lerin Şikago Okulu'nun izinden ilerlemiştir. Şikago Okulu, 20. Yüzyıl'ın başında nüfusunun 1/3'inden fazlasını Amerika dışında doğanların oluşturduğu Şikago'daki gruplar arası ilişkileri incelemiştir. Bunun sonucunda, göçmenlerin göç etmeden önceki kültürleri uygun görülmemiştir. Hatta eski kimlikler, yeni düzen için tehlikeli olarak algılanmıştır. Bu kapsamda kültürleşme süreci, göçmenlerin kendi orijinal kültürlerinden feragat ederek yeni toplumun değerlerini, normlarını ve davranışlarını benimsemesi anlamında ele alınmıştır. Ortaya konulan asimilasyoncu modelde Batı toplumları homojen ve harmonik resmedilmiştir. Göçmenlerin bu harmoninin devamı için asimile olmaları gerektiği vurgulanmıştır (Ceceli Köse, 2012: 14). Örneğin 1921 ve 1924 A.B.D. göç kanunları, Güney ve Doğu Avrupalıların büyük gruplarla geldiklerinde asimile edilemedikleri iddiasıyla, ülkeye göçlerine sınırlama getirmiştir. Aynı düşünceyle (unassimilable) Uzak Doğuluların (Asiatics) da, küçük rakamlarla dahi olsa ülkede sürekli kalma niyetiyle göç etmeleri yasaklanmıştır. Bu asimilasyoncu düşünce ancak 2'nci

Dünya Savaşı'ndan sonra yerini yavaş yavaş etnik pluralizm ve erime potası tartışmalarına bırakmıştır (Price, 1969: 184).

Karataş (2006: 55), asimilasyon için belli modeller üretildiğini, bu modellerin başında *'konformist-fonksiyonalist asimilasyon modeli'*nin geldiğini ifade etmektedir. Bu modelin altında 'Anglo-Uyum' *(Anglo-conformity)* ve 'Eritme Kazanı' *(Melting Pot)* teorileri olmak üzere iki ana yaklaşımın öne çıktığını ilave etmektedir. Amerika Birleşik Devletleri'nde çoğu "İngilizliğe Uymacı" (Anglo-conformist[8]), ABD'ye yeni gelenlerin eski dillerini, geleneklerini ve davranışlarını, Amerika'nın Anglo-Saxon çekirdek kültürü lehine terk edeceklerine inanmaktaydı. Sonraki aşamada "eritme kazanı" görüşü ortaya atılarak hem yeni gelenler hem de yerleşikler için yenidünya kazanına cesurca atlayarak, yeni Amerikan insanlarını oluşturmanın mümkün ve arzu edilebilir olduğu savunulmuştur (Price, 1969: 183).

Asimilasyon yaklaşımlarının egemen olduğu dönemde, göçmenler bağlamında bu teorilerin lehine ve aleyhine pek çok görüşler geliştirilmiştir. Örneğin Parekh (2002: 132), Kymlicka'nın göçmenleri ulusal değil etnik azınlıklar olarak gördüğünü, kültürlerinin doğal ortamından koptuğunu, daha iyi fırsatlara sahip olmak için göç ettiklerinden dolayı yeni topluma uyum sağlamalarının kendi çıkarlarına olacağını ifade ettiğini aktarmaktadır. Kymlicka, bu ve pratik nedenlerle göçmenlerin kültürlerini koruma haklarını kullanamayacaklarını ve dolayısıyla bu hakkı istemekten kaçınmaları gerektiğini söylemekle yetinmeyip göçmenlerin asıl ülkelerini terk ederek bu haktan gönül rızasıyla vazgeçmiş olduklarını öne sürer. Dolayısıyla göçmenler kültürlerini sürdürme haklarından vazgeçtikleri için liberal toplum onları liberal ilkelere saygı duymaya zorlamakta haklıdır (Aktaran Parekh, 2002: 133). Bununla birlikte Köse (2012: 14), Kymlicka'nın, çoğu göçmenin geri dönme umudu veya fikrine sahip olduğundan dolayı kendi kimlik ve kültürlerini devam ettirmeye önem verdiklerini, çalıştıkları ve yaşamlarını sürdürdükleri ülkenin temel toplumuna asimile olmak bir yana entegre dahi olamadıkları görüşünü ileri sürdüğünü belirtmektedir.

Berry (2011: 2.7), asimilasyonun egemen olmayan kültürleşen grup tarafından arzu edilir durumda olması halini *Eritme Kazanı* (Melting Pot) olarak adlandırmaktadır. Eritme kazanı modelinin diğer çoklu kültürlü toplumlarda (culturally plural societies) görülen diğer modellerle arasındaki farkı aşağıda Şekil 1'de göstermektedir.

---

[8] Price (1969: 183) *Anglo-conformist* deyiminin, G. Stewart ve Mildred W. Cole tarafından *Asimilation in American Life* adlı eserle literatüre tanıştırıldığını ifade etmektedir.

Asimilasyon ile ilgili yukarda sunulan görüşlere ilave olarak kademeli bir şekilde bir asimilasyonun nasıl meydana geldiğini göstermesi açısından Ronald Taft'ın asimilasyon modeline de kısaca değinmekte yarar olacaktır. Grote (2011: 10), Taft'ın *kademeli* (Stufenmodell) asimilasyon modelini şu şekilde açıklamaktadır: (1) İlk aşama, grup hakkında temel bilgiler ve dil öğrenmeyle başlayan *kültürel öğrenme* (kulturellen Lernen) aşamasıdır. (2) İkinci aşama, grupla *kişisel temasların* (persönlichen Kontakten) başladığı aşamadır. (3) Üçüncü aşama, ev sahibi gruba daha da yakınlaşma ve grubun kendisini *artan bir şekilde geri çekmesi* (zunehmenden Rückzug) ile karakterize edilir. (4) Dördüncü aşamada, *dışarıdan uyarlama* (äußerlich anpasst) yapılır. Bu aşamada, yeni gruptaki roller üstlenilmekle birlikte, halen tam olarak yeni grubun üyesi olarak tanımlama yapılmaz. (5) Belirli güven derecelerinde *toplumsal kabul* (sozialen Akzeptanz) görülmeye başlanılan beşinci aşamaya geçilir. (6) Altıncı aşamada, nihayet *yeni grubun üyesi* (Mitglied der neuen Gruppe) olunur ve yeni grubun kimliği kazanılmaya başlanır. (7) Yedinci ve son aşamada gruba katılanların *normları* (Normen) ev sahibi grubun normlarıyla uyumlu hale gelir.

Şekil 1

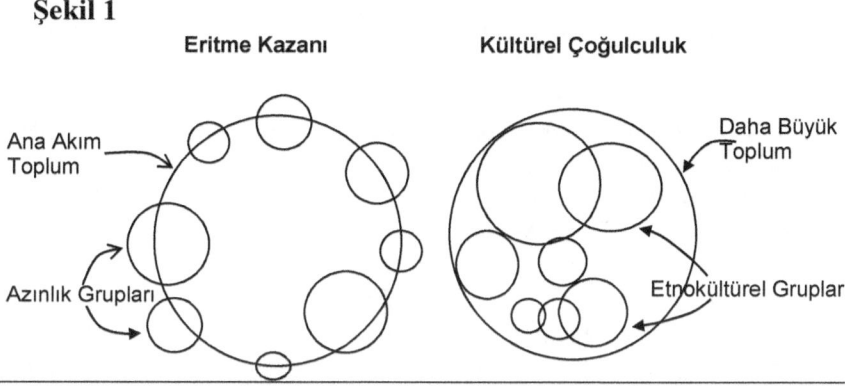

Kaynak: Berry (2011: 2.4).

İlk kez 1920'lerde ortaya konan asimilasyon teorileri, 1960'lardan bugüne kadar geçen süreçte eleştirilere maruz kalmıştır. Asimilasyonun ardışık bir yol izlediği fikri ile bölünmüş asimilasyon söylemi, ırksal hiyerarşilerin ve ekonomik imkânların kimlikleri ve entegrasyonu etkilediği görüşleri, farklılıklarını devam ettirmek isteyenlerin bu taleplerinin nasıl karşılanacağı sorusu ve konunun ulus-ötesi nitelik kazanması; asimilasyon teorilerinin yerine yeni teorik arayışların gündeme gelmesine sebep olmuştur (Ceceli Köse, 2012: 17). Köse bu süreçte asimilasyon teorilerinin, yerini entegrasyon teorilerine bıraktığını; entegrasyon teorilerinin, asimilasyon teorilerinin eksikliklerine cevap niteliğinde ve toplumda yeni bir özümseme ya da birleştirme rolü üstelenici bir pozisyonda ortaya çıktığını ifade etmektedir (2012: 17). Buradan hareketle şimdi de, günümüz göç alan ve göç veren ülkeler açısından en çok tartışılan konu olan "entegrasyon" kavramı üzerinde durulmuştur.

Entegrasyon

Köken kültürün tam anlamıyla yok olması şeklinde tanımlanan ve toplumların kültürel çoğulculuğuna ters düşen ve bugün anti-demokratik[9] olarak görülen asimilasyon teorileri 1960'lardan itibaren yerini entegrasyon kavramına bırakmıştır (Kastoryano, 2000: 48). "Entegrasyon" kelimesi, Fransızca "intégration" kelimesinin Türkçe okunuşu olup, karşılığı Türk Dil Kurumu Sözlüğü (2014)'nde "bütünleşme" ve "uyum" olarak verilmiştir. Kelime aynı zamanda Türkçe okunuşu ile Türkçeye uyarlanarak ta kullanılmaktadır. Her ne kadar "uyum" kelimesi göç literatüründe "entegrasyon" kelimesinin eş anlamlısı olarak kullanılıyorsa da; uyum kelimesi, Türk Dil Kurumu'na göre, farklı kullanım alanlarının yanında "Toplumsal çevreye veya bir duruma uyma, uyum sağlama, intibak, entegrasyon" anlamına da gelmektedir. Dolayısıyla uluslararası literatürde "entegrasyon" olarak kullanılan ve Türkçeye de "entegrasyon" olarak yerleşmiş olan kelimenin daha geniş ve farklı kullanım alanları olan "uyum" kelimesi ile birebir aynı anlamı vermediği düşünülmektedir. Çağlar (2011: 64), *entegrasyon*un belirli bir sosyal sistemin sadece kültürüne değil yapısına katılmak olduğunu ifade ederken; örneğin yasal göçmenler için *entegre* olmanın, o ülkenin belli bütünleştirme politikalarıyla birlikte yapısal olarak ülkeye katılmak olduğunu ileri sürmektedir. Geçici göçmenler ve mülteciler için ise bütünleştirme politikalarının farklı olduğunu, bu gruplarda bütünleştirmekten ziyade dışlamanın söz konusu olduğunu belirtmektedir.

Literatürde, göçmen entegrasyonunun tanımı ile ilgili olarak bir fikir birliğine varılmış değildir ve uluslararası mülteci mevzuatında da tam bir resmi tanımlama yoktur (UNHCS, 2013: 13). Bu nedenle, entegrasyon kelimesinin farklı anlamları, entegrasyonun ne olduğu ve entegre edilmiş bir toplumun neye benzediği yolunda akademik ve resmi çevrelerde farklı yorumlara rastlanabilir. Bu alanda standart bir tanımın eksikliği, farklı sübjektif sonuç ve değerlendirmelere yol açmaktadır. Pek çok ülke, sağlam

---

[9] T.C. Cumhurbaşkanı Recep Tayyip Erdoğan'ın Başbakan olduğu dönemde Şubat 2008 tarihinde Almanya'ya yaptığı ziyarette kullandığı, Türk göçmenlerinin tabi tutulduğu entegrasyon uygulamalarını eleştirmeye yönelik "Asimilasyon insanlığa karşı bir suçtur!" ifadesinin güncel politik düşüncelerle yapıldığı, uyum stratejilerinin genel akış diyagramı içinde bilimsel temelden yoksun olduğu değerlendirilmektedir. (Bu konuda bir tartışma için bkz. (Löffler, 2011: 141).

bir toplumun işlerliğini temin edebilmek için yeni gelen göçmenlere, entegrasyonun belirli aşamalarına tabi tutulmayı zorunlu görmektedir. Bu işlemler; kolaylaştırma ve imkan sağlamaktan, teşvik etmeye ve zorlamaya kadar değişebilmektedir. Basit olarak entegrasyonun amacı eşitlik, kaynaştırma ve bu amaçta başarılı olmaktır (UNHCR, 2013: 14). Entegrasyon konusunda en yetkin olduğu kabul edilen tanımlardan birisi, Birleşmiş Milletler Mülteciler Yüksek Komiserliği (BMMYK-UNHCR) tarafından kabul edilen tanımdır. BMMYK, entegrasyonu, birbiriyle bağlantılı yasal, ekonomik ve sosyo-kültürel üç farklı boyutu olan dinamik, çok yönlü ve iki-taraflı bir işlem olarak kabul etmektedir. Entegrasyon, mültecinin kendi kültürel kimliğinden vazgeçmeden ev sahibi topluma uyumu ve ev sahibi toplulukların ve kamu kurumlarının mültecileri kabul ederek ihtiyaçlarını karşılamaları gibi, ilgili bütün tarafların çabalarını gerektirir. BMMYK tanımının temelinde, entegrasyonun iki taraflı bir işlem olduğu ve bu iki-taraflılığın; taraflardan biri tarafından "uyum (adaptation)", diğeri tarafından ise "hoş karşılama (welcome)" ile sağlandığı yaklaşımı bulunmaktadır. Bu işlem, mültecinin kendi kültürel kimliğinden vazgeçmesini gerektirmemesi yönüyle asimilasyondan farklılık göstermektedir (UNHCR, 2013: 14).

Löffler (2011: 20) entegrasyonun söz konusu olduğu sahaları ekonomik, politik, kültürel ve sosyal olarak dört sahaya ayırmaktadır. Toplumsal entegrasyon şekilleri olarak da, sosyal ve sistem entegrasyonlarından bahsetmektedir. Sosyal entegrasyon vasıtaları[10] olarak *kültürlenme* (Kulturation[11]), bir yere *yerleşme* (Platzierung), *ilişkiye geçme* (Interaktion) ve *kimlik kazanmayı* (Identifikation) saymaktadır. Sistem entegrasyonu vasıtaları olarak da, *piyasa* (Markt), *örgütler* (Organisationen) ve *para* gibi

---

[10] Hartmut Esser'e göre dil, eğitim, genel kültür gibi göstergeleri olan *Kültürlenme* (Kulturation) kapsamında *bilişsel entegrasyon* (Kognitive Integration), istihdam, gelir ve sosyal kabul gibi göstergeleri olan *yerleşme* (Platzierung) kapsamında *yapısal entegrasyon* (Strukturelle Integration), etnikler arası temaslar, sosyal beraberlikler gibi göstergeleri olan *temaslar* (Interaktion) kapsamında *toplumsal entegrasyon* (Gesellschaftliche Integration), aidiyet, değer ve normların içselleştirilmesi gibi göstergeleri olan *kimlikleşme* (Identifikation) kapsamında *kimlikleştirici entegrasyon* (Identifikative Integration) söz konusudur (Aktaran Sauer ve Halm, 2009: 22).

[11] Bu ifade bazı yayınlarda *kültürleşme* (Akkulturation) olarak kullanılmaktadır. Ancak daha önceki bölümde anlatılan *Kültürleşme* (Acculturation) başlığı altında *Entegrasyon* kavramı, Berry, Güvenç ve Çağlar gibi yazarların eserleri doğrultusunda bir kültürleşme stratejisi olarak ifade edilmiştir. Bu paragrafta *entegrasyon*un bir alt kavramı olarak bahsedilen *kültürleşme* terimi ile esasen entegrasyonun kültürel sahadaki görünümünden bahsedilmektedir. Esser'in tipolojisini örnek alan yazarlar tarafından *Kültürleşmenin* (Akkulturation) *Entegrasyon* kavramının bir alt hiyerarşik unsuru olarak gösterilmesi bir tezat teşkil etmektedir. Esasen söz konusu kavram karmaşasının, ilgili literatürde bazı terimlerin anlaşılmasında bir kavram birliği oluşmamış olduğunun güzel bir örneğini teşkil ettiği söylenebilir. Esser'in modelinin ayrıntılı olarak ele alındığı Almanya'daki Türk göçmenlerin entegrasyonu konusunda hazırlanan yazı için bkz. (Halm-Sauer, 2007: 59-82).

genel vasıtalardan bahsetmektedir. Bireyler veya (etnik) gruplar açısından söz konusu olan *entegrasyon*, kültür, okul, eğitim ve mesleğe giriş gibi bütün sahalarda bireylerin katılımını - katılımı mümkün kılar. Entegrasyonun bu şekline ancak, ev sahibi toplumda birkaç nesil kök saldıktan sonra ulaşılabilir (Beger, 2000: 11). Berry (1997: 11), entegrasyonun yalnızca egemen toplumun kültürel çeşitliliğe eğilimli ve açık bir toplum olduğunda başarılı olabileceğini belirtmektedir. Entegrasyon için her iki grubun onayını içeren çift taraflı mutabakat zorunludur. Entegrasyon stratejisi, egemen olmayan grupların üst toplumun temel değerlerini benimsemesini ve aynı zamanda egemen grubun, milli kurumların birlikte yaşayan bütün grupların ihtiyaçlarının daha iyi karşılanmasını sağlamasını gerektirir.

Entegrasyon kelimesinin anlamı, ülkelerin ekonomik, sosyal ve politik geçmişlerine bağlı olarak da büyük ölçüde değişir. Hasırcı'ya göre, yabancılara karşı daha az hoşgörülü olan Almanya, Hollanda, Fransa, Belçika ve İsviçre gibi ülkelerde entegrasyon, asimilasyona benzer bir şekilde "çeşitli sosyal grupların birleşerek toplumsal birliğe doğru bir sistem meydana getirme süreci" olarak tanımlanmaktadır. Buna karşın Anglo-Sakson ülkelerde ise, entegrasyon,"bir toplumda var olan değişik etnik ve sosyal grupların, o ülkede mevcut olan tüm olanaklara eşit erişimi ve aralarında sürtüşme olmaksızın uyumlu bir yaşam sürmesi" (Hasırcı, 2008: 94) dir. Avrupa Birliği tarafından hazırlanan *Entegrasyon Konusunda Politika Yapıcılar ve Uygulayıcılar İçin El Kitabı*'nda, takip edilecek temel prensiplerle, politika yapıcılar ve uygulayıcılara ulusal ve Birlik seviyesinde ne gibi görevler düştüğü cetveller halinde gösterilerek aşağıdaki şekilde sıralanmıştır (EU, 2005: 4-12):

1. Entegrasyon, üye ülkelerde yaşayan bütün göçmenler ve yurttaşların ortak katılımıyla işleyen dinamik ve iki yönlü bir işlemdir.

2. Entegrasyon, Avrupa Birliği'nin temel değerlerine saygıyı gerektirir.

3. İstihdam, göç sürecinin önemli bir parçasıdır ve göçmenlerin toplumsal hayata katılımının, ev sahibi topluma yapacakları katkının ve söz konusu katkıları görünür kılmanın temelidir.

4. Ev sahibi toplumun dili, tarihi ve temel kurumları hakkında temel bilgi sahibi olmak, entegrasyon için vazgeçilmez bir koşuldur. Göçmenleri bu temel bilgilere sahip kılmak, başarılı bir entegrasyon için zorunludur.

5. Eğitim alanında gösterilecek çabalar, göçmenleri ve özellikle sonraki nesillerini daha başarılı olmaya ve toplumda daha aktif katılım göstermeye hazırlamada kritik öneme sahiptir.

6. Göçmenlerin kamu ve özel sektör hizmet ve ürünlerine ülke vatandaşlarıyla eşit temelde ve ayrım gözetmeyen bir tarzda dahil olmaları, iyi bir entegrasyon için önemli bir adımdır.

7. Üye ülke vatandaşlarıyla göçmenler arasındaki sık ilişkiler, entegrasyon için temel bir mekanizmadır. Ortak paylaşılan forumlar, kültürlerarası diyalog, göçmenler ve göçmen kültürleri hakkında eğitim ve yaşam koşullarının uyarlanması, göçmenler ve üye ülke vatandaşları arasında ilişkileri artırır.

8. Farklı kültür ve dinlerin pratiği, Temel Haklar Sözleşmesi (Charter of Fundemantal Rights) altında garanti altına alınmıştır ve söz konusu pratikler ulusal kanunlar veya diğer çiğnenemez Avrupa haklarıyla çelişmedikçe muhafaza edilmelidir.

9. Göçmenlerin, demokratik sürece ve entegrasyon politikalarıyla önlemlerinin belirlenmesine özellikle mahalli seviyede katılımları onların entegrasyonunu destekler.

Söz konusu dokuz ilkeye, izleyen safhada iki yeni ilke daha ilave edilmiştir. Bunlardan birincisi, entegrasyon konusunun, istihdam, eğitim ve şehircilik politikaları gibi çeşitli politika alanlarını kesen bir konu olduğundan bütün bu politikaların entegrasyona yansıtılmasını savunur. Bu prensibe göre, belli başlı entegrasyon politika ve tedbirleri, bütün ilgili politikalarda ve kamu hizmetleri seviyelerinde, kamu politikalarının şekillenmesinde ve uygulanmasında dikkate alınması gereken önemli bir unsurdur. Diğer ilke ise entegrasyon politika ve uygulamalarının sürekli yeniden değerlendirilerek geliştirilmesi gerektiğini vurgular. Buna göre; açık ve anlaşılır hedefler, göstergeler ve yeniden değerlendirme mekanizmaları; entegrasyon politikalarının ayarlanması, gelişmelerin değerlendirilmesi ve bilgi paylaşımının daha da etkinleştirilmesi için gereklidir.

Uyum konusunda *salata kasesi* (salad bowl) olarak adlandırılan metoduyla öne çıkan Kanada'da, *Kanada Vatandaşlık ve Göç Plan ve Öncelikleri Raporu (2010)*, entegrasyonun iki taraflı bir işlem olduğu olgusuna vurgu yaparak, Kanada'nın entegrasyon yaklaşımını "hem yeni gelenler hem de toplumun büyük kısmı tarafından ortak bir arada yaşama ve düzenleme işlemini teşvik eden bir yaklaşım" olarak tanımlamaktadır (UNHCR, 2013: 14). İngiltere İçişleri Bakanlığı 2004 *Entegrasyon Göstergeleri (indicators of integration) Raporu* ise entegrasyonu, dil ve kültürel yeterlilik yoluyla, istihdam, konut, eğitim ve sağlık gibi kamu hizmetlerinden ev sahibi toplumla eşit seviyede istifade edilebilmesi olarak ifade etmektedir (UNHCR, 2013: 14). Almanya Göçmen ve Mülteciler Federal Bürosu entegrasyonu, Almanya'da yaşayan herkesi içerme hedefli, daimi ve kanuni bir temeli olan uzun süreçli bir işlem olarak belirlemektedir. Göçmenler, Alman toplumunun parçası olabilmek amacıyla, eşit temelde sosyal, siyasal ve ekonomik yaşamın bütün alanlarında tam anlamıyla yer alma fırsatına sahip olmak zorundadırlar. Göçmenlerin sorumlulukları, Almanca öğrenmek, Anayasa ve kanunlara saygı göstererek onlarla bağlı olmaktır. Federal İçişleri Bakanlığı'nın 2011 tarihli *Göç ve Entegrasyon* isimli broşüründe, Almanya'da entegrasyonun amacı, toplumların bir arada yaşamasını kolaylaştırmanın ötesine geçerek, göçmenleri dil öğrenme ve ev sahibi toplumun temel değerlerini kabullenmeye yöneltme olarak tanımlanmaktadır (UNHCR, 2013: 14). Kılıçaslan (2006) ise, *Almanya'daki Türklerin Türk-Alman İlişkileri Açısından Önemi* isimli çalışmasında, Almanya'daki Türklerin entegrasyonu çerçevesinde entegrasyonu, *sosyo-kültürel entegrasyon, politik entegrasyon* ve *ekonomik entegrasyon* olarak üç bölüme ayırmaktadır. Aynı ülke bağlamında Uğur (2007:41), Türklerin entegrasyonu ile ilgili yaptığı çalışmada, entegrasyon sürecinin *dilsel entegrasyon, mesleki entegrasyon* ve *sosyal entegrasyon* olarak üç faktörden oluştuğunu ifade etmektedir.

Farklı göçmen gruplara farklı entegrasyon uygulamaları kapsamında, genellikle mültecilerin entegrasyonu söz konusu olduğunda kullanılan *yerel entegrasyon* (local integration) deyimine de kısaca değinmekte fayda vardır. Birleşmiş Milletler Mülteciler Yüksek Komiserliği tarafından 2006 yılında yayınlanan bir çalışmaya (Da Costa, 2006: 8) göre *yerel entegrasyon*, mültecilerin sığınma istedikleri ülkede sürekli kalacakları faraziyesine dayanan yasal bir süreçtir ve *kendi kendine yeterlilik* (self-reliance)'ten ve *yerel yerleşim* (local settlement)'den farklıdır. *Kendi kendine yeterlilik*, BMMYK'nin 2005 yılında yayınladığı *UNHCR Handbook for Self-Reliance* isimli kitapçıkta, "bir bireyin, ev halkının veya bir cemaatin (yiyecek, içecek, barınak, şahsi güvenlik, sağlık ve eğitim gibi) zaruri ihtiyaçlarını karşılayabilecek sosyal ve ekonomik imkanlara sahip olma" durumunu ifade eder. *Yerel yerleşim, kendi kendine yeterlilik* ve *yerel entegrasyon*un, arasında bir yerde bulunur. Hyndman (2011: 121) ise *yerel entegrasyon*un, ilk sığınılan güvenli ülkedeki *sürekli yerleşim* (permanent settlement)'e verilen ad olduğunu ifade etmektedir.

Uygulamalar

Entegrasyon konusunda pratik uygulamalar doğal olarak, ülkelerin, toplumların ve uluslararası kuruluşların *entegrasyon* kavramından ne anladığına, bu kelimeyi nasıl tanımladığına ve ne tür bir anlam yüklediğine göre farklılık göstermektedir. Değişik ülkelerde entegrasyon süreci ile ilgili olarak göçmenler hakkında alınan farklı önlemler mevcuttur (Urso, 2013: 33). Bazı ülkelerde devlet ile göçmen arasında, göçmenin entegrasyon sorumluluğunu vurgulamanın bir sembolü olarak entegrasyon sözleşmesi yapılmaktadır. Örneğin 2010 yılında Danimarka'da kanunlaştırıldığı şekliyle, entegrasyon süreci yedi yıl sürmekte ve iş bulmak için çaba göstermeyi zorunlu kılmaktadır. 16 Haziran 2011 tarihinde Fransız Parlamentosu'nda yasalaşan, 2011-672 sayılı *Ülkeye göç, Uyum ve Vatandaşlığa İlişkin*

Kanun[12], ikamet izninin entegrasyon sözleşmesinin kasıtlı olarak ihlali halinde yenilenemeyeceği şartını koymaktadır. 2011'den beri Almanya'da yapılan uygulamaya göre, eğer bir göçmen entegrasyon kurslarına katılmaz ise, onun oturma izni entegrasyon kursunu başarıyla tamamlayana kadar yalnızca bir yıl uzatılabilmektedir. İtalya'da entegrasyon sözleşmesi, puana dayalı bir sistem üzerinden Eylül 2011'de yürürlüğe konulmuştur. Lüksemburg'da göçmenin gönüllülüğü esasına dayanan kabul ve entegrasyon sözleşmesi, Eylül 2011'de yürürlüğe konulmuştur. Urso (2013: 33), tüm bu devlet girişimlerini tamamlayacak şekilde, entegrasyon konusunda çeşitli uluslararası örgütler, hükümet dışı organizasyonlar ve sivil toplum vasıtasıyla da aktif çaba yürütüldüğünü ilave etmektedir.

Avrupa Birliği'nde yaşayan ve çalışan üçüncü ülke vatandaşlarının entegrasyonu konusunda özellikle son on yılda oldukça fazla adımlar atılmıştır. Örneğin, 2002 yılında Avrupa Birliği Adalet ve İçişleri Komisyonu (AİK) (Justice and Home Affairs- JHA) tarafından, entegrasyon konusunda üye ülkelerde Ulusal Temas Noktaları (National Contact Points-NCPs) kurulması talep edilmiş ve 2003 yılında Avrupa Konseyi tarafından onaylanarak, AİK'nun göç ve entegrasyon konusunda yıllık raporlar hazırlaması istenmiştir. Kasım 2004 ayında *Entegrasyon Konusunda Politika Yapıcılar ve Uygulayıcılar İçin El Kitabı (Handbook on Integration for Policymakers and Practitioners)*'nın ilk baskısı yayınlanmıştır. Kişi temel haklarının üstünlüğü, kişiler arasında ayrım yapılmaması ve herkes için fırsat eşitliği ilkeleri, ana entegrasyon konuları olmuştur. O tarihten beri, Avrupa Birliği'ne gelen üçüncü ülke vatandaşlarının entegrasyonu konusunda, *Üçüncü Ülke Vatandaşlarının Entegrasyonu için Avrupa Fonu* (European Fund for the Integration of Third-country Nationals), *Avrupa Sosyal Fonu* (European Social Fund) ve *Avrupa Bölgesel Gelişme Fonu* (The European Regional Development Fund) gibi kurumlar başta olmak üzere, programa önemli maddi destek sağlanmaktadır (EU, 2005: 3).

Ekonomik sıkıntıların olduğu dönemlerde ve ülkelerde ise, göçmenlerin entegrasyonu hükümetler için öncelikli bir konum teşkil etmemektedir. Bulgaristan, Çek Cumhuriyeti ve Slovakya gibi bazı ülkelerde, devletin ekonomik ihtiyaçları entegrasyon çabalarının üstüne çıkmaktadır. Dahası, kendine yeterlilik ve ekonomik bağımsızlık, (bazen daha göç etmeden kaynak ülkede test edilen) dil bilgisi ile birlikte en üst seviye entegrasyon önceliklerinden birisi olmaktadır. Letonya, Romanya ve Hollanda gibi ülkelerdeki entegrasyon stratejilerinde, toplumun ekonomik, sosyal ve kültürel yaşamına aktif katılıma özel önem verilmektedir. Bununla birlikte, göçmenler ve ev sahibi toplum arasında pozitif ilişkilere odaklanılan

---

[12] LOI n° 2011-672 du 16 juin 2011 relative à l'immigration, à l'intégration et à la nationalité

Finlandiya, Estonya, İrlanda, Lüksemburg, Polonya, Portekiz, İspanya gibi ülkeler de mevcuttur. Avrupa Birliği üyesi çeşitli ülkelerin entegrasyon stratejilerinden örnekler şu şekildedir (Urso, 2013: 33): Belçika'da devletin entegrasyon konusunda en önem verdiği konu, Belçika vatandaşlığına geçiş koşullarına dayanmaktadır. 2012 Temmuz ayındaki kanun değişikliğine kadar, Belçika vatandaşlığının elde edilmesi, entegrasyon sürecinin önemli bir basamağı olarak görülmüştür. O tarihten sonra ise, Belçika vatandaşlığının elde edilmesi, entegrasyon sürecinin son safhası olarak görülmektedir. Finlandiya'da, mevcut entegrasyon politikası, başarılı bir entegrasyonun, farklı halk grupları arasında olumlu davranışlar ve işleyen ilişkiler gerektirdiğini vurgulamaktadır. Bu konu, her Finlandiyalı vatandaşın olduğu gibi, siyasi karar vericilerin, yetkililerin ve diğer kamusal aktörlerin bir sorumluluğu olarak düşünülmektedir. Polonya'da entegrasyon stratejisi, halihazırdaki ülkeye girişlerin geçiciliğini vurgulamaktadır. İş yaşamına giriş ve Polonya dil bilgisi, entegrasyonun temel önkoşulları arasında tanımlanmaktadır.

Bu aşamada entegrasyon çalışmaları konusunda, söz konusu uygulamalara tabi tutulacak kişilerin milliyetleri ve etnik gruplarının önemli bir faktör olduğu düşünülmektedir. Örneğin Önder (2007: 2)'e göre, etnik bir grubun diğer grup ya da gruplar içinde eriyip, asimile olmasına en dirençli öğe, dilden çok, "dini inançtır". Dolayısıyla, örneğin, Almanya'daki Müslüman Türk göçmen grupları ile Hristiyan Polonyalı göçmen grubu arasındaki uyum konusundaki farklılıklar ve bu grupların ev sahibi toplum tarafından bir diğerine tercih edilme öncelikleri, bu kapsamda değerlendirilebilir. Örneğin, 2014 yılı Ekim ayında Almanya Dresden'de aşırı sağcı Almanların desteğiyle faaliyete geçen PEGİDA (Patriotische Europaer gegen die Islamisierung des Abendlandes=Batı'nın İslamlaşmasına karşı Yurtsever Avrupalılar) hareketi ve 7 Ocak 2015 tarihinde Fransa'da meydana gelen Charlie Hebdo dergi yayınevi baskını bu yönde incelenebilecek önemli olumsuz gelişmelerdendir. Diğer yönden göç niteliğindeki toplumsal hareketliliklerin etniklik bilincini artırdığından bahsetmek gerekir. Göç neticesinde, karşılaşılan yeni düzenin kültürel özellikleri özümsenerek kimlik değişimi oluşabileceği gibi, üyesi bulunulan kaynak toplumun geleneksel niteliklerinin varlığından bir toplumsal güç elde etmek amacıyla bir araya gelerek etniklik bilinci de artırılabilir. Her iki halde de göçmenin kimliğinde bir değişiklik meydana gelmektedir. Bu kimlik değişimi, asimilasyon, entegrasyon, çok kültürlülük gibi kültürel süreçler ve uyum yöntemleri vasıtasıyla meydana gelebilmektedir.

Yapısal çerçeve

Entegrasyonun hangi uygulama sahalarına yönelik olduğu, onun yapısal çerçevesini oluşturmaktadır. Buraya kadar yapılmış olan açıklamalardan da anlaşıldığı gibi, entegrasyon konusunda farklı dönemlerde farklı anlayışlar ve teoriler geliştirilmiş olması, entegrasyonun yapısal çerçevesini de sürekli değişikliğe uğratmıştır. Entegrasyonun yapısal çerçevesi, European Council on Refugees and Exiles (ECRE, 2002) tarafından 2002 yılında hazırlanan raporda; *Kurumsal düzenlemeler, İş pazarına giriş, Mesleki eğitime giriş, İş pazarında ayrımcılık, Denizaşırı kalifikasyonların tanınması, Eğitim, Mülteci çocuklarının eğitimi, Barınma, Sağlık, Aile birleşimi, Mülteci bilgileri ve Entegrasyonun finansmanı* başlıkları altında düzenlenmiştir. Müteakip çalışmalarda bu çerçeve daha da geliştirilmiştir.

Entegrasyon politikasında mevcut kapasiteler ve eğilimlerin incelendiği, Uluslararası Göç Örgütü tarafından *2010 yılı dünya göç raporu* olarak hazırlanan çalışmaya göre (IOM. 2010a: 11); entegrasyonun çok boyutlu olduğu, sürecin kamu yaşamının bütün alanlarında ölçülebileceği belirtilmiştir. Göç alan ülkelerde entegrasyonun ana sahaları; *entegrasyona öncelik veren altyapı, eşit ikamet statüsü ve entegrasyon hakları, entegrasyonu gerçekleştirme koşulları, ekonomik katılım, yeni gelen öğrencilerin eğitimi, sivil katılım* (civic participation), *ev sahibi ülke vatandaşlığını elde etmenin öne çıkarılması, ayrımcılık yapmamak* ve *eşitlik politikaları* başlıkları altında incelenmektedir. Dolayısıyla, bu başlıkların aynı zamanda entegrasyon politikalarının temel uğraş alanları olduğunu değerlendirmek olanaklıdır. Uluslararası Göç Örgütü tarafından 2013 (Selm, 2013: 20) yılında hazırlatılan bir diğer çalışmada ise Ager ve Strand tarafından 2008 yılında entegrasyonun genel olarak on adet çekirdek sahadan oluşan bir çerçevede kuramsallaştırıldığı ifade edilmektedir. Dört ana grup altında ters piramit şeklinde sınıflandırılan bu alanların en alt tabakasında (foundation), *haklar ve vatandaşlık* bulunmaktadır. Kolaylaştırıcılar (facilitators) olarak tanımladığı ikinci tabakada, *dil ve kültürel bilgi* ile *güvenlik ve istikrar* zikredilmektedir. Sosyal bağlantılar (social connections) olarak tanımladığı üçüncü katmanda ise *sosyal köprüler* (bridges), *sosyal bağlar* (bonds) ve *sosyal linkler* (links) bulunmaktadır. Bu çıktıların başarılabilmesinin dört göstergesi ve vasıtası olan en üst tabakadaki alanlar ise *istihdam, barınma, eğitim* ve *sağlık*tır:

Şekil 2: Entegrasyonun temel uğraş alanları (Yapısal Çerçeve)

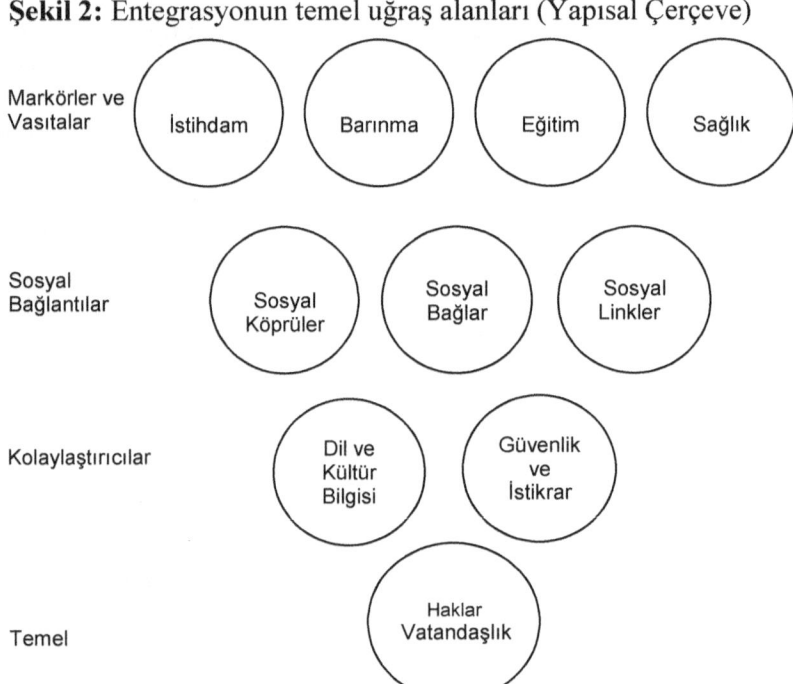

Kaynak: Selm 2013:20.

Entegrasyon konusunun farklı göçmen grupları için farklı uygulamaları da beraber getirdiğinden daha önce bahsedilmişti. Mültecilerle ilgili olarak entegrasyon konusuyla ilgili temel yapısal alanları belirleyen ve en çok kabul gören yaklaşımlardan birisi, entegrasyonu *yasal, sosyo-ekonomik* ve *sosyo-kültürel* boyutlarıyla gruplandıran yaklaşımlardır. Entegrasyonun yasal boyutu denildiğinde akla gelen en önemli ve nihai unsur, "vatandaşlığa alma" (naturalization) kavramıdır. "Vatandaşlığa alma", Birleşmiş Milletler Mülteciler Yüksek Komiserliği tarafından Nisan 2009'da yayınlanan *Orta Avrupa'da Mülteci Entegrasyonu* (UNHCR, 2009: 10) konulu çalışmada; mülteci statüsünü sonlandırarak entegrasyon sürecinin yasal boyutunu tamamlayan unsur olarak tanımlanmaktadır.

Vatandaşlığa alma işlemi ile aynı zamanda bireyin topluma tam bir üyelik ve aidiyeti sağlanmış olduğundan, vatandaşlığa alan ülkenin mülteci üzerinde uygulamakta olduğu sosyo-kültürel uyum sürecinin de sona ermesi anlamına gelmektedir. Aynı çalışmada entegrasyonun sosyo-ekonomik boyutunda, barınma (housing), istihdam, mültecilerin eğitimi, sağlık, kamu hizmetleri ve sosyal güvenlik alanları sayılmaktadır. Entegrasyonun sosyo-kültürel boyutu kapsamında ise, dil eğitimi ve kültürel oryantasyon ile aile bütünlüğü ve birleştirilmesi (family unity and reunification) konularından bahsedilmektedir. Dolayısıyla söz konusu inceleme başlıklarının mültecilerin entegrasyonu ile ilgili temel konular olduğu değerlendirilebilir.

Çokkültürlülük[13]

Asimilasyon ve entegrasyon teorileri, göçmenlerin kendi istekleri ve tercihleriyle bir başka ülkeye göç etmiş olduklarından dolayı kendilerine dair belirli özelliklerinden taviz verebileceklerini öngörmekte iken; *çokkültürcülük* ise farklılıkların sistem içerisinde kendine has özellikleriyle var olabilmelerini kabul etmiştir. Ancak "öteki"ni farklılıklarıyla kabul etmek aynı zamanda ötekinin farklı ve ayrıksı bir şekilde var olmaya devam etmesine de neden olduğundan, zaman zaman azınlık gruplarının dolaylı şekillerde dışlanmalarına sebep olduğu (Ceceli Köse, 2012: 12) da sıklıkla karşılaşılan bir durumdur. Leggewie (2011: 40) çokkültürlülüğün, güçlü kültürlerin birlikteliğinden ziyade, merkezde egemen bir kültür ve grup sadakati olmadan bireylerin eşit şanslara sahip olduğu bir kavram olduğunu ifade etmektedir.

Genel olarak çokkültürlülük kavramı, bireyleri topluluk içerisinde algılar, üstün olan, birey değil onun tarihi nedenlerle ait olduğu topluluk kültürüdür. Aile yapısı itibariyle farklı kültürel kökenlere sahip bireylerde görülen çokkültürlülük, melez bir kültürü oluşturur (Altun, 2006: 104). Altun (2006: 102), Avrupa'nın ulus devletlerinin yeni gelen göçmenlerle farklı tarihi ve kültürel köklerden gelmelerinden dolayı entegrasyonlarının oldukça zor olduğunu belirterek, farklı kültürlerin eşit statüde ulus devlet sınırları içerisinde yer alabildiği *çokkültürlülük* kavramının ilk olarak 1960'lı yıllarda Kuzey Amerika'da[14] yerleşim ve dilsel olarak ulusal azınlık ya da göçten dolayı, etnik azınlık konumunda bulunan nüfusun "tanınma talebi" ile ortaya çıktığını ifade etmektedir. Avrupa'da ise *çokkültürlülüğün*, devletin yapısına, dilsel ve bölgesel özerkliğin tanınmasına göre farklı durumlara denk düştüğünü belirtmektedir. Modood'a göre (2013: 1-3) çokkültürlülük geniş anlamda, 1960'larda özellikle A.B.D.'nde başlayan ırkçılık karşıtı hareketler, feminist akımlar, homoseksüellerin haklarının gündeme gelmesi, hümanizm,

---

[13] Türkçe literatürde bu kavram ile, bazen *çokkültürcülük* bazen de *çokkültürlülük* adı altında karşılaşılmaktadır. Ancak bu konularda yayınlanan yazılar incelendiğinde, her iki terimi kullanan yazarların (bknz. Doytcheva, 2013; Taylor ve Gutmann, 2014) aynı kavrama işaret ettikleri ortaya çıkmaktadır. Her iki kelime, ekleri itibarıyla, birisi (-cülük) aktif bir destekleme faaliyetini simgelerken, diğeri ise (-lülük) durağan bir konumu göstermektedir. Bu çalışmada esas olarak "çok kültürlü bulunma hali"ni simgeleyen "çokkültürlülük" terimi benimsenmiş, ancak referans alınan yayınlarda çokkültürcülük ifadesi kullanılıyorsa, referans kaynaktaki kullanımına sadık kalınmıştır.

[14] Doytcheva (2013:36), çokkültürlülüğün ortaya çıktığı yerin, gerçekte Amerika Birleşik Devletleri değil, Kanada ve müteakiben Avustralya olduğunu belirtmektedir.

insan hakları, eşit vatandaşlık ve grup hakları gibi kavramların öne çıkması ile gelişen kimlik politikalarına verilen genel bir adlandırmadır. Daha dar anlamda ise çokkültürlü bir toplum denildiği zaman, özellikle Avrupa'da, siyasal hareketlerden çok göçlerle ortaya çıkan bir oluşum kast edilmektedir. Çokkültürlü toplumlar olarak adlandırılan ilk ülkeler, doğal olarak uzun ve tarihsel bir göç deneyimi olan Kanada, Avustralya ve A.B.D.'dir. Modood (2013: 5), *çokkültürlülük* ile *çokkültürlü* kavramlarının farklı olduğunu Osmanlı İmparatorluğu örneği ile açıklamakta ve Osmanlı Müslüman liderlerinin Hıristiyan ve Yahudi kesimlere karşı birlikte yaşama tutumlarının ve dini hoşgörülerinin yakın zamana kadar Batı Avrupa'da görülenden daha olumlu olduğunu vurgulamaktadır.

Kelly (2005: 5), Barry'nin *Kültür ve Eşitlik* (2001) adlı eserini incelediği makalesinde, çokkültürlülük teorisyenlerinin savundukları ana konunun, kültürlerarası eşitliğin tanınması olduğunu, bu nedenle *kültür* ve *eşitlik* kavramlarının anlamlarının çokkültürcülük politikalarının yorumlanmasında önem arz ettiğini ifade etmektedir. Türk Dil Kurumu (2014) sözlüğünde kültürün "*Tarihsel, toplumsal gelişme süreci içinde yaratılan bütün maddi ve manevi değerler ile bunları yaratmada, sonraki nesillere iletmede kullanılan, insanın doğal ve toplumsal çevresine egemenliğinin ölçüsünü gösteren araçların bütünü, hars, ekin*"; eşitliğin ise "*Bedensel, ruhsal başkalıkları ne olursa olsun, insanlar arasında toplumsal ve siyasi haklar yönünden ayrım bulunmaması durumu*" olarak açıklandığını hatırlatmak bu aşamada yeterli olacaktır. Çokkültürlü bir politikada eşitlik ise, eşit derecede farklı olma özgürlüğü veya fırsatını kapsar. İnsanlara eşit muamele etmek, hem benzerliklerini hem de farklılıklarını göz önüne almamızı gerektirir. Eşit haklar demek, özdeş haklar demek değildir; çünkü farklı kültürel tarihleri ve ihtiyaçları olan insanlar sahip oldukları hakların içeriği ne olursa olsun onlardan yararlanmak için farklı biçimlerde haklara gereksinim duyabilirler (Parekh, 2002: 306).

Köse (2012: 22), çokkültürcülük teorilerini *toplulukçu (komünteryen) çokkültürcülük* teorileri, *liberal çokkültürcülük* teorileri ve *post-kolonyal çokkültürcülük* teorileri olmak üzere başlıca üç grup altında toplamaktadır. Toplulukçu teorisyenlere göre; bir topluluğa ait olmaktan kaynaklanan - kültürel ve dilsel haklar gibi- haklar toplumsaldır. Toplulukçu görüşü destekleyen düşünürlerin ortak noktası "kültürlerin tanınması" noktasındadır. Kültürlerin tanınması konusunda toplulukçu düşünürler, bu sürecin tek taraflı olmadığına ve sadece bireysel düzeyde ele alınmaması gerektiğini dile getirirler. Onlara göre, bir takım sorunlar yaratsa da farklılıkların kamusal alanda tanınması ve yapısal değişikliklere gidilmesi gereklidir. Tanıma, aynı zamanda onların değerini kabul etme anlamına gelir. Grupların tanınmalarının, karşılıklı etkileşim halinde olabileceğini vurgu-lamaktadırlar. Üstelik tanımanın bu topluluklara yalnızca belli hukuki haklar verilerek sınırlandırılabileceği düşüncesine karşı çıkarlar (Ceceli Köse, 2012: 22). Çokkültürcülük içerisinde liberal yaklaşımlar, bireyi temel alarak bireyin içinden çıktığı toplumun ve daha geniş çerçevedeki siyasi toplumun tahakkümünde olmadığı bir durumu idealize etmektedir. Ana hatlarıyla klasik liberaller; çokkültürcülük kimlik siyasetini, liberal eşitliğe tehdit olarak görürler ve devletin grup haklarına yönelik vurgularının gereksiz olduğunu savunurlar. Buna karşılık eşitlikçi liberaller ya da modern liberaller, özünde farklı gruplara farklı davranmaya olumlu yaklaşırlar ve çokkültürcü politikaları desteklerler. Modern liberaller çokkültürlülüğe, kendine saygı / öz saygı perspektifinden yaklaşırlar. Ancak onlar, bunun sadece gruba saygıyla beraber mümkün olduğuna inanırlar (2012: 23-29).

Çokkültürlülüğe liberalizmin ötesinde bakma ve komüniteryen yaklaşımı genişletme amacını taşıyan Bhikhu Parekh[15], Duncan Ivison, Margaret Moore ve James Tully gibi düşünürler, post-kolonyal olarak adlandırılan bir kümeyi oluşturmaktadırlar. Post-kolonyal görüşe sahip düşünürler, çokkültürlülüğe birey temelli bir yaklaşımı önermezler. Bunun yerine, o kimlik gruplarını oluşturan ve bir arada tutan değer ve semboller ile bunların etkileşiminin esas olduğu görüşünü savunmaktadırlar. Bu anlamda, kültürel çeşitliliğin gerçek ve arzu edilir bir şey olduğunu kabul eden ve politik yaşamını buna göre düzenleyen toplumu, iyi bir toplum olarak resmederler (Ceceli Köse, 2012: 32-35). Doytcheva'nın (2013-78) kalkınmış ülkelerdeki göçmenler lehine uygulanabileceğini ifade ettiği çokkültürlülük politika örnekleri şu şekildedir:

- Merkezi düzeyde ve/veya yerel düzeyde ve belediye düzeyinde çokkültürlülüğün mevzuatta veya parlamenter olarak doğrulanması,

- Azınlık sorunlarından sorumlu bir devlet bakanlığı, sekreterlik ya da danışma konseyi oluşturulması,

- Okul müfredat programında çokkültürlülüğün benimsenmesi,

- Medyada ve lisansların verilmesinde temsiliyet konusunda hassasiyet oluşturulması,

- Çifte vatandaşlığın tanınması,

- Etnik örgütlerin ve onların faaliyetlerinin kamu tarafından finanse edilmesi,

---

[15] Bhikhu Parekh, *Çokkültürlülüğü Yeniden Düşünmek* (2002: 431-432) adlı eserinde, liberalizm de dahil hiçbir politik öğreti veya ideolojinin insan yaşamındaki tüm gerçeği temsil edemeyeceğini, tüm ideolojilerin belli bir kültürle iç içe olduğunu, zorunlu olarak dar ve taraflı olduğunu ifade etmektedir. Batı toplumlarının, liberalizm de dahil, tek bir öğretinin hegemonyasına girselerdi, değişmeye açık kalamayacaklarını ve kendilerini yenileyemeyeceklerini savunmaktadır.

- İki dilde eğitimin ve ana dilde eğitimin kamu tarafından finanse edilmesi,
- İhmal edilmiş gruplara pozitif ayrımcılık.

Ayrıca Doytcheva (2013: 78), yukarda ifade ettiği çokkültürcülük politikalarını uygulayan devletleri; güçlü, ılımlı ve zayıf politikalar uygulayan devletler olarak üç gruba ayırmaktadır. O'na göre güçlü politikalar uygulayan devletler Avustralya, Kanada ve Yeni Zelanda'dır. Ilımlı politikalar izleyen kalkınmış ülkeleri İngiltere, ABD, Hollanda, Portekiz ve İsveç olarak sıralamaktadır. Almanya, Fransa, Avusturya, İspanya, Yunanistan ve İsviçre ise zayıf çokkültürlülük politikaları izleyen kalkınmış ülkeler kategorisinde sayılmaktadır. Çokkültürlülük politikaları azınlık toplulukların grup haklarının tanınmasını gerektirir. Buna rağmen bazı ülkeler, hem azınlık haklarının tanınmasında yavaş davranmakta hem de çok kültürlü politikalarının başarısız olduğunu iddia edebilmektedirler. Halbuki, söz konusu devletin izlediği çokkültürlülük politikası, yalnızca kendi yorumlarında mevcut olup, çokkültürlülük doktrinine uygun düşmemektedir. Örneğin, Almanya'nın göçmenler üzerindeki uyum politikası, farklı dönemlerde asimilasyoncu, entegrasyoncu, bazen de çokkültürcü olarak nitelendirilebilir. Bununla birlikte, Almanya'nın politikasının *çokkültürlülük* olduğundan hareketle 2010 yılında Başbakan Angela Merkel tarafından Almanya'da *çokkültürlülüğün* başarısız olduğu[16] iddia edilmiştir (İnsel, 2010).

Re-entegrasyon

Buraya kadar incelenmiş olan Asimilasyon, Entegrasyon ve Çokkültürlülük politikaları hakkındaki eleştiri ve tartışmalar halen devam etmektedir. Bununla birlikte, yukarıdaki bölümde değinilmeyen göçmenlerin kaynak ülkelerine geri dönüşlerinde karşılaşacakları uyum ve re-entegrasyon konusunun da önemli olduğu göz ardı edilmemelidir.

Re-entegrasyon kavramı, etimolojik olarak, yeniden bir bütün haline getirme, daha önce bir bütünden ayrılmış bulunan parçaların yeniden eski konumuna döndürülmesi anlamına gelmektedir. Göç literatüründe bu terim, bir şekilde anavatanını (kaynak ülkeyi=country of origin) terk etmiş bulunan

---

[16] Aynı haberde 7 milyonu Alman vatandaşı olan 16 milyon yabancı kökenlinin yaşadığı 82 milyon nüfuslu Almanya'da toplam olarak 4 milyon civarında Müslüman nüfus bulunduğu belirtilmektedir. Ayrıca, çokkültürlülük fikrinin karşısında, "Leit Kultur" olarak adlandırılan, egemen yerli ve Hıristiyan kültür içinde erimek fikrinin yer aldığı belirtilmektedir. Bununla birlikte, Sosyal Hristiyanlar Birliği'nin (CSU) Başkanı Seehofer gibi bazı siyasetçiler, "yabancı kültür" olarak tanımlanan Türkiye ve Arap ülkelerinden gelenlerin "Yahudi-Hıristiyan geleneği ve insani değerlerle yoğrulmuş Alman kültürüne" uyum sağlamasının mümkün olmadığını, zaman içinde egemen kültür haline dönüşmesinden çekindiklerini dile getirmektedirler (İnsel: 2010).

göçmenlerin tekrar geri dönerek ülkelerinin ekonomik, sosyal ve kültürel yaşamına uyum sağlaması sürecine verilen isimdir. Uluslararası Göç Örgütü tarafından 2010 yılında hazırlattırılan bir çalışmaya göre (Koehler, 2010: 26-28); ekonomik kriz dönemlerinde, AB ülkelerinin bir kısmından yapılan dışa göçlerin (emigration) çoğunluğu, AB'ye yeni katılan üye ülke vatandaşları tarafından gerçekleştirilmiş olup, geçici olarak veya bir başka ülkeye göç şeklinde yapıldığı değerlendirilmektedir. Bu konuda Polonya'dan sağlanan geri dönüş göç istatistikleri 2008 yılı krizinde Almanya'dan geri dönenlerin ortam düzelince tekrar Almanya'ya döndüklerini ortaya çıkartmıştır. Geri dönüş politikalarına ilişkin olarak bazı ülkeler, yeni isteğe bağlı "teşvikli dönüş" (pay-to-go) programlarını uygulamaya koymuştur. Örneğin İspanya, 2008 yılında kabul ettiği yeni düzenlemeyle, ülkeye en azından üç yıl boyunca geri gelmemek koşulu ile ülkeden ayrılan göçmenlere parasal teşvik vermiştir. Ancak bu programa, 2009 Mart ayına kadar durumları uygun seksen bin kadar göçmenin yalnızca dört bin kadarı başvurmuştur. Aynı şekilde Çek Cumhuriyeti'nde 9 Şubat 2009'da yürürlüğe konulan ve işsiz göçmenlere uçak bileti ve 500 Euro vermeyi öngören programa ilk etapta iki bin kişilik kontenjan için 1900 kişi başvurarak başarılı olunmuştur. Ancak Temmuz-Aralık 2009 tarihleri arasında planlanan ikinci kampanyada bu kez iki bin kişilik kontenjan için üç yüzden az kişi başvurarak program başarısızlıkla sonuçlanmıştır (Koehler, 2010:26).

Uluslararası Göç Örgütü'nün 2011 yılına ait verilerle hazırladığı yıllık faaliyet raporuna (IOM, 2012: 23) göre; re-entegrasyon, "isteğe bağlı geri dönüş" terimi ile birlikte kullanılmakta, ülkelerin isteğe bağlı geri dönüş ve re-entegrasyon istatistiklerine atıfta bulunulmaktadır. Buna göre; "Yardımlı İsteğe Bağlı Geri Dönüş ve Re-entegrasyon"[17] kavramı, Uluslararası Göç Örgütü'nün ülke içinde ve ülkeler arasında etkin göç yönetimini sağlayabilmek amacıyla üye ülkelere sunduğu çok sayıda hizmetten bir tanesidir. Söz konusu rapora göre *geri dönüş göçü*, ya ev sahibi ülkede yasal bir ikametten sonra veya ev sahibi ülkeye varıştan hemen sonra ikamet izni verilmesinin mümkün olmadığı gibi durumlarda, göç döngüsünün çeşitli safhalarında oluşabilir. Hangi safhada gerçekleşirse gerçekleşsin, anlık geri dönüşler, en sık karşılaşılan seçenektir. *Geri dönüş göçü* artık ikincil veya tali bir göç konusu olarak görülmekten ziyade, uluslararası göçün önemli bir unsuru olarak değerlendirilmektedir.

---

[17] Yardımlı İsteğe Bağlı Geri Dönüş ve Re-entegrasyon (Assisted Voluntary Return and Re-integration) programı, başvurusu reddedilmiş sığınmacılara, başarısız olmuş göçmenlere ve ev sahibi ülkede kalmak istemeyen ve kaynak ülkelerine dönmeye gönüllü diğer göçmenlere idari, lojistik ve mali destek sağlamaktadır. 1979 yılında Uluslararası Göç Örgütü tarafından ilk defa Avrupa'da uygulamaya konulan Yardımlı İsteğe Bağlı Geri Dönüş programı, o tarihten bu yana bütün diğer kıtaları da kapsayacak şekilde yayılmıştır (IOM, 2012: 23).

Göçmen çeken ülkelerin göçmenleri geri gönderebilmek için uyguladıkları teşvik programlarındaki başarısızlıklar göz önüne alındığında; başarısızlığın iki nedeni olduğu söylenebilir. Ya teşvikler yeterli değildir ya da geri dönen göçmenler her şeye rağmen geri dönüşlerinde karşılaştıkları re-entegrasyon politikalarını yeterli bulmamaktadır. Diğer bir deyişle, kendi asli ülkelerinin kendilerine, göçmen oldukları ülkenin sundukları mevcut koşulları sağlamama riski, geri dönüşleri cazip kılmamaktadır.

Re-entegrasyon konusu, geri dönen göçmen kitlesinin nispeten azlığı yüzünden, literatürde halen yeterli ilgiyi görememiştir. Akademik çalışma ve göç politikalarının geliştirilmesine ihtiyaç vardır. Aslında bu kavram üzerine yeterince çalışma yapılmamış olmasının nedenlerinin, *yeniden uyum* veya *re-entegrasyon* kavramının kendi içinde etimolojik olarak taşıdığı sorunlardan kaynaklanıyor olduğu söylenebilir. Örneğin; re-entegrasyon konusu, genellikle birebir kelime anlamı olan *"yeniden" /"bir kez daha" entegrasyon* olarak da tercüme edilebilmekte ve sanki *entegrasyon* uygulamasının yapıldığı coğrafya ve gruplar arasında bir kez daha bu işlemin yapıldığı düşüncesini doğurmaktadır. Halbuki re-entegrasyon olgusu, göçmenin geri döndüğü veya dönmesinin hedeflendiği, kendi kaynak ülkesine yönelik, milli veya uluslararası kurum ve kuruluşlar aracılığıyla girişilen bir uygulamanın adıdır. Ayrıca, *re-entegrasyon* uygulamasının hedef kitlesinin daha önceden tabi kılındığı uyum politikasının *entegrasyon* politikası olması gerekmemektedir. Söz konusu hedef kitlenin, daha önce göç etmiş oldukları ülkelerde bahsettiğimiz asimilasyoncu veya çok kültürlülük politika süreçlerinden herhangi birini tecrübe etmiş olmaları da mümkündür.

Sonuç

Bu çalışmada incelenmiş olan uyum politikaları, göçün gerçekleşmiş olduğu olgusuna dayanmaktadır. Ancak günümüzde maalesef bir gerçeklik olarak gelişmiş dünyadaki pek çok devlet tarafından, göç politikaları, yabancıların topraklarına girmesini engelleme tedbirleri üzerine odaklanmış bulunmaktadır. Bunlardan bazılarının, göç ülkesi oldukları gerçeğini inkar ederek yabancıların bir gün ülkelerine geri döneceklerini düşünmeyi tercih ettiklerini söylemek olanaklıdır.[18] Göç olgusunu kabullenen, kendi nüfusunun ülke ekonomisini idame ettirmeye yetmeyeceğine inanan devletler, göç almaya devam etmekte, ancak, bunu yaparken de kendi toplumsal ve kültürel

---

[18] Bu konuda en çarpıcı örnek, yakın zamana kadar Alman göç literatüründe Almanya'da bulunan (özellikle Türk) yabancı işçileri için oldukça sık kullanılan **Gast**arbeiter ifadesidir. *İşçi* anlamına gelen *Arbeiter* kelimesini tanımlamakta kullanılan *misafir* anlamına gelen *Gast* tamlayıcısı, Alman toplumunun göçmen işçilerin bir gün ülkelerine geri döneceklerini umduğunun en kuvvetli göstergesidir denebilir.

yapılarına en kolay uyum sağlayabilecek ülkelerin göçmenlerine kapıyı açmaktadırlar.

Mültecilerle ilgili olarak, İnsan Hakları Evrensel Beyannamesi, 1951 Sözleşmesi ve mültecilerin statüsüne ilişkin 1967 Protokolü ile diğer uluslararası mevzuat, yeterli bir uluslararası yasal çerçeve çizmektedir. Uyum konusunda düzensiz göçmenlerin durumu, mülteci, sığınmacı, ülke içinde yerinden edilmiş, (internally displaced person=IDP) vs. gibi özelliklerine göre farklı prosedürlere ve uygulamalara tabidir. Düzensiz göçmenlerle ilgili mevzuat ve akademik çalışmalar son yıllarda giderek daha fazla önem kazanmış bulunmaktadır. Belirtilmesi gereken bir diğer konu, çalışmada incelenen uyum yaklaşımlarından "öteki"ne en çok saygı gösterdiği düşünülen yaklaşımlar dahil, uygulamada teoriden bir miktar farklılık göstermektedir. Örneğin entegrasyon politikası, entegre olan veya olunan her iki toplum üyelerinin bir eylemini gerektiren faaliyet gibi gözükse de, sonuç olarak yasal ve yapısal çerçevesi çoğunluk toplum tarafından çizilmektedir. Dolayısıyla çok kültürlülük politikalarını başarıyla uyguladıkları düşünülen Kanada, Avustralya ve Yeni Zelanda gibi toplumların durumunun ulus-devletlerden farklı olduğu gerçeği akıldan çıkarılmamalıdır. Örneğin, Kanada'da çok kültürlülük olarak yürüyebilecek bir konu, devletin kuruluş temeline atılan taşların ve harcın içeriğinden kaynaklanmaktadır. Aynı uygulamanın Almanya ve Fransa gibi bir ulus-devlette başarıyla uygulanmasını beklemenin gerçekçi olmayacağı değerlendirilmektedir. Milli devletlerin, doğal olarak milli bütünlüğünü koruyacak tedbirler alma yoluna gidecekleri, uygulanan uyum politikalarının ise, kaçınılmaz olarak bir miktar ayrımcı ve asimilasyoncu eğilimler göstereceği açıktır. Diğer bir deyişle, uyum konusunda dünya kamuoyunu son dönemde meşgul eden konulardan birisi de farklı din ve kültürlere ait toplumların birbirlerine uyum sağlayıp sağlayamayacağı konusudur. Özellikle son on yıl içinde bazı dinlere mensup toplulukların diğer din mensuplarına karşı tutumları, entegrasyon ve uyum çalışmalarının başarı ihtimalini kuşkuya düşürmektedir. Bunun en göze çarpan örneklerinden biri de, Irak Şam İslam Devleti (IŞİD) adlı örgütünün din adına yaptığını iddia ettiği vahşet, zulüm ve terör faaliyetlerinin dünyadaki Müslüman olmayan halkların tepkisini Müslümanlar üzerine çekebilmiş olmasıdır. Bugün Avrupa'nın bazı kentlerinde Müslüman olduğunu söyleyen kişiler değişik ayrımcılık eylemleriyle karşılaşabilmekte ve Müslümanların dini ritüellerinin engellenebilmesi için önlemler alınabilmektedir. Göç için bir cazibe merkezi olan gelişmiş Batı Avrupa Devletlerinin önemli bir kısmının nüfusunun %5'i ile %10'u arasındaki kısmının Müslüman ülkelerden gelen göçmenler oldukları düşünüldüğünde[19],

---

[19] Örneğin Şubat 2014 itibarıyla, Fransa'da yaşayan 64,5 milyonluk nüfusun 5,5 milyonluk kısmı (2,3 milyonu Fransız vatandaşlığına geçmiştir) göçmenlerden oluşmaktadır.

zaten başarılı bir uyum süreci geçirememiş oldukları değerlendirilen Türk ve Müslüman göçmenlerin yaşadıkları ülkelere uyumları başta olmak üzere, entegrasyon konusu daha da önem kazanmaktadır.

Türkiye açısından genel olarak soruna bakıldığında son zamanlarda yeni bir durumun devreye girmiş olduğunu söylemek olanaklıdır: 16 Aralık 2013 tarihinde Türkiye ile Avrupa Birliği (AB) arasında Ankara'da imzalanarak 24 Haziran 2014 tarihinde Türkiye Büyük Millet Meclisi (TBMM)'nin onayından geçen "Geri Kabul Anlaşması", yasadışı göçmen çeken özellikle Batı Avrupa ülkeleri açısından, beka ve ülke güvenliklerini ilgilendiren bir konudur. Söz konusu anlaşma, Türk kamuoyuna, Avrupa Birliği[20] üyesi ülkelere girişte Türk vatandaşlarına vize uygulamasının kaldırılmasının bir ön adımı olarak lanse edilmekle birlikte, bu anlaşmanın Avrupa ülkelerine getirmesi beklenen kazanım, Türkiye'nin elde edebileceğinden çok daha fazladır[21]. Bu anlaşmanın fiilen uygulanmaya başlaması halinde, bir geçiş ülkesi olan ve bu zamana kadar kendi ülke vatandaşlarının yabancı ülkelerdeki uyum problemleri ile uğraşan Türkiye, artık Türkiye'ye geri iade edilen transit yasadışı göçmenlerin uyum problemleriyle de önemli ölçüde meşgul olmak zorunda kalabilecektir.

---

25 Eylül 2013 tarihinde Fransız senatör M. Serge Larcher tarafından hazırlanan raporda; Fransız kökenli olmayan göçmen, farklı ırktan veya farklı bir etnik gruptan olan insanlara karşı ayrımcılığın halk arasında % 40'lar seviyesinde olduğu belirtilmektedir. (Larcher, 2013)'a göre, nüfusunun % 11'i Müslüman olan Fransa'da, Müslümanların yasal, ekonomik ve sosyo-kültürel hayatın içinde aynı oranda etkin olmaması gerçeği, "entegrasyon" dediğimiz olgunun, dünyanın en özgürlükçü ülkelerinde bile tam olarak başarılamamış olduğunu göstermektedir.

[20] Avrupa Birliği gibi bölgesel oluşumların, üye ülkelerin göç kontrol politikalarını birkaç yönden etkilemesi muhtemeldir. Bölgesel organizasyonlar, üye ülkeleri diğerlerinden farklı politikalar üretme konusunda serbest bırakır. Üye ülkeler arasında işgücü ve insanların serbest dolaşımını kolaylaştırarak, üye ülkelerin kendi sınırlarını ve işgücü politikalarının kontrol kabiliyetini azaltır. Serbest dolaşımın başarılmasıyla, bölgesel organizasyon üye ülkelerin göç kontrol politikalarının birbiriyle uyumlu olmasına katkıda bulunur. Organizasyonun dışından gelecek göçmenlere karşı harici bir göç politikası oluşturulur. Birlik dışına karşı oluşturulacak bu göç politikası nispeten daha kısıtlayıcı özellikler taşır (Meyers, 2004: 15).

[21] Bilindiği gibi Avrupa ülkelerine kaçak geçiş yapan göçmenlerin büyük kısmını Akdeniz üzerinden geçen göçmenler oluştururken, ikinci sırayı Türkiye karasuları ve topraklarından geçen göçmenler almaktadır. Hiçbir ülkenin kara ve deniz sınırlarını tam olarak korumasının mümkün olmadığı çağımızda, Türkiye Cumhuriyeti de sınır geçişlerini tam olarak önleyememekte, hatta komşu ülke topraklarında üslenmiş bulunan terör örgütleri üyelerinin eylem yapmak için topraklarına girip çıkmasının bile önüne geçememektedir. Durum böyle iken, kara ve deniz sularından kaçak geçiş yapmış olan göçmenlerin kendisine iadesi gibi bir haksızlıkla karşılaşması söz konusu olacak ve bu kaçak göçmenlerin kaynak ülkeleriyle geri iade anlaşması olmadığı için onları ülkelerine iade edemeyecektir ki bu da Türkiye açısından yeni sorunlar anlamına gelmektedir.

Sonuç olarak anlamı bir toplumdan diğerine, gerek göçmenin gerekse ev sahibi toplumun beklentilerine göre değişen ve farklı yorumları olan bir kavram olan entegrasyon, kendisi nihai hedef olmaktan ziyade, istihdam, işgücü, teknoloji ve girişimcilik gibi katkılar yoluyla ekonominin güçlendirilmesi gibi diğer amaçlara hizmet eden bir araç konumundadır. Aynı zamanda sosyal dayanışma, tarihi kimlik ve dillerin, dinlerin ve kültürlerin korunması gibi nihai amaçlara hizmet edebilir. Entegrasyon, göçmenlerin yeni ülkelerinde yoksulluktan, marjinalizasyondan ve dışlanmaktan (exclusion) uzak daha zengin bir yaşam bulmalarını sağlayabilir. Bir toplumun entegre edilmiş bir üyesi olmak, göçmeni üyeliğin avantajlarından yararlanmaya, sorumluluklarını yerine getirmeye ve bütün toplumun refahı için katkıda bulunmaya yöneltir. Bütün entegrasyon çabalarının ortak özelliği, hem ev sahibi toplum hem de yeni gelen göçmen için beklentileri düzenleyen siyasi liderlik ve yasal altyapının mevcudiyetidir (IOM, 2010b: 27). Göçmenlerin uyum problemlerinin genellikle tek taraflı olarak göçmenleri ilgilendiren bir konu olduğu kanısı hâkim olsa da, uyum problemi, göçmenlerin kendileri veya göçmen veren ülkelerden ziyade, göçmen çeken kalkınmış ülkeler bakımından çok daha büyük önem arz etmektedir. Konunun ekonomik ve politik perspektifinden ziyade öncelikle insani boyutuyla ele alınması, günümüz demokratik değerlerin de bir gereğidir.

Göç ve Uyum

Bölüm 4: Türkiye'de Kamu Yönetiminde Uyum Çalışmaları

Güven Şeker

Giriş

Göç, dünya genelinde gittikçe popüler hale gelen bir politika alanı olarak değerlendirildiğinde özellikle Türkiye'ye yönelik son dönemdeki Suriyeli kitlesel akınıyla kamuoyunun gündemine oturmuştur.

Göç, 1980'li yılların başından beri birçok sanayileşmiş Avrupa ülkesinde büyük bir siyasi meseleye dönüşmüş, sürdürülebilir ekonomik büyümenin sonu ile büyük toplumsal ve ekonomik sorunlarla, kitlesel işsizlik, mekânsal ayrışma, kentsel şiddet ve yabancı düşmanlığı gibi konularla birlikte anılır hale gelmiştir. Birçok batılı devlet 1973 ilk petrol krizinden sonra işçi göçü akımını durdurmaya çalışmıştır. Daha yakın dönemde de, Fransa'daki ulusal cephe gibi bazı ülkelerin aşırı sağ partileri "göç=işsizlik" sloganıyla kamusal alanda sosyal ve ekonomik belirsizliklerden kaynaklanan çekincelere dayandırarak (Afonso, 2005:665) göç tartışmasını daha ziyade olumsuz boyutunun öne çıktığı bir alana taşımışlardır. Göç ve göçmenlerle ilgili farklı isimlendirme ve tanımlar da kamuoyunda olumsuz algılara yol açabilmektedir. Bu anlamda göçmenlerle göçmen olmayanlar arasındaki ilişkiyi vurgulamak (Cohen & Sirkeci, 2011) ve olumsuz anlam yüklenmemiş tarafsız tanımlamalar da önem kazanmaktadır. Aynı zamanda göçün sadece dünyanın yoksul ülkelerinden varsıl ülkelerine doğru olmadığını vurgulamak gerekir. Örneğin, Kanada'dan Amerika Birleşik Devletlerine (ABD) doğru önemli bir işçi göçü söz konusudur. Temel ekonomik ve siyasi faktörler açısından yapılan değerlendirmeler de nitelikli insanların ABD'ye göç ettiklerini ortaya koymuş ve bunun nedenleri arasında ABD'de profesyoneller için daha iyi iş fırsatlarının olması, Kanada'daki görece daha yüksek vergi oranları, Kuzey Amerikan Serbest Ticaret Antlaşması (NAFTA) çerçevesinde farklı imkânların olduğu belirtilmiştir. Bu alan ile ilgili oldukça az sayıdaki çalışma mali politikaların göçe etkilerine de vurgu yapmaktadır (Hunt & Mueller, 2013).

Sığınmacılar ve mülteciler pek çok ülkede göç politikalarının gözden geçirilmesi ve geliştirilmesine neden olmuştur. Örneğin, Sovyetler Birliği'nin dağılımı sonrasında ve çeşitli anlaşmalara dayalı olarak Batı Avrupa'ya yönelen nüfus akımlarının sonucu yapısal ve yasal değişikliklere hız verilmiştir. Örneğin, Birleşik Krallık' (BK) da mültecilerin uyumunu destekleyen politikalar geliştirilebilmiştir (Phillimore, 2011). Olumsuz yaklaşımları gidermenin başka bir yolu da yeni gelen göçmenler, uyum ve uyum ile ilgili etmenlerin farkındalığını artırma yönünde çalışmalar yapılmasıdır. Bu çerçevede, bu bölümün Türkiye'deki uyum çalışmalarına ışık tutabileceği düşünülerek, kamu yönetim alanındaki göçmen uyumu ile ilişkili yapı ve kavramlar ele alınmaktadır.

Uyum, tolerans, çok kültürcülük ve göç

Birçok akademik çalışma, uyum (integration) kelimesinin anlamına eleştirel yaklaşmaktadır (Castles vd., 2002; Fyvie vd., 2003). Uyum kavramının içeriğinde sosyal bağlantılar; kişi, kurum, kuruluş ve hizmetler ile kurulan ilişkiler, bunun yanında mevcut kamu olanaklarının kullanılması bulunmaktadır. Ayrıca sosyal köprüler; diğer dini, etnik, milli gruplar ile kurulan sosyal ilişkiler de bu çerçevede değerlendirilir ve bu ilişkilerin iki yönlü etkileşim içerdiği vurgulanır (Beirens vd., 2007:220). Uyum akademik alanda uzun süredir çalışılan bir konu olsa da başarılı uyumun ne olduğu konusunda ortak olarak anlaşılan bir tanımdan bahsetmek zordur. Ancak alanyazında uyum kavramına ilişkin bazı yaygın değerlendirmeci yaklaşımlar da söz konusudur. Bunlar mültecilerin kamu hizmetlerine erişimi, sosyal sermayenin geliştirilmesi, uyum düşüncesinin çift taraflı (yeni gelen topluluk ve ev sahibi topluluk) değerlendirilmesi gibi ortak ve yaygın bir anlayışın oluştuğunu göstermektedir (Bkz. Phillimore, 2012).

Uyum kavramının yanında ele alınan tolerans kavramı da politik teori alanyazınında görece yeni bir kavram olarak karşımıza çıkmaktadır. Bunun yanında çok kültürcülük kavramı son zamanlarda bir politika amaç ve projesi olarak artan bir şekilde saldırı altında bulunmaktadır (Joppke, 2004; Kofman, 2005). Çok kültürcülük 1990'ların sonundan itibaren de birçok AB ülkesinde bir politika amacı olmaktan çıkarak politikacılar tarafından geri çekilmektedir (Modood, 2003; Joppke, 2004; Kofman, 2005). Dünyada 11 Eylül ve sonrasında gelişen olaylar (Bali, Kazablanka, İstanbul, Madrid, Londra bombalamaları) bu değişime ivme kazandırmıştır. Sivillere yönelik olarak ortaya çıkan bu saldırılar, özellikle "Batı" toplumuna uyum sağlamış olan Müslümanlarla ilgili olarak "medeniyetler çatışması" konusunu da içeren yaygın bir sorgulamaya yol açtığı (Modood, 2003:101) görülmüştür.

Uyum politikası, hedefler, zorluklar

Uyum sık sık politikada, uygulamada ve akademik alanda kullanılan bir terim olarak kullanılsa da, kapsamı farklı aktörlerin bakış açılarına, ilgilerine, varsayımlarına, değerlerine göre değişebilmektedir. Bazı araştırmacılar ve politika yapıcıları tasarlanmış uyumu ekseriyetle doğrusal bir süreç olarak ifade etmektedir (Phillimore, 2012).

Uyum kavramında doğrusal olmayan süreçlerde kimi zaman kesintiler ortaya çıkabilir. Bu durum uyumun farklı yönlerini gecikmeye uğratabilir. Dolayısıyla uyumun ideal şekli konusunda farklı varsayımlar bulunmaktadır (Phillimore, 2012). Ancak uyum konusunda birkaç çok önemli alan söz konusudur: Uyum süreçlerinde "anlam ve işaretler", "uyumun kamusal yüzü olarak ifade edilen iş edinme", "ev sahibi olma", "eğitim ve sağlık". Beşeri sermaye ve sosyal bağlar da uyum meselesiyle ilişkilidir (Beirens vd., 2007:221). Örneğin, etnik yapı, ulusal ya da dini kimlik gibi yapılarla belirli bir gruba ait olma duygusuna olan ihtiyaç konusuna vurgu yapılmaktadır.

Göçle ilişkili politika ve kanun yapma faaliyetlerinin önemli bir kısmı sınırların güvenliğinin artırılması, sosyal haklara erişimin düzenlenmesi konularını gündeme getirmektedir. Aynı zamanda bu düzenlemelerden bağımsız olarak kamunun daha az bildiği bir politika yapım aşaması olarak mültecilerin yerleşimi konusu sınırlı düzeyde ele alınmaktadır. Birleşik Krallık ve AB bu alanda uyum stratejilerini kurgularken üye devletleri politika geliştirmeye cesaretlendirme yolu ile mültecilerin uyumunu sağlayabilmek için çalışmaktadır. Bu politikalar ile ilgili hazırlanan taslak metinlerinde mültecinin ikamet konusunun nasıl olabileceği, neden önemli olduğu ve nasıl başarılabileceği konuları ortaya konulmaktadır. Bundan başka yeni inisiyatifler yoluyla, toplumun sağlam temelli bütünleşmesi, eski ve yeni toplulukların, farklı etnik grupların bir araya gelebilmesi teşvik edilmektedir (Phillimore, 2011).

Göçmenin ulaştığı yerde yeniden yerleşme süreci yalnızlık, dil sıkıntısı, ayrımcılık, sınırlı iş ve eğitim imkanları, kültürel açıdan uygun hizmetlerin yokluğu gibi farklı zorlukları barındırmaktadır. Bu zorluklar mültecilerin sosyal ağlarını sınırlar, toplum içinde yalnız kalma olasılıklarını artırır (Stewart vd., 2011). Göçmen ve mültecinin erişebileceği sosyal desteğin derecesi onları (Abe-Kim vd., 2007; Nicado vd., 2008) etkileyebilmektedir.

Ayrıca uyum konusunda yerleşim yerinin özelliğine (kır-kent) de dikkat etmek gerekir, çünkü kentsel alanlara yakın bulunan kırsal alanların kente uyumu kolay olacaktır. Farklı grup ve yapıları içinde barındıran büyükşehirler aynı zamanda içine aldığı kırsal alanlardan da kendi ihtiyacı olan işçi desteğini, çok farklılaşmış işçi kalitesi, kapasitesi ve başka boyutlara göre kendine uygun karşılaştırmalar yaparak en çok uyum derecesine sahip olanlardan sağlar (Partridge vd., 2010:305).

Bunların yanında uyumun cinsiyet ve cinsiyet ayrımcılığı konularının farklı bakış açıları ile ele alınarak değerlendirilmesi gerekir. Cinsiyet ayrımcılığı özellikle cinsiyetçi kültürlerde ortaya çıkmakta ve bu kültürlerde kadınlar söz konusu olduğunda çeşitli türden hak mahrumiyetleri ortaya çıkabilmektedir. Fakat göçmen kadınların özgürleşmesi "göçmen topluluğun" ilerlemesi ve uyum derecesinin artışı gibi konularda çok önemli bir adım olarak görülmektedir (Roggeband & Verloo, 2007:272).

Cinsiyet sosyal yapı içindeki en ciddi etkilerden biri olarak göç yapılarını şekillendirmekte ve sosyal değişimin en güçlü hızlandırıcısı olarak etkili olmaktadır. Göç, kadına kişisel olarak daha çok otonomi ve bağımsızlık sağlar; öncelikli olarak kadının güçlü iş sahibi olması bütçenin yönetimi ve karar alma yapıları, evde söz ve karar sahibi olmayla kadını güçlü kılmaktadır sonuçta bu nedenle de sosyal desteğin etkisi göçmen ve göçmen olmayan kadınlar arasında belirgin şekilde ayırt edilmektedir (Pessar, 2003).

Uyum konusunda farklı ülkelerin deneyimleri

Farklı ülkelerde yaşanan uyum deneyimlerinin karşılaştırmalı olarak ele alınması alandaki gelişmeleri olumlu yönde etkileyebilecektir. Bu alanda esnek ve yeni çalışmaları ile BK, Hollanda gibi ülkelerde uyum konusunda iyi örnekler bulunmaktadır. BK' da İşçi Partisi Hükümeti 1997'den beri göçmen politikasındaki en önemli önceliği sosyal dışlama konusuna vermiştir. Hedef ilgi alanlarını aile ve "risk altında" olan farklı gruplar olarak belirlemiştir. Genel olarak mülteci ve geçici sığınmacılar yeni gittikleri toplum hayatında maddi yoksunluk, her yönden düşük seviyeli bölge, mahalle veya semtlerde yaşamak, ayrımcılık, yetersiz beslenme, sağlık, sosyal destek birimlerine problemli erişim gibi çok farklı alanlarda sorunlarla karşılaşırlar.

Toplumun gelişimine dönük herhangi bir stratejide uygulama ve faaliyetler sosyal ağların gelişimini destekler, bu durum sosyal bozulma ve uyumu desteklerken her iki durumun da hafif şekilde deneyimlenmesini de sağlar (Beirens vd., 2007:220). İşçi Partisi hükümeti ile BK politikasını 2000'li yıllarda mülteci uyumu konusunu "tam ve eşit vatandaşlar" anlayışına götürecek şekilde belirli sınıflandırmalar yaparak düzenlemeyi temel hedef edinmiştir (Home Office, 2000). Uyum politikası çeşitli uyum alanlarınu hedef alarak var olan fırsatlar belirlenerek sivil toplumun katılımcılığı ile desteklenmiştir.

Hollanda'da uyum konusunda toplumun değer ve normlarını anlama, yeni gelenlerin uyumları ile ilgili zorunlulukları öngörmeye dayalı bir politika belirlenmektedir. En temel değer olarak "Hollandalı olmak" cinsiyet eşitliği anlayışı ile birlikte savunulmaktadır. Bu süreçteki dikkat çekici öğe cinsiyet eşitliğini daha önce hiç bu kadar güçlü şekilde savunmamış olan politik aktörlerin cinsiyet eşitliği argümanını göçmen ve ikametli azınlıklara dönük olarak daha kısıtlayıcı taleplerin yerleştirilmesi amacı ile göçmenlerin yeni gelinen yere uygun olarak ulusal kimliğe uygun uyum davranışlarının ortaya konulmasını istemeleridir (Roggeband & Verloo, 2007:272).

Almanya' ya 2002-2006 döneminde, gelen göçmenlerin yaklaşık yarısı üniversite eğitimli iken bu grubun yaklaşık çeyreğinin hareketli olmayan (göçmen olmayan) nüfus olduğu görülmektedir. Ayrıca göçmenlerin yaş ortalaması 31,8, hareketli olmayanların ise yaklaşık bundan 11 yıl daha az olduğu, bunların %59'unun ise yalnız insanlar olduğu ortaya konulmuştur (Bürgin & Erzene-Bürgin, 2013:462-463). Bu sayısal değerlendirmelere bakılacak olursa genelde üretim ve tüketimin yoğun olarak yaşanabileceği yaş grubunda bulunan mültecilerin beklenti ve durumlarına uygun olarak uyum çalışmalarının yönlendirilmesi gereklidir.

Örneğin, Simbandumwe vd., (2008)'nin yaptıkları çalışmada elde edilen veriler ve katılımcılardan gelen bilgiler ışığında Kanada'daki göçmenlerin aile içi şiddet ile mücadelesine yönelik bazı öneriler getirilmiştir;

1. Okullarda programlar düzenlenmesi yolu ile çocuklara ve gençlere erişmenin uygun olacağı, okulda şiddetten korunma yol ve yöntemleri konularının müfredata alınarak, broşür gibi eğitim materyallerinin oluşturulması,

2. Ülkeye yeni gelen göçmenler için uyum programları yolu ile aile içi şiddet konusunda detaylı bilgi verilmesi, aile içi şiddetten korunmanın uyumun bir parçası olarak görülmesi ve bu yol ile Kanada'ya gelmeden önce göçmenlerin kendi ülkesinde bu konular ile ilgili bilgilendirilmesi,

3. Toplum ile birlikte yapılacak çalışma toplantıları yolu ile aile uyumunu güçlendirilebilecek değerler konusunda yönlendirmelerin yapılabileceği belirtilmiştir.

Bu toplantılarda en çok önerilecek alanlar; aile planlaması, eşler arasındaki ilişkiler, genel gruplar arası çatışmalar, çocuk disiplini, öfke yönetimi, kültürel uyum, hukuki konular, bağımlılık, kadın hakları, çocuk hakları gibi konulardır. Eğitimcilerin eğitimi, topluluk üyeleri, göçmen ve mülteci erkeklerini içine alan fırsatların oluşturulması, aile içi şiddetten korunma eğitimi, ekonomik fırsatların da sağlanması yolu ile ailedeki kapasite tesisinin göçmen ve mülteci topluluklarında planlı şekilde yerine getirilmesi uygulamalarının önemi vurgulanmıştır (Simbandumwe vd., 2008).

Vatandaşlık

Bütünleşme ve uyum konusunda vatandaşlık önemli konulardan biridir. Vatandaşlık konusu farklı uyruk, etnik köken ve menşeden gelenlerin alıcı ülkeye kabul durumundaki en son hukuki statüdür. Nitekim alan yazında da birçok karşılaştırmalı çalışma vatandaşlık ve bütünleşme politikaları ile ilgili tabiiyet verme ve vatandaşlık değerlendirme konularına yoğunlaşır (Brubaker, 1992; Çınar, 1994; Safran, 1997). Tabiiyet alınması için yapılan değerlendirmeler göçmenlerin vatandaşlık haklarına ulaşmalarında kritik öneme sahiptir, bu ayrım yasalar önünde grupları eşit duruma getirmeyi sağlar. İsveç, Belçika ve Hollanda Avrupa'da en yüksek vatandaşlık verme oranlarına sahiptirler, buna karşın Almanya, İsviçre ve Avusturya geleneksel olarak en düşük oranlara sahip ülkeler olarak bilinmektedirler (Koopmans, 2010).

Vatandaşlık haklarına erişim, ne başlangıç ne de sondur. Marshall'ın (1950) hakların üçlü sınıflandırması olarak ortaya koyduğu medeni-yasal-, politik ve sosyal haklar çoğu kez ikamet sahibine verilmektedir (bkz., Özer vd., 2014; Şeker, 2015). Göç ve göçmenlerin uyumu konusunda ABD örnek ülkelerden birisidir. ABD'nin federal hükümetinde genel ya da özel göç politikaları ile ilgili uygulamalar 1880'li yıllardan beri bulunmaktadır (Aleinikoff, 2002). Göç politikalarının oluşumu sadece federal hükümetin yönetimi ile değil aynı zamanda yerel hükümetlerin de söz sahibi olduğu bir süreçtir. Birçok ön kabule göre eyalet düzeyinde ikamet sahiplerine vatandaşlık kazandırma konusunda kanun yapılabilmesi önlenmektedir. Diğer bir deyişle federe hükumetler göç politikaları yapmaktan alıkonulmakta ancak, göçmenlerin yerel topluluğa uyumlarının sağlanabilmesi için politika geliştirmelerine izin verilerek göç politikası yapım süreçleri kontrol edilmektedir (Varsanyi, 2011).

Genel olarak vatandaşlık kavramı milliyetçi bir bağlamda da ele alınmaktadır. Danimarka (Mouritsen & Olsen, 2012), Hollanda (Maussen & Versteegt, 2011) ya da Fransa (Escaffre-Dublet, 2012), gibi uyum konusunda farklı felsefik yaklaşımlara sahip, göç alan ülkelerin uzun yıllar süren deneyimlerine rağmen bu ülkelerde genel olarak liberal, laik toleransa, sahip olmayan olumsuz gelişmeler de yaşanmaktadır. Avrupadaki bazı liberal ve laik demokrasilerde Müslüman topluluklar sisteme uygun olmayan topluluklar olarak görülmektedir (Hainsworth, 2008). Bunun bir yansıması olarak göçmen karşıtı retoriğin daha fazla tolere edilmeye başlanması ve ırkçı söylemlerin Avrupa politikasında merkeze yerleşmesi süreçleri gelişmektedir.

Sorun ve çözümler

Göçmenlerin geçici bir iş gücü olarak iş bittiği zaman evine gitmesi gerektiği yönündeki yaygın algıyla, onların her durumda bulunduğu toplumun bir parçası olarak yaşamaya çalışması, hoş karşılanamayan kişiler olarak algılanmalarına neden olmaktadır (Triandafyllidou, 2010). Bu durum ve daha başka birçok olumsuz durum konu ile ilgili olarak çalışan akademisyenler, politika yapıcılar, yöneticiler ve uzmanlar için mücadele edinilmesi gereken alanlar olarak yorumlanmaktadır.

Uyum konusunda özellikle mülteci gruplar en çok zorlanma yaşayacak gruplardır. Çünkü mülteciler kendi ülkelerinden uğradıkları yoğun şiddet ve terör deneyimlerini de birlikte getirirler, artık geçmişleri aynı zamanda bedenlerine yerleşmiş ve içselleşmiştir (Becker vd., 2000). Dolayısıyla olumsuz deneyimleri olan grupların topluma uyumu, sosyalleşmesi de zaman alacak, özel emek harcanması gereken sosyalleşme sürecidir.

Mültecilerin toplumdan dışlanması yerine kendi toplum ve aile sosyal yapısı içinde, sosyal destek ağlarının yardımı ile önceki sosyal rollerinin kaybı nedeni ile ortaya çıkmış olan geçmiş travmalarının ortaya konularak sosyal hayatta aktif rol almaları oldukça önemlidir (Simbandumwe vd., 2008). Bu alanda özellikle çocuk merkezli yeni araştırma yöntemlerinin ortaya konması ve kültürel kavramlar konusunda daha hassas psikolojik verilerin sağlanması ayrıca önemlidir (Sujoldzic vd., 2004).

Örneğin mülteciler ve İngiliz toplumu arasındaki karşılıklı ilişkilerin önemi ve uyum stresi konuları etrafında birçok akademik tartışma yapılmaktadır. Uyum konusunda ortaya konulan politika anlayışının toplum tarafından açıkça kabul edildiği görülmektedir (Phillimore, 2012). BK'da politika yapıcıları mülteci ve geçici sığınmacıların uyumunda önemi sosyal ağlara vurgu yapmaktadır. BK başbakanlık "uyum konuları, mülteci uyumu ulusal strateji" belgesinde uyum kavramının analizi ortaya konulurken, bunun yanında merkez ve yerel idarelere taslak yol haritası sunulmakta ve gönüllü ve özel sektöre desteklerin sağlanması da bir yol olarak belirlenmektedir (Beirens vd., 2007:220).

Yirmi birinci yüzyılda Avrupalı liberal devletlerin karşılaştığı en büyük zorluk, göç ile ilgili etnik ve dini ayrımcılıkla mücadele ederek sosyal bozulmanın önlenebilmesinin sağlanması hususundadır. Geçmiş yıllarda birçok politikacı çok kültürcülük yaklaşımlarının artık öldüğünü ifade etmeye başlamışlardır. Bu durumla ilgili olarak; belirli seviyelerde kamu vicdanında göç, uyum ve farklılık ile ilgili politikaların etki aynı zamanda sonucunun hayal kırıklığı ve rahatsızlık duygularının belirmesine neden olduğu ifade edilmiştir (Triandafyllidou & Kouki, 2013:710). Ekonomik kriz tehdidi, bütün dikkatlerin göçmenlere yönelmesine neden olmuş, sosyal dayanışma bir teste girdiğinde veya sosyal devlet başarısız olduğunda bu gruplar kendi aralarında sosyal bağlılığı yeniden güçlendirme yönünde davranış gösterseler de ülke içinde diğer grupların yanında artık görünür olmaya başlamışlardır (Triandafyllidou, 1998).

Örneğin Almanya'dan Türkiye'ye Türk uyruklu kişilerin göçü Türk menşelilerin uyumları konusuyla ilişkilendirilebilir. Eğitimli, nitelikli işgücünün yurt dışına göçü de bir uyum sorunu konusudur. Örneğin Almanya'da bu kapsamda bir eğitimli ve mesleki bilgiye sahip iş gücü kaybının ortaya çıktığı görülmektedir (Bürgin & Erzene-Bürgin, 2013:461). Ülkeyi terk eden vatandaş sayısı 61.023'den (1970) 174.759'e (2008) çıkmış ve 1960 yılından beri ilk kez net göç negatif duruma gelmiştir (-66.000).

Göç alan ülkeler özellikle ülkeyi hedef ülke olarak görerek gelen göçmenlerin menşe ülkeleri ile aralarında olan bağlar ile ilgili endişeye kapılabilmektedirler. Göçmen kabul eden ülkeler ve ülkeye gelen göçmenler açısından anavatan ile bağların problemleşmesi konusu bulunmaktadır. Bu konuda farklı olası algılar söz konusudur. İlki bağların siyasi tehdit olarak sunulmasıdır. Bu konu ile ilgili ilginç bir örnek Hollanda'dır. "Fas'ın uzun kolu" olarak görülen Hollandalı Faslılara, Fas devletinin müdahil olması durumunu Hollanda topraklarına uygunsuz şekilde müdahale olarak görmektedir. Dolayısıyla bu şekilde Faslı göçmenlerin hayatlarına müdahil olan Fas devletinin Faslı göçmenlerin Hollanda toplumuna olan uyumlarına engel olduğu ileri sürülebilmektedir. İkincisi Faslı göçmenlerin ülke ile olan bağların sürdürülmesi ekonomik bir tehdit olarak sunulabilir. Göçmenin bütün parasını menşe ülkesinde harcaması sonucunda ikamet ettiği değil, menşe ülkelerine katkı yaptıkları düşünülebilir. Üçüncüsü, menşe ülke ile kurulan bağların kültürel tehdit olarak algılanmasıdır. Menşe ülkeye olan güçlü kültürel yönelimin göçmenin sadakatsiz olmasına yolaçacağı algısı dile getirilebilmektedir (Bouras, 2013:1222).

Türkiye ve uyum çalışmaları

Uyum süreçleri geliştirilirken kamu politikaları açısından dikkat edilmesi gereken alanlar şöyle sıralanabilir: Belirsizlik, bilgilendirilmeme, dil engeli, kurumlar ile ilgili bürokrasi, barınma, işsizlik, geçim zorluğu, maddi sorunlar, fakirlik, aile içi şiddet, ihmal ve istismar, yalnızlık, sosyal dışlanmışlık/ yabancılık, fiziksel ve zihinsel özürlülük, cinsiyet eşitsizliği, psikolojik sorunlar, travma, kültür, din, sosyal çevre farklılıkları.

Uyum ve bütünleşme konusu Türkiye'de özellikle 2013 tarihli YUKK[1] öncesinde ele alınan ancak eylem planında hayat bulan yeni bir kavramdır. Nitekim YUKK madde 96, Yabancılar ve Uluslararası Korumaya İlişkin Ortak Hükümler-Uyum başlığında şöyle ifade edilmektedir:

"(1) Genel Müdürlük, ülkenin ekonomik ve mali imkânları ölçüsünde, yabancı ile başvuru sahibinin veya uluslararası koruma statüsü sahibi kişilerin ülkemizde toplumla olan karşılıklı uyumlarını kolaylaştırmak ve ülkemizde, yeniden yerleştirildikleri ülkede veya geri döndüklerinde ülkelerinde sosyal hayatın tüm alanlarında üçüncü kişilerin aracılığı olmadan bağımsız hareket edebilmelerini kolaylaştıracak bilgi ve beceriler kazandırmak amacıyla, kamu kurum ve kuruluşları, yerel yönetimler, sivil toplum kuruluşları, üniversiteler ile uluslararası kuruluşların öneri ve katkılarından da faydalanarak uyum faaliyetleri planlayabilir.

(2) Yabancılar, ülkenin siyasi yapısı, dili, hukuki sistemi, kültürü ve tarihi ile hak ve yükümlülüklerinin temel düzeyde anlatıldığı kurslara katılabilir.

(3) Kamusal ve özel mal ve hizmetlerden yararlanma, eğitime ve ekonomik faaliyetlere erişim, sosyal ve kültürel iletişim, temel sağlık hizmeti alma gibi konularda kurslar, uzaktan eğitim ve benzeri sistemlerle tanıtım ve bilgilendirme etkinlikleri Genel Müdürlükçe kamu kurum ve kuruluşları ile sivil toplum kuruluşlarıyla da iş birliği yapılarak yaygınlaştırılır"

Uyum faaliyetinin koordinasyonu, kurslara katılım, genel müdürlüğün organizasyonu ve farklı konu alanlarının ifade edildiği bir kanun maddesi ile düzenlenmiştir.

YUKK öncesi uyum ve bütünleşme faaliyetleri 25.03.2005 tarihli "Başbakanlık oluru" ile yürürlüğe giren "Türkiye'nin İltica ve Göç Ulusal

---

[1] 04.04.2013 tarih ve 6458 sayılı 11 Nisan 2013 tarih ve 28615 sayılı resmi gazetede yayımlanan "Yabancılar ve Uluslararası Koruma Kanunu (YUKK)".

Eylem Planı"² ve farklı tarihlerde merkez ve taşra teşkilatına gönderilen Emniyet Genel Müdürlüğü (Yabancılar, Hudut, İltica Daire Başkanlığı) değerlendirmelerini içeren iç yazışmalar / genelgeler yardımı ile sürdürülmekteydi.

Ülkeye yerleşim denildiğinde Şekil 1 'de belirtilen grupların, ev bulma, sağlık, eğitim, diğer sosyal yardım hizmetleri ifade edilmektedir. Burada özellikle sığınmacılık konusu ve diğer yabancı göçü çerçevesinde sınır kontrolü, sığınmacı ve/veya yabancıların müracaatlarının değerlendirilmesi, değerlendirme sonucunda ise olumsuz görülen sığınmacı ve/veya yabancıların geri gönderilmesine işaret edilmektedir.

Şekil 1: Ülkeye gelen farklı yabancı gruplar

◄───►

| Kısa süreli gelenler (turist, montaj, bakım iş amaçlı ziyaretler, diplomat, misyoner) | İsteğe Bağlı Uzun Süreli Gelenler (Emekli, Çalışan, Uzun İkamet, Öğrenci, çifte vatandaşlar) | Uzun Süreli Gelenler (Mülteci, Vatansız, Evlilik, Yerleşme amacında olanlar, göçmenler, etnik gruplar) |

Birey ve grupların içinde bulundukları sosyal ve ekonomik şartlardan kaynaklanan veya iradeleri dışında oluşan maddi, manevi, fiziksel ve sosyal yoksunluklarının giderilmesini, birey ve grupların kendi öz kaynaklarını azami ve etkin kullanarak bağımsızlıklarını kazanmalarını ve hayat standartlarının yükseltilmesini amaçlayan sistemli ve programlı hizmetler bütünü sosyal, medeni, ekonomik gibi hak ve hürriyetler farklı kanun ve düzenlemelere göre yerine getirilmektedir. Bu alanda birçok kurum, 25 ana kanun, ve 22 tüzük/yönetmelikle görev yapmaktadır. Bunlar arasında:

4320 Ailenin Korunması Kanunu
5395 Çocuk Koruma Kanunu
222   İlköğretim Kanunu
5393 Belediye Kanunu
3294 Sosyal Yardımlaşma ve Dayanışmayı Teşvik Fonu Kanunu
2828 SHÇEK Kanunu
5263 Sosyal Yardımlaşma ve Dayanışma Gen. Md. Kanunu
4817 Yabancıların Çalışma İzinleri Hakkında Kanun
8027 Geçici Koruma Yönetmeliği³ gibi düzenlemeler sayılabilir.

---

² 22.06.2006 tarih ve B.05.1.EGM.0.13.03.02/ 16147 (EGM ve Bakanlık) 57 Sayılı) İltica-Sığınma işlemlerine ilişkin Uygulama Talimatı.

³ 22 Ekim 2014 Çarşamba Günü Resmî Gazete yayınlanarak yürürlüğe giren "Geçici Koruma Yönetmeliği"nin yürürlüğe konulması; İçişleri Bakanlığının 13.08.2014 tarihli ve 8027 sayılı yazısı üzerine, 4/4/2013 tarihli ve 6458 sayılı Yabancılar ve Uluslararası Koruma Kanununun 91 inci maddesine göre, Bakanlar Kurulu'nca 13/10/2014 tarihinde kararlaştırılmıştır. Bu yönetmelikten önce 94/6169 sayılı 1994 tarihinden yeni yönetmelik çıkana kadar "Türkiye'ye İltica Eden veya Başka Bir Ülkeye İltica Etmek Üzere Türkiye'den

Ayrıca 1951 Cenevre Sözleşmesi'nin 23. maddesine göre taraf devletler mültecilere sosyal yardım ve iaşe konularında vatandaşlara yapılan uygulamaların aynısını yapmak zorundadırlar.

Yabancılar Türkiye'de bulundukları sürece aynı Türk vatandaşlarında olduğu gibi sosyal yardım kurumlarından (Sosyal Yardımlaşma ve Dayanışma Vakfı, Belediyeler, Kızılay, Sivil Toplum Örgütleri vb.) yardım talebinde bulunabilirler. Sosyal yardım kurumları yabancıları kendi usulleri çerçevesinde inceleyerek yardım yapmaktadır.

Aynı zamanda Türkiye'ye gelen yabancı çocuk ve çocuk hakları konularına da eğilmek gerekir. Çocuk Hakları alanında Birleşmiş Milletler 1924 tarihli Cenevre Çocuk Hakları Bildirisi, 20 Kasım 1959 Çocuk Hakları Bildirisi, 20 Kasım 1989 Çocuk Haklarına Dair Sözleşme bulunmaktadır. YUKK'da çocuklar ile ilgili olarak da Türk hukuk sisteminde henüz yeni sayılabilecek olan düzenlemeler bulunmaktadır. Geri gönderme merkezleri, kabul merkezlerinin, çocuklu ebeveynlerin ihtiyaçlarına göre düzenlenmesi, eğitim ve sağlık imkanlarının sağlanması, çocukların Çocuk Koruma Kanunu hükümlerine göre korunması, ayrıca refakatsiz çocukların YUKK'a göre korunduğu (madde 59 ve 60) görülmektedir.

Özellikle batı ülkelerinde kabul koşulları ve bütünleşme konu alanında belediyeler oldukça etkilidir. Bu bakış açısı ile olsa gerek kent alanında konu farklı boyutları ile kanun yapıcı tarafından dikkate alınarak ortaya konulmaktadır. 5393 Belediye Kanununa göre de belediyelerin uyum konusunda görevleri ortaya konulmuştur belediyelerde sosyal/ bütünleşme/ kültür hizmet başkanlığı/ müdürlüğü aracılığı ile hizmetler yürütmektedir.

Belediye Kanununun 13. Maddesi, herkesin ikamet ettiği beldenin hemşehrisi olduğu ve hemşehrilerin, belediye idaresinin yardımlarından yararlanma hakları bulunduğu belirtilmiştir. Ayrıca yardımların insan onurunu zedelemeyecek koşullarda sunulması, belediyenin hemşehriler arasında sosyal ve kültürel ilişkilerin geliştirilmesi ve kültürel değerlerin korunması konusunda gerekli çalışmaları yapması ve bu çalışmalarda üniversitelerin, kamu kurumu niteliğindeki meslek kuruluşlarının, sendikaların, sivil toplum kuruluşları ve uzman kişilerin katılımını sağlayacak önlemleri alması vurgulanmaktadır.

Ayrıca yine vatandaş ve yabancı ayrımı yapılmaksızın, 5393 Belediye Kanunun 14. maddesi belediye hizmetlerinin, en yakın yerlerde ve en uygun yöntemlerle sunulacağını belirterek, hizmet sunumunda özürlü, yaşlı, düşkün

---

İkamet İzni Talep Eden Münferit Yabancılar ile Topluca Sığınma Amacıyla Sınırlarımıza Gelen Yabancılara ve Olabilecek Nüfus Hareketlerine Uygulanacak Usul ve Esaslar Hakkında Yönetmelikte Değişiklik Yapılmasına Dair Yönetmelik" belirtilen uygulama yürürlükte kalmıştır.

ve dar gelirlilerin durumuna uygun yöntemler uygulanması gerektiği ortaya konulmuştur. Aynı zamanda büyükşehir belediyeleri ile nüfusu 50.000'i geçen belediyeler, kadınlar ve çocuklar için koruma evleri açmak zorunlu kılınmıştır.

Ayrıca 38. madde belediye başkanının belde halkının huzur, esenlik, sağlık ve mutluluğu için gereken önlemleri almak, Bütçede yoksul ve muhtaçlar için ayrılan ödeneği kullanmak, özürlülere yönelik hizmetleri yürütmek ve özürlüler merkezini oluşturmakla görevli ve yetkili olduğunu belirtmektedir. Bunun yanında 60. madde belediyenin bütçesinden dar gelirli, yoksul, muhtaç ve kimsesizler ile özürlülere yapılacak sosyal hizmet ve yardımlara da ayıracağını, 77. madde ile belediye; gönüllü kişilerin katılımına yönelik programlar uygulayacağını içermektedir. Tüm bu kanun maddelerine dayalı olarak vatandaş-yabancı ayrımı yapılmaksızın belediyenin görev yaptığı beledi sınırlar içerisinde yapması gereken faaliyetlerin ayrım yapılmaksızın uygulanması beklenildiğinden belirtilen sınırlar içindeki yabancılarında kanunda geçen uygulamalardan faydalanması beklenen bir sonuç olacaktır.

Şartlı mülteci, mülteci ve diğer yabancılar, mali açıdan kendi kendilerine yeterli düzeyde olmalı ve kültürel yaşamla çatışma içinde bulunmamalıdır ve belediye kanununda belirtilen haklardan da faydalanmalıdır. Ancak bu tip haklardan faydalanılması için kolaylaştırıcı, yol ve yöntem gösterici yapı ve sistemlerin ortaya konularak sayılan grupların da bu faaliyetlerden haberlerinin olabilmesi önemlidir.

Sosyal Yardımlaşma ve Dayanışma Genel Müdürlüğü ve bağlı taşra örgütlenmesi ekonomik ve sosyal yoksunluk içinde bulunan yabancılara; temel ihtiyaçlar için yardımlar, ihtiyaç sahibi ailelere bedelsiz kömür yardımı, barınma, giyecek yardımları, eğitim yardımları, sağlık yardımı, yiyecek paketi yardımları, aşevi, günlük sıcak yemek, nakit yardımı, seyahat yardımları yapmaktadırlar. İl ve ilçelerdeki Sosyal Yardımlaşma ve Dayanışma vakıfları (SYD vakıfları) aracılığı ile yapılan yardımlar genel yardımlar, eğitim yardımları, sağlık yardımları ve sosyal amaçlı olarak yiyecek, giyecek, yakacak, barınma ve ulaşım yardımlarıdır.

İl /İlçe SYD vakıflarına başvuruda bulunacak yabancılar fakru zaruret içinde ve muhtaçlık durumlarını, kanunla kurulu sosyal güvenlik kuruluşlarına tabi olmadıklarını ve bu kuruluşlardan aylık ve/veya gelir almadıklarını belgelemeleri gerekmektedir. Uygulamada genellikle bu konu ile ilgili olarak illerdeki İl Yabancılar Müdürlükleri (henüz tam olarak işlerlik kazanmamış olsalar da Göç İdaresi İl Müdürlükleri) hizmet görmektedir. Başvurular ikamet edilen ilçe Kaymakamlığı bünyesindeki SYD vakıflarına yapılmaktadır. İlçe SYD vakıfın da kayıtları olmayan ve kayıtlı olup yardım yapılmadığını belgelendiremeyen başvurular İl SYD vakıfları tarafından değerlendirmeye alınmamaktadır.

Genellikle illerde ihtiyaç sahibi yabancı ailelere bedelsiz olarak en az 500 kg kömür yardımı, ekonomik ve sosyal yoksunluk içinde bulunan yabancılara temel ihtiyaçlarının karşılanması için özellikle dini bayramlar öncesinde yardımlar yapılmaktadır. Aynı zamanda SYD Vakıfları ve Kızılay tarafından işletilen farklı yerlerde bulunan aşevleri ile günlük sıcak yemek verilmektedir. Bundan bağımsız olarak yine farklı belediyelerce sıcak yemek, yiyecek paketi, giysi, eğitim yardımı vb. yapılmaktadır.

Sonuç

Vatandaşlık bağı ile bir ülkeye bağlılık, artık günümüzde küreselleşme ve ulus ötesi göçler ile ulus devlete bağlı, bir alansal bağımlılığın ötesine geçen bir kavram haline gelmiştir. Göçmenlerin oluşturduğu, ailevi, ekonomik sosyal, kültürel bağ ve kimliklerinin sürdürülebilirliğini sağlamak için ulusal sınırları aşarak değişik topluluklar ile (milli, etnik, dini) çoklu bağlılıklar kurularak oluşturulan yapılar ortaya çıkmıştır. Artık bu durumdaki insanlar farklı vatandaşlık uygulamaları ile 'sınır ötesi vatandaş' olarak farklı coğrafi ölçeklere (burada, orada, yolda) göre aidiyet ilişkilerinin müzakere edilmesi gündeme gelmiştir (Kalandides & Vaiou, 2012:255). Dolayısı ile ulus devlet vatandaşlığının da ötesinde daha geniş bakış açılarına sahip göç ve vatandaşlık politika yaklaşımlarının geliştirilmesine ihtiyaç vardır.

Özellikle kavramın yeni yeni ele alındığı Türkiye örneğinde yeni çalışılmaya başlanan konu alanında yabancıların gerçek beklenti ve ihtiyaçlarını ortaya koyan çalışma metodolojilerine uygun olarak alanda çalışılması, beklenti ve ihtiyaçlara uygun önerilerin geliştirilmesi gerekmektedir.

AB ülkelerindeki göç politikaları evrilmiş ve çeşitli nedenler ve müzakereler sonucu olarak göçe dair ulusal özgün uygulamalar ortaya çıkmıştır. Türkiye'nin de uyum sisteminin kurulması, eğitim programları, hassas gruplar, sağlık olanakları, sosyal yardımlar, iş piyasasına erişim, sosyal iktisadi ve kültürel haklara erişim gibi alanlarda kendine özgü ulusal yaklaşımlarını geliştirmesi gerekmektedir. Bunun yanında kamuda yapılan her türlü uyum ve uyumu sağlaya(bilecek)n faaliyetlerin yazılı hale getirilerek üçüncü taraflara bilgi edinilebilmesi açısından uygun şekilde iletilmesi sağlanabilmelidir.

Bölüm 5: Göç, Kente Bağlılık ve Bireycilik-Toplulukçuluk: Kültürel ve Mekansal Göstergeler

Melek Göregenli ve Pelin Karakuş

Farklı sosyal bilim alanlarında göç konusunda yapılan araştırmalar ve teorik modellemeler göç sürecini genel olarak, göçmenlerin özellikleri, göç gerekçeleri, göç edilen yerdeki yerli kültürün göçe ve göçmenlere yönelik algı ve değerlendirmeleri kapsamında; iki ya da daha fazla sosyal yapının karşılaşması süreci olarak ele almaktadır. Bu süreci etkileyen değişkenler kültürlerarası psikoloji literatüründe genel olarak kültürleşme kavramı çerçevesinde ele alınmaktadır. Bu çalışmada ise, farklı ölçeklerdeki yerleşim birimlerinden büyük kentlere göç edenlerin, göç ettikleri kente uyum ve entegrasyon süreçleri kente bağlılık ve bireycilik-toplulukçuluk değişkenleri ile ilişkisi içinde incelenmiştir. Araştırmamızda, kente entegrasyon sürecinin, öncelikle kültürleşme stratejileri bağlamında anlaşılması ve bu süreci bireycilik-toplulukçuluk ve yer kimliği (yere bağlılık) süreçlerinin nasıl etkilediğinin çözümlenmesi amaçlanmıştır. Bu amaç doğrultusunda elde edilen bilgilerin, uyum sürecinde etkili olan değişkenleri ve hem göçmenler hem de kentlerin yerlileri bakımından ortaya çıkan gruplararası süreçleri anlamamıza katkıda bulunacağı düşünülmektedir. Ayrıca bu araştırmanın sonuçları, büyük kentlerin gerek fiziksel gerek sosyal yapılanmalarının, herkes için daha yaşanılır kentler yaratılmasında nasıl dönüştürülmesi gerektiği konusunda uygulamalı bilgiler verecektir.

Araştırmada kullanılan teorik model literatürde yer alan çalışmalarda daha önce ele alınmamış değişkenleri kapsamaktadır. Entegrasyon sürecini kentin fiziksel yapısının ve kentli yurttaşların bu yapıyla kurdukları ilişkinin nasıl etkilediği, çevre psikolojisi kapsamında daha önce ele alınmış olsa da, kültürlerarası psikoloji yaklaşımıyla, çevre psikolojisi yaklaşımını bütüncül bir biçimde ele alan bir teorik çerçeveye rastlanmamıştır. Araştırmanın teorik kapsamını, sosyal psikolojinin alt disiplinleri olan kültürlerarası ve çevre psikolojisi alanları oluşturmaktadır. Literatür incelemesi sonucunda bu konuda yapılan önceki çalışmalar incelenmiş ve ülkemizin koşullarına uygun disiplinlerarası, yeni bir kuramsal çerçeve oluşturmaya çalışılmıştır. Önerilen çerçeve, kültürleşme araştırmalarında kısmen ele alınmış değişkenleri, göçmenler ve göç edilen yerin yerlilerinin yaklaşımları çerçevesinde birleştirmeyi amaçlamaktadır.

Araştırma yoğun göç alan 6 büyük kentte (İzmir, İstanbul, Ankara, Bursa, Diyarbakır ve Gaziantep) gerçekleştirilmiştir. Bu makalede çok değişkenli bir teorik modelden hareketle yürütülen araştırmanın, kente bağlılık ve bireycilik-toplulukçuluk değişkenleri açısından bulguları sunulmakla beraber, genel çerçevenin daha iyi anlaşılabileceği düşüncesiyle bu yazıda ele aldığımız kavramlar ve araştırmanın teorik modeli aşağıda sırasıyla sunulmuştur.

Araştırmanın teorik çerçevesi

Bireycilik-toplulukçuluk

Bireycilik, kendini topluluklardan bağımsız olarak gören bireylerden oluşan bir sosyal düzen olarak tanımlanır. Bireyler kendi tercihleri, ihtiyaçları, doğruları tarafından motive edilir. Diğerlerinin amaçlarındansa kişisel amaçlara daha fazla öncelik verilir. Bireyci kültürlerde kişiler, kendilerini özel topluluklardan bağımsız tanımlarlar. Toplulukçuluk ise kendilerini bir veya daha fazla topluluğun, grupların (aile, kabile, ulus) parçaları olarak gören bireyler arasındaki yakın bağlantı olarak tanımlanan sosyal bir düzendir. Topluluklar, gruplar ve normlar tarafından motive edilir. Bunlara görevler yüklenir. Bireyler kendi amaçlarındansa grubun amaçlarına önem verirler (Hoftede, 1991).

Toplulukçular hem topluluk hem de bireysel amaçlarla ilgilidirler. Bireyci kültürlerde kişiler, iç gruplarının amaçlarına uymayan kişisel amaçlara sahiptirler. Bireyci kültürlerde birey ve topluluk arasında çatışma meydana geldiğinde bireyin iç grubun amaçlarını göz ardı etmesi ve kendi amaçlarına ulaşmaya çalışması doğal görülür. Toplulukçu yapılarda iç grup normu tarafından kişiden neler beklendiği, ne yapacağı, zorunlulukları belirlenmiştir (Hofstede, 1980).

Bireycilik-toplulukçuluk, kültürlerarası psikolojide son yıllarda üzerinde oldukça çok çalışma yapılan ve farklı değişkenlerle ilişkisi içinde irdelenmeye çalışılan önemli kavramlardan biri olmaya devam etmektedir (Hui ve Triandis, 1986; Kağıtçıbaşı ve Berry, 1989; Kağıtçıbaşı, 1991; Kim vd. 1994). Bireycilik-toplulukçuluk eğiliminin bir araştırma sorusu olarak anlam kazanması, genel olarak, sosyal davranışın, kişinin kendisi ve sosyal, fiziksel çevresinden kaynaklanan değişkenlerin bir fonksiyonu olarak anlaşılabileceği fikrine bağlanabilir. Sosyal psikolojinin genel bilgi birikiminden hareketle, bireyin, diğerleri, gruplar, kültürler ve giderek sosyal çevreyle entegrasyon düzeyinin kültürden kültüre farklılaştığı bilinmektedir. Yeni bir kavram ve zaman zaman yeni yöntemlerle kültürlerarası psikoloji alanında oluşturulmaya çalışılan şey, yukarıda sözü edilen entegrasyon düzeyi farklılaşmasının, genel olarak kültürleri birbirinden ayıran sosyal davranışların anlaşılmasında ve giderek kültürlerin sınıflandırılmasında evrensel / etik bir sistematiğine ulaşmak gibi görünmektedir (Göregenli, 1997; 2013). Buradan hareketle *bireyci* olarak adlandırılan eğilim, davranış ve tutumlar düzeyinde "self"i kendisinden hareketle oluşturan ve denetimi yine kendi kaynaklarıyla sağlayan kültürlere atfedilmektedir. Triandis ve diğerlerinin (1990) bireyci ve toplulukçu kültürleri birbirinden ayıran temel atıflara yönelik betimlemeleri modernleşmeci yaklaşımların, toplumsal değişmeye ilişkin evrimci bakış açılarını yansıtır görünmektedir. Bireyci kültürel göstergeler olarak büyük kentlere göç, yüksek sanayileşme, yaygın medya etkisi, çekirdek aile ve bunlara bağlı olarak bireysel düzeyde yüksek bağımsızlık ve özerklik ihtiyacı, kendine yeterlilik, hedeflerin bireysel ihtiyaçlarca belirlenmesi gibi olgular belirlenirken, toplulukçu kültürleri tanımlayan özellikler bunların karşıtı olan sosyal ve bireysel göstergelerdir: tarımsal ekonomi, geniş aile, aileyle bütünleşme, kişisel amaç ve hedefleri iç gruptan hareketle ifade etme tarzı, hiyerarşi ve uyum, homojen içgrup, güçlü içgrup/dışgrup ayrımlaşması, itaate dayalı sosyalizasyon, yakınlık ve güven arayışı, sosyal destek ve karşılıklı bağımlılık olarak ifade edilebilir. Kağıtçıbaşı (1994) bireycilik-toplulukçuluğun, kültürleri birbirinden ayırdetmede anlamlı ve kullanışlı bir değişken olabilmesi için, bir kültür açısından bu eğilimi ortaya çıkaran özgün koşulların empirik olarak araştırılması gerektiğini belirtmiştir.

Bireycilik-toplulukçuluk dikotomisinin, durumdan bağımsız olarak istikrarlı bir şekilde var olup olmadığı belirsizdir (Göregenli, 1997). Algılanan durumsal faktörler (durumsal faktörlere atfedilen anlam; iç-dış grup hedefleri; hedefle özdeşleşme; iletişimin amacı vs.) önemli bir aracı değişken olarak görülmelidir. Farklı hedefler, amaçlar ve gruplar söz konusu olduğunda iki eğilim, aynı kişi ya da grupta aynı anda görülebilmektedir (Kashima, 1987). Türkiye açısından bakıldığında, kavrama ilişkin genel tanımlamalardan ve benzer kültürlerle yapılan çalışmaların bulgularından hareketle, toplumumuzun "toplulukçu" eğilimlere, "bireyci" eğilimlere göre daha yüksek oranda sahip olduğu varsayımında bulunmanın ya da böylesi bir beklentinin gerçekçi olduğu düşünülebilir. Bu konuda yapılan az sayıda uygulamalı çalışmanın bulguları ve önerilen modeller (İmamoğlu,1987; İmamoğlu ve Gültekin,1993; Göregenli,1992; 1995; 1997; Kağıtçıbaşı, 1991; 1994) toplumumuzun, ilgili literatürdeki kalıp tanımlamalardan hareketle ve total olarak, bu ikili değişkenin "toplulukçu" yanında yer almadığını göstermektedir. Bireycilik-toplulukçuluk eğilimiyle ilişkili olduğu belirtilen otoriteryanizm, denetim odağı v.b. değişkenler açısından kültürümüzün gösterdiği özellikler ise yeni araştırmaları gerektiren, geleneksel kavramsallaştırmalardan farklı eğilimlere işaret eden sonuçlar sunmaktadır (Erelçin, 1988; Göregenli, 1992; Kağıtçıbaşı, 1972; Karadayı, 1994). Bu model toplumların uzaksal, yakınsal ve durumsal kültürel özellikleri üzerinde durur. Kültürlerin temel problemlerini değerlendirici, geliştirici perspektifler sunar. Bu çatı, durumsal gerekliliklere bağlıdır. Odaklanılan stratejiler hem bireycilik hem de toplulukçuluğa uydurulabilir. Böylece insan zihni iki yolla da düşünmeye uyabilir (Oyserman vd. 2002).

Bu projede bireycilik-toplulukçuluk değişkeni olası çok boyutlu etkileri bakımından ele alınmıştır. Sadece kente göç edenlerin, kentlerin yerlilerinden daha toplulukçu eğilimleri olabileceği değil aynı zamanda göç eden grupların kendi aralarında da bu değişken açısından farklılaşabileceği ve bunun da kente entegrasyonu etkileyebileceği düşünülmüştür. Nitekim bu konuda, daha önce yapılmış bir çalışmada farklı göçmen grupları arasında anlamlı farklılaşmalar bulunmuştur. Şeker'in (2005) İzmir'e farklı dönemlerde göç etmiş olan, göç etme nedenleri ve göç edilen yere göre farklılaşan iki grubun entegrasyon süreçlerini incelediği çalışmasında, bireycilik-toplulukçuluk eğilimlerinin farklılaştığı ve bu farklılaşmanın da entegrasyon süreçlerini etkilediği bulunmuştur. Katılımcıların doğum yerine ve geldikleri yere göre bireycilik - toplulukçuluk ölçeğinden aldıkları toplam puanlar arasında farklılaşma olup olmadığı incelendiğinde Doğu ve Güneydoğu Anadolu ile Bulgaristan doğumlu ve oradan gelen katılımcılar arasında istatistiksel olarak anlamlı bir farklılaşma olduğu gözlenmiştir. Bulgaristan doğumlu ve oradan gelen katılımcılarda bireycilik eğiliminin, Doğu ve Güneydoğu Anadolu doğumlu ve oradan gelen katılımcılarda ise toplulukçuluk eğiliminin yüksek olduğu gözlenmiştir.

Kültürleşme ve göç konusunda yapılan araştırmalarda bireycilik-toplulukçuluk konusu genellikle kuşaklar arası kültürel geçişlilik bağlamında ve ülkeler arası göçler kapsamında ele alınmıştır. Geleneksel kültürü sürdürmek, batılı olmayan toplulukçu toplumlardan daha bireyci Batı toplumlarına göç eden ailelerin çoğunda gözlenen bir eğilimdir (Kwak, 2003; Phalet ve Güngör, 2013). Geleneksel kültür geçişliliğinde özellikle dini değerler, Avrupa'nın Hıristiyan ve seküler geleneğiyle ortaya çıkan, bireyi topluluğun önüne koyan kültürel yapısıyla Türk göçmenlerin dindarlığa ve toplulukçu değerlere yönelik kültürel arka planı kapsamında ele alınmakta ve uyuşmazlıklar vurgulanmaktadır (van Acker ve Vanbeselaere, 2012). Kağıtçıbaşı (1996; 2007) geleneksel ilişkisellik ve Batılı ayrılıkçı kültürlerdeki aile yapıları arasında ayrım yaparak, ilişkiselliğin yaygın olduğu kültürlerde aileye itaatin ve bağlı olmanın, ailelerin çocuklarını bir tür sosyal güvence olarak görmeleri sonucunda beklenen, istenen bir özellik olduğunu vurgulamaktadır. Bu yaklaşımdan hareketle, göç eden gruplar içinde özellikle gençler arasında ailenin değerlerinin benimsenme olasılığının yüksek olacağını düşünülebilir. Nitekim yapılan bazı çalışmalarda Avrupalı Türk gençlerde toplulukçu değerlerin, diğer etnik gruplardan gelen göçmen gençlere oranla daha fazla vurgulandığı bulunmuştur (Liebkind ve Jasinskaja-Lahti, 2000; Verkuyten, 2001).

Yere/Kente bağlılık ve kent kimliği

Yere bağlılık, insanların mekânlarla etkileşimlerinde genel olarak paylaştıkları bir eğilimi ve mekâna yönelik yaşadıkları duygusal bağı ifade etmektedir. Yer kimliği ise, insanın mekânla olan deneyiminde ve mekâna yönelik bağlılığının gelişiminde, aidiyet ve kendileme sürecine işaret ederek, yer ve yere ilişkin anlamların benlik kavramının bir parçası haline gelmesini ifade eder. Proshansky (1978) yer kimliğini, insanın çevresiyle (doğal ve yapılandırılmış çevre) ve diğer insanlarla ilişkilerinde beklentileri, tercihleri, duyguları ve değerleri tarafından belirlenen, yerin ve kişinin kimliğini kendi yapısında birleştiren karmaşık bir olgu olarak tanımlar

Yer kimliği ve yere bağlılık kavramları insan ve mekân etkileşiminin anlaşılması açısından birlikte değerlendirilmesi gereken temelde farklı kavramlardır (Hidalgo ve Hernandez, 2001; Lewicka, 2008). Örneğin bir kişi, bir yerde yaşamaktan hoşlandığı veya buradaki komşuluk ilişkilerinden memnun olduğu için kalmaya karar vermiş olabilir, bağlılık hissedebilir fakat bu yeri kendi kimliğinin bir parçası olarak hissetmeyebilir. Başka biri ise, kendini başka bir yere ait veya özdeş hissederken; yaşadığı yere yüksek düzeyde bağlılığa sahip olmayabilir. Dixon ve Durrheim (2000) yer kimliğinin kavramsallaştırılmasında sadece bireysel boyutların vurgulandığını belirtmiştir. Mekâna bağlılık ve aidiyet duygusu tek taraflı bireysel bir oluşum değildir; kişiler, kimlikler ve mekânlar arasındaki karşılıklı etkileşim kollektif bir oluşumu gerektirmektedir. Bu bağlamda mahalleye kıyasla daha geniş bir mekân ölçeği olarak kente bağlılığın anlaşılması, kent kimliği ve topluluğa bağlılık duygusu kavramlarının birlikte düşünülmesini zorunlu kılmaktadır.

Kent kimliğinin, bireysel benliğin, sosyal kimliklerin ve diğer yer kimliklerinin, kentsel mekânlarla kurulan ilişkiler boyunca oluşan karmaşık deneyimlerin bir sonucu olarak ortaya çıktığı söylenebilir. Kent, bireysel deneyim zenginliğinden ortaya çıkan genel semboller bütünüdür (Bell vd. 1978; Lalli, 1992). Bu anlayış salt kentsel mekânların deneyimlenmesi sonucunda yaşanan çevresel bir algıyı değil; kişi, grup, topluluk ya da alt kültürler düzeyinde öznel ve bağlamsal bir sürekliliği yansıtmaktadır. Tıpkı bireysel kimliklerin inşa edilme sürecinde "biz ve onlar" ayrımında olduğu gibi, kentsel kimlikler de "burası ve orası" ayrımı üzerinden inşa edilir (Göregenli, 2013).

Lalli (1992) kent kimliğinin çok boyutlu yapısına dikkat çekerek, kimliğin oluşumunda karşılaştırma, aşinalık, bağlılık, geçmiş ve gelecek alt boyutlarını kavramsallaştırmıştır. Kent kimliğinin oluşmasında ilk aşama, bireylerin ya da grupların kendi kentlerini diğer kentlerden ayırıcı ve farklılaştırıcı özelliklerini değerlendirmeleridir. İkinci aşama olan süreklilik boyutu ise, bireyin kendi kentine ilişkin deneyimlerinin sembolleştirilmesi ve kentin biyografisi ile kendi geçmişi arasında bağlantı kurulmasıyla oluşan kişisel geçmiş boyutunu içermektedir. Bunun ardından kente bağlılık, köklülük ve aidiyet duygusunun oluşmasıyla gelişen, evinde olma duygusunu ifade eder. Aşinalık ve buna bağlı olarak orada olmayı isteme, kentle ilişkide bir taahhüt anlamına gelmektedir. Lalli'nin kavramsal çerçevesinden hareketle Göregenli (2005) tarafından İzmir'de yer kimliği ve kente bağlılık arasındaki ilişkiyi inceleyen bir araştırma gerçekleştirilmiştir. Bu çalışmaya göre katılımcıların kente bağlılık ve kent kimliği düzeylerinin, kentteki geçmiş, bugün ve geleceklerine ilişkin algıladıkları sürekliliğe bağlı olarak farklılaştığı görülmüştür. İzmir'in yerlileri, büyük ölçüde aidiyet faktörüne daha olumlu tepkiler verirken, İzmir'e sonradan gelmiş olanlar, kentin geçmişi ile kendi geçmişleri arasında bu denli güçlü bir bağ kuramamaktadırlar (Akt. Göregenli, 2013). Bireyler yaşadıkları yerlerde komşularıyla ailevi, kültürel, toplumsal ve kişisel boyutta birçok ilişki yaşamaktadır. Bu bağlar ve etkileşimler insanlar ve yerler arasında kişisel, özel ilişkiler oluşturabildiği gibi, evin ve sokağın ötesinde, bir topluluğa veya bir gruba ait olma hissini de oluşturabilmektedir (Fried, 2000). Bu anlamda topluluk bağlılığı, yere bağlılıkla birlikte oluşan, bireyin kendisini içinde yaşadığı topluluğun bir parçası olarak görmesi veya bu topluluğa ilişkin duygusal bağlılığa sahip olması anlamına gelmektedir (Hummon, 1992). Literatürde topluluk duygusuyla ilgili olan çalışmalar, yere bağlılık ve yer kimliği olgusunun anlaşılmasına katkıda bulunmaktadır. Topluluğa bağlılık ve zorunlu göç literatürü, insanların gönüllü olarak bulundukları yerleşimlerle kurdukları güçlü duygusal bağların, geçici olarak yerleştikleri bölgeye aynen aktarılamadığını, bir yerde zorunlu olarak bulunmanın ileriki dönemlerde mekana bağlılığı azalttığını ortaya koymaktadır (Williams vd. 1992). Göçmenlikle ilgili olarak Hernandez vd. (2007) araştırma sonuçlarına bakıldığında, yerli katılımcıların hem yere bağlılık hem de yer kimliği düzeylerinin daha yüksek olduğu ve üç alanda da (mahalle, şehir ve ada) göçmenlerden daha yüksek puan aldıkları görülmüştür. Bunun yanı sıra yerli katılımcıların yere bağlılık ve yer kimliği açısından puanları arasında çok küçük bir farklılık bulunmaktadır; ancak göçmenlerdeki yere bağlılık düzeyinin yer kimliği düzeyinden daha yüksek olduğu görülmektedir. Göçmenlerin farklı alanlara yönelik olarak geliştirdikleri bağlar, yerli katılımcılarda da olduğu gibi, benzer bir örüntü sergilemektedir. Bir diğer deyişle; hem göçmenler hem de yerli katılımcılar mahalle, şehir ve ada ölçeklerinde birbirine yakın bağlılıklara sahiptirler. Bu sonuç araştırmacıların dikkatlerini, analiz edilen fiziksel çevre ile ilişki içindeki karakteristiklere yönlendirmiştir. Sonuç olarak araştırmacılar, en azından yerli olmayan katılımcılar için yere bağlılığın, yer kimliğinden daha önce geliştiğini ortaya koymaktadırlar.

Mekanla ilişkinin politik doğası

Kimlikler, insanların nerede olmayı istediklerini ve diğerlerinin nerede olmasına ilişkin isteklerini etkilemektedir (Hopkins, Reicher & Harrison, 2006) ve bu anlamda, çoğu sosyal kimlik yapısının, mekansal bir boyutu bulunmaktadır (Hopkins ve Dixon, 2006). "İnsanlar, paylaşılan bir mekansal kategori üzerinden sosyal kimlik aidiyetleri geliştirmekte ve bu nedenle mekansal kategoriler birer sosyal kategori haline gelmektedir" (Valera ve Guardia, 2002: 55). Bu konuda örnek olarak Hopkins ve Dixon (2006) ulusal kimliklerin tipik olarak mekansallaşmış olduklarını ve ulusal sınırlarla bu mekansallıkların yeniden üretildiğini belirtmektedir. Kimlik politikaları çalışmaları, kimliğin dünyayla olan etkileşim ve diğerlerinden aldığımız mesajlarla şekillendiğini açık hale getirmektedir. Tam tersi de söylenebilir; insanların yerle kurdukları ilişki kim olduklarından ve bu kimliğin tüm politik görünüşlerinden etkilenmektedir. Mekanlar üzerinden tanımlanan kimlikler, insanların kim olduklarını nereye ait hissettiklerini tanımlayan politik yönler fark edilmeksizin yeterli bir biçimde anlaşılamaz (Manzo, 2003). Bu politik yönler, insanların nereye ait olduklarını, sahip oldukları hak ve özgürlükleri, nereyi "evleri" gibi gördüklerini, nereye ait olduklarını ve olmadıklarını, nereye gidebileceklerini, nereye gitmekten kaçınmaları gerektiğini belirlemektedir. Yer ve mekan, insanların günlük yaşamlarındaki her sosyal etkileşimi etkilemektedir; nereye dahil olabileceklerini, kamusal mekanlarda kimlerin dahil edilip kimlerin dışarıda bırakılacağını, insanların birbirlerine nasıl davranması gerektiğini belirlemektedir (Hopkins ve Dixon, 2006). Bu anlamda insanların yerle kurdukları duygusal bağları anlamanın en doğru yolu, politize edilmiş bağlamsal bir model kullanmaktır. Bu bakış açısı doğrultusunda kimlik ve yer arasındaki ilişkiyi sosyal, tarihi ve politik bir düzlemde konumlayan yaklaşımlar önem taşımaktadır (Dixon ve Durrheim, 2000). Yere ilişkin politikaları keşfetmek aynı zamanda yerle ilgili olumsuz ve çelişik duyguları, deneyimleri de fark etmemizi sağlar, çünkü gitmeyi tercih ettiğimiz ve reddettiğimiz yerler daha geniş politik bir gerçeklik tarafından belirlenmektedir. Anlamlı olan yerler, eğer bu yerler yaşam çevresinin dışında ve toplumun çeşitli kesimleri, üyeleri tarafından kullanılıyorsa; hakların, kime ait olduğuna ilişkin görüşlerin ve farklı ideolojilerin karşı karşıya geldiği birer yer haline gelebilirler (Manzo, 2003).

Yukarıda özetlemeye çalıştığımız kavramsal dizge, kültürleşme konusunda yapılan çalışmalarda göç edilen yerde karşılaşılan sosyal bağlamın yanısıra, fiziksel bağlamın önemini vurgulayan ve kültürleşme sürecinin, göç edenler kadar, göç edilen yerde yaşayanların dahil olduğu kültürel bir süreklilik olduğunu, dolayısıyla kültürleşme sürecinin politik doğasını vurgulayan bir çerçeve sunmaktadır. Kültürleşme sürecinin çok yönlü ve çok boyutlu bir süreklilik olarak kavramsallaştırılması, göç edilen yerle bütünleşmenin, sadece göçmenlerin tamamlamaları gereken bir dönüşüm süreci olmadığı aynı zamanda göç edilen yeni bölgeler ya da ülkelerde yaşayanlar ve kamu otoriteleri için de bir dönüşüm süreci olduğunun vurgulanmasıdır. Bu süreç, kamu otoritelerine sorumluluklar yüklemektedir. Göçmenlerin göç ettikleri yerde ayrışma, marjinalleşme, kendi kültürlerinden bütünüyle vazgeçme ya da bütünleşme gibi kültürleşme stratejilerini tercih etmelerinden çok, kendilerine sunulan ve genellikle kolektif olarak sınırlandırıldıkları yaşama biçimlerine zorlanmalarından söz etmek mümkündür. Ward ve Kağıtçıbaşı da (2010) göç ve kültürel çeşitlilik konusundaki adil olmayan sosyal yapıların dönüştürülmesi için gerekli olan politika ve uygulamaların genişletilmesi gerektiğini vurgulamaktadır. Göçmen grupların adil olmayan sosyal yapılar nedeniyle karşı karşıya kaldığı birçok konu, sadece göçmenlerin kültürleşme tercihlerinden değil daha çok göçe karşı olan kamu otoritelerinin görüşlerinden ve çevre planlamasına ilişkin bakış açılarından etkilenmektedir. Bu nedenle, kültürleşme araştırmaları yoluyla göçmenlerin yaşam kalitelerinin nasıl arttırılabileceği konusunda esaslı ve uygulanabilir çözüm önerilerine ulaşılması gereklidir.

Chirkov'a göre (2009) kültürleşme araştırmasının büyük bir çoğunluğu, kültürleşme sürecindeki süreklilikler üzerinde durmak yerine çıkarımsal ve yasa koyucu bir modelin varsayımlarından hareketle yapılmaktadır. Bu modele göre kültürleşme süreci, bir kişinin yeni fiziksel bir çevreye uyum sağlamaya çalışması gibi, doğa bilimi olgusu olarak görülmekte ve bu uyumun genel yasaları aranmaya çalışılmaktadır. Oysa araştırmacıların farklı göçmen gruplarının kültürleşme dinamiklerini, etnografi yaparak, onları gözlemleyerek, farklı ülkelerdeki göçmenlerle onların deneyimlerini anlamak için konuşarak betimleyen araştırmalar yapması, göçmenlerin bu süreci nasıl deneyimlediğine ilişkin zengin ve çeşitli bilgiler sağlayabilir ve bu sayede araştırmacılar, insanlar ve kültürler arasındaki etkileşimlere ilişkin birtakım genellemeler yapmaya başlayabilirler.

Kültürleşme konusunda göç edilen yerlerdeki hakim kültürün bakış açısı konusunda yapılan çalışmalar (örn. van Acker ve Vanbeselaere, 2011; Kosic vd. 2005; Kosic ve Phalet, 2006; Lopez-Rodriguez vd. 2013; Safdar vd. 2008) genel olarak bu sürecin sadece göçmenlerin değil, göç edilen yerlerde yaşayanların da etkin zihinsel ve davranışsal katılımıyla gerçekleştiğini göstermektedir. Bastian ve Haslam'ın (2008) araştırmasının sonuçları, baskın kültürel grupların, göçmenlere ilişkin özcü inançlarının, göçmenlerin ayrışma ve marjinalleşme stratejilerini benimsemelerini desteklemeleri ile ilişkili olduğunu göstermektedir.

Şekil 1. Kültürel ve mekansal bütünleşmeye yönelik şematik araştırma modeli

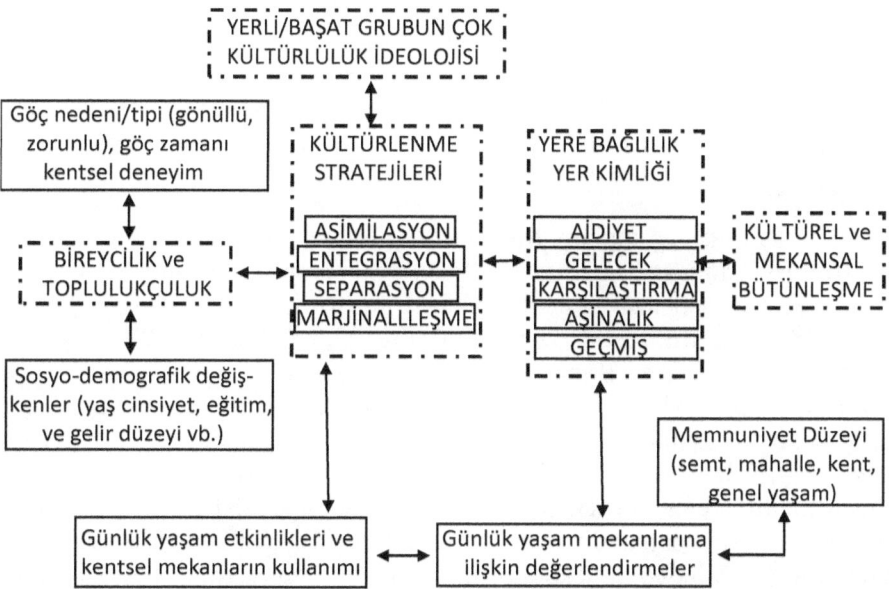

Bütün bu tartışmalar ve araştırma sonuçlarından hareketle, kültürleşmenin sabit ve durağan olmayan çok boyutlu bir süreç olduğunun ve göçmenlerin "tercih"lerinden çok, bütüncül politikaların etkilediği çok aktörlü, doğası gereği politik niteliğinin daha çok vurgulanması gerekmektedir. Giderek artan bir sayıda ve çeşitlilikte göç alan ve göç veren bir ülke konumunda olan Türkiye'de, göç ve kültürleşme konusunda yapılacak çalışmalarda, bu sürecin bütün taraflar açısından kültürel ve mekansal karşılaşmalar ve dönüşümler olarak kavramsallaştırılmasının, göçe ilişkin zihniyet dönüşümlerine yol açabileceği düşünülmektedir. Bu yaklaşım aynı zamanda çok kültürlü ve çok katmanlı yaşama mekanları oluşturulması ilkesinden hareketle yapılacak kent planlamalarında kamu otoritelerini yönlendirici bilgiler de sağlayabilir. Yukarıda özetlenen kavramsal çerçeveden hareketle göçmen katılımcılar için oluşturduğumuz şematik model aşağıda Şekil 1'de sunulmuştur.

Yöntem

Bu çalışma, niceliksel yöntemle yapılan geniş örneklemli bir alan araştırmasıdır. Araçlar bölümünde ayrıntılarıyla tanıtılan ölçüm araçları "İzmir, Ankara, İstanbul, Bursa, Gaziantep ve Diyarbakır" illerinde her katılımcıyla yüz yüze görüşme yoluyla uygulanmıştır. Her şehirde alan araştırması öncesinde bir ön çalışma yürütülerek, yaşayan yerli ve göçmen nüfusun sosyo-kültürel özellikleri ve ekonomik koşulları ile nüfus yoğunluğunun farklılaştığı mahalleler hakkında ön çalışma yürütülmüş ve uygulamalar bu ön çalışmalardan elde edilen bilgiler doğrultusunda gerçekleştirilmiştir. Tabakalı yöntem ile her şehirde uygulama yapılacak alanlar ve hedef grupların niceliksel ağırlıklıkları belirlenmiştir. Hedef mahalle ve semtlerde ise tesadüfi örnekleme yoluyla, kişilerin araştırmaya katılmaya gönüllü olmaları durumunda yüzyüze görüşmeler gerçekleştirilmiştir.

Örneklem

Alan araştırmasına toplam 1809 kişi katılmıştır. Araştırmanın niceliksel analizleri 767 kadın ve 970 erkek olmak üzere toplam 1737 kişinin katılımıyla elde edilen veri seti üzerinden gerçekleştirilmiştir. Alan çalışması 6 büyük şehirde gerçekleştirilmiştir: İzmir 300 (% 17,3); Ankara 298 (%17,2); İstanbul 309 (%17,8); Bursa 302 (%17,4); Gaziantep 300 (%17,3) ve Diyarbakır 228 (%13,1) kişi ile örneklemimizde temsil edilmiştir. Tüm örneklemde 767 kadın ve 970 erkek katılımcı yer almaktadır. Yaş ortalaması 38,96 *(S=13,21)* olan katılımcıların yaş aralığı 18 ile 80 arasında değişmektedir. Tüm örneklemin %49,9'u yerli; %50,1'i ise göçmen katılımcılardan oluşmaktadır. Tüm katılımcıların %63,5'i Türk, %33,3'ü Kürt kökenlidir. %3,2'lik bölümü kaplayan katılımcı grubu ise diğer etnik gruplara (Yugolavya göçmeni, Boşnak, Roman, Bulgar, Rum, Laz vb.) mensup katılımcılardır.

Araştırmada kullanılan araçlar

Alan araştırması için benzer araştırmalarda (Göregenli, 2013; Göregenli ve Karakuş, 2008; Karakuş ve Göregenli, 2008) kullanılmış soru formları da dikkate alınarak uygulama yapılacak kentlerde kendilerini "kentin yerlisi" olarak tarif eden katılımcılar ve bu kentlere "göç etmiş" katılımcılar için ayrı soru formları hazırlanmıştır. Araştırmanın bütününde her iki soru formunda yer alan tüm alt bölümler Tablo 1'de tanıtılarak, ilerleyen bölümde bu makalede ele alınan kente bağlılık ve bireycilik-toplulukçuluk ölçümlerinin içerikleri ile ilgili bilgiler verilmiştir.

Kente Bağlılık Ölçeği (Lalli, 1992)

Her iki örneklem grubuna da uygulanan Lalli'nin (1992) Kent Kimliği Ölçeği toplam 20 maddeden oluşan Likert tipi bir tutum ölçeğidir ve "Kesinlikle Katılmıyorum"-"Tamamen Katılıyorum"a doğru giden 5'li bir skalada değerlendirilmektedir. Ölçeğin 5 alt boyutu bulunmaktadır. Bu beş alt boyut: *"Karşılaştırma, Bağlılık/aidiyet, Aşinalık, Geçmiş ve Gelecek"* alt boyutlarıdır. Göregenli (2005) İzmir'de yer kimliği ve kente bağlılık araştırmasında bu ölçeği kullanmış ve ölçeğin 773 kişiye uygulanması sonucunda varyansın %60.26'sını açıklayan 3 faktör elde etmiştir: Aidiyet, gelecek ve karşılaştırma. Sonraki yıllarda, Türkiye'nin farklı şehirlerinde gerçekleştirilen diğer araştırma bulguları da (örn. Göregenli ve Karakuş, 2008) Türkiye örnekleminde kente ilişkin kimlik duygusunun bu üç alt boyutla temsil edildiğini doğrulamıştır. Nitekim bu araştırmada da yürütülen faktör analizi sonuçları kente bağlılığın üçlü faktörel yapısını destekler niteliktedir. Bu makalede Kente Bağlılık Ölçeği toplam puanı üzerinden gerçekleştirilen analiz bulgularına yer verilmiş, ölçeğin faktör analizi sonuçları ve alt faktörlerle ilgili elde edilen bilgiler yazı kapsamı dışında bırakılmıştır. Ölçekte yer alan maddelerin bazıları şu şekildedir: "İzmir'i memleketim olarak görüyorum."; "İzmir'in geleceğini merak ediyorum, nasıl bir yer olacağını görmek istiyorum"; "İzmir, diğer illerde yaşayanlar tarafından yaşanılacak bir kent olarak görülür". Ölçekte yer alan şehir isimleri, uygulamanın gerçekleştirildiği ile göre yeniden düzenlenmiştir. Burada örnek olarak İzmir şehrinde yapılan uygulamada kullanılan ölçek maddeleri verilmiştir. Bu ölçekten yüksek puan almak (en yüksek 100 puan- en düşük 20 puan), bireyin kente bağlılığının yüksek olduğu anlamına gelmektedir.

Tablo 1. Yerli ve göçmen katılımcılar için hazırlanan soru formlarının alt bölümleri

Kente Göç Eden Katılımcılar İçin Hazırlanan Soru Formu	Yerli Katılımcılar İçin Hazırlanan Soru Formu
1. Sosyo-demografik sorular	1. Sosyo-demografik sorular
2. Kentsel deneyime ilişkin sorular	2. Kentsel deneyime ilişkin sorular
3. Günlük yaşam etkinlikleri ve kentsel mekanların kullanımı	3. Günlük yaşam etkinlikleri ve kentsel mekanların kullanımı
4. Günlük yaşam alanlarına ilişkin memnuniyet ölçeği	4. Günlük yaşam alanlarına ilişkin memnuniyet ölçeği
5. Günlük yaşam mekanlarına ilişkin değerlendirmeler	5. Günlük yaşam mekanlarına ilişkin değerlendirmeler
6. Kente bağlılık ölçeği (Lalli, 1992)	6. Kente bağlılık ölçeği (Lalli, 1992)
7. Bireycilik-toplulukçuluk ölçeği (Göregenli, 1995; 1997)	7. Bireycilik-toplulukçuluk ölçeği (Göregenli, 1995;1997)
8. Göç deneyimine ilişkin sorular	8. Çok kültürlü ideoloji ölçeği (Arends-Toth & Van de Vijver, 2003)
9. Kültürleşme ölçeği (Berry vd., 1989)	

Bireycilik-toplulukçuluk ölçeği:

Her iki örneklem grubuna da uygulanan bu ölçek, Göregenli (1995; 1997) tarafından Türkçe'ye uyarlanarak, geçerlik ve güvenirlik çalışmaları yapılmıştır. Türkiye'de farklı çalışmalarda da kullanılan Bireycilik-toplulukçuluk Ölçeği'nin 20 maddelik kısa formu kullanılmıştır. Likert tipinde düzenlenen bu tutum ölçeğindeki ifadeler "Kesinlikle Katılmıyorum"- "Tamamen Katılıyorum"a doğru giden 5'li bir skalada değerlendirilmektedir. Ölçeğin güvenirlik analizi sonucunda elde edilen madde-toplam puan korelasyon değerlerine bakılarak, ölçeğin toplam puanına yeterli düzeyde katkıda bulunmayan maddeler (9, 13, 14, 16 ve 20. Maddeler) ölçek toplam puanına dahil edilmemiştir. Ölçekle ilgili tüm analizler toplam 15 madde üzerinden gerçekleştirilmiştir. Ölçekte yer alan maddelere örnek olarak: *"Kaç çocuğa sahip olmak istediğim konusunda ailemle hiç konuşmam"; "Ne tür bir eğitim göreceğime karar verirken, yakın akrabalarımın tavsiyelerine kulak vermem"*. Bu ölçekten yüksek puan almak (en yüksek 75 puan – en düşük 15 puan), bireyin bireycilik eğiliminin yüksek; toplulukçuluk eğiliminin ise düşük olduğu anlamına gelmektedir.

Uygulama ve veri analizi

Alan araştırması 2012 ve 2013 yılları içinde gerçekleştirilmiştir. Uygulamada, alan araştırmasının gerçekleştirildiği ilde "Psikoloji, Sosyoloji, Hukuk" gibi bölümlerde lisans öğrencileri olan kişiler, araştırmanın amacı, soru formunun uygulanması ve genel olarak yüz yüze görüşme teknikleri hakkında detaylı bir eğitim aldıktan sonra, araştırmacı ve bursiyer asistanların gözetiminde çalışmışlardır. Elde edilen veriler bilgisayar ortamında SPPS paket programı kullanılarak çözümlenmiştir.

Bulgular

Araştırmanın bulguları üç ana alt başlık altında sunulmuştur. İlk bölümde katılımcıların göç ve kentsel deneyimlerine ilişkin temel betimsel bulgulara, izleyen bölümlerde ise sosyo-demografik özellikler, kente bağlılık ve bireycilik-toplulukçuluk yönelimleri arasındaki ilişkilere yer verilmiştir.

Temel betimsel bulgular

Göçmenlerin yaşadıkları şehre göç etme gerekçeleri arasındaki öncelikli nedenler, daha iyi ekonomik koşullara ulaşma ve iş bulma beklentisidir. Diğer nedenler sırasıyla: evlilik (11,4); güvenlik kaygısı (10,8); eğitim (4,5); köy boşaltılması ve siyasi çatışmalardır (2,7). Göçmenlerin %26,7'si göç edişlerini "zorunlu", %73,7'si ise "gönüllü" olarak değerlendirmiştir.

Göçmenlerin köy ve ilçe ölçeğindeki yerleşim birimlerinde yaşama süreleri, yerli katılımcılara kıyasla daha uzunken, yerlilerin büyük çoğunluğunun, kişisel yaşamları boyunca kentte yaşama deneyimlerinin göçmenlere kıyasla daha fazla olduğu anlaşılmıştır. Öte yandan yerlilik geçmişinin şehirlere göre farklılık gösterdiği, İzmir'in hem yerli hem de göçmenlerin yaşama süreleri bakımından kentle kurulan ilişkide en uzun geçmişe sahip olduğu, İstanbul'un ise yerliler açısından kentle kurulan köklülük deneyiminin en zayıf şehir olduğu dikkati çekmiştir.

Tüm şehirlerde yerlilerin gelir ve eğitim düzeylerinin, göçmenlere kıyasla genel olarak daha yüksek olduğu bulunmuştur. Diyarbakır haricindeki tüm şehirlerde yerli katılımcıların ev sahibi olma oranı, göçmenlerden daha yüksektir. Göçmenler arasında ise kiracı olma oranının en yüksek olduğu şehirler sırasıyla: İstanbul (52,6), Ankara (52,3) ve Gaziantep (48,3) illeridir. Aile yakınlarının yanında yaşadığını belirten göçmenlerin oranının en yüksek olduğu iki şehir sırasıyla Diyarbakır (10,1) ve Ankara'dır (6,0). Yerlilerin kent içi özel araç kullanma oranları göçmenlerden genel olarak daha yüksektir. Göçmenler arasında kent içi yaya hareketliğinin en yüksek olduğu ilk üç şehir sırasıyla: Gaziantep (31,3); Diyarbakır (31,3) ve Ankara'dır (19,9). Ağırlıklı olarak toplu taşım araçlarını kullanan göçmenlerin oranının en yüksek olduğu şehirler ise sırasıyla: Bursa (38,0), Ankara (33,1) ve İstanbul (32,6) şehirleridir.

Kente bağlılık

Kente Bağlılık Ölçeği toplam puan ortalamalarının çeşitli değişkenlere göre farklılaşıp farklılaşmadığı uygun analiz yöntemleri ile (tek yönlü varyans analizi, iki yönlü varyans analizi, çoklu doğrusal regresyon analizi) incelenmiştir. Elde edilen bulgular aşağıda sırasıyla sunulmaktadır.

Sosyo-demografik özellikler ile kent bağlılık arasındaki ilişki

Gerçekleştirilen bir dizi tek yönlü varyans analizi sonucunda katılımcıların kente bağlılık düzeylerinin "yaş, en çok yaşanılan yer, kentte yaşama süresi" değişkenlerine göre istatistiksel açıdan anlamlı düzeyde farklılaştığı görülmüştür (Bkz. Tablo 2).

Sonuçlara göre üst yaş grubundaki katılımcıların, daha genç yaştaki gruplara kıyasla kentlerine daha bağlı hissettiği saptanmıştır. Kentte 21 yıl ve daha uzun süredir yaşayanlar, daha kısa süredir kentte bulunanlara kıyasla yaşadıkları kente daha ait hissetmektedirler. Yaşamlarının büyük bir bölümünü kent ölçeğindeki yaşam alanlarında geçirmiş katılımcılar, yaşamları boyunca daha çok ilçe ve köy ölçeğindeki yerleşim birimlerinde bulunan katılımcılara kıyasla yaşadıkları kente daha bağlıdırlar (Bkz. Tablo 2).

Ayrıca zorunlu veya gönüllü göç ettiğini dile getiren Kürt göçmenlerin kente bağlılık puanlarının farklılaşıp farklılaşmadığı incelediğinde ise gönüllü göç edenlerin kente bağlılık düzeylerinin (Ort. = 65,36 Ss=16,68), zorunlu göç edenlerin ortalamasından (Ort=62,21 Ss=17,17) daha yüksek olduğu ancak puan ortalamaları arasındaki farkın istatistiksel açıdan anlamlı olmadığı görülmüştür t(317)= -1,613 p>.05.

Tablo 2. Sosyo-demografik değişkenlere göre kente bağlılık ölçeği toplam puan ortalamaları

Yaş	Ort.	S
18-30	69,99	17,13
31-45	72,08	16,88
46 yaş ve üzeri	76,83	15,07
F(2, 1571)=22.680 p=.000		
Gelir	Ort.	S
900 TL ve altı	72,88	16,33
901-2000 TL	71,99	16,95
2001 TL ve üzeri	74,32	15,97
F(2, 1553) = 2.626 p>.05		
Eğitim	Ort.	S
İlkokul ve altı	72,75	16,34
Ortaokul ve Lise	73,22	16,75
Yüksekokul ve üstü	72,54	16,91
F(2, 1555) = .226 p>.05		
En çok yaşanılan yer	Ort.	S
Köy	65,04	16,11
İlçe	68,88	17,01
Şehir	74,16	15,74
Üç büyük şehir	76,22	17,55
F(3, 1561) = 20.119 p=.000		
Kentte yaşama süresi	Ort.	S
1-10 yıl	59,98	16,68
11-20 yıl	66,78	16,26
21 yıl ve üzeri	77,85	13,77
F (2, 1514) = 171.81 p=.000		

Katılımcıların Kente Bağlılık Ölçeği toplam puan ortalamalarının yerli veya göçmen olma durumlarına ve yaşadıkları şehre göre farklılaşıp farklılaşmadığını incelemek amacıyla 2 (Yerli-Göçmen) X 6 (Şehir: İzmir-Ankara-İstanbul-Bursa-Gaziantep-Diyarbakır) iki yönlü varyans analizi gerçekleştirilmiştir. Sonuçlara göre yerli veya göçmen olma durumu F (1, 1576) =294.34 p=.000 ve yaşanılan şehrin ana etkileri F (5, 1576) =29.32 p=.000 ile bu iki bağımsız değişken arasındaki etkileşimin Kente Bağlılık toplam puan ortalamaları üzerinde anlamlı olduğu saptanmıştır F (5, 1576)=13.87 *p=.000* (Bkz. Grafik 1).

Grafik 1. Şehre ve yerli-göçmen olma durumuna göre kente bağlılık ölçeği toplam puan ortalamaları

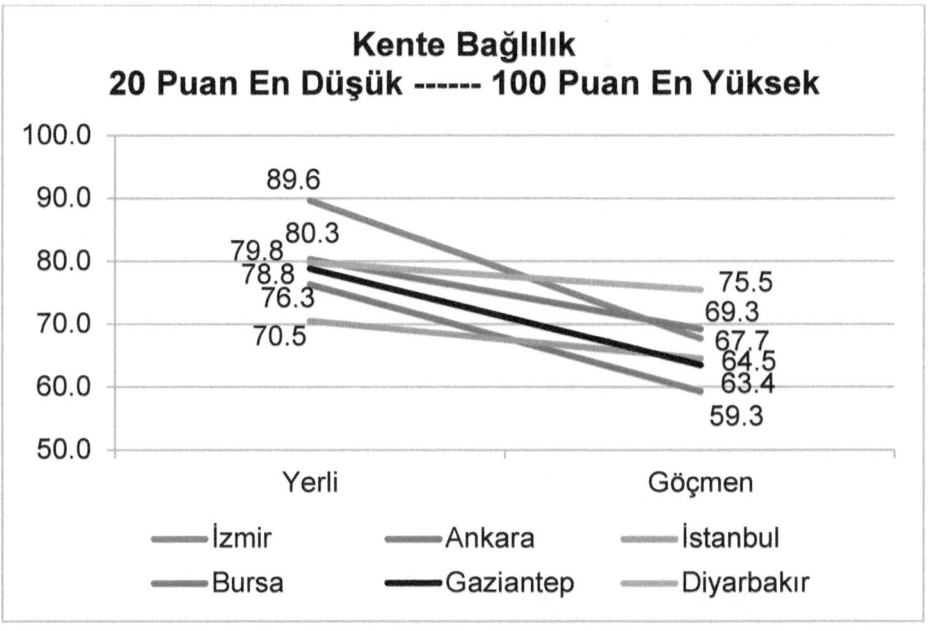

Yerli katılımcıların kente bağlılık puan ortalaması, göçmen katılımcıların puan ortalamalasından anlamlı düzeyde daha yüksektir. Bununla birlikte İzmir'de yaşayan katılımcıların kente bağlılık puanları, diğer tüm şehirlerde yaşayan katılımcıların puanlarından anlamlı düzeyde daha yüksek bulunmuştur. Ankara ve İstanbul'da yaşayan katılımcıların yaşadıkları kente bağlılık puanları, İzmir, Bursa ve Diyarbakır'dan anlamlı düzeyde daha düşüktür. Bursa'da yaşayan katılımcıların puan ortalaması ise İzmir'de yaşayan katılımcıların ortalamasından anlamlı düzeyde düşük olmakla birlikte, İstanbul, Ankara ve Gaziantep'te yaşayan katılımcıların ortalamasından daha yüksek bulunmuştur. Gaziantep'te yaşayan katılımcıların yaşadıkları kente bağlılık düzeyleri İzmir, Bursa ve Diyarbakır'da yaşayan katılımcıların bağlılık düzeylerinden daha düşüktür. Diyarbakır'da yaşayan katılımcıların ise Ankara, İstanbul ve Gaziantep'te yaşayan katılımcılara kıyasla yaşadıkları kente daha bağlı oldukları görülmüştür.

Yerli veya göçmen olma durumu ile yaşanılan şehir arasındaki etkileşimin kente bağlılık toplam puan ortalamaları üzerindeki etkisini yorumladığımızda ise İzmir'de yerli olmanın yaşanan kente aidiyet düzeyini belirgin bir biçimde yükselttiği; Ankara'da göçmen bir kişi olarak yaşıyor olmanın ise yaşanan kente aidiyet düzeyini belirgin bir biçimde düşürdüğü söylenebilir.

Tablo 3. Kente bağlılık regresyon katsayıları

	Regresyon Katsayıları	Standardize Edilmiş Regresyon Katsayıları		
	B	Beta	t	p
(Sabit)	39.945		11.921	.000
Kent yaşamı ve kentin yerlileri ile ilişkilerden memnuniyeti	3.391	.440	18.329	.000
Kentte yaşama süresi	6.230	.299	12.348	.000
Bireycilik-Toplulukçuluk	-.219	-.096	-4.151	.000
Etnik köken	-2.727	-.081	-3.477	.001
Cinsiyet	1.840	.057	2.478	.013

Kente bağlılığın belirleyicileri

Tüm katılımcıların Kente Bağlılık Ölçeği'nden aldıkları puanları en iyi şekilde yordayan değişkenleri saptamak için çoklu doğrusal regresyon analizinden yararlanılmıştır. Uygun regresyon modeli belirlenirken adım adım seçim yöntemi (stepwise) kullanılmıştır. Regresyon analizi sonucunda, bağımlı değişkeni en yüksek düzeyde yordayan değişkenlerin; *kent ve kentin yerlileriyle ilişkilerden memnuniyet, kentte yaşama süresi, bireycilik-toplulukçuluk, etnik köken ve cinsiyet* olduğu görülmüştür, $F(5, 1159) = 12.081$, $p = .000$ (Bkz. Tablo 3). Modelin çoklu korelasyon katsayısı .63'tür. Denkleme giren bağımsız değişkenler, bağımlı değişkendeki varyansın % 40'ını açıklamaktadır.

Tablo 3'te sunulan regresyon katsayılarına ve t değerlerine bakılacak olduğunda, kent yaşamı ve kentin yerlileri ile ilişkilerden memnun olma düzeyi ile kentte yaşama süresi arttıkça kente bağlılık düzeyinin de yükseldiği anlaşılmaktadır. Bununla birlikte bireycilik yönelimi yüksek olan katılımcıların toplulukçuluk yönelimi yüksek olan katılımcılara kıyasla kentlerine bağlılık düzeylerinin daha düşük olduğu görülmüştür. Öte yandan etnik kökene göre bir karşılaştırma yapıldığında Türk katılımcıların, Kürt katılımcılara kıyasla yaşadıkları kente daha yüksek düzeyde ait hissettikleri bulunmuştur. Kadın katılımcıların ise erkek katılımcılara kıyasla kente bağlılık düzeyleri daha yüksektir.

Göçmenlerin kente bağlılıklarını belirleyen değişkenler

Göçmenlerin Kente Bağlılık Ölçeği'nden aldıkları puanları en yüksek düzeyde yordayan değişkenleri saptamak için aynı seçim yöntemiyle gerçekleştirilen çoklu doğrusal regresyon analizi sonucunda, göçmenlerin yaşadıkları kente bağlılık düzeylerini *"kent yaşamı ve kentin yerlileriyle ilişkilerden memnuniyet, kentte yaşama süresi, ayrılma stratejisi, asimilasyon stratejisi, cinsiyet ve bireycilik-toplulukçuluk"* değişkenlerinin en iyi şekilde yordadığı görülmüştür F (6, 598) = 58.361, p =.000 (Bkz. Tablo 4). Modelin çoklu korelasyon katsayısı .61'dir. Denkleme giren bağımsız değişkenler, bağımlı değişkendeki varyansın % 37'sini açıklamaktadır.

Tablo 4. Göçmen katılımcıların kente bağlılık düzeyleri regresyon katsayıları

	Regresyon Katsayıları	Standardize Edilmiş Regresyon Katsayıları		
	B	Beta	t	p
(Sabit)	42.471		8.598	.000
Kent yaşamı ve kentin yerlileri ile ilişkilerden memnuniyeti	2.662	0.367	10.095	.000
Kentte yaşama süresi	3.961	0.203	5.856	.000
Ayrılma stratejisi	-.208	-.155	-4.603	.000
Asimilasyon stratejisi	.193	.139	3.888	.000
Cinsiyet	3.946	.121	3.645	.000
Bireycilik-toplulukçuluk	-.255	-.116	-3.453	.001

Göçmenlerin göç ettikleri şehre bağlı hissetmeleri, kentin yerlileri ile ilişkilerden memnuniyet düzeyleri, kentte yaşama süreleri ve asimilasyon stratejisini benimseme düzeyleri arasında pozitif bir ilişki söz konusudur. Bununla birlikte ayrılma stratejisini benimseme düzeyi ve bireycilik eğilimi arttıkça kente bağlılık düzeyinin düştüğü anlaşılmaktadır. Son olarak göçmenler arasında kadın veya erkek olmanın da kente aidiyet düzeyi üzerinde etkili olduğu saptanmıştır. Kadın göçmenlerin erkek göçmenlere kıyasla kente bağlılık düzeyleri daha yüksektir.

Bireycilik-toplulukçuluk

Bireycilik-toplulukçuluk ölçeği toplam puan ortalamalarının çeşitli değişkenlere göre farklılaşıp farklılaşmadığı uygun analiz yöntemleri ile (bağlantısız örneklemler için t testi, tek ve çok yönlü varyans analizleri) incelenmiştir. Elde edilen bulgular aşağıda sırasıyla sunulmaktadır.

Tablo 5'den de takip edilebileceği üzere "yaş, gelir düzeyi, eğitim düzeyi ve kentte yaşama süresine" göre bireycilik-toplulukçuluk puanlarının anlamlı düzeyde farklılaştığı saptanmıştır. Çoklu karşılaştırma testi sonuçlarına göre, 18-30 yaş arasındaki katılımcıların Bireycilik-Toplulukçuluk Ölçeği puan ortalamalarının üst yaş gruplarından anlamlı düzeyde daha yüksek olduğu, 31-45 yaş aralığındaki katılımcıların ortalamasının da 46 yaş ve üzerindeki katılımcıların ortalamasından daha yüksek olduğu görülmüştür. Ayrıca 2001 TL ve üzerinde geliri olan katılımcıların 900 ve altında geliri olan katılımcılara kıyasla; yüksekokul ve üzeri eğitim düzeyindeki katılımcıların ise ilkokul ve ortaokul mezunu katılımcılara kıyasla bireycilik-toplulukçuluk toplam puan ortalamalarının daha yüksek olduğu saptanmıştır. Son olarak 21 yıl ve daha uzun süredir kentte yaşayan katılımcıların, 10 yıl ve daha kısa süredir yaşayan katılımcılara kıyasla puan ortamalarının daha yüksek olduğu bulunmuştur.

Katılımcıların Bireycilik Toplulukçuluk Ölçeği toplam puan ortalamalarının yerli veya göçmen olma durumlarına ve yaşadıkları şehre göre farklılaşıp farklılaşmadığını incelemek amacıyla 2 (Yerli-Göçmen) X 6 (Şehir: İzmir-Ankara-İstanbul-Bursa-Gaziantep-Diyarbakır) iki yönlü varyans analizi gerçekleştirilmiştir. Sonuçlara göre yerli veya göçmen olma durumu F (1, 1521) =9.53 p<.01 ve yaşanılan şehrin ana etkilerinin F (5, 1521) =12.42 *p=.000* istatistiksel açıdan anlamlı olduğu ancak bu iki bağımsız değişken arasındaki etkileşimin anlamlı olmadığı görülmüştür F(5, 1521) = 1.47 p>.05 (Bkz. Grafik 2).

Yerlilerin bireycilik eğilimleri, göçmen katılımcılarından anlamlı düzeyde daha yüksektir. Şehre göre elde edilen farklılaşmalar incelediğinde ise İstanbul'da yaşayan katılımcıların puan ortalamasının diğer tüm şehirlerde yaşayan katılımcıların puan ortalamasından anlamlı düzeyde daha yüksek olduğu görülmüştür. İstanbul haricinde diğer şehirlerde yaşayan katılımcıların puan ortalamaları arasında istatiksel açıdan anlamlı bir farklılaşma bulunmamaktadır.

Tablo 5. Sosyo-demografik değişkenlere göre bireycilik-toplulukçuluk ölçeği toplam puan ortalamaları

Cinsiyet	Ort.	S
Kadın	37,16	7,02
Erkek	37,29	7,31
	$t(1519) = -.357\ p>.05$	
Köken	Ort.	S
Türk kökenli	37,42	7,21
Kürt kökenli	36,80	6,96
	$t(1444) = 1.584\ p>.05$	
Yaş	Ort.	S
18-30	38,83	6,77
31-45	36,95	7,32
46 yaş ve üzeri	35,76	7,09
	$F\ (2,\ 1516) = 23.620\ p=.000$	
Gelir	Ort.	S
900 TL ve altı	36,28	6,53
901-2000 TL	37,23	7,41
2001 TL ve üzeri	38,01	7,23
	$F\ (2,\ 1500) = 5.891\ p<.01$	
Eğitim	Ort.	S
İlkokul ve altı	35,57	6,70
Ortaokul ve Lise	37,18	7,47
Yüksekokul ve üstü	39,13	6,84
	$F\ (2,\ 1501) = 28.316\ p=.000$	
En çok yaşanılan yer	Ort.	S
Köy	37,77	8,29
İlçe	36,19	7,93
Şehir	37,13	6,73
Üç büyük şehir	37,28	7,06
	$F\ (3,\ 1507) = 1.867\ p>.05$	
Kentte Yaşama Süresi	Ort.	S
1-10 yıl	38,16	6,81
11-20 yıl	37,67	7,38
21 yıl ve üzeri	36,72	7,20
	$F\ (2,\ 1467) = 4.086\ p<.01$	

Grafik 2. Şehre ve yerli-göçmen olma durumuna göre bireycilik-toplulukçuluk ölçeği toplam puan ortalamaları

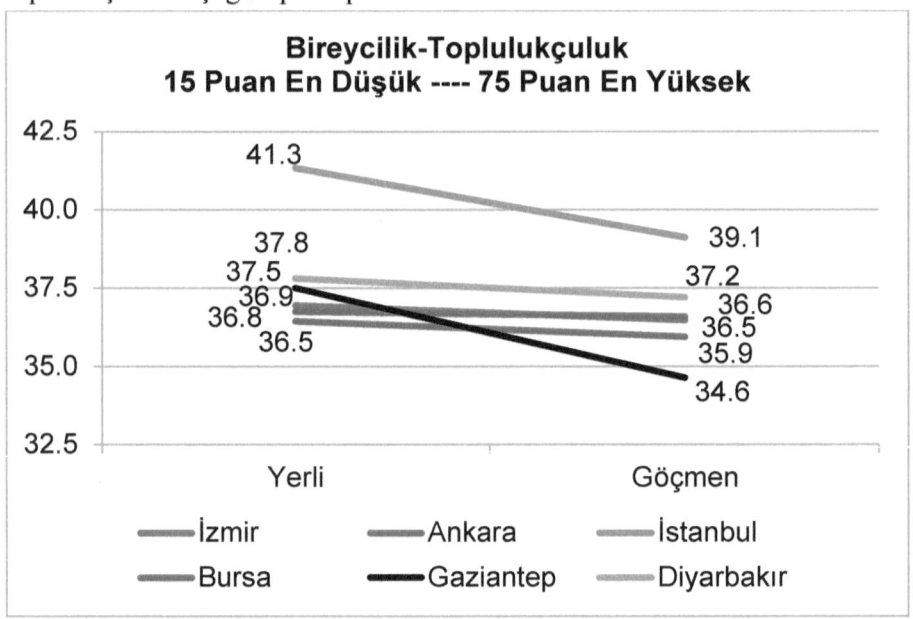

Tartışma

Türkiye'de, büyük insan gruplarının ülke içinde daha iyi yaşam koşullarının olduğu büyük şehirlere göç etmeleri anlamında, modern dönem göçler denilebilecek, 1950'li yıllardan bu yana yaşanan iç göç sürecinin, çeşitli nedenleri olmakla birlikte genellikle ekonomik ve siyasi koşullardan kaynaklandığı söylenebilir. 1950'lerden sonra tarımda makine kullanımının artması, sanayileşme ve kentleşme politikaları sonucunda kırsal alanlardan kentlere yönelen göçler hız kazanmıştır. Bu göç hareketi, daha çok ekonomik göç hareketi olarak değerlendirilebilir. Ekonomik koşulları iyileştirmeye yönelik göçler her ne kadar bir gönülsüzlük duygusu eşliğinde gerçekleşiyor olsa da, literatürde bu göç tipinin "gönüllü/isteğe bağlı göç" adı altında sınıflandırıldığı görülmektedir. Bu sınıflandırmada, üzerinde durulan ayırt edici nokta, göç kararının göç eden kişinin iradesi ve isteği dahilinde verilip verilmemesidir. Zorunlu göç/yerinden edilme ise bireylerin, "siyasi çatışmalar, doğal felaketler veya gelişme- kalkınma faaliyetleri nedeniyle, kendi istek ve iradeleri dışında, devlet kurum ve/veya kuruluşları tarafından göçe zorlanmaları veya göç ettirilmeleri olarak tanımlanmaktadır (Tümtaş, 2007; Ünalan vd. 2008). Ancak kimi zaman bu ekonomik ve zorunlu koşullar birbirini takip etmekte veya bir arada gerçekleşebilmektedir. Son 15 yıllık dönem içinde Türkiye'de iç göç hareketliliği ile ilgili gerçekleştirilen çalışmalar (Barut, 2001; Çağlayan vd. 2011; Güvenç vd. 2011; Kaya vd. 2009; TESEV, 2008) göstermektedir ki 1990'lar boyunca Güneydoğu ve Doğu Anadolu Bölgeleri'nden diğer bölgelere göç kararının alınış sürecinde ekonomik ve zorunlu nedenler birarada etkili olmuştur. Güvenlik kaygısı ve iş bulma, daha iyi yaşam koşulları isteği bireyleri göç etmeye zorunlu kılmıştır. Kağıtçıbaşı (2012), "göçün, insana dair küresel bir fenomen olduğunu, insanların tarih boyunca, savaş, kıtlık, sığınma ya da iş bulma gibi sayısız nedenle bir yerden bir yere göç ettiklerini belirtmiştir. Sosyal bir olay olarak göç, sosyal bilimciler tarafından etraflıca çalışılmıştır. Yazara göre, insani bir olay olmasına karşın, göç üzerine yapılan psikolojik çalışmaların daha çok yeni olması ironiktir. Bu noktada yine psikolojinin birey odaklı oluşunun, sosyal bir fenomeni ele alma üzerindeki etkileri görülmektedir" (320).

Bu araştırma yoğun göç alan 6 büyük şehirde gerçekleştirilmiş ve örnekleme dahil olan göçmen katılımcıların tümünden elde edilen bulgular, göçmenlerin göç gerekçeleri arasında ekonomik koşulların (kişinin kendisi ya da ailesinin iş bulma isteği ya da iş değişikliği vb.) yetersizliğinin en yüksek sıklıkla dile getirilen göç nedeni olduğunu göstermiştir. Evlilik-aile birleşimi, aile içi sorunlar nedeniyle yaşanan güvenlik kaygıları, eğitim ve köy boşaltmaları da dile getirilen diğer önemli nedenler arasındadır. Göçün nedenleri olarak, ekonomik koşulların yetersizliği ve zorunlu göçü getiren koşullar her ne kadar birbiriyle yakından ilişkili olsa da ülke içinde yerinden edilme, bu süreç içinde ve sonrasında ortaya çıkan olumsuz koşullar göz önüne alındığında, üzerinde özel olarak durulması gereken tarihi, siyasi ve sosyal bir olgu olarak karşımıza çıkmaktadır.

Araştırmamızın kuramsal çerçevesinde, göçmenlerin göç ettikleri şehirlerdeki yeni kültürle ilişkilerini değerlendirmek amacıyla yer verdiğimiz kültürleşme kavramına göre "bu süreç, belirli bir zaman ve yerde yani kültürel bir bağlam içinde gerçekleşmektedir. Bu bağlam, ilişkide olan grupların sosyo-politik geçmişlerini ve ilişkiye geçme nedenlerini içermektedir. Bu nedenle anlamlı bir kültürleşme bilgisine ulaşabilmek için bu kültürel bağlamlar iyi bir biçimde anlaşılmalıdır" (Sam ve Berry, s.22). "Kültürleşme süreci" içinde tanımlanan grup ya da bireyler genellikle "göçmenler, mülteciler, sığınmacılar, konuk ya da misafirler, etnokültürel gruplar ve yerliler"dir. Bu insanların kim oldukları ve tanımlanırken kullanılan kavramlar bazı sosyo politik faktörlere bağlı olarak ülkeden ülkeye değişmektedir (Cohon, 1981). Kültürleşme literatürüne bakıldığında daha çok ülke dışına göç eden grupların kültürleşme stratejilerinin araştırma konusu edildiği ancak iç göç bağlamında ülke içinde yer değiştiren farklı etno-kültürel grupların kültürleşme pratiklerine çok az sayıda çalışmada (Göksen ve Cemalcılar, 2010; Gui vd. 2012; Qian vd. 2011; Yang vd. 2010; Şeker,

2005) yer verildiği dikkati çekmektedir. Bu çalışmada iç göç bağlamında kente uyum sürecinde ele alınan kültürleşme kavramı, farklı kültürlerin büyük kentlerde karşılaşması sonucunda oluşan çok-kültürlü bir bağlamı kapsamaktadır.

Kırdan kente göç, kentte yaşayan etnik grupların kent çevresine uyum sağlamalarını ve bu uyum sürecinde ortaya çıkabilecek sorunlarla baş etmelerini gerektirmektedir (Erman, 1998). Çin'de kentte ve kırsal alanda yaşayan insanlar arasındaki refah düzeyi farklılığı ile kent ve kır yaşamı arasındaki ikili yapının iki farklı kültürün varlığına işaret ettiğini belirten Gui ve diğerleri (2012), bu iki farklı kültürel yapının aynı ülke içinde yaşanan göç ve gruplararası ilişkiler bağlamında bir kültürleşme sürecine öncülük ettiğini ifade etmektedir. Yazarlar, kırsal alanlar ile kentlerin iki farklı kültürel yapıyı oluşturduğuna ilişkin görüşlerini, sanayi, ulaşım sistemi, alt yapı sistemi, pazar ekonomisi, sosyal ağların genişliği, değerler açısından gözlenen farklılıklar çerçevesinde tanımlamaktadırlar. Alan araştır-masına katılan yerli ve göçmen katılımcıların, gelir ve eğitim düzeylerinin belirgin biçimde farklılık göstermesinin yanı sıra kentsel deneyimleri de farklılık göstermektedir. Yerli katılımcıların yaşamları boyunca kent ölçeğindeki yerleşim birimlerinde daha uzun süre yaşadıkları, bir diğer anlatımla kent ve kentli kültürüne, göçmen katılımcılara kıyasla daha aşina oldukları göz önünde bulundurulmalıdır. Yerli katılımcıların mülk sahibi olma oranları, kent içi ulaşımda ağırlıklı olarak özel araç kullanma oranları daha yüksektir. Tüm bu sosyo-ekonomik ve sosyo-kültürel farklılıklar göz önünde bulundurulduğunda, yerli ve göçmen katılımcıların iki farklı kültürü temsil ettiği söylenebilir.

Yerlilik tarifi, o şehre kişisel ve diğer sosyal ilişkilerle kök salmış olmayı; o şehri sahiplenmeyi ve kişinin kendini "oralı" olarak tanımlamasını içermektedir. O şehirde doğmuş olmak kişinin kendini, kentin yerlisi olarak görmesini gerektirmediği gibi, doğmamış olmak da kentin yerlisi hissetmeyi engellememektedir. O şehirde yaşama süresi, kişisel ve kolektif bir kent belleğine sahip olmakla ilişkilidir ve bu süre arttıkça kentin yerlisi hissetme düzeyi de yükselmektedir. Katılımcıların araştırmanın gerçekleştirildiği illerdeki yaşama sürelerinin dağılımlarına bakıldığında öncelikle yerlilik geçmişinin şehirlere göre farklılık gösterdiği anlaşılmaktadır. İzmir'deki yerli katılımcıların, diğer şehirlere kıyasla yerlilik tarihi daha geçmişe dayanmaktadır. İzmir'in hem yerli hem de göç eden katılımcıların yaşama süreleri bakımından kentle kurulan ilişkide en uzun geçmişe sahip olunan şehir olduğu göze çarpmaktadır.

Kente bağlılığı yordayan değişkenlerin tüm örneklemde ve göçmen katılımcılarda ayrı ayrı incelenmesi sonucunda elde edilen bulgulara göre öncelikle tüm katılımcıların kente bağlılık düzeyini yordayan değişkenler sırasıyla: "kent ve kentin yerlileriyle ilişkilerden memnuniyet, kentte yaşama süresi, bireycilik-toplulukçuluk, etnik köken ve cinsiyet"tir. Kent yaşamı ve kentin yerlileri ile ilişkilerden memnun olma düzeyi ile kentte yaşama süresi arttıkça kente bağlılık düzeyinin de yükseldiği anlaşılmaktadır. Diğer değişkenlerle olan ilişkilere bakıldığında ise bireycilik yönelimi yüksek olan katılımcıların toplulukçuluk yönelimi yüksek olan katılımcılara kıyasla kentlerine bağlılık düzeylerinin daha düşük olduğu görülmüştür. Öte yandan etnik kökene göre bir karşılaştırma yapıldığında Türk kökenli katılımcıların, Kürt kökenli katılımcılara kıyasla yaşadıkları kente daha yüksek düzeyde ait hissettikleri bulunmuştur. Kadın katılımcıların da erkek katılımcılara kıyasla kente bağlılık düzeyleri daha yüksektir. Kentte yaşama süresi ve cinsiyete ilişkin elde edilen bu bulgular, geçmiş araştırma bulgularıyla (Göregenli, 2013; Göregenli ve Karakuş, 2008; Göregenli vd. 2013; 2014) da tutarlıdır.

Göçmen katılımcıların kente bağlılık düzeylerini yordayan değişkenler ise sırasıyla: "kent yaşamı ve kentin yerlileriyle ilişkilerden memnuniyet, kentte yaşama süresi, ayrılma stratejisi, asimilasyon stratejisi, cinsiyet ve bireycilik-toplulukçuluk" tur. Yeni kent çevresinin sunduğu kültürel yaşama uyum sağlama stratejileri de göç edilen kente bağlılık düzeyinin gelişmesinde anlamlı rol oynamaktadır. Asimilasyon stratejisini tercih eden göçmenlerin kente aidiyetleri yükselirken, ayrılma stratejisini kullanan göçmenlerin kente bağlılıklarının düştüğü görülmüştür. Göçmen katılımcılar arasında da kadın katılımcıların, erkek katılımcılara kıyasla yaşadıkları kente daha bağlı oldukları görülmüştür.

Araştırmamızın bulguları bireycilik-toplulukçuluk eğilimleri açısından değerlendirildiğinde, katılımcıların gelir düzeyi, eğitim düzeyi ve kentte yaşama süresi arttıkça bireycilik eğiliminin yükseldiği görülmektedir. Bu bulgu, bireycilik-toplulukçuluk kavramının tanımlandığı temel metinlerdeki kabullerle tutarlıdır (Hui ve Triandis, 1986; Kağıtçıbaşı ve Berry, 1989; Kağıtçıbaşı, 1991; Kim vd. 1994). Triandis ve diğerlerinin (1990) bireyci ve toplulukçu kültürleri birbirinden ayıran temel atıflara yönelik betimlemeleri modernleşmeci yaklaşımların, toplumsal değişmeye ilişkin evrimci bakış açılarını yansıtır görünmektedir. Bireyci kültürel göstergeler olarak büyük kentlere göç, yüksek sanayileşme, yaygın medya etkisi, çekirdek aile ve bunlara bağlı olarak bireysel düzeyde yüksek bağımsızlık ve özerklik ihtiyacı, kendine yeterlilik, hedeflerin bireysel ihtiyaçlarca belirlenmesi gibi olgular belirlenirken, toplulukçu kültürleri tanımlayan özellikler ise bunların karşıtı olan sosyal ve bireysel göstergelerdir: Tarımsal ekonomi, geniş aile, aileyle bütünleşme, kişisel amaç ve hedefleri iç gruptan hareketle ifade etme tarzı, hiyearşi ve uyum, homojen içgrup, güçlü içgrup / dışgrup ayrımlaşması, itaate dayalı sosyalizasyon, yakınlık ve güven arayışı, sosyal destek ve karşılıklı bağımlılık.

Yerli katılımcıların sosyo-demografik değişkenler açısından da farklılılık gösterdiği ve daha "şehirli-modern" özelliklere sahip oldukları göz önünde bulundurulduğunda, göçmen katılımcılara kıyasla daha bireyci oldukları görülmüştür. İstanbul'da yaşayan katılımcıların bireycilik eğilimleri, diğer tüm şehirlerde yaşayan katılımcılardan anlamlı düzeyde daha yüksektir. İstanbul haricinde diğer şehirlerde yaşayan katılımcıların bireycilik-toplulukçuluk eğilimleri farklılaşmamaktadır. Öte yandan genel olarak hem göçmen hem de yerli katılımcılarda bireyci eğilim arttıkça kentteki yaşamdan memnuniyetin ve genel olarak kente aidiyet hissinin düştüğü saptanmıştır. Araştırmamızın bulguları daha önce yapılan daha küçük ölçekli bir araştırmanın bulgularıyla da tutarlıdır. Şeker'in (2005) İzmir'e farklı dönemlerde göç etmiş olan, göç etme nedenleri ve göç edilen yere göre farklılaşan iki grubun entegrasyon süreçlerini incelediği çalışmasında, bireycilik-toplulukçuluk eğilimlerinin farklılaştığı ve bu farklılaşmanın da entegrasyon süreçlerini etkilediği bulunmuştur. Katılımcıların doğum yerine ve geldikleri yere göre bireycilik - toplulukçuluk ölçeğinden aldıkları toplam puanlar arasında farklılaşma olup olmadığı incelendiğinde Doğu ve Güneydoğu Anadolu ile Bulgaristan doğumlu ve oradan gelen katılımcılar arasında istatistiksel olarak anlamlı bir farklılaşma olduğu gözlenmiştir. Bulgaristan doğumlu ve oradan gelen katılımcılarda bireycilik eğiliminin, Doğu ve Güneydoğu Anadolu doğumlu ve oradan gelen katılımcılarda ise toplulukçuluk eğiliminin yüksek olduğu gözlen-miştir.

Araştırmamızın sonuçları bütün olarak değerlendirildiğinde, göç ve kültürleşme sürecinin, evsahibi çoğunluk topluluk ve kültürle, göçmen grupların ve kültürlerin karşılıklı etkileşimi sürecinde oluşan dinamik bir süreç olduğunu ve bu sürecin bütün olarak mekansal göstergelerden büyük ölçüde etkilendiğini göstermiştir. Kağıtçıbaşı'nın (2012) belirttiği gibi, "kültürleşme başlı başına üzerinde çalışılan ve özellikle politikayla ilgili uygulamalarda üzerinde durulan uygulamalı bir alandır. Bu uygulamalar eğitimden sağlığa, sosyal güvenlikten önyargıyı azaltmaya ve gruplar arası ilişkileri geliştirmeye kadar geniş bir alanı kapsayabilir. Kültürleşme üzerine yürütülen araştırmalar, ev sahibi toplumu değil de kültürleşmekte olan göçmen grubu ele almıştır. Bununla birlikte, kültürleşmenin politik, ekonomik vb yönlerinden ziyade psikolojik yönü geniş ölçüde çalışılmıştır. Psikologların ilgi alanları göz önünde bulundurulduğunda, bu beklenen bir durumdur" (319-322).

Araştırmamızın bulguları, bu sürecin psikolojinin farklı alanlarında derinlemesine araştırmalar yapılmasını gerektiren çok katmanlı yapısını ortaya koymaktadır. Günümüzde "tek bir göçmen grubunun kültürleşme stratejisinin çalışıldığı araştırma geleneğinden giderek uzaklaşılmaktadır.

Göçmen gruplarının boylamsal modellerle çalışıldığı; aynı ülke içinde farklı grupların ya da aynı etnik arka plana sahip göçmenlerin yönelimlerinin farklı ülkelere göre incelendiği çalışmalar gibi karşılaştırmalı araştırmalara ihtiyaç vardır" (Yağmur ve Van de Vijver, 2012). Ayrıca Türkiye'de gerçekleşen göç süreçlerinin sadece göç ve kültürleşme süreçleri açısından değil, toplumsal çatışmaların anlaşılması ve ayrımcılığın önlenmesi bakımından da önemli olduğu görülmektedir.

Teşekkür ve bilgilendirme

Bu makalede bir bölümü özetlenen araştırma, TUBİTAK_SOBAG (Proje No: 111K249-2014) tarafından desteklenen "Kente Entegrasyonun, Yer Kimliği, Bireycilik-Toplulukçuluk ve Kültürlenme Süreçleri Açısından İncelenmesi" başlıklı projeden alınmıştır.

Göç ve Uyum

Bölüm 6: ABD, Ohio, Columbus'ta Latin Göçmenler, Ayrımcılık ve Uyum

Jeffrey H. Cohen ve Nidia Merino Chavez

Ohio Colombus yaşayan Latin göçmenler, kentteki deneyimlerini ve geleceklerini genellikle olumlu ve iyimser şekilde tanımlarlarsa da göçmenler kentte aynı zamanda ayrımcılıkla da karşılaşırlar. Latin göçmenler genellikle kentteki Anglo-Amerikan çoğunluk ve geniş Afro-Amerikan topluluklardan ayrı, diğer Latinlerle bir arada homojen şekilde yaşarlar. Latinler, kentte yaşamlarını kente dahil olmalarını destekleyen programlardaki eksiklikler ve onların yasal statülerine ilişkin devlet politikalarıyla mücadele ederek sürdürmektedirler. Colombus' ta yaşayan Latin göçmenlere yönelik ayrımcılık, Amerika Birleşik Devletlerinde (ABD) yasadışı olduklarını menşe ülkeleri, yasal statüleri ve iş yaşamları ne olursa olsun tehdit oluşturma durumlarını ortaya koymaktadır. Bu çalışmada Merkez Ohio da yaşayan göçmelerin karşılaştığı ayrımcılık durumlarını araştırmak için Colombus' ta yaşayan Latinlerle yapılan etnografik çalışmanın bir parçası olarak toplanan veriler kullanılmıştır.

Çalışmaya Colombus' a göçün bir değerlendirmesi yapılarak, kentte şuan var olan Latinlerin yaşantısını tanımlayan ayrımcılık kadar toplumdaki çeşitlilik vurgulanarak başlanacaktır. İkinci olarak sosyal ve ekonomik izolasyon (tecrit) ve göçmenlerin iş, eğitim ve sağlık hizmetlerinde karşılaştıkları ayrımcılık incelenecektir. Devletin (federal ve federe) koymuş olduğu yasalara ilişkin bir tartışma ile devam edilerek bu yasaların kente uyum sağlamak isteyen Latinlere oluşturduğu engellerden söz edilecektir.

Çalışmada çoğu ABD vatandaşı olmasına rağmen Colombus'ta ayrı bir grup olarak yaşayan günümüz Latin göçmenleri tartışılacaktır. Sonuçta çalışma Latin toplulukların hayat mücadelesine odaklanarak sonuçlandırılacaktır.

Columbus ve göç

Geçmişte Latin göçmenler Ohio'ya yerleşirken (bkz. Acosta-Belén and Santiago, 2006); Latin nüfusun hızlı artması sadece 1990' larda eyalet başkentinde (Colombus) metro bölgesinde görülmüştür. ABD toplam göçmen nüfusunda Latin topluluğu 1990 ve 2000 arasında yüzde 162.9 artmış ve Latin Amerikalılar, Afrikalılar (ve özellikle Somalili mülteciler) ve güney Doğu Asyalılar kent tarihindeki Avrupa merkezli göçün yerine geçmiş ve bir değişimi ortaya çıkartmıştır (US Census, 2011).

Sosyal ve ekonomik izolasyon

Columbus Latinler için ikincil bir varış yeridir ve çalışmada yapılan görüşmelerin yüzde 85'i ABD'nin diğer kısımlarından gelip yerleşen Latinlerle gerçekleştirilmiştir (bkz. CRP, 2003; Frazier ve Reisinger, 2006; Gouveia ve Saenz, 2000; Kayitsinga, 2009). Bu bölgede tarım, et paketleme ve kümes hayvanları işleme endüstrilerinin yeniden yapılandırılması kadar, hizmet sektörünün genişlemesi de Latinleri yerleşmeye cesaretlendirmiş ve Midwest'te düşük ücretle çalışan Latinleri de kendine çekmiştir (Johnson-Webb, 2003; Kandel ve Parrado, 2005; Millard ve Chapa, 2004; Smith ve Furuseth, 2006).

Latin göçmenler yeterli asgari ücret, daha ucuz yaşam ve kent geliştikçe artan ekonomik durağanlık arayışı ile göç etmişlerdir (Barcus, 2007; Borgas ve Tienda, 1985; Johnson ve Lichter, 2008; Suro ve Singer, 2002; Zúñiga ve Hernández-León, 2001). Bir çok göçmen için Colombus hayat şartlarının ucuzolması ve ailesi ile birlikte yaşamak için güvenli bir yer olduğuna inanılarak gelinen ancak yoksulluk ve yetersiz okullaşma nedeni ile ciddi bir problem olmayı sürdüren yerdir. Colombus'ta yaşayan Latinlerin 2007' de ortalama yıllık geliri 14.241 $ (ABD doları)'dır ve kentteki yüzde 22.1'lik grup 2006' da resmi olarak yoksulluk içinde yaşıyordu (ACS, 2006).

2002' in ilk başlarında tipik bir Latin olan California'dan ayrıldıktan sonra kocası, çocukları ve geniş ailesi ile Colombus'a yerleşen (Hilltop mahallesine) merkez Ohio'dan Elena Martinez: "Ben sekiz yıldır buradayım (Colombus' da bir restoranda)! Sekiz yıl! Kocam ve ben çocuklarımızla buradayız. Başka nereye gidebiliriz? Meksika' ya geri dönemeyiz!" şeklinde belirtmiştir. Ayrıca aslen Oxaca (Meksika'nın güneyindeki eyalet), şehrinin dışında küçük bir köyden olan Martinez aynı zamanda California'ya dönme konusunda da endişelenerek, "Kaliforniya' ya ve o hayata o insanlara geri dönemem, burası daha sakin ve kolay!" diye eklemiştir. Kentin kişiyi kendine çeken iş bulma umudu, kendisi ve kocası için iş, çocuklarının (hepsi ABD doğumlu) devlet okuluna gitmesi için bir şans ve bir ev sahibi olmak için fırsat olsa da taşınma kararı alınması kolay bir karar değildi. Aile Colombus'un batı yakasında yaşıyor ve katılımcı her gün kocası ile doğu yakasındaki restorandaki işine gidip geliyordu.

Bayan Martinez ve kocası aynı restoran için yıllarca çalışarak, göreli olarak işlerinde başarılı olmuşlardır. İspanyolca ve İngilizceyi konuşan Bayan Martinez 2008' de çalıştığı yerde müdür yardımcılığı yapmıştır. Aile, gelirlerine uygun olarak kendilerini fakirlik sınırının üzerine taşımaya yetecek para kazanmasına rağmen yavaşlayan ekonomik yapıda ancak masraflarını karşılamaya çabalamışlar ve bu süreçte evlerini ve işlerini kaybetme endişesi yaşamışlardır. Ancak Bayan Martinez ve kocası geleceği düşünerek birikim yapamadıklarını ve okulda ayrımcılıkla karşılaşan çocukları için kaygılandıklarını ifade etmiştir.Bayan Martinez görüşme yapılan bir çok Latin'e benzese de; Colombus'ta bulunan Latin topluluğu heterojendir, topluluğun yaklaşık yüzde 51 kadarı Meksikalı olmasına karşın kalan Latinlerin yüzde 49'unu (yaklaşık 40,000 kişi) Porto Rikolular, Orta Amerikalılar, Güney Amerikalılar, Kübalılar ve Dominikliler oluşmaktadır (ACS, 2006).

Resim 1. İspanyolca konuşan göçmenler için üç önemli yerel ayarların konumunu belirterek oluşturulan nüfus sayımına göre Colombus'ta bulunan İspanyol Nüfus (Us Census, 2000).

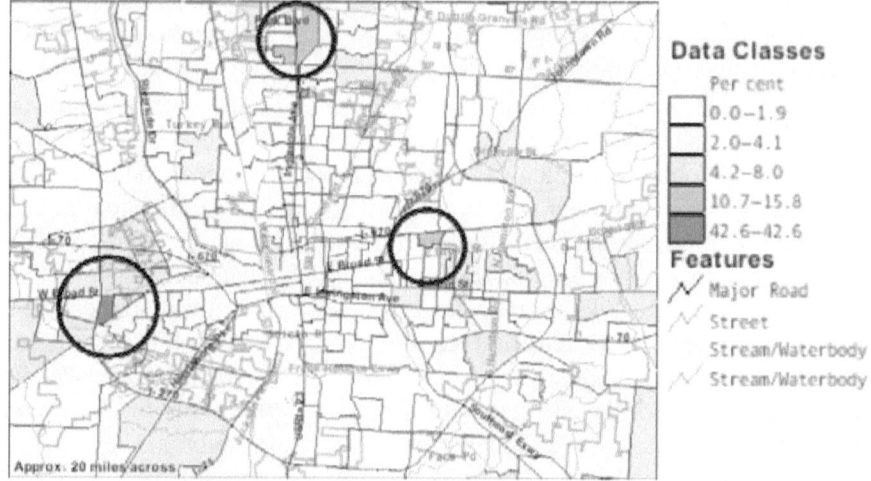

Kaynak: (ACS, 2006) den uyarlama
Not: Hilltop ve Valley View haritanın sol alt köşesinde bulunur; Whitehall Merkez ve sağda, Worthington topluluğu ise haritanın Kuzey merkezindedir.

Columbus'ta bulunan Latin topluluğun farklı demografik özellikleri yaşadıkları mahallelere heterojen olarak yansımamıştır. İkamet süresi ve gelir durumları nedeni ile evlerini yıllardır Ohio merkezde kuran, kentte kendi işine sahip olanlar Worhington'a (Columbus' un hemen kuzeyinde bir şehir bkz. Şekil 1) doğru yoğunlaşarak Colombus tarafında yaşayan grubun daha varlıklı Latinlerin entegrasyonu üzerinde etkileri bulunmaktadır. Buna rağmen, göçmenler hiç bir zaman Anglo Amerikanlardan ve Afrikalı Amerikanlardan ayrı şekilde eş uyruklarla birlikte yaşama eğilimi göstermemiştir. Birçok Latin, nüfusun en az yüzde 10' unun İspanyolca konuştuğu (bkz. Resim 1) düşük gelirli iki mahallede bulunmaktadır: kentin batı yakasında Hilltop – Valley View mahallesi ve kentin doğu yakasında Whitehall (Colombus'a komşu bağımsız kent).

Hilltop- Valley View mahallesine ikamet izini sahibi ve ikamet izni olmayan genellikle Meksikalı düşük gelirli basit işlerde çalışan işçi Latin göçmenler yerleşmiştir. Çalışmada bilgi alınan 20 kişi Hilltop –Valley View' de yaşamaktadır. Doğu yakasında Whitehall' de (bir dizi apartmanın bulunduğu site ve Port Colombus havaalanın civarında bulunan ikamet alanlarında) bir diğer grup düşük ücretli işlerde çalışan, vasıfsız ya da yarı vasıflı genelde ikameti olmayan orta Amerikalı göçmenler bulunmaktadır. Çalışmada bilgisine başvurulan kişilerin dokuzu çalışmaya Whitehall'dan katılmıştır. Kuzeye doğru Columbus ve Worthington'un birleştiği yerde ise bilgisine başvurulacak beş kişi belirlenmiştir. Brezilya ve Arjantin'den gelen aileler daha yerleşik ve vatandaşlık verilmiş göçmenler olarak büyüme ve yatırım alanı olarak Worthington'da bulunmaktadır, ayrıca bu gruptan birçok yatırımcı ve işletme sahibi kentte mavi ve beyaz yakalı işleri kurmuştur.

Mahallede iş yeri sahibi Latin olan her geçen gün artan sayısı ile restoran, manav, giyim mağazası ve fırınlar bulunmaktadır. Ayrıca kentte İspanyolca bir radyo istasyonu İspanyolca yayınlar yaparken kiliseler de bu dilde hizmet vermektedir. Bu işletmeler Latinlerin entegrasyonu konusunda az etkili olmasına rağmen Columbus' daki Anglo-Amerikan ve Afro-Amerikan topluluklar için daha etkilidir. Batı yakasındaki Panadería isimli (fırın) işletme sahibi neden dükkanını başka yerde değil de Latin mahallesinin orta yerinde açtığı ile ilgili sorularımızı yanıtlamıştır. Dükkan sahibi araştırmacıya sanki budala birisi ile konuşuyormuş gibi bakarak: " Neden Panadería? Çünkü Columbus'ta, Panadería gibi geleneksel olması gereken bir fırın açılmadı!" Cevap oldukça kısaydı ve ancak bu cevap Colombus'taki göçmenlerin entegre olmak için ne kadar az çaba harcadığını göstermiştir; ve kiliseler artan şekilde İspanyolca hizmet verirken; Latinler cemaat toplanma alanlarında toplanarak paylaşımda bulunma amacı ile daha az gayret göstermektedirler.

Desteğin sınırları

Çalışmada görüşülen göçmenlerin çoğunluğu (66%) ayrımcılığı deneyimlemiş ya da deneyimleyen birilerini tanıdığını belirtmiştir. Hemen hemen bütün örneklerde, ayrımcılık Anglo-Amerikanlarla etkileşimin sonucu olduğu ortaya çıkmıştır. Ayrımcılık eylemleri okulda öğretmenler, sağlık hizmetleri çalışanları, federe ve federal devlet memurları ve işyerlerinde gerçekleşmektedir.

Ayrımcılık okullarda çocuğu olan her aile için problemdir (bilgi alınanların %9'u). Çalışmaya katılan aileler çocuklarının diğer öğrenciler, öğretmenler ve yöneticiler tarafından rencide edildiğini belirtmiştir. Okul alanlarında ayrımcılık deneyimi çoğunlukla dil kullanımındaki hatalardan dolayı ortaya çıkmaktadır. İspanyolca konuşmayan öğretmen ve öğrenciler anadili İspanyolca olanların İngilizce bilmediğini, zeki olmadığını, ABD' de yasadışı olarak bulunduğunu ve ülkeden menfaat elde ettiğini varsaymaktadır. Guatemalalı bir göçmen olan ve Whitehall da yaşayan Cristina Cruz, genç kızının İngilizce kullanımında başarısız olduğunda her defasında gerçekleşen bir olay belirtmiştir (Bayan Cruz tarafından sürekli olarak tekrarlanan bir problem olarak belirtilmiştir):

"... onun okula geri dönmeme nedeni buydu çünkü o çok korkmuştu. Üçüncü ya da dördüncü sınıftaydı ve derslerine çalışıyordu ama müdür, kendisi deli miydi yoksa ordaki tek İspanyol kızım olduğu için mi bilmiyorum ama kızımı ağlattı... Ve ben gidip konuşamadım ya da bağıramadım çünkü İngilizce bilmiyordum. Sadece biz nasıl İngilizce konuşulduğunu bilmediğimiz için bunun olması, kızıma bunu yapmaları üzüntü verici... Ve işte bu yüzden o okulu bıraktı çünkü okula gitmek istemiyordu. O küçükken bu sebepten dolayı okula gitmeyi bıraktı".

Çalışma yapılırken bilgi alınan bir kaç kişi fiziksel zarar görürken, Latinlerin Anglo Amerikanlar tarafından yanlış yorumlanma ve anlaşılması ile ayrımcılığı destekleyen tecrite yol açan bir durum ortaya çıkartmıştır. Bayan Teresa Morales yerel iş adamları ve resmi kamu dairelerinde çalışanların onu görmezden geldiği bir kaç olay anlatmıştır. Bu ortaya çıkan durumlar ve diğer insanların davranışları için kendi fiziksel görünüşünü ve soyadını suçlayarak; "İnsanlar bana bakıyor ve daha koyu tenli olduğum ve Meksikalı birinde olabilecek bir aksanım olduğu için benim Meksikalı olmam gerektiğini düşünmekteler. Fakat ben ABD de doğdum!" demektedir. Oysaki Bayan Morales' in Meksika ile bir bağlantısı bulunmasa da, sadece sınırlı düzeyde İspanyolca konuşmakta ve yönetim alanındaki lisans derecesini tamamlamak için Colombus Devlet Üniversitesine gitmektedir.

Juan Mendoza (Valley View de yaşayan Meksika Tamaulipas'den vatandaşlık elde etmiş 40 yaşında) görüşme sırasında benzer bir deneyimini anlatmıştır. Sağlık hizmetine ihtiyacı olduğunda görmezden gelindiğini, doktor ve sağlık hizmetinde çalışanların bilgi paylaşımında bulunmadığını belirtmiştir: "Doktorlar İngilizce konuştuklarında onları anladığımı ve hizmet için ödeme yapacağımı düşünmüyordu! Ama ödeyecek param var. Masraflarımı karşılayabilirim!" şeklinde belirtmiştir.

Yapılan çalışmada katılımcılar sağlık alanında yaşadıkları problemleri, diğerleri tarafından gördükleri aşağılayıcı davranışlar ve sağlık hizmetlerinin kısıtlı olması şeklinde ifade etmişlerdir. Yapılan çalışmalarda İspanyolca konuşan göçmenlerin sağlık hizmetlerine eşit erişiminin olmadığı ve kendilerinin İngilizce bilmediği, verilen hizmet bedelinin karşılayamayacaklarını ve yönergeleri anlamadıklarını düşünen doktorlar tarafından ayrımcılığa uğradıklarında kendileriyle ilgilenilmesi konularında zorlandıklarını göstermiştir (See Farley ve Alba, 2002). Senyor Roman

Garcia (Teksas'dan şehirde bulacağını düşündüğü fırsatlar için Columbus'a taşınmış) sağlık hizmetlerine erişim konusunu ortaya koyarak:

"Herhangi bir resmi kamu sağlık hizmeti almak zordur. Zor çünkü, her zaman sağlık sigortasına ihtiyacınız bulunmaktadır. Bu sağlık hizmetine sahip olmayanlar için ciddi bir problem haline gelmektedir. Gerçekte buna rağmen, Latinlerin % 90'ının sağlık hizmetlerine erişmek için sağlık sigortasının olmadığını düşünmekteyim. Benim için sigortaya sahip olmak o kadar zor olmadı, ama bu servisleri kullanma ihtiyacı duymadım, genelde ödemeyi hemen (doğrudan) yaptığım özel olanlara (doktorlar) gittim. Dişçiye ya da tüm vücut kontrolü yaptırmak için doktora gittiğimde ödeme yaptım. Ben genelde hep ödedim ve devletin önerdiği hiçbir tür servisi genelde kullanmadım." Şeklinde belirtmiştir.

Columbus'ta yasa ve Meksikalı ve Latin göçmen toplulukları

Ohio da dil kullanımına, vatandaşlık haklarına ve ruhsat konularına ilişkin yeni yasalar uygulanmaktadır. Eyalette önerilen kanunlar arasında 184 sayılı Konut Kanunu, yabancıların engellenmesi ve sığınma politikaları; tüm yeni işçilerin statüsünü ortaya koymak için işçilerin kayıt olup statü doğrulamasına katılmasını gerektiren 150. sayılı Senato Kanunu (iyileştirme önerilen bölümler ve 8.01–8.04 Revize kodlu kanunu çıkarılan 5747.99 bölümleri) yapılan işin doğrulaması konusunda belirlemeleri sağlamıştır. Eğer onaylanırsa 150. sayılı Senato Kanunu ilçe komisyonu üyelerinin yerel şerifleri sağlayacağını ve göç ile gümrük muhafazanın işbirliği yapma hakkını ortaya koymaktadır. Ohio'daki diğer yasalar bireylerin sürücü belgesi ve bir motorlu taşıt alırken ABD vatandaşlıklarını kanıtlamalarının gerektiğini düzenlemektedir.

Bu yasalar, Latinlerin yasal statülerine rağmen bütün topluluklar için sıkıntılıdır. Belki de en önemlisi, vatandaşlığın kanıtlanmasının sürücü belgesi ve bir araba alabilmek için ön koşul olduğu yasalar; yabancı olanlar ve belgelenmemiş göçmenleri bir araba almak için sürücü belgesi olmadan motorlu taşıt kullanmaya zorlanmakta ve bir otomobil kazasına dahil olduğunda herkesi riske atmaktadır.

Vatandaşlar, yasal göçmenler ve vatandaşlık hakkı kazananlar geçerli kâğıtları olmadan seyahat edemezler ve durdurulduklarında ne olacağından korkarlar. ABD'ye Dominik Cumhuriyetinden küçük bir kızken gelen Anna Delgado (sonradan vatandaşlık hakkı kazanmış olan bir vatandaş), "vatandaşlık talep etmek herkesi sinirli yapar. Ben önceden yılmıştım, polis tarafından durduruldum. Bunun sadece fişleme olduğunu düşünüyorum! Ve ben bir vatandaşım. Belgelenmemiş göçmenler sadece sinirli. Onlar yasaları çiğnemek istemiyorlar ama başka çareleri yok. Neden sadece bir belge almak için sınırdışı edilme riskini göze alsınlar?" diye belirtmiştir. Son olarak, "sadece İngilizce alanında" yasal değişiklikler eyalette düzenli olarak görülmektedir. Bu yasal değişiklikler göçmenlerin topluma uyumlarını zorlaştıran, hizmetlere ulaşmalarını, kendi topluluk ve eyaletlerinin politikasına hizmet etmelerini kısıtlayan dil engelleri oluşturur (bkz. Fitrakis, 2010). Bütün bu kanuni düzenlemeler bir arada ele alınacak olursa (onaylanmış ya da onaylanmamış tüm düzenlemeler) göçmenlerin hukuki durumlarından kaynaklanan hallerine göre bir güvensizlik durumu ortaya çıkartmaktadır (bkz. Plascencia, 2009). Buna rağmen, Latin göçmenler bağnazlığa karşılık vermek için dikkatli ve hassas olmaları gerektiği hakkında konuşmaktadırlar. Bu doğrultuda kimliklerini taşımaları gerektiği ve bazen kimlikle seyahat etseler bile durdurulup rahatsız edilebileceklerini bilmeleri gerektiğini ifade etmektedirler.

Yerel hareket

Son yıllarda oluşan eşitsizliklere, büyüyen düşmanlıklara ve işyerlerinde ortaya çıkan ayrımcılıklara karşı birçok Latin yasal hakları savunma örgütü ortaya çıkmıştır. 1990'da, Ohio İspanyol Kökenli Gruplar Koalisyonu (http://www.ohiohispaniccoalition.org/) eyaletteki Latin nüfusun hayat kalitesinde iyileştirme sağlayabilmek için çaba harcamıştır. Ohio İspanyol Kökenli Gruplar ve Latin İlişkileri Komisyonu (OCHLA, http://ochla.ohio.gov) İspanyol Kökenli Gruplar topluluğu ve devlet arasındaki iletişimi arttırabilmek amacıyla 1977'de kurulmuştur. Bilgi merkezi olarak hizmet veren OCHLA devlet tarafından Latin grupları desteklemek için programlar geliştirmiş, Latin topluluğunu etkileyen yerel düzenlemeler konusunda tavsiyeler vererek, Ohio'nun işgücü piyasasında Latin topluluğunu arttırmaya destek olunması amacı ile eyalet politikalarına destek olacak bilirkişi raporlarına katkıda bulunmuştur. Bu yasal savunma grupları Ohio'daki Latinlere yönelik olumlu katkılarda bulunmuştur. Bu grupların çabaları eyalet ya da iş sahiplerinin uygulamalarını geliştirmek ya da Latinleri işe almak için onlara ulaşmak yerine genellikle göçmenlere nasıl iyi vatandaş olunabileceğini gösterme çerçevesinde faaliyet yürütmektedir.

Tartışma

Latin göçmenleri destekleyen gruplar eyalete ve yerel yönetime bağlı yapılar olarak kalmışlardır. Bu grupların çabaları çoğu zaman savunmaktan çok asimilasyon endişeleri ile sınırlıdır ve Latin gruplara desteği ise yetersizdir (Taylor ve Lopez, 2011). Buna ek olarak, yönetimin Latin topluluklarına hizmet amacıyla açtığı işyerleri, belirli ulusal ya da topluluğun yerel bir bölümünü ifade eden Columbus'taki Anglo Amerikanlar veya Afrikalı Amerikan topluluklarına ulaşacak sosyal köprüleri kuramamaktadır.

Columbus'a yerleşen göçmenler etnik yapılarını, milli özelliklerini, beklentilerini ve geleneklerini, Colombus'ta yaşayan Anglo Amerikan topluluğu karakterize eden beklentiler ile dengelemeye çabalamaktadır. Columbus'taki çeşitlilik son yıllarda daha da arttıkça, kente yerleşen göçmenler doğma büyüme oralı olan yerleşimcilerin gizli ya da açık düşmanlıkları ile yüz yüze kalmaktadırlar. Anglo Amerikan ve Latin toplulukları arasındaki büyüyen anlaşmazlıklar; ayrımcılık, destek programlarının olmayışı ve yeni yasalar ile tetiklenerek daha da büyümektedir (Haverluk, 1998).

Latin göçmenlerin diğer gruplar tarafından Colombus' a kabullerine ilişkin tepkiler; köken, yerleşim, topluluğu çevreleyen tutumlar ile ilişkilidir. Valley View ve Hilltop mahallelerine yerleşmiş olan vasıfsız ve düşük ücretli Latin göçmenlerin çoğunluğu Columbus'u Worthington çevresine yerleşmiş vasıflı girişimci Latin Amerikalılardan daha farklı olarak yaşam deneyimlerine sahiptirler. Aynı zamanda Latin Amerikalılar ile Latin göçmenleri çoğunlukla tehdit olarak algılayan Afrikalı Amerikanlar arasında da gerilimin arttığı bilinmektedir (bkz. Morin, 2009).

Çoğunlukla Hilltop–Valley View' e yerleşmiş Meksikalı topluluk Colombus' taki Anglo Amerikan mahallelerinden soyutlandığını kabul etme eğilimde ve temelde işlerin daha da kötüleşmemesini umut etmektedirler. Bu mahallerden görüşme yapılanlar iş ve meslek alanındaki bağnazlık ve kötü muamelelerden bahsetmişlerdir. Okul çağındaki çocukların aileleri okulda çocukları üzerindeki baskılardan bahsetmiş ve okul öğretmenlerinden İspanyolca konuşanların anadili İngilizce olanlar kadar zeki olmadığını düşündüklerini belirtmişlerdir. Ayrıca yeni düzenlenecek olan yasalardaki değişiklikler hakkındaki soruları sorduklarında, kendileri cevap olarak bu yasal düzenlemeleri çoğunlukla görmezden geleceklerini belirtmişlerdir.

Daha zengin ve yerleşik Latin göçmenler ve Kuzey Colombus'ta yaşayanlar alana yeni yerleşen göçmenlere karşı ortaya konulan ve kendileri tarafından yaşanılan bağnazlık deneyimlerini paylaşma-mışlardır. Aynı zamanda bu grup kişiler daha geniş Anglo Amerikan topluluğuna katılma ve orta sınıf hedefine yoğunlaşma eğiliminde hareket etmektedirler. Latin topluluğun ayrımcılık ve farklı tepkiler ile karşılaşma korkularına rağmen topluluk arasında bütün olarak ABD'ye düzensiz göç konusunun üstesinden en iyi nasıl gelineceği konusunda bir anlaşma mevcuttur. Aslına bakılırsa, yerleşik Latinler ile yeni göçmenler arasında tansiyon yükselirken, yerleşik Latinler artan ayrımcılık yüzünden topluma uyumu düşük olan yeni göçmenleri suçlamaktadır. Buna ek olarak, yerleşik göçmenler hızlanan Latin göçünün kendilerinin ve gelecekte ABD'de doğacak olan çocuklarının uyumuna zarar vereceğinden korkmaktadır (bkz. Lopez ve diğ., 2011).

Sonuç

Ohio Columbus, Latin göçmeler için yeni ve önemli bir varış noktasıdır. Daha geleneksel yaşam biçimlerinden gelen göçmenler için kentteki Latin topluluğunun çeşitliliği, hoş karşılanmakta ve Colombus'un sahip olduğu olanakları yansıtmaktadır. Yapılan araştırma; yeni göçmen mahallelerinin geliştiğini ve göçmen karşıtı atmosferin Latin grupları resmi ya da gayri resmi şekilde tecrit ettiğini göstermektedir. Resmi olarak Latinler tecrit edilmiştir, çünkü yeni ve dinamik şekilde işgücü alanına girmek için çok az miktarda fırsatları bulunmaktadır. İngilizce ikincil dil olarak beklenildiğinden dolayı bu grupların çocukları sıklıkla ayrımcılığa uğramaktadır. Latinlerin kent hayatında bulunmaları ve katılımını destekleyecek programların eksikliği sonucu olarak, Latinlerin kendi arabalarına sahip olma, işe arabayla gidememe, İspanyolca konuşma haklarına engel olma gibi bazı sonuçlar söz konusudur. Gayri resmi olarak, daha geniş topluluk tarafından ayrımcılığa uğrayan her Latin bir göçmendir ve göçmelerin varlığı ABD kültür ve toplumuna zarar vermektedir (Plascencia, 2009) anlayışı bulunmaktadır.

Columbus'ta Latin göçmenler, yaşamlarını artan şekilde çatışmalı bir çevrede, gelişme için az miktarda fırsat barındıran, hizmet işleri üzerine yapılandırılmış bir iş piyasasını dengeleyerek, kendilerine aktif şekilde ayrımcılık uygulayan ve özgürlüklerini kısıtlayan bir toplum içinde sürdürmektedir (Durand ve ark., 2000). Colombus' taki Latin topluluğu ve daha geniş Anglo Amerikan nüfusu olan kentlerle ilişkileri göçmenlerin ABD'de karşılaştıkları meselelerin küçük bir kısmıdır. Bu makale ayrımcılığın halka açık bir şekilde olması gerekmediğini vurgulamak için ortaya konulmuştur. Latin göçmenler sosyal ve ekonomik tecrit edilmelere karşı mücadele verirken aksine onların gelişimini destekleyecek destek programlarının olmaması, onların ırk özellikleri, dilleri ve hareketliliklerine ilişkin özgürlük kısıtlamalarının devam etmesine neden olmaktadır.

Teşekkürler

Bu araştırma Sigma Xi, Ohio State Üniversitesi Nüfus Araştırma Girişimi ve, Ohio Eyalet Üniversitesi'nde Şehir ve Bölge Analiz Merkezi CURA tarafından desteklenmiştir. Bir teşekkür ve minnet ile anmada Ohio Eyalet Üniversitesi Antropoloji bölümünden Dr. Douglas Crews; Kalamazoo College'den saha araştırması için bize katılan Hannah E. Hartshorn; araştırma ve saha yardımcısı olarak lisenin son yılını geçiren Camille Patterson'a sunmak isterim. Son olarak, sorulara cevap vererek bize bu işi tamamlamak için zaman aldı insanlarını aldığımız katılımcılara en derin saygılarımı sunarım.

Bölüm 7: İngiltere'de Göçmenlerin Ekonomik Uyumu ve İşgücü Piyasasında Azınlıklar

İbrahim Sirkeci ve Necla Açık

Giriş

Göçmen uyumu göç alan ülkelerin ve toplumların temel meselelerinden biri olmaya devam ediyor. Elinizdeki bu kitabın önemi ise Türkiye'nin hızlı bir biçimde göçmen alan ülke konumuna yükselmesinden kaynaklanıyor. Başka ülkelerdeki göçmen uyumu deneyimlerinin iyi anlaşılması politika üretimi ve hazırlıklı olma anlamında değer kazanıyor. Birleşik Krallık'ta göçmen uyumu özellikle kriz döneminde gündeme daha çok gelmeye başlamış bir konu. Göçmen uyumu çok kapsamlı bir konu olmasına karşın ilgili yazında ekonomik uyuma daha fazla ilgi gösterildiği söylenebilir. Bunun bir nedeni bu alanda uyumun ölçülmesinin daha kolay görünmesidir. Dolayısıyla, bu çalışmanın göçmen uyum konusunun sadece ekonomi ve eğitim alanıyla sınırlı olmadığını unutmadan değerlendirilmesi önemlidir.

Birleşik Krallık (BK), Avrupa'nın ve gelişmiş dünyanın en çok göçmen alan ülkelerinden biridir. 1991, 2001 ve 2011 nüfus sayımlarından da görüleceği üzere Birleşik Krallık dışında doğmuş olan nüfusun hem sayısı hem toplam içindeki oranı son 20 yılda büyük bir hızla artmıştır. Ulusal İstatistik Dairesi'nin verilerine göre, 2011 nüfus sayımı itibariyle, BK'da yaşayanların yaklaşık yüzde 13'ü, yani yaklaşık 7,5 milyon kişi BK dışında doğmuş. Bu sayı, 2001 nüfus sayımında yaklaşık 4,5 milyon civarındaydı. Bunlar arasında en kalabalık grupları Hindistan, Polonya ve Pakistan doğumlular oluşturmaktadır. Bu ülkeleri İrlanda, Almanya ve Pakistan takip etmektedir. Ülkedeki nüfus artışının yarıdan fazlasının da göç nedeniyle oluştuğu hesaplanmakta.

Ülke genelinde yoğunlukların değiştiğini de unutmamak gerekli. Örneğin Londra'da etnik olarak 'Beyaz Britanyalı' diye tarif edilen ana nüfus grubu azınlık durumuna düşmüş durumda. Başkentte kendisini Beyaz Britanyalı olarak tanımlayanların oranı yüzde 45 (yaklaşık 3,7 milyon). Bu sayı 2001 sayımında yüzde 53 (4,3 milyon) idi. 2001-2011 arası dönemde, kendisini Hristiyan olarak tanımlayan nüfusun oranı 13 puan düşerek yüzde 59'a (33,2 milyon) düşerken herhangi bir dine bağlı olmadığını belirtenlerin sayısı yüzde 10 artarak 14,1 milyona (yüzde 25) çıkmış. Müslümanların sayısı 1,5 milyondan 2,7 milyona (yüzde 4,8) çıkarken Budist, Hindu, Musevi ve Sihlerin sayısı 817 bine yükselmiş. 7,5 milyon yabancının bir kısmı Britanya vatandaşlığına geçerken ülkede yaşayan yabancı pasaportlu nüfusun da 2,3 milyonu Avrupa Birliği'nden olmak üzere 4,8 milyona yükseldiğini görüyoruz. Londra hem BK dışından doğanların (yüzde 37) hem de BK vatandaşı olmayanların (yüzde 24) oranının en yüksek olduğu yer. Genel olarak da Londra ve diğer büyük şehirlerin göçmen kökenli nüfusların yoğunlaştığı yerler olduğu ortaya çıkmakta. Bu kadar yoğun oranda çok kültürlü ve yabancı kökenli bir nüfusun var olduğu ülkede uyum meselesi de ister istemez gündemin önemli bir konusudur.

Büyük Britanya'daki göçmen azınlıklardan bahsederken Türkiye kökenlilerin sayısına da kısaca değinmekte fayda var. Çeşitli bilimsel olmayan ve güvenilirliği sorgulanan kaynaklarda Türk nüfusunun 500 bin dolayında olduğunu iddia edilmektedir. Ancak nüfus sayımı ve İçişleri Bakanlığı vize ve sınır kayıtlarına dayanarak yapılan hesaplamalara göre bu sayının 200-250 bin dolayında olması daha muhtemeldir (Sirkeci ve Esipova, 2013: 6).

2001 Nüfus sayımında 52 bin olan Türkiye doğumlu sayısı 2011 yılında 91 bin olarak hesaplanmıştır. Bunun yanına Kıbrıs Türkleri, BK'da doğmuş ikinci ve üçüncü kuşakları eklediğinizde 200 bin sayısına dahi ulaşmak zordur. Yine 2011 nüfus sayımında açık uçlu olarak sorulmuş olan etnisite sorusuna verilen yanıtlara göre, her üç grup arasında kabaca eşit olarak dağılmış olan toplam 180 bin kişi kendisini Türk, Kıbrıs Türkü ve Kürt olarak tanımlamıştır. 1997 ile 2011 arasında, 60.996 Türk vatandaşına yerleşme izni verilmiştir. 1980-2011 döneminde toplam 39.836 Türk vatandaşı BK'da sığınma başvurusu yaparken, aynı dönemde 78.296 Türk de, Birleşik Krallık vatandaşlığına geçmiştir (Sirkeci ve Esipova, 2013:6). Göçmen nüfus olarak değil ancak Türkiye'den İngiltere'ye doğru nüfus hareketinin bir göstergesi olarak 2004-2011 yılları arasında toplam 568.259 Türk vatandaşına BK tarafından vize verildiği ve 1.324.000 Türk pasaportlu kişinin sınırdan giriş yaptığını kayıtlardan görebiliyoruz (Sirkeci ve Esipova, 2013:6).[1]

Sadece göçmenler ve göçmen kökenli nüfuslara özel bir durum olmasa da yazında özellikle göçmenlerin ekonomik uyum konusu içinde kullanılan bir kavram 'aşırı-nitelikli' kavramıdır. 'Aşırı-nitelikli' olmak bir anlamda yaptığı işin gerektirdiğinden daha falza eğitim almış kişiler için kullanılmaktadır. Bu AB genelinde de göçmenlerin yaygın br biçimde karşılaştığı bir istihdam örüntüsüdür. Birleşik Krallık'ta da etnik ve dini azınlık gruplarına mensup nüfusun benzer biçimde bazı araştırmacıların 'etnik ve dini ceza' (Khattab ve Johnston, 2013) dedikleri dezavantajlı duruma düştükleri bilinmekte. Birleşik Krallık'da etnisite üzerine çok sayıda çalışma yapılmıştır. Bunların küçük bir kısmı coğrafi ayrışma ve istihdam farklılıklarını ilişkilendirmeye çalışmıştır (Khattab vd. 2010, Khattab vd, 2011, Johnston vd. 2010). Coğrafi ayrışma uyum konusunun önemli yönlerinden biri olmakla birlikte İngiltere'de

---

[1] Bu konuda 2011 nüfus sayımı verilerini kullanan bir çalışma için bakınız: Coştu (2013).

Amerika Birleşik Devletlerinde görüldüğü biçimde bir ayrışmanın olmadığı konusunda genel olarak bir anlaşma mevcuttur. Bu alandaki çalışmaların ekseriyetinin de nüfus sayım verilerine dayandığını belirtmekte fayda var.

Uyum, göçmenlerin ve azınlıkların karşılaştıkları dezavantajlar kendisini eğitim imkânlarına erişimde ve istihdam piyasasındaki pozisyonları ilgilendirmektedir. Coğrafi ayrışmanın da bu dezavantajlara katkıda bulunduğunu söylemek mümkündür. Çünkü coğrafi ayrışma en temelinde toplumsal uyum anlamında göçmen nüfusların diğer nüfuslarla karşılaşma olanaklarını azaltabilir, iş piyasasının ayrışmasına yol açabilir ve eğitim olanaklarını ayrıştırabilir. Yaşanılan arışmış bölgedeki okulların, örneğin kalitesi düşük ise bu istihdam piyasası açısından da dezavantajlar yaratabilir (Hoare ve Johnston, 2011). Coğrafi ayrışma, aynı zamanda en önemli kimlik göstergesi haline gelen etnisitenin daha da güçlenmesine ve gerilim ve çatışma yaratmasına da yol açabilir (Khattab vd. 2011).

İngiltere'de coğrafi ayrışmanın Bangladeşliler ve Pakistanlılar özelinde görece daha yaygın olduğu bilinen bir gerçek (Johnston, vd. 2006; Owen 2003; Peach 2006). Etnik grupların bu ayrışma örüntüsü içinde genel olarak dezavantajlı ya da az gelişmiş bölge ve mahallelerde yerleştikleri görülür. Bunlar içinde en çarpıcı bir örnek olarak Bangladeşlilerin Londra'nın Tower Hamlet bölgesinde yoğun bir biçimde yerleşmeleri düşünülebilir. Ayrışmanın bu anlamda bir ekonomik fark ve refah farkı yaratıyor olması her ülkenin ciddiye alması gereken bir sorundur.

Eğitim ve istihdam örüntüleri açısında Britanya'nın nüfus grupları farklılık gösterir. Tariq Modood, A. Heath, L. Platt gibi araştırmacılar bazı grupların yükseköğrenimde daha fazla temsil edildiklerini, bazılarının işsizlik oranlarıyla öne çıktığını gösteren çalışmalar yayınlamışlardır. Beyaz olmayan etnik grupların beyazları solladığını ifade eden çalışmalar vardır (Modood 2003). Ancak bunların istihdam piyasasında beyazların ardında kaldığı da vakidir (Heath ve McMahon 2005).

Khattab'ın (2009) ve Modood'un (2005) çalışmaları bize Müslüman Hintliler'in eğitim alanında, Müslüman Pakistanlı, Bengladeşli ve Sih Hintilerin hem eğitim hem de iş piyasasında dezavantajlı durumda olduklarını göstermektedir. Bu dezavantajların özellikle Müslüman kadınlar açısından daha büyük olduğu da ileri sürülmektedir (Dale, vd. 2002). Bazı araştırmacılar bu durumun nedenleri arasında ayrımcı ve ırkçı pratiklerin olabileceğine işaret ederler ancak bu yönde kesin bir kanıt da mevcut değildir. Özellikle ikinci ve üçüncü kuşaklarda istihdam piyasasında görülen dezavantajların azaldığı ve hatta yok olduğu yönünde ise güçlü kanıtlar vardır (Heath ve McMahon, 1997).

Kitabın bu bölümünde, İngiltere ve Galler örneklerinde göçmen kökenli azınlıkların, özellikle Asyalıların ve Doğu Avrupalıların, istihdam piyasasındaki durumlarını eğitim düzeyleri ile ilişkilendirerek analiz ediyor ve karşılaştıkları dezavantajları bir göçmen uyum sorunu olarak değerlendiriyoruz. Birinci alt bölümde ilgili yazını özetlerken, ikinci alt bölümde veri kaynakları ve analiz yöntemlerini aktarıyoruz. Sonuç ve önerilerden önceki alt bölümde ise bulgularımızı özellikle bazı gruplar özelinde tartışıyoruz.

İngiltere'de etnik ve dini grupların karşılaştığı dezavantajlar

Aşırı nitelikli olma durumu kısaca bir kimsenin çalıştığı işteki pozisyonun gerektirdiğinden daha fazla eğitimli olmasıdır. Geniş toplum ve demografik gruplarda görülmekle birlikte aşırı nitelikli olma, ya da bir başka ifadeyle, iş piyasasında gerekli değeri bulamama hali, özellikle gençler, kadınlar, göçmenler ve azınlıklar arasında daha yaygındır (Khattab vd. 2011, Tijdens & van Klaveren, 2011). Sorunun bir kısmı ırkçılık, ayrımcılık ekseninde açıklanabilirse de önemli bir kısmı da alınan eğitimlerin uluslararası tanınırlığında yaşanan sıkıntılardan kaynaklanmaktadır. Batı Avrupa ülkelerinde yapılan çalışmaların Avrupa dışından gelenler ve Doğu Avrupalılar tarafından deneyimlendiğini gösterdiği bu sorun bu ülkelerin eğitim sistemlerinin farklarından da kaynaklanmaktadır. Bu çalışmada özellikle Avrupa Birliği'nin yeni üyeleri olan Doğu Avrupalıların (DA)[2] BK iş piyasasındaki durumunu da inceliyoruz.

AB'nin Doğu Avrupa genişlemesi ile birliğe katılan DA8 ülkelerinden gelen göçmenler arasında dönemsel olarak yüksek istihdam oranları görülse de bunların özellikle düşük seviyeli işlerde ve düşük ücretlerle çalışıyor olmaları pek muhtemeldir (Kangasniemi & Kauhanen 2013). Pek çok durumda bu göçmenler beceri ve eğitimlerinin daha altındaki düzeylerde işlerde çalışmaktalar ve bu da DA8 göçmenleri arasında eğitim-fazlası durumunu göstermektedir (Campbell, 2013). Bu durumun nedenleri arasında İngilizce dil bilgi ve becerisinin düşüklüğü, göç edilen ülkede çalışma deneyiminin sınırlılığı, akademik diplomaların tanınmaması, göç edilen yerdeki iş piyasasını bilmemek, üyelik gerektiren mesleklere girme güçlüğü ve uzun süreli iş aramak için gerekli olan mali kaynaklara sahip olmamak gibi faktörler bulunmaktadır. Bu nedenler ve kısa ve orta vadeli kişisel hedefler bu göçmen grubun daha düşük seviyedeki işleri kabul etmelerine neden olabilmektedir.

Çok az sayıda çalışmada Birleşik Krallıktaki DA8 ülkesi göçmenlerin işgücü piyasasındaki durumu incelenmiştir (Khattab & Johnston, 2013).

---

[2] DA ülkeleri 2004 ve 2007'de AB'ye katılan şu ülkeleri kapsar: Polonya, Çek Cumhuriyeti, Estonya, Macaristan, Latvia, Litvanya, Slovakya, Slovenya, Bulgaristan ve Romanya.

İngiliz işgücü piyasasında etnisite bazlı ayrımcılığın olduğunu gösteren çok sayıda çalışma mevcuttur (örn. Khattab vd. 2011; Johnston vd. 2010; Heath & McMahon, 1997). Mesleki beceri gereklilikleri ve eğitimle gelen beceriler arasındaki ilişki de az sayıda çalışmada ele alınmıştır (örn. Lindley & Lenton, 2006). DA8 göçmenlerinin diğerleriyle kıyaslamaları konusunda ise pek çalışma yapılmamıştır.

Birleşik Krallık DA8 ülkelerinin serbest dolaşımını ilk tanıyan sayılı AB ülkelerinin başında geldiği için 2004 itibariyle bu ülkelerden B'ya yoğun bir nüfus hareketi yaşanmıştır. Bu durum kamuoyunda büyük yankı uyandırmış ve uzun süre gündemde kalmıştır. Ancak kültürel yakınlık nedeniyle bu grubun işgücü piyasasında ayrımcılık yaşamayacağı tahmin edilebilir. Bu nedenle bu grubun diğer azınlıklar ve İngiliz nüfusuyla kıyaslanmasında fayda vardır.

Tablo 1. İngiltere ve Galler 2001 nüfus sayımlarında kullanılan 16'lı etnik grup sınıflaması

Beyaz Britanyalı	Beyaz İrlandali	Diğer Beyazlar	
Beyaz-Siyah Karayipli Melezleri	Beyaz-Siyah Afrikalı Melezleri	Beyaz-Asyalı Melezleri	Beyaz-Diğer Melezler
Hintliler	Pakistanlılar	Bengladeşliler	Diğer Asyalılar
Siyah Karayipliler	Siyah Afrikalılar	Diğer Siyahlar	
Çinliler		Diğerleri	

Kaynak: İngiltere ve Galler 2001 Nüfus Sayımı

Birleşik Krallık'ta göçmen azınlıklar

Alan yazınında etnik azınlıkların işgücü piyasasında ayrımcılığa uğradığı ve/veya dezavantajlı olduğuna işaret eden çalışmalar mevcuttur (Heath & McMahon, 2005, Platt, 2005, Münz, 2004, Owen, 2003; Richardson & Wood, 1999). Bunlarda genel olarak 16'lı etnik grup sınıflaması kullanılmıştır (Tablo 1). Biz de göçmen ve göçmen kökenli etnik azınlıkları var olan veriler el verdiğince özetlemeye çalıştık.

Etnisitenin bu şekilde tanımlanıp sınıflandırılması tartışmalıdır ancak uygulamanın bu yönde olduğu ve verilerin bu biçimde var olduğunun altını çizmek gerekir (Bkz. Walter, 1998, Kertzer & Arel, 2002). Dolayısıyla bu konudaki çalışmaların neredeyse tamamı bu sınıflandırmayı kullanmıştır. 2001 Nüfus Sayımı ilk kez dini aidiyet bilgisini de toplamıştır. Johnston vd. (2010) din ve etnisiteyi birlikte kullanarak kendilerince daha anlamlı ve durumun karmaşıklığını daha iyi yansıtan bir etno-din sınıf-landırması önermişlerdir. Bu 15 kategorili yeni sınıflandırma Tablo 2'de verilmiştir.

Tablo 2. Etno-din sınıflandırmasına göre, İngiltere ve Galler'de azınlık nüfusların 2001 Nüfus Sayımı Kontrollü Kullanım Örneklemindeki dağılımı

Etno-din grubu		Örneklem içindeki sayı	%
Hristiyan	Hristiyan Beyaz Britanyalı	634.799	63,3
	Hristiyan Beyaz İrlandali	10.597	1,1
	Hristiyan Siyah Karayipli	8.539	0,9
	Hristiyan Siyah Afrikalı	7.096	0,7
Müslüman	Müslüman Pakistanlı	12.398	1,2
	Müslüman Bengladeşli	4.662	0,5
	Müslüman Hintli	2.581	0,3
	Diğer Müslümanlar	1.951	0,2
	Britanyalı Yahudi	3.932	0,4
	Dinsiz Beyaz Britanyalı	143.365	14,3
	Diğer Beyaz Britanyalılar	74.810	7,5
	Çinliler	5.333	0,5
	Hindu Hintli	10.062	1,0
	Sih Hintli	6.311	0,6
	Diğerleri	76.769	7,5
	Toplam	1.003.205	100,0

Kaynak. Johnston vd. (2010)

Temsili bir örneklem olan Genel Nüfus Sayımı örneklemi yüzdelik dilimleri bize 16 kategorili ırk bazlı basit dağılımdan biraz daha farklı bir tablo sunmaktadır. Özellikle Hristiyan ve Müslüman grupların dağılımı sadece etnisite dağılımından daha fazla detay sunmaktadır. Bu çeşitliliği Tablo 3'teki etnisite ve din çaprazlamasında daha net olarak görmek mümkündür.

Başta İngiltere olmak üzere Birleşik Krallık ülkeleri geleneksel göçmen ülkelerinin en önemlilerindendir. BK düzenli olarak hem yoğun göç almakta hem de vermektedir (bkz. Şekil 1). Dolayısıyla dönemsel olarak çeşitli grupların nüfus içindeki ağırlığı artmaktadır. Ancak genel olarak AB ve AB dışı nüfus hareketlerinin dengeli olduğunu söyleyebiliriz. Bir önemli örüntü de Cohen ve Sirkeci'nin işaret ettiği göç kültürleri modeli çerçevesinde nüfus hareketlerinin iki yönlü olduğudur.

Tablo 3. İngiltere ve Galler'de Etnisite ve Din gruplarına göre genel nüfusun dağılımı, 2001 (Johnston et al., 2010)

Satır %	Hristiyan	Budist	Hindu	Yahudi	Müslüman	Sih	Diğer	Toplam
Sütun %								
Beyaz Britanyalı	75.9	0.1	0.0	0.5	0.1	0.0	23.3	100
	92.6	34.9	1.1	84.0	4.1	1.9	89.4	87.5
Beyaz İrlandalı	85.4	0.2	0.0	0.2	0.1	0.0	14.0	100
	1.5	0.8	0.0	0.4	0.1	0.0	0.8	1.2
Diğer Beyazlar	62.7	0.3	0.1	2.4	8.6	0.0	25.9	100
	2.3	3.1	0.2	12.4	7.5	0.2	2.9	2.6
Hintli	4.9	0.2	45.0	0.1	12.7	29.1	8.1	100
	0.1	1.3	84.5	0.3	8.5	91.5	0.7	2.0
Pakistanlı	1.1	0.0	0.1	0.0	92.0	0.0	6.7	100
	0.0	0.1	0.1	0.1	42.5	0.1	0.4	1.4
Bengladeşli	0.5	0.1	0.6	0.0	92.5	0.0	6.3	100
	0.0	0.1	0.3	0.0	16.8	0.0	0.1	0.5
Diğer Asyalılar	13.4	4.8	26.8	0.3	37.3	6.2	11.1	100
	0.1	8.1	11.7	0.3	5.8	4.6	0.2	0.5
Siyah Karayipli	73.8	0.2	0.3	0.1	0.8	0.0	24.9	100
	1.1	0.7	0.3	0.2	0.3	0.0	1.2	1.1
Siyah Afrikalı	68.9	0.1	0.2	0.0	20.0	0.1	10.7	100
	0.9	0.2	0.2	0.1	6.2	0.1	0.4	0.9
Diğer Siyahlar	66.6	0.2	0.4	0.1	6.0	0.1	26.7	100
	0.2	0.1	0.1	0.0	0.4	0.0	0.2	0.2
Çinli	21.6	15.1	0.1	0.0	0.3	0.0	62.8	100
	0.1	23.7	0.0	0.0	0.0	0.0	1.2	0.4
Melez	52.5	0.7	0.9	0.5	9.7	0.4	35.4	100
	0.9	3.2	1.0	1.2	4.2	0.8	2.0	1.3
Diğer	33.0	15.5	1.3	1.0	25.7	1.0	22.5	100
	0.2	23.6	0.5	0.9	3.6	0.7	0.4	0.4
Satır Toplamı	71.7	0.3	1.1	0.5	3.0	0.6	22.8	100
Sütun Toplam	100	100	100	100	100	100	100	100
Genel Toplam	37.338.486	144.453	552.421	259.927	1.546.626	329.358	11.870.645	52.041.916

2011 yılı BK Genel Nüfus Sayımı göçmen sayılarının arttığını göstermektedir. Buna göre yeni AB üyesi ülkelerden gelen göçmen nüfuslar önemli ölçüde artmıştır. Buna DA8 ülkeleri yanında Kıbrıs, Malta, Bulgaristan ve Romanya dâhildir. 2011 GNS'ye göre İngiltere ve Galler'de yaşayan 53.012.456 milyonluk nüfusun yüzde 13,4'ü ülke dışında doğmuştur (7.505.010 kişi). Bunlardan 1.114.368'ü yeni AB ülkelerinden gelmiştir. Bu nüfus özellikle ülkenin güneydoğu ve doğu bölgelerinde yerleşmiştir. Bunların yüzde 4 kadarı Kuzey İrlanda ve Gallerde yaşamakta ve sadece 76 bin kadarı da İskoçya'da bulunmaktadır.[3] Doğu Avrupalı göçmenler arasında kuşkusuz en büyük grubu Polonyalılar oluşturmaktadır. 1991 Gneel Nüfus sayımında sadece 70,115 Polonyalı var iken, bu sayının 2001 nüfus sayımında yüzde 20 oranında azaldığı ancak 2011'de 10 katına çıkarak 579,121'e ulaştığı görülmektedir. Aynı dönemde BK'daki yurtdışı doğumu nüfus ta yüzde 7,3'den (1991) yüzde 13,4'e (2011) çıkmıştır.

Şekil 1. Birleşik Krallık gelen ve giden göçmen sayıları 2004-2011

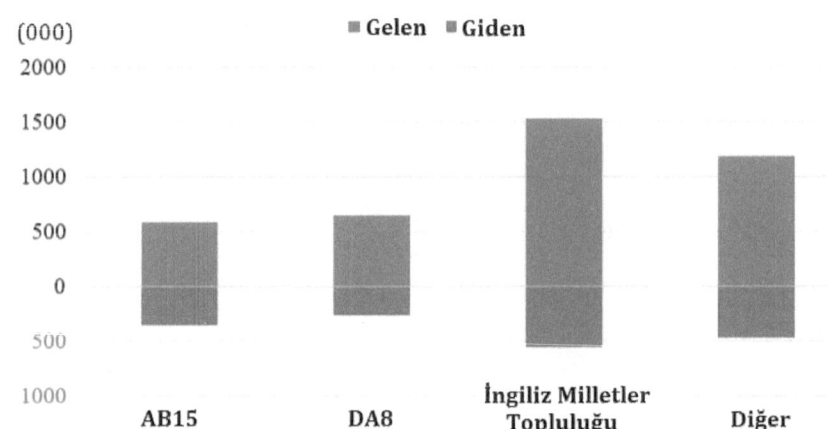

Kaynak: *Office for National Statistics (ONS), Home Office, Central Statistics Office (CSO) Ireland, Northern Ireland Statistics and Research Agency (NISRA).*

Eldeki veriler ve çeşitli çalışmalar DA8 tabiyetlilerin özellikle serbest dolaşım hakları nedeniyle diğer gruplara oranla sirküler hareketliliğe daha yatkın oldukları görülüyor. Hindistan, Pakistan ve Bengladeşi de kapsayan İngiliz Milletler Topluluğu üyesi ülkelerden gelenler en kalabalık grubu oluştururken DA8 ülkelerinden 657 bin eski AB (15) üye ülkelerinden de 591 bin kişinin 2004 - 2011 arası BK'ya geldiği tahmine edilmektedir. Dalgalanmalara karşın DA8 göçlerinin son yıllarda arttığı bilinmektedir (Vargas-Silva, 2013; McCollum vd, 2013).

---

[3] Bu verileer Ulusal İstatistik dairelerinin websitelerinden alınmıştır.

DA8 ülkelerinden gelen göçmenler arasında fazla nitelikli olma durumu

Doğu Avrupa'dan 8 (DA8) ülkenin katılımı üzerine DA8 vatandaşlarının BK'a göçü arttı. Sınırlılıklarına karşın göçmen işçi kayıt sistemi ve benzeri pek çok veriseti bu göçü analiz etmek için kullanıldı (örn. Drinkwater & Robinson 2013). Derinlemesine görüşmelere dayalı nitel çalışmalar da bu konuya yoğunlaştı. İşgücü anketi veri setleri de yaygın olarak kullanıldı. Ağırlıklar kullanıl-mayınca bu veri setleri ile yapılan analizler temsili özelliklerini kaybetmektedirler. Bu sorunu aşmak için biz Yıllık Nüfus Araştırması (YNA) verisetini kullandık. Geniş örneklem nedeniyle DA8 ülkelerinden gelen yeterli örnek sayısına ulaştık. Bu diğer gruplarla kıyaslama imkanı tanımaktadır.

Tablo 4. DA8 tabiyetlilerin İngiltere ve Galler'deki nüfusları, 1991-2011 GNS.

Polonya	70,115	58,106	579,121
Litvanya	-	-	97,083
Slovakya	-	5,130	57,824
Latviya	-	-	54,669
Macaristan	12,226	-	48,308
Çek Cumhuriyeti	-	-	35,871
Estonya	-	-	7,864
Slovenya	-	1,179	2,008
Çekoslovakya	8,438	-	1,279
Toplam yurtdışı doğumlular	3.625.809	4.635.505	7.505.010
Yurtdışı doğumluların genel nüfus içindeki payı	7.3	8.9	13.4

Kaynak: 1991, 2001, 2011 GNS verileri.

2004 ve 2011 arasında DA8 ülkelerinden gelenler BK'ya girebilmekte ancak işçi kayıt sistemine kayıt olmadan çalışmalarına yasal olarak izin verilmemekteydi. İş değitirdiklerinde yeniden kayıt olmaları gerekliydi (Home Office: CCM20110 - A8 Migrant Workers: Workers Registration Scheme). 2004-2010 döneminde, DA8 göçmenleri tarımdaki işçilerin yüzde 40'ını oluştururken bu oran turizm ve hizmet sektöründe yüzde 10 oldu. İnşaat ve üretim sektöründe de yüksek sayılarda görülen DA8 göçmenleri toplam işgücü piyasasının yüzde 2'sini oluşturdu (McCollum & Findlay, 2011). Çalıştıkları işlerin önemli bir kısmı geçici nitelikte ve sınırlı güvenlik ve gelecek vaadeden işlerdir (Kangasniemi & Kauhanen, 2013).

DA8 göçmenleri genel olarak göçmenlerin daha az gittikleri ve mevsimlik işgücü ihtiyacı olan bölgelere yönelmişlerdir (Pollard vd., 2008). Ancak pek çok DA8 göçmeni uzun süreli de kalmaktadır ve yerleşebilmektedir (Pollard vd., 2008). DA8 ülkelerinden gelenlerin bu bölgelerde çok sınırlı karşyer geliştirme ve eğitim olanağı buldukları da araştırmalarda ortaya konmuştur (French, 2012). İngilizce dil becerilerinin düşük olduğu biline DA8 göçmenlerinin işgücü piyasasındaki dezavantajlarının bir kısmının bu nedenle olduğu da vurgulanmaktadır (Clark & Drinkwater, 2008). Dil becerisi daha iyi olanların pazarlık gücünün yüksek olduğu görülmüştür (Cook vd., 2011).

Araştırmalara göre kültürel, dinsel, ve dilsel yakınlık işgücü piyasasındaki dezavantajları azaltmaktadır (Sanroma vd., 2009). Bunun yanında ekonomik kalkınmışlık açısından benzer olan ülkelerden gelen göçmenlerin de daha az dezavantajla karşılaştıkları görülmüştür. Dolayısıyla bu Britanya nüfusu ile pek çok benzerlik gösteren nüfusun işgücü piyasasında karşılaştığı dezavantajları göstermek önemlidir.

Yöntem ve veriler

Etnik ve dini grupların analizinde Genel Nüfus Sayımı ve Yıllık Nüfus Anketi (YNA) kullanılabilmektedir. Burada hem Genel Nüfus Sayımı hem de Yıllık Nüfus Anketi verilerine atıfta bulunan çalışmalardan faydalanılmıştır. YNA, İngiltere, Galler ve İskoç İşgücü Anketlerine dayanan bir çalışmadır. Bu anketler Birleşik Krallık genelinde yaklaşık 155 bin hanede 360 bin bireyi kapsamaktadır. Eğitim, istihdam, sağlık ve etnisite konularını kapsayan YNA örneklemi, küçük gruplara ilişkin analizlere elveren bir büyüklüğe sahip. YNA İşgücü anketlerine dayalı hazırlanmış bir veri setidir.

Bu çalışmada 2005 ve 2012 arası verileri kullanılmıştır. Tipik olarak işgücü analizlerinde çalışma yaşları dediğimiz gruplar (16 - 64 yaş arası erkekler ve 16 - 59 yaş arası kadınlar) analiz edilmiştir. Karşılaştırmaların sağlıklı yapılabilmesi için kendi işinde çalışanlar, tam zamanlı öğrenci olanlar, işsizler ve ekonomik olarak aktif olmayan nüfus grupları da analizlerin dışında bırakılmıştır. YNA'nde DA8 grubu tabiyet değişkeni üzerinden belirlenmiştir. Dolayısıyla YNA örneklem büyüklüğümüz 2005-2010 arası için 120,000-180,000 arası 2011 ve 2012 için ise 78,409 ve 106,112 olmuştur.

Müslüman azınlıkların da değerlendirildiği çalışmada BK nüfus sayımı verisi kullanılırken, YNA verilerinde etnisite ve uyruk değişkenlerini esas aldık. DA8 göçmenlerini bu şekilde ayırdedebildik. Analizlerde çeşitli sosyo-demografik değikenler de kullanılmıştır. Bunlar arasında yaş, cinsiyet, medeni durum, din, ve bağımlı çocukların varlığı bulunmaktadır.

İşgücü piyasasındaki farkları açıklamada etkili olabilecek değişkenler olarak eğitim fazlası, etnisite ve tabiyet dışında yaş, cinsiyet, medeni hal, din ve bakmakla yükümlü olunan çocuk sayısı değişkenlerine dikkat ettik. Dolayısıyla tüm yıllar için karşılaştırılabilir analiz yapmak mümkün olmuştur.

Önceki çalışmalarda eğitim fazlası durumunun kişilerin aldıkları eğitim düzeyi ile yaptıkları işlerin gerektirdiği eğitim düzeyleri arasındaki farka bakarak ölçüldüğü görülür (Bkz Johnson vd., 2010; Khattab vd., 2010). Bu çalışmada da aynı yöntem kullanılmıştır. Etnisite ve köken bilgisi içinde nüfus sayımı ve yıllık nüfus anketi kayıt ve soruları esas alınmıştır.

Birleşik Krallık nüfus sayımlarında ve diğer nüfusla ilgili düzenli anketlerde kaba sayılabilecek bir dizi ırksal kategori kullanılmaktadır. İngiliz Ulusal İstatistik Dairesinin yaptığı çalışmalarda bu ırksal etnisite kategorileri yanında doğum yeri ve vatandaşlık bilgileri kullanılarak çeşitli analizler yapmak mümkündür. Johnston ve arkadaşları (2010) çalışmalarında 2001 Nüfus sayımının yüzde 3'lük örneklemini kullanarak analizler yapmışlardır. Bu analizlerde çalışma durumu, meslek bilgisi, cinsiyet, yaş, etnisite ve din bilgileri yanından doğum yeri bilgisini kullanmışlardır.

Burada varsayım normal koşullarda kişilerin eğitim durumlarına uygun işler arayacakları ve bu işlerde çalışacakları (Nielsen vd., 2003). Dolayısıyla çeşitli çalışmalarda kullanıldığı üzere eğitim düzeyi ve yapılan mesleğin gerktirdiği eğitim düzeyi farklarına ve bu farkların da özellikle üst düzeyde yani üniverstie mezunu ve daha yüksek düzeyde ortaya çıkan farklara odaklandık. Bu farkların nasıl hesaplandığına dair yöntem hem Johnston vd. (2010), Khattab vd. (2011) hem de Sirkeci vd. (2014) tarafından detaylı olarak açıklanmıştır. Bu farkların belirleyicileri için çeşitli zaman serisi analizleri ve modeller kullanılmıştır.

Eğitim düzeyi ile yapılan işin gerektirdiği nitelik düzeyi arasındaki uyumu ölçmek için basit bir yöntem kullanımıştır (Johnston vd. 2010 ve Sirkeci vd. 2014). ISCED tarafından belirlenen eğitim düzeyleri 4 gruba ayrılmıştır. Düzey 1: eğitimsiz ve kalifiye olmayanlar; düzey 2: ilköğretim düzeyinde eğitim almış olanlar; düzey 3: lise mezunu ve üniversite adayı konumunda olanlar; düzey 4: yükseköğrenim ve daha ileri eğitim almış olanlar. Buna karşılık SOC2000 ve SOC2010 kodları ile belirlenen 4 meslek grubu vardır. Bunlar kabaca yukarıdaki eğitim ve kalifiye olma durumlarına tekabül etmektedirler. Düzey 1: giriş düzeyi işler; düzey 2: idari ve sekreterlik işleri, kişisel hizmet işleri, satış işleri, işçiler ve makine operatörleri; düzey 3: Teknik işler; düzey 4: yöneticiler, kıdemli memurlar ve profesyonel işler.

Fazla nitelik durumunu hesaplamak için her birey için mesleki düzeyden (MD) eğitim düzeyinden (ED) skorunu çıkarmak gereklidir:

Nitelik Düzey Farkı $(NDF_i) = MD_i - ED_i$

Bunun sonucunda -3 ile +3 arasında değişen skorlar elde edilmiştir; burada pozitif skor nitelik azlığı, negative skor ise nitelik fazlalılığına işaret etmektedir (Bkz. Johnston vd., 2010). Kişinin yaptığı işin gerektirdiği eğitim düzeyi bitirdiği okul itibariyle elde ettiği nitelik düzeyinin altında ise işgücü piyasasında dezavantaj yaşadığını göstermektedir.

İşgücü piyasasında azınlıkların durumu

Birleşik Krallık nüfus sayımı verilerini esas alarak işgücü piyasasında etnik ve dini grupların dezavantajlarının olup olmadığını analiz etmek mümkündür. Aşağıdaki tabploda etnik-dini grupların çalışma durumları cinsiyete göre gösterilmektedir. Hem erkekler hem de kadınlar bazında gruplar arası büyük farklar olduğu görülmektedir. Müslüman grupların Hristiyan Beyaz Britanyalı gruplara göre ekonomik olarak aktif olmama olasılıkları daha yüksek.

Aynı bicinde Güney Asya gruplarının kendi işinde çalışma olasılıkları daha yüksektir. En yüksek oranda kendi işinde çalışan Yahudi ve Çinli gruplarda görülmektedir. Bazı gruplar için işsizlik ve ekonomik aktivite dışı olmanın kültürel nedenleri olmala birlikte bu grupların görece daha yoksul bölgelerde yaşadıkları da unutul-mamalıdır. Genel olarak bakıldığında tüm grupların Beyaz Britanyalılara göre işgücü konumlarının daha zayıf olduğunu söylemek mümkündür. Azınlık grupların eğitimlerine oranla daha düşük düzeyde işlerde çalıştıkları yaygın bir biçimde görülmektedir. Müslüman gruplar genel olarak skalanın en altında yer almaktalar. Ancak Hintli grup içinde Sihlerin hem Müslüman hem de Hindulara göre daha dezavantajlı oldukları görülmüştür (Johnston vd. 2010; Brown, 2000). Müslümanlar arasında da Hintlilerin Pakistanlılar ve Bengladeşlilere oranla daha az dezavantajlı oldukları görülmektedir. Bu aynı zamanda etnik ve dini grupların kendi içlerinde çeşitlilik gösterdiklerini vurgulamaktadır.

Khattab, Johnston, Sirkeci ve Modood tarafından yapılan pek çok çalışma bu gruplar arasında etnik ve dini nitelikler itibariyle işgücü piyasasında eğitimlerinin gerektirdiği düzeyde işlerde çalışmadıkları gösterilmiştir. Göçmenlerin ve göçmen kökenli azınlıkların işgücü piyasasındaki konumlarının medeni durum, doğum ülkesi, yaş ve ikamet edilen yerin nitelikleri ile etkileştiği görülmektedir. Regresyon analizlerine göre tüm etno-din grupları arasında Hristiyan İrlandalı ve Yahudi Britanyalılar hariç her grup için sonuçların istatistiki olarak anlamlı bulunmuştur. Yani iki grup dışındakilerin Beyaz Britanyalılara kıyasla yaptıkları işler için fazla nitelikli olma olasılıkları yüksektir. İngiltere dışında doğmuş olanlar ile bekarlar arasında bu durumun diğerlerine oranla daha sık olduğu da görülmektedir.

Tablo 5. Etnisite ve dine göre çalışma durumu (%), 2001 İngiltere ve Galler (16-64 yaş arası)*

	Erkek				Kadın			
	İşsiz	Çalışan	Kendi işinde	Aktif değil	İşsiz	Çalışan	Kendi işinde	Aktif değil
Hristiyan Beyaz	4.5	70.0	14.2	11.3	2.8	70.6	5.5	21.1
Yahudi Beyaz	4.0	57.6	31.4	7.0	3.3	59.9	14.1	22.7
Dinsiz Beyaz	6.2	72.0	14.1	7.8	4.4	70.8	5.8	19.1
Diğer Beyaz	6.4	69.9	14.2	9.5	4.0	69.1	6.1	20.7
Hristiyan İrlandalı	5.1	61.4	16.7	16.8	3.1	69.4	6.0	21.5
Hristiyan Siyah Karayipli	13.6	67.5	8.8	10.1	6.0	75.7	2.5	15.8
Hristiyan Siyah Afrikalı	11.6	71.5	12.2	4.7	11.4	71.4	3.6	13.6
Müslüman Pakistanlı	13.0	54.2	20.3	12.4	10.6	50.7	5.6	33.1
Müslüman Bengladeşli	17.0	57.0	14.2	11.8	13.6	47.8	2.9	35.8
Müslüman Hintli	10.0	63.1	15.9	11.0	7.5	53.0	9.0	30.5
Diğer Müslüman	15.9	56.1	16.8	11.2	10.6	52.6	6.3	30.5
Hindu Hintli	5.5	67.8	19.0	7.7	4.8	68.4	9.4	17.4
Sih Hintli	7.7	63.8	19.5	9.0	5.7	70.8	7.0	16.5
Çinli	6.1	61.0	26.0	6.8	4.9	61.6	14.3	19.2
Diğer	7.9	70.1	14.0	8.0	5.7	68.1	7.1	19.1
N	22,097	280,574	58,215	41,627	13,363	269,770	22,041	79,791
Toplam %	5.5	69.7	14.5	10.3	3.5	70.1	5.7	20.7
Toplam N				402,513				384,965
	X^2: 5089.066 Sig: 0.000				X^2: 3933.832 Sig: 0.000			

Notlar: *Tam zamanlı eğitimde olanlar hariç tutulmuştur.

Yurtdışı doğumluların yüzde 34, bekarların ise yüzde 50 daha sıklıkla yaptıkları iş için fazla nitelikli olma durumuyla karşılaşmaktadır.

Sonuçlar işgücü piyasasında özellikle nitelikli mesleklerde etnik dezavantajların yoğun olduğu görülmektedir. Yaptığı işe göre yetersiz nitelikli olma durumunun ise daha az görülen bir durum olduğu görülmektedir. Yoksul mahallelerde yaşayanların diğerlerine göre eğitim düzeylerine göre düşük mesleklerde çalışma olasılıklarının yüksek olduğu görülmektedir. Etno-dini dezavantajların bu mahallelerde daha etkili olduğu görülmektedir. Bu kentsel ayrışmanın önemini vurgulamaktadır.

Tablo 6. Yaptıkları işe göre fazla veya yetersiz nitelikli olma durumunun belirleyicileri – regresyon sonuçları (anlamlı sonuçlar koyu gösterilmiştir)

Değişkenler	Fazla nitelikli			Yetersiz nitelikli		
	b*	SS*	OO*	b*	SS*	OO*
Sabit değişken	**-5.001**	**0.118**	**0.01**	**-3.464**	**0.059**	**0.03**
Bireysel düzey						
Yurtdışı-doğumlu (baz grup: BK doğumlu)	0.291	0.094	1.34	0.317	0.073	1.37
Evlenmemiş (baz grup: Evli)	0.77	0.058	2.16	0.305	0.208	1.36
Yaş	0	0.002	1	0.031	0.001	1.03
Etno-dini grup (baz grup: Hristiyan Beyaz Britanyalı)						
Yahudi Britanyalı	0.52	0.312	1.68	0.281	0.15	1.32
Dini olmayan Beyaz Britanyalı	**0.471**	**0.068**	**1.6**	-0.24	0.037	0.79
Diğer Beyaz Britanyalı	**0.615**	**0.083**	**1.85**	-0.179	0.048	0.84
Hristiyan İrlandalı	0.203	0.256	1.23	0.073	0.11	1.08
Hristiyan Karayipli	**0.644**	**0.233**	**1.9**	-0.037	0.177	0.96
Hristiyan Afrikalı	**1.976**	**0.17**	**7.21**	**-2.027**	**0.512**	**0.13**
Müslüman Pakistanlı	**1.016**	**0.186**	**2.76**	-0.118	0.16	0.89
Müslüman Bangladeşli	**0.825**	**0.3**	**2.28**	**-0.735**	**0.197**	**0.29**
Müslüman Hintli	**1.05**	**0.338**	**2.86**	0.211	0.264	1.23
Diğer Müslüman	**1.507**	**0.18**	**4.51**	-0.115	0.191	0.89
Hindu Hintli	**0.998**	**0.178**	**2.71**	0.232	0.131	1.26
Sih Hintli	**0.7**	**0.265**	**2.01**	0.101	0.175	1.11
Çinli	**1.057**	**0.271**	**2.88**	0.199	0.215	1.13
Diğer	**0.954**	**0.108**	**2.6**	-0.146	0.084	0.86
Mahalle düzeyi						
ÇDİ	0.002	0.002	1	-0.007	0.001	0.99
MİI	**0.604**	**0.155**	**1.83**	-0.36	0.112	0.7
N= 84,495						

Notlar: * b – standardize edilmemiş regresyon değeri; SS – standart sapma; OO – odd oranı
Kaynak: Khattab vd. (2011).

Doğu Avrupalıların sayısı ve eğitim durumları

YNA'ne göre Hintliler en sık rastlanan azınlık grubunu oluşturuyor. DA8 göçmenleri ikinci en sık rastlanan etnik grup olarak toplam örneklemin yüzde 2,2'sini oluşturmaktalar. Başlangıç yılı olan 2005'den bu yana 600 dolayında 2000 dolayına çıkmış bir ortalama yıllık grup mevcuttur ve bu very ağırlıklandırıldığında temsilidir ve zaman serisi analizi için uygun büyüklüktedir (Tablo 7).

Tablo 7. YNA 2005-2012 etnik grupların dağılımı

Etnik grup	2012 N	%	2008 N	%	2005 N	%
Beyaz Brianyalı	91,657	83.9	153,058	83.1	160,689	87.4
Beyaz AB vatandaşı	1,097	1.3	1,626	1.1	1,808	1.4
Beyaz DA8	2,059	2.2	2,095	1.4	636	0.5
Karma	749	0.9	1101	0.8	790	0.6
Siyah Karayipli	800	1.0	1453	1.1	996	0.9
Hintli	2,514	2.6	3,576	2.3	2,448	2.0
Pakistanlı	1,010	1.1	2,452	1.5	927	0.8
Bengladeşli	398	0.5	837	0.6	299	0.3
Siyah Afrikalı ve diğer siyahlar	1,344	1.5	1,871	1.4	1,070	1.0
Diğer	4,494	5.1	11,223	6.9	7,868	5.2
Toplam	*106,122*	*100*	*179,292*	*100*	*177,531*	*100*

Çalışma yaşındaki nüfus grubunun 2012 yılındaki etnisite bazında eğitim düzeyleriincelendiğinde düzey 4 üniversite ve benzeri en yüksek eğitim düzeyini temsil etmektedir. Ortalama olaran BK'ta çalışan nüfusun yüzde 40 kadarı bu eğitim kategorisine girmektedir. Bu rakam Beyaz AB vatandaşları, Hintliler, Siyah Afrikalılar ve diğer siyah gruplar arasında yaklaşık yüzde 60 dolayındadır. Ancak DA8 grubu içinde bu oran çok daha düşüktür (%30 dolayında). DA8 göçmenlerinin yarısı ikinci düzey grubundadır. Bunun çeşitli nedenleri arasında yabancı ülke diplomalarının denkliğiyle ilgili sorunlar vardır (Sirkeci vd. 2014).

Tüm etnik gruplar içinde mesleki düzeylere baktığımızda ortalama olarak giriş düzeyinde, alt düzeyde işlerde çalışanların oranı Beyaz Britanyalılar içinde yüzde 10 görünmektedir. DA8 göçmenleri arasında bu oranın 2006 yılında yüzde 45, 2008 de ise yüzde 35 olarak görünmektedir. Butüm gruplar içinde en yüksek orandır. Mesleki hiyerarşinin en tepesinde ise Beyaz Britanyalılar yüzde 30 iken DA8 göçmenleri en düşük oranda, yüzde 8 dolayındadır. Kalifiye işlerde DA8 grubu genel olarak düşük oranlarda görülmüştür.

Bir çarpıcı değişim, 2005 ila 2012 arasında Hristiyanların oranı yüzde 77'den yüzde 60'a düşerken, dini olmayanların oranı yüzde 18'den yüzde 34'e çıkmıştır. Aynı dönemde Budist ve Müslümanların oranı da artmıştır. Erkeklere örneklemde daha sık rastlanmaktadır (yüzde 53). Evli kişiler yüzde 66-68 dolayında iken çocukluların oranı yüzde 38 olmuştur. Çalışsan nüfusun yüzde 8'I BK vatandaşı değildir ve yüzde 73'ü özel sektörde çalışmaktadır. Yarı zamanlı çalışanların oranı yaklaşık yüzde 22'dir. Nüfusun yüzde 14'ü Londra'da yaşamaktadır. DA8 göçmenleri görece daha gençtir.

Tablo 8. Sosyo-demografik değişkenler ve fazla nitelikli olma durumu – 2005, 2008, 2012

	2012		2008		2005	
	Odd oranı	SS	Odd oranı	SS	Odd oranı	SS
Etno-dini gruplar (Kıyas: Beyaz Britanyalı Hristiyan)						
Beyaz AB15 Hristiyanları	0,86	0,08	0,89	0,08	0,89	0,09
Beyaz DA8 Hristiyanları	**1,67**	**0,12**	**1,25**	**0,09**	**1,76**	**0,23**
Beyaz DA8 Dini olmayanlar	**1,91**	**0,32**	**1,21**	**0,25**	**1,23**	**0,49**
Hindu Hintli	0,95	0,07	0,89	0,07	0,94	0,08
Müslüman Pakistanlı	**1,19**	**0,10**	0,91	0,08	0,83	0,08
Müslüman Bengladeşli	**1,37**	**0,16**	0,90	0,11	1,01	0,16
Afrikalı ve diğer siyah Hristiyanlar	**1,58**	**0,12**	**1,95**	**0,15**	**1,81**	**0,17**
Diğer Hristiyanlar	**1,15**	**0,05**	**1,11**	**0,04**	**1,10**	**0,05**
Diğer Müslümanlar	0,99	0,07	0,86	0,07	0,81	0,08
Diğer Dinler	1,04	0,05	1,10	0,05	1,18	0,07
Diğer Dinsizler	0,98	0,02	0,99	0,02	0,97	0,02
Yaş	**0,98**	**0,00**	**0,98**	**0,00**	**0,98**	**0,00**
Kadın (Erkek)	1,02	0,02	0,99	0,02	0,90	0,02
Evlenmemiş (Evli)	**1,16**	**0,02**	**1,17**	**0,02**	**1,18**	**0,02**
Çocuklu (çocuksuz)	**0,82**	**0,01**	**0,84**	**0,01**	**0,85**	**0,01**
BK vatandaşı olmayan (BK vatandaşı)	1,07	0,04	0,82	0,03	0,78	0,04
Kamu sektörü (özel)	**0,77**	**0,01**	**1,22**	**0,02**	**1,17**	**0,02**
Geçici iş (sürekli iş)	**1,24**	**0,04**	**1,16**	**0,04**	**1,24**	**0,04**
Yarı zamanlı (tam zamanlı)	**1,59**	**0,03**	**1,59**	**0,03**	**1,47**	**0,03**
Ülke (İngiltere)						
Galler	**1,09**	**0,03**	**1,16**	**0,03**	**1,13**	**0,03**
İskoçya	**1,27**	**0,03**	**1,44**	**0,03**	**1,51**	**0,03**
Londra	0,95	0,03	0,95	0,02	0,90	0,03
N	103731		118103		104751	
Wald chi2(27)	2787,17		2611,58		2034,72	
Prob > chi2	0		0		0	
Pseudo R2	0,0308		0,0237		0,0215	
Log pseudolikelihood	-14130023		-14237302		-8725434,3	

Not: Koyu rankle gösterilen odd oranları p<0.05 düzeyinde anlamlı olduğunu belirtmektedir.

Aşağıdaki tabloda işgücü piyasasında fazla nitelikli olma durumunu çeşitli değişkenleri control ederek test ettiğimiz bir lojistik regresyon sunuyoruz.

Din ve etnisite yanında diğer değikenleri kontrol ettiğimizde DA8 vatandaşlarının ve Siyahların Beyaz Britanyalı gruba göre fazal nitelikli olma olasılığının daha yüksek olduğunu görüyoruz. Pakitanlı ve Bengladeşli grupların 2012 de daha dezavantajlı oldukları, 2008'de ise daha avantajlı oldukları görülmüştür. Diğer grupların farklılaşmadığı görülmüştür.

Kadınlar ve erkekler arasında fark görülmezken, yaşın önemli bir etken olduğu görülmüştür. Yaşlı kişilerin fazla nitelikli olma olasılıkları daha düşüktür. Özel sektöre göre kamu sektöründe fazla nitelikli olma durumu 2005 ve 2008'de ciddi boyutlardayken, 2012 yılında bunun tersine döndüğü görülmüştür. Şaşırtıcı olmayan bir biçimde yarı zamanlı işlerde çalışanların fazla nitelikli olma olasılıklarının tam zamanlı çalışanlara göre çok yüksek olduğunu söylebiliriz. Bunun nedeni işsiz kalmayı göze alamayan göçmenlerin çok da seçici olmaksızın bulabildikleri işleri kaul etmeleri olabilir.

Coğrafi anlamda ise zengin etnik ve dini nüfusuyla ve kozmopolit yapısıyla Londra'nın fazla nitelikli olma durumunun görülmediği ancak İskoçya ve Galler'de zaman içinde azalmakla birlikte fazla nitelikli olma durumunun anlamlı farklar gösterdiği görülmektedir. Londra'nın geniş iş imkanlarına sahip olması bu sonuçla ilgili olabilir. Birleşik Krallık vatandaşı olup olmamanın anlamlı bir etkisi yoktur.

Sonuçlar

Bu bölümde etnik ve dini göçmen kökenli azınlık gruplarının Birleşik Krallık işgücü piyasasında 'fazla nitelikli olmak' biçiminde ifade ettiğimiz dezavantajlarını ortaya koyduk. Etnik ve dini kategorileri birlikte kullanmanın anlamlı olduğu daha önceki çalışmalarda gösterilmiş idi. Bu çalışmada da iki kategoriyi birlikte kullandık ve gruplar arasında anlamlı farklar olduğunu gördük. Demografik değişkenler yanında bazı coğrafi farkların da fazla nitelikli olma dezavantajını etkileyebildiğini gösterdik.

Etnik ve dini grupların Birleşik Krallık işgücü piyasasında dezavantajlarla karşılaştıkları, benzer örüntülerin diğer Avrupa ülkelerindeki göçmenler arasında yaygın olduğunu ileri süren pek çok çalışma mevcut. Bu çalışmada hem Avrupa Birliği ülkeleri dışından hem AB ülkelerinden gelenlerin sahip oldukları niteliklerin yaptıkları işlerle uyumlu olmadığını gösterdik. Özellikle DA8 ülkelerinden gelenlerin sürekli olarak sahip oldukları niteliklerin altında nitelik gerektiren işlerde çalıştıkları yönünde yaygın ve sürekli bir örüntü mevcut. Bunda sirküler göç diye tabir edilen kısa süreli göç örüntüsünün bir etkisi olabileceği söylenebilir. Ancak sorunun bir kısmı AB ve AB dışından gelen göçmenlerin sahip oldukları diploma ve sertifikaların Birleşik Krallık'ta kolayca tanınmaması da rol oynamaktadır.

Bu çalışmanın sonuçlarını okurken pek çok etmenin etkili olduğunu unutmamak gerek ancak Tarıq Modood (2005) tarafından ileri sürülen kültürel ve renk bazlı ırkçılık teorisinin de temkinli uygulanması gerektiğini vurgulamalı. Modood'un teorisi Müslümanlar ve siyah azınlıklar için uygun görünmekle birlikte DA8 ülkelerinden gelenleri kültürel olarak Britanyalılardan çok uzak olmaması nedeniyle burada anlamlı görünmemektedir. Ancak bu Müslüman azınlıkların Siyahlar'dan sonra işgücü piyasasında en çok dezavantajla karşılaşan grup olduğu gerçeğini değiştirmez.

Bu çalışmanın kontrol etmediği bir değişken kişilerin sınıfsal konumu, bir başka değişken de dil yeterliliğidir. İleriki çalışmalarda bunların kontrol edilmesinde fayda vardır. Sınırlı sayıda nitel çalışmanın daha da artırılarak işgücü piyasasında oluşan bu farklıkların ırkçılık nedeniyle mi yoksa başka pratik ve kişisel nedenlerle mi oluştuğu da incelenmelidir. Bir başka konu da muhtemelen kamuoyunda genel olarak göçmenlere veya bazı gruplara yönelik olumsuz tavır ve söylemlerin bu süreçlere ne kadar etki ettikleridir.

Avrupa Birliği açısından politika öncelikleri arasına bilgi sermayesi ve beşeri sermayenin alınması gereklidir. Fazla nitelikli olma sorunu var olan nitelik havuzunun, kaynakların kötü kullanımı veya kullanılmaması anlamına gelmektedir. Özellikle niteliklerle ilgili diploma ve sertifikaların tanınmasında yaşanan güçlükler kolayca halledilebilir. Bu sayede işgücü ihtiyacı daha efektif bir biçimde karşılanabilir.

Bölüm 8: Göçmenlerin İtalya'da Entegrasyonu

Fabio Salomoni

Giriş

İtalya, yaklaşık bir yüz yıl boyunca göçmen akışının gerçekleştiği başlıca ülkelerden biri olmuştur. Göç, İtalyan tarihinin ve kimliğinin en önemli öğelerinden biri olarak ifade edilebilir. Yaklaşık otuz yıl önce, özellikle İspanya, Yunanistan ve Portekiz gibi diğer Güney Avrupa ülkeleri ile birlikte İtalya, Avrupa yönündeki göçlerde tercih edilen başlıca ülkelerden biri haline gelmiştir. Dolayısıyla İtalya, göç çağı adı verilen bu dönemde (Castels ve Miller, 2009), göç sonucu değişimlerin, özellikle de göçmenlerin topluma entegrasyonu konularını incelemek için ilginç bir çalışma ortamı sunmaktadır. Akdeniz'in güney kıyısında yer alan İtalya, Kuzey Avrupa ülke ekonomileri için işgücü tedarikçisi olmakla birlikte Afrika, Orta Doğu, Asya'dan Avrupa'ya yönelen göç akınlarının geçiş yaptığı bir ülke olarak önemli bir konuma sahiptir. Aynı zamanda, özellikle Türkiye gibi İtalya da Fas, Cezayir ve Libya gibi Afrika'daki birçok ülkeden ve Orta Doğu'nun bir kısmından (Lübnan, Beyrut) mülteci ve işçiler için tercih edilir hale gelmiştir.

İtalya'dan göç

1878[1] ile 1988 yılları arasında yaklaşık 24-27 milyon kişi İtalya'dan[2] ayrılmıştır Bunların 11-13 milyonunun ülkeye geri dönüş yaptığı bilinmektedir. İtalya'nın, Avrupa Birliği'nin, yurtdışında ikamet eden en fazla vatandaşı olan ülke olması İtalya'da göçün önemini teyid eden bir başka husus olarak değerlendirilebilir. İtalyan göçünün tarihçesini üç aşamada özetleyebiliriz.

İlk aşama, 1878 ile 1915 yılları arasındadır. Bu göç dönemindegöç için tercih edilen başlıca ülkeler arasında Amerika'da özellikle Amerika Birleşik Devletleri, Brezilya ve Arjantin, Avrupa'daözellikle Fransa ve Akdeniz Havzası'nda ise özellikle Tunus, Mısır ve aynı zamanda da Osmanlı toprakları[3] olmuştur. İtalyan göçmenlerin ülkenin kuzey ve güney bölgelerinden yaklaşık olarak eşit sayıda dağıldığı görülmektedir.

---

[1] İtalya Birliği 1870 yılında tamamlanmış, ancak 1878'den itibaren güvenilir bir nüfus kaydı oluşturulmuştur.

[2] İtalya'dan göç edenlerin ülkelerinin dışında gördüğü ilgi, karşılanma şekilleri, farklı kaynaklarda farklı şekillerde anlatılmaktadır.

[3] 1910 yılında İstanbul'daki İtalyan toplumu 10.000 kişiydi. Edmundo de Amicis'in İstanbul adlı kitabında (2010), İstanbul'daki İtalyan mevcudiyetinin çeşitliliği hakkında detaylar yer almaktadır. Daha detaylı bir inceleme için IIC tarafından hazırlanan yayına

İkinci aşama, 1916 ile 1945 yılları arasındadır. Bu dönemde göç akınları ciddi bir şekilde azalmıştır ve bu azalmanın başlıca iki sebebi vardır: bunlardan biri patlak veren dünya savaşları, ikincisi de faşist rejimin ülkeden göçleri kısıtlamasıdır. Tek istisna antifaşist siyasi mülteciler (karşıt olan on binlerce kişi özellikle Fransa'ya kaçmışlardır) ve faşizmin peşlerini bırakmadığı Musevi vatandaşlardır.

Üçüncü aşama ise1946 yılında başlayan ve 70'li yılların ilk yarısına kadar uzanan dönemdir. Bu dönemde, Amerika kıtasındakigöç politikasının kısıtlamaları nedeniyle, Kanada ve Avusturalya, Avrupa dışındaki göç merkezleri haline gelmiştir ve bu dönemdeki başlıca göçler Kuzey Avrupa ülkelerine yapılmıştır. İtalya Kuzey Avrupa ülkelerinin bayındırlaşması ve sanayileşmesi için gerekli ilk işgücü kaynağını sağlamıştır. İtalya'nın işgücü için yaptığı ilk anlaşma 1946 yılında Belçika ile imzalanmıştır. 1955 yılında ise Fransa ve Almanya ile benzer anlaşmalar imzalanmıştır[4]. Bu dönemde özellikle ülkenin güney bölgelerinden göç edilmiştir.

Yurtdışına yapılan göçlere paralel olarak, ülke toprakları içinde de önemli göç akınları yaşanmıştır. 1955-1975 yılları arasında en az 2.500.000 İtalyan vatandaşı (Pugliese, 2002), inşaat ve özellikle de sanayi sektörlerinde ihtiyaç duyulan işgücünü karşılayabilmek için Orta İ ve Güney İtalya'nın kırsal alanlarından, Kuzey İtalya'nın şehir merkezlerine (özellikle de Milan-Torino ve Genova sanayi üçgeni) ve ülkenin başkentine göç etmiştir.

İtalya göç tarihçesinde 1970'li yılların ortası, önemli bir dönüm noktası olmuştur: yurtdışına göç edenlerin sayısı azalırken, ülkenin bölgeleri arasındaki göç de ciddi bir şekilde azalmıştır. Bu gelişmeyle eş zamanlı olarak İtalya, başka ülkelerden gelen göç akınlarının tercih ettiği ülkelerden biri haline gelmiştir. Bu göçmenler arasında, başka ülkelerden gelenlerin yanı sıra, ülkesine geri dönen (özellikle Avrupa ülkelerinden) çok sayıda İtalyan da vardır.

İtalya'nın göç akınları tarafından tercih edilen bir ülkeye dönüşmesinde çok sayıda faktörün rol oynadığı görülmektedir. Bunlar arasında eksojen faktörleri sayabiliriz. Sınırların kapatılması ve 1976-1977 petrol krizi sebebiyle ortaya çıkan ekonomik zorluklar sonrasında Kuzey Avrupa ülkeleri tarafından kararlaştırılan ülkeye girişin engellenmesigöçmenleri İtalya gibi, "ikinci bir seçimi" temsil eden yeni ülkelere yönelmeye mecbur etmiştir. Ayrıca İtalya'nın Akdeniz'in kalbindeki coğrafi pozisyonu, ülkeye girişi

---

bakabilirsiniz. De Gasperia, Ferrazza, Gli italiani a Istanbul. 2007, Istituto Italiano di Cultura, Istanbul.

[4] İtalya'dan sonra, Akdeniz Havzası'ndaki diğer ülkeler de, bu işgücü deposu rolünü üstleneceklerdir: İspanya, Yunanistan, Portekiz gibi Güney Avrupa Ülkeleri, Yugoslavya gibi Balkan ülkeleri, Cezayir, Fas, Tunus gibi Kuzey Afrika ülkeleri ve Türkiye.

kolaylaştıran, kontrollerin ve göç politikasının olmayışı da diğer faktörlerdendir. Ancak asıl İtalya'yı göçmenlerin gözünde çekici kılan; ekonomik, demografik ve kültürel değişimlere bağlı endojen faktörlerdir. Bunlar, içinde kayıtdışı ekonominin (yeraltı ekonomisi; sigortasız işçi çalıştırma) mevcut olduğu ekonomik yapı; iş konusundaki beklentilerin değişmesine sebep olangenç İtalyan nesillerin eğitim seviyelerinin yükselmesi; halkın uzun süre çalışıp sonra hızla yaşlanması işgücü talebini etkilemiştir. Aynı zamanda; İtalyan devleti ve İtalyan sosyal koruma sistemlerinin, hizmetlerin büyük bölümünü ailelere delege eden özelliğini de bu faktörler arasında sayabiliriz.

1970'li yıllardan başlayarak, göçmenlerin sayısı dereceli olarak artmıştır. 1985 yılında göçmen sayıları yaklaşık 500.000'dir. 1990 yılında düzenlenen Ulusal Birinci Göç Konferansı'nda göçmen sayıları 933.000 bin olarak açıklanmıştır. 1990'lı yıllarda göçmenlerin sayısı daha yavaş olmakla beraber istikrarlı bir şekilde artmaya devam etmiştir. 1998 yılında göçmen sayısı 1,5 milyona ulaşmıştır. 2000'li yıllarda ise göçmen sayılarında baş döndüren hızda bir artış görülmüştür. 1 Ocak 2014 tarihinde, ülkede yaşayan yabancıların sayısı 5.500.000 olarak saptanmıştır ve bunların 300.000'i kayıtsız olarak yaşamaktadır. 2014 yılında kaydedilen bu sayı, bir yıl önceki kayıtlardanyaklaşık 500.000 kişi daha fazladır vekayıtsız olarak yaşayanların sayısı toplam yabancıların % 6'sını teşkil etmektedir. Bu dönemİtalyan tarihinde kaçak yaşayan yabancıların en düşük olduğu orandır. Bu durum ülkedeki yabancıların kontrol altında tutulması ve krizden sonra iş piyasasındaki işgücü talebinin azalmasına bağlıdır. Ülkede ikâmet eden yabancıların fazlalaşması yeni işçilerin gelmesinden çok, aile bireyine refakat şeklinde olmaktadır. Nitekim aile bireylerinin hepsi yabancı olan ailelerin sayısı 1.300.000, 18 yaşından küçük ikâmet eden yabancıların sayısı ise 982.651'dir.

İtalya'ya göç, göçmenlerin geldikleri coğrafya ve bileşimleri açısından, bazı ayırıcı özellikler göstermektedir. Bunlardan birincisi, eski (Fransa, İngiltere) ve yeni (İspanya) göç ülkelerinde meydana gelenden farklı olarak, İtalya'da eski kolonilerden (Eritre, Somali, Etiyopya ve Libya) gelen göçmenlerin mevcudiyetinin çok sınırlı olmasıdır[5]. İkinci özellik ise, birçok Avrupa ülkesinden farklı olarak göçmenlerin, zaman içinde sürekli değişen, çok sayıda farklı ülkelerden gelmeleridir. 2010 yılında göçmenlerin geldikleri ülkeler bu çeşitliliği gözler önüne sermekte ve genelde Kuzey Afrika'dan yapılan göçün, büyük ölçekte Doğu Avrupa (Ortodoks), daha küçük ölçekte de Asya ülkelerine kaydığını işaret etmektedir. Göçmen topluluğunu Romanyalılar (1.112.000), Arnavutlar (586.000), Faslılar (575.000), Çinliler

---

[5] İtalyan koloni deneyiminin diğer ülkelere göre daha az sürmüş olması, en azından kısmi olarak bu farklılığı açıklamaktadır.

(233.000), Ukraynalılar (220.000), Filipinliler (149.000), Tunuslular (141.000), Polonyalılar (129.000), Moldovalılar (140.000) ve Hintliler (132.000) oluşturmaktadır (Ismu, 2011). 2013 yılında Romanyalılar, Arnavutlar ve Faslılar, halihazırdaülkede ikâmet eden yabancıların %40'ını oluşturmaktadırlar (ISMU, 2014). Bu değişim, yavaş yavaş Akdeniz sınırlarını ve Akdeniz'i mühürlerken, Doğu Avrupa ülkelerine karşı daha liberal bir anlayışla vize vererek girişlerin düzenlendiği değişik politikaların bir sonucudur (Sciortino, Saraceno, 2013). Göçmenlerin ulusal topraklar üzerinde dağılımı ise homojen bir özellik göstermektedir. Göçmenlerin üçte biri Roma ve Milano gibi metropollerde yerleşik olsa da, Kuzeydoğu bölgelerinde bir yoğunlaşma söz konusudur ve yaklaşık 500.000 göçmenin Güney bölgelerdeki mevcudiyeti ise kesinlikle kısıtlıdır.

Toplumla bütünleşme

Yabancı işçilerin ve onların ailelerinin entegrasyonu, bazı genel özellikler taşımaktadır.

Göçmenlerin İtalya'ya gelişi bir işe alım politikası ya da ülkeye kabul planının sonucunda değil, her zaman spontane olmuştur ve bu durum devam etmektedir.

Bu özelliklerden diğeri ise ülkede kanuni ve sistematik bir göç politikası eksikliği ve af yasası temelli bir mevzuatın yaygın olmasıdır. 1988 ile 2009 yılları arasındaki altı af yasası kaçak olan göçmenlerin bu durumunun düzelmesini sağlamıştır veyasalardan yararlanmak için tam 1.744.744 göçmen başvurmuştur.

Göçmenleri iş dünyasına ilk dahil edilişi ülkede çok geniş bir yer tutan kayıtdışı ekonomi sektöründe görülmüştür. Ancak daha sonra göçmenler daha sağlam veaha düzenli şartlara kavuşmuştur. Buna rağmen kayıtdışı ekonomi, işini kaybetme durumunda başvurulan bir çare olmaya devam etmektedir.

Göçmenin önce tek başına geldikten sonra eşini ve çocuklarını da ülkeye getirmesi ve çocuklarını okula göndermesinden oluşan geleneksel göç döngüsü, çok kısa bir süre içinde gerçekleşmiştir. Göçle ilgili sorunların çözümünde, etnik temelli resmi olmayan networklerin ve sivil toplum örgütlerinin (dini ve laik) üstlendikleri roller arasında, iş arama, ev arama, dil öğrenme, yerel ve devlet bürokrasisiyle olan ilişkileri yönetme gibi unsurları sayabiliriz.

İtalya'ya göç eden birinin yaşadığı tipik aşamalar şu şekilde özetlenebilir: geçerli belgelerle, bir turist ya da öğrenci vizesiyle İtalya'ya giriş yapılması; vize süresinin sona ermesinden sonra ülkede kalmaya devam etme ve bu şekilde kayıt dışı durumuna düşülmesi; yine kayıtdışı bir şekilde iş dünyasına dahil olma; bir af yasası sayesinde ikâmet için geçerli belgeleri elde etme;

otomatik olarak değil ama yasal bir şekilde bir iş elde etme olasılığı; eşin ve çocukların da ülkeye getirilmesi (Ambrosini, 2010).

Morawska'nın da belirttiği gibi göçmenlerin entegrasyonu ve topluma dahil edilme şekillerinin tanımlanmasında başlıca iki ölçüt bulunmaktadır (Morawska, 2005). Bunlardan ilki, milliyet ve vatandaşlık kavramlarını içeren, aynı zamana göçmenin siyasi ve sosyal haklarını tanımlayan, medeni-siyasi ölçüttür. Bu ölçüt, göçmenlerin varlığının kamuoyu tarafından bir ekonomik ya da kültürel kimlik tehdidi olarak görülebileceği algısını da içermektedir. İkinci ölçüt ise ekonomik birleşmeyle ilgili olandır. İlk ölçütle ilgili olarak şunları söyleyebiliriz

İtalya'ya yapılan göçün ilk aşaması kayıtsızlık aşaması olarak tanımlanabilir. 70'li yılların ortasından, 90'lı yılların başlarına kadar İtalya bilinçsiz bir açık kapılar politikası uygulamıştır. Göçmenlere İtalya'ya vizesiz girme ve kayıtdışı ekonomide yer alan bir iş bulma fırsatı verilmiştir. O süreçtegöçmenlerin girişleri ve mevcudiyetini denetleyen prosedürler bulunmadığı bilinmektedir. Nitekim hukuki açıdan yabancı işçilerin yasal bir tüzüğü bulunmamaktadır. Yabancı göçmenlerin mevcudiyetine bir düzenleme getiren ilk yasa, 1986 yılına aittir. Bu yasa, göçmeni sadece işgücü bakış açısıyla değerlendirmekte ve İtalyan işçilere sağlanan sosyal hizmetler ve hakları yabancı işçilere de sağlamaktadır. Ancak sınırların ve ikâmet eden göçmenlerin denetlenmesi hususları (bu husular daha sonra göçlerle ilgili her konu ve müdahelede ele alınan başlıca hususlar olacaktır) yasanın dışında kalmıştır. Ülkedeki göçmenlere yasal bir tüzük sunan ilk af yasası da buu yasa ile eş zamanlı olarak, gündeme gelmiştir. Ancak bu 1986 yasası tam olarak uygulanmamıştır. Ülkeden göçlerle ilgili tam anlamıyla gerçek bir yasa için 90'lı yılların başını beklemek gerekecektir. Özellikleu dönem, İtalyan toplumunun ülkeden göç gerçeğinin farkına vardığı dönemdir. Buna, daha önce adı geçen Ulusal Birinci Göç Konferansı ve sonrasında da Martelli Yasası da tanıklık etmektedir[6]. Bu yasa ulusal topraklarda yaşayan göçmenlerin geldikleri ülkelerden giriş vizesi isteme zorunluluğu getirmiştir. Ayrıca kaçakların sınır dışı edilme prosedürleri ve insan kaçakçılığı yapanlara yönelik cezaları bu yasa ile getirilmiştir. İtalyan ekonomi sistemi işgücü ihtiyacı olduğunu kabul eder ve işgücü için ülkeye yasal giriş şekillerini belirler. Bu yasada ayrıca İtalya'nın göçmenler konusunda coğrafi ayrım yapmadığı ve mültecilere kucak açtığı da belirtilir.

İtalya'nın uluslararası göç akımlarında tercih edilen bir ülke olduğu konusunda ulusal kamuoyunun bilinçlenmesi, 1991 yılında on binlerce Arnavut'un deniz yoluyla İtalya kıyılarına gelmesi ile sembolize olan en önemli dönemdir. Bu bilinçlenme, "Arnavutların istilası" paniği yaratan,

---

[6] Yasayı öneren sosyalist bakanın adını alır, ayrıca Martelli Yasası 39 sayılı 1990 yılında çıkan bir yasa.

çalkantılı ve problematik bir bilinçlenme olmuştur Bu ahlâki paniğin en çarpıcı sonucu, 1992 yılında, vatandaşlık hakkında Parlamento tarafından oybirliği ile kabul edilen yeni, kısıtlayıcı yasada görülmektedir ve bu yasa özellikle Avrupa Birliği üyesi olmayan ülkelerin vatandaşları için kısıtlayıcı kriterleri yürürlüğe koymaktadır.

1990'lı yılların büyük bölümünde göçmen kavramı, göçmenlerin suç işlemeyi çağrıştırdıkları tehdit kategorisi içinde hareket eder. Siyaset meydanında ise, Lega Nord (Kuzey Birlik) Partisi, göçmenleri kamu düzeni için bir tehdit olarak gördüğünü açık bir şekilde ifde ederek, ırkçı tutumunu gözler önüne sermiştir.

1998 yilinda Turco-Napoletano adıyla tanınan 49 sayılı yasa göç konusunda karmaşık ve çeşitli özellikleri olan ilk yasadır. Bu yasayı görmek için, İtalyan toplumu ve göçmenler arasındaki ilişkinin tarihçesinde belirleyici olan bir geçiş dönemiteşkil eden 1998 yılını ve bir orta-sol hükümetini beklemek gerekecektir. Yasa başlıca iki öğe üzerine kurulmuştur: bunlardan birincisi, kayıt dışı olan göçmenlerin daha sıkı bir şekilde denetlenmeleridir. Ülkede kalmaları için gerekli belgeye sahip olmayan göçmenlerin, sınırdışı edilene kadar "misafir edildiği" Geçici Alıkoyma Merkezleri (CIE) bu yasa ile kurulur. İkinci öğeise, göçmenlerin entegrasyonşekilleri ile ilgili açık bir çalışmaya yasada yer verilmesidir. Yasa metninde entegrasyon konusunda, "ayrımcılık gözetmeyen, farklılıkların göz önünde bulundurulduğu, ... evrensel ve özel prensiplerin bir arada tutulmasına çalışılan bir süreç" gibi açık atıflar ilk kez bulunmaktadır[7]. Yasadaki bu tanımlarla "toplumun dengesini ve toplumsal birleşmeyi tehdit eden, toplumdan dışlanma, parçalanma ve gettolaştırma gibi durumların önüne geçilmesinden" bahsedilmektedir. Turco-Napolitano olarak tanınan yasa uygulama safhasında ise, göçmenlere önemli sosyal haklar tanır. Ülkede yasal bir şekilde bulunan göçmenlere, İtalyan vatandaşları ile aynı sosyal haklar; ülkede kalmak için geçerli belgeleri olmayan göçmen ve çocuklarına da ücretsiz eğitim ve sağlık hizmetleri sunulur. Göçmenlere aileleriyle birleşme hakkı; İtalya'da en az beş yıldır ikâmet eden göçmenlere, süresiz oturma izni talep etme hakkı tanınır. İtalya'ya iş aramaya gelenlere bir yıllıkoturma izni verilmesiöngörülür ve Entegrasyon Politikası Fonu oluşturulur.

İlk kez entegrasyona yönelik göçmen politikasından, göçmenleri sadece "iş piyasasına işgücü" olarak görmeyen bir anlayışı, 1998-2001 yılları arasında, orta-sol hükümetleriyle görüyoruz. Toplumla bütünleştirme politikası için, uzmanlardan ve konuyla yakından ilgilenen araştırmacılardan

---

[7] http://www.migrationeducation.org/38.1.html?&rid=240&cHash= d3d4ba9a6229 552d9fe35966a74d984e.

oluşan bir komisyon kurulur. Çalışmanın asıl amacı, göç alan başka ülkelerin konuyla ilgili deneyimlerini ve aynı zamanda İtalyan kontekstini göz önünde bulunduran bir İtalyan göç modeli meydana getirmektir. Yine bu yıllar arasında, "Mantıklı entegrasyon" konsepti ortaya çıkmıştır: Bu konsept, kültürel pluralizmi tanıyan, asimilasyon ve çok kültürlülük modelini reddeden bir model olarak tanımlanabilir vegöçmenler ile İtalyan toplumu arasındaki ilişkilerin, toplumdaki sivil mobilitasyonu ile paylaşılan kural ve değerlerin öneminin altını çizmektedir.

2001 yılında orta-sağ koalisyonunun zaferi göçmen ve toplumla bütünleştirme politikaları üzerinde Lega Nord (Kuzey Birlik) partisinin başını çektiği kimlikle ilgili konuşmalardan, göçmenlerin suçluluklarından ve "kaçak" hayaletinin oluşturulmasından da güç bularak, derin etkiler yaratır. 2002 yılında ise Bossi-Fini olarak bilinen 189 sayılı yeni bir yasa yürürlüğe girer. Yasanın öncelikli amacı, göçmenlerin sadece ülkeye girişini ve kayıt dışı olarak kalmalarını engellemek değil, aynı zamanda, kayıtlı dışı olmayan ve ülkede kalmak için gerekli belgelerle girenlerin sayısını azaltmaktır. Oturma izni almak için gerekli prosedürler daha da zorlaştırılır ve çalışma kontratı olmayanlara ülkede oturma izni verilmez. İş arama sebebiyle ülkede oturma izni hakkı kaldırılır. Yabancıların alıkonulduğu merkezlerde resmi olarak kalma süresi 60 güne çıkarılır. Son olarak ise süresiz ikâmetgah belgesini talep edebilmek için gerekli ikâmet süresi altı yıla çıkarılır. Ayrıca bu yasa tüm göç politikalarının dondurulmasını da beraberinde getirir vekültürel pluralizm modelini tanımaz, asimilasyon modelini ön plana çıkarır. Bu durum da göç politikaları için ayrılan fonların kesilmesi anlamına gelir ve 80[8] sayılılı kanunda göçmenlerle ilgili öngörülen ölçülerin uygulanmasını engeller.

2008 yılında Silvio Berlusconi'nin partisi önderliğinde, yeni bir orta-sağ koalisyonu seçimleri kazanır vebir başka orta-sağ hükümetinin yeniden yönetime gelmesiyle, yine göçü toplum güvenliği sorunu olarak gören bir yaklaşım ortaya çıkar. İçişleri Bakanlığı, kaçak olmanın [9] suç olarak kabul edildiği, suç işleyen yabancılar için daha ciddi cezalar ve suçlu bulunan yabancıların sınırdışı edilmesi olasılığını öngören, alıkoyma merkezinde kalış süresinin 180 güne kadar uzatıldığı bir Güvenlik Paketi çıkarır. Bupaket başlangıçta sadece oturma iznine sahip olan göçmenlerin Sosyal Sağlık Sistemi'nin tıbbi tedavilerinden yararlanmasını öngörür ve kayıt dışı olan ve hastaneye tedavi için başvuran göçmenlerin hastane personeli tarafından ihbar edilmesini ister. Ancak bu önlem toplumda geniş bir kesim tarafından itiraz edilmesi ilekaldırılır. Bu pakette de, bir önceki 189 sayılı kanunda

---

[8] Bu kısıtlayıcı yasa ile eş zamanlı olarak dönemin hükümeti, 650.000 kayıt dışı yabancıya gerekli belgelerle yasal bir statü sağlayan bir af yasası hazırlar!

[9] Bu suç 2014 yılında kaldırılır.

olduğu gibi kaçak göç ile mücadele, göçmenlere verilen hakların azaltılması üzerinde yoğunlaşılır ve göçmen politikalarını görmezden gelmekle kalınmayıp onlara engel de olunur. Ayrıcapaket yeni gelen göçmenlerin ülkeye giriş yaptıktan sonra toplumla bütünleştirilmeleri konusunda yeni ölçüler de öngörmektedir. İtalya'ya ilk kez giriş yapan, 16 yaşından büyük ve oturma izni talebinde bulunan bütün yabancılara, iki yıl içerisinde İtalyanca'yı, İtalyan kültürünü ve ülkenin medeni yaşamını[10] temel seviyede (A2) öğrenme sorumluluğunu yükleyen bir toplumla bütünleşme anlaşmasına imza atma mecburiyeti getirilir (Caponio, 2013).

Vatandaşlığa geçiş ve siyasi-sosyal haklar entegrasyonun medeni-siyasi boyutunun ikinci bir özelliğidir. Vatandaşlık konusunda, 1992'de onanan yasada farklı yabancı kategorileri oluşturulur ve her biri için farklı vatandaşlığa kabul olasılıkları sunulur. 1912 yılından önceki yasada, ulusal topraklarda beş yıl ikâmet süresinden sonra tüm yabancılara vatandaşlık hakkı tanınmaktayken, 1992 yılı yasasında üç kategori yer alır. Yasaya göre İtalyan menşei olan göçmenler, üç yıllık ikâmet süresinden sonra vatandaşlığa kabul talep edebileceklerdir; AB üyesi ülkelerden gelen göçmenler dört yıl ikâmet süresinden sonra vatandaşlığa kabul talebinde bulunabileceklerdir; AB üyesi olmayan ülkelerden gelen göçmenlerin ise, vatandaşlık talebinde bulunmak için on yıl beklemeleri gerekecektir (Caponio, 2013). Ayrıca, yabancı göçmenlerin İtalya'da doğan çocuklarının, vatandaşlık talebinde bulunabilmek için, on sekiz yaşına kadar aralıksız olarak İtalya'da ikâmet etmiş olmaları gerekmektedir. Diğer bir ayrımcılık ise bu çocukların sadece on dokuz yaşına kadar vatandaşlık talebinde bulunabiliyor olmalarıdır (Grenaglia ve Rigo, 2013). Son olarak, İtalya'da doğmayan ancak çok uzun süredir[11] İtalya'da ikâmet eden gençler sorunu vardır. Nitekim bu yasa, vatandaşlığa geçiş olasılıkları konusunda, etnik prensipler üzerine kurulu bir hiyerarşi kavramını da beraberinde getirir (Zincone, 2005). Ayrıca dünyada İtalyan göçmenlerin çocuklarına tanınan öncelik, ülkeden göçün yeniden keşfedilmesine sebep olur. İtalyan diasporası, İtalya' nın kendi topraklarından göç edenlerin ülkesi olmaktan çıkıp, başka ülkelerden göç alan bir ülkeye dönüşmesinin çelişkili etkilerinden birini temsil etmektedir[12]. Diğer ilginç konuise İspanya ve Portekiz gibi Avrupa'ya göç veren yeni ülkelerin,

---

[10] Toplumla bütünleşmek ve oturma izni elde etmek için gerekli şartlardan biri olan yerel dilin öğrenilmesi, Fransa ve Almanya gibi diğer Avrupa ülkelerinde de mevcut olan bir uygulamadır.

[11] Bu, örneğin Rete G2 kanalının hakkında seferberlik oluşturduğu bir sorundur (Seconde Generazioni). www.secondegenerazioni.it

[12] Bu diaspora kavramının yeniden keşfedilmesinin bir diğer sonucu da, 2001 yılında, Berlusconi Hükümeti tarafından Dünyadaki İtalyanlar Bakanlığını kurulması olmuştur. Bakanlık 2006 yılında kaldırılmıştır.

göçmenlere vatandaşlık verilmesi konusunda İtalya'ya göre çok daha açık olan yaklaşımlarıdır (Morawska, 2005).

1998 tarihli ve 40 sayılı yasa başlangıçta, siyasi haklar konusunda geçerli belgeleri olan yabancılara yerel yönetimi oylama hakkı verilmesini öngörmekteydi (Macioti ve Pugliese, 2010). Ancak Parlamento'da oluşan ciddi bir muhalefetle bu olasılık ortadan kaldırıldı. Dolayısıyla İtalya'da göçmenler şimdilik siyasete doğrudan katılamamaktadır ve siyasi hakları yoktur. Bazı ilçelerden göçmenlerden oluşan ancak hiçbir karar gücü ya da yasama gücü olmayan sadece danışmanlık işlevi olan örgütlerin oluşturulması öngörülmüştür. Diğer dolaylı yoldan siyasete katılımları da isesiyasetin çıkarlarını sağlayacak nitelikte olan göçmen dernekleri aracılığıyla mümkün olmuştur. Ancak İtalya'da bu durumun daha yapılaşmamış, resmiyetten oldukça uzak olduğunu görülmektedir. Siyasi katılımlar örgütlerin içinde de görülmektedir. Ambrosini, 2009 yılında yönetimde görevli göçmenlerin sayısının çok az olduğunu belirtse de, yaklaşık bir milyon yabancı işçi sendikaya kayıtlıdır (Ambrosini, 2010). Vatandaşlığa geçen göçmenlerin siyasete katılımı ise daha ilginç bir şekilde gerçekleşmektedir. 1990'lı yılların başından itibaren, genellikle sol partileri aracılığıyla seçilmiş olarak yerel ve ulusal siyaset yaşamına katılan göçmenler karşımıza çıkmaktadır. 2013 yılında seçilen Parlamento'da yabancı iki millet vekili yer almaktadır Bunlardan biri olan Cecile Kiyenge'nin durumu, görevli olduğu pozisyonve ona karşı gelişen tepkiler açısında oldukça ilginçtir., Üniversite eğitimini İtalya'da tamamlamış ve bir İtalyan vatandaşı ile evli olan Kongo Cumhuriyeti vatandaşı Kiyenge'ye, 2013 yılında, Parlamento'ya seçildikten sonra bir de Entegrasyon Bakanı görevi verilmiştir[13].

Göçmenlerin entegrasyon konusunun son önemli özelliği de, toplum içinde göç konusuna çoğunluğun medeni ve siyasi tutumları ile ilgilidir Yabancılara karşı duyulan korku, Avrupa toplumlarında her geçen gün daha da belirginleşmektedir. Ancak, bir göçmenin hedef olarak gösterilme şekilleri onları misafir eden ülkenin welfare state hali için bir tehdit olarak görülmesi (Almanya'da olduğu gibi); milli kimliğin bütünlüğüne karşı kültürel bir tehdit olarak görülmesi (Fransa'da olduğu gibi); toplum güvenliği ve toplum düzeni için bir tehdit olarak görülmesi ve potansiyel bir suçlu olarak görülmesi gibiulusal kontekstlere göre değişmektedir (Morawska, 2005). İslamiyet karşıtı konuşmalar aracılığıyla göçmenlerin İtalyan kültürel kimliğine bir tehdit konusu zaman zamanortaya çıkmış olsa da, göçmenlerinİtalya'da hedef olarak gösterildiği medya yayınları ve siyasi görüşler daha çok göçmenlerin güvenlik ve kamu düzenine karşı bir tehdit oluşturması hususu etrafında

---

[13] 2013 yılında oluşturulan bakanlık, 2014 yılında kaldırılmıştır. Kiyenge'nin bakan olarak seçilmesi, sık sık, Lega Nord (Kuzey Birlik) partisi tarafından ırkçılık izleri taşıyan agresif davranışlara maruz kalmıştır.

yoğunlaşır (Colombo, Sciortino, 2004) ve göç bir istila, göçmen de potansiyel bir suçlu olarak yansıtılır (Quassoli, 2004). Dolayısıyla, sınırların güvenliği, ülkede kayıt dışı olan göçmenlerin (clandestini) bastırılması-sınırdışı edilmesi- gibi bir gündem oluşur. Yakın dönemde, istila ve kamu güvenliğine tehdit konuları etrafında oluşan bu mobilitasyonun son örnekleri, 2011 yılında "Arap devrimi" sonrasında Tunus' dan yaklaşık 20.000 yabancının gelişiyle (Colombo, 2012) ve 2014 yılında deniz yoluyla özellikle Suriye'den gelen yabancılarla görülmüştür[14]. Yabancılara/ göçmenlere karşı olma duygusunun yoğunluğu ve özellikleri bir takım faktörlere bağlıdır (Morawska, 2005). Ülkeye göç alımının hızlılığı, göçmenlerin sayıları, halk tarafından göçmenlerin varlığının tanınması ve kültürel benzerlik, ülkesinden göç eden vatandaşlar konusunda uzun bir geçmişi olan İtalya gibi ülkelerde göç alımı bir yenilik teşkil etmiştir. İtalya'da sağcı ve yabancı düşmanı partiler gibi çok çeşitli bir yapımevcuttur. İtalya'da bu rolü, 1990'lı yılların başından itibaren özellikle Lega Nord (Kuzey Birlik) partisi üstlenmiştir. Son olarak, eğer göçmenlere duyulan düşmanlıklar, ten rengi gibi fiziksel ve kültürel farklılıklara her bir ülkenin tarihi ve kültürüne bağlıysa (Morawska, 2005), İtalya'da göçmen karşıtlığı söz konusu olduğunda ırkçı hakaretlerin olması, İtalyan toplumunun devam eden bir (postcolonial hayalinin içinde hala olduğunu göstermektedir[15].

Sosyo-ekonomik bütünleşme

Göçün ikinci boyutu, sosyo-ekonomik olan boyuttur. Bu boyutun ilk ve temel öğesi de ekonomi ile ilgili olan göçmenlerin iş piyasasına dahil edilme şekilleridir.

Göçmenlerin İtalya'da toplumla bütünleşmelerindeki başlıca araç iş piyasasıdır. Genel bir bakış açısıyla değerlendirildiğinde, İtalya'daki göçmenlerin diğer Avrupa ülkelerindeki göçmenlerden daha genç, daha eğitimsiz olduğu; ancak çalışan sayısının, işi olan yerli halktan daha kalabalık olduğu görülmektedir. Göçmen işçilerin dağılımına bakıldığında iş hiyerarşisinin en düşük seviyelerinde oldukları görülmektedir (Zanfrini, 2013). Diğer bir deyişle yabancıların, daha az gelir getiren işlerde yoğunlaştığı ama aynı zamanda işlerini kaybetme risklerinin de daha yüksek olduğu; yaptıkları işlerle vasıfsız işçi grubuna girdiği görülmektedir (Saraceno, Sartor ve Sciortino, 2013). Nitekim 3D – kirli, tehlikeli, hizmet

---

[14] 2014 yilinda cogu Suriye vatandaslari olan Ak Deniz yoluyla yaklasik 140.000 kayitsiz gocmen Italya'ya girmis. Onlardan sadece 70.000 multeci statusu icin basvuru yapptilar. Geri kalan Kuzey Avrupa ulkelerine yoneldielir. bkz. http://espresso.repubblica.it/inchieste.

[15] Bu konu hakkında ve daha genel anlamda İtalya'nın koloni sonrası gündemi ile ilgili olarak bkz. Dal Lago, 2002, Mellino, 2013, Lombardi-Diop ve Romeo, 2012.

(dirty, dangerous, demanding)- işlerinde çalışan yabancı işçilerin sayısı fazladır (Ambrosini, 2010).

Göçmenlerin iş piyasasına giriş şekilleri, neo-liberal dönemdeki sanayi sonrası ekonomilerin kombinasyonu ile İtalyan sistemi özellikleriyle belirlenmiştir. Eğitim seviyesinin yükseltilmesi, yeni nesil mesleklerindeki beklentilerin değişimi, halkın yaşlanması gibi unsurlar, göçmenleri, iş piyasasının belirli sektörlerinde değerlendirme konusunu gündeme getirmiştir. Bu sektörler arasında daha çok Kuzey-doğu İtalya'nın şehirlerindeki kayıt dışı ve oldukça tehlikeli iş gücünün ağırlıklı olduğu inşaat sektörü ve ülkenin coğrafi bölgelerine göre çok farklı çalışma şartları olan tarım sektörü gibi küçük ve orta ölçekli şirketler görülmektedirve bu sektörler daha stabil, süresiz kontratlı iş olanakları sunmaktadır. İtalyan kadınlarının iş piyasasına katılımını, özellikle kadınlar olmak üzere, göçmen işçilerin, çocuk bakımı, yaşlıların bakımı, temizlik gibi daha çok farklı ev işlerindeki mevcudiyetlerini görevlerin aileye devredilmesi kavramı üzerine kurulu İtalyan devletinin değişik özellikleri açıklamaktadır. İçinde hizmet sektörünün yaygın olduğu ekonominin post endüstriyel değişimi, özellikle Roma ve Milano gibi şehirlerde yiyecek-içecek, konaklama veulaşım sektörlerinde niteliksiz iş gücünün de artmasını beraberinde getirmiştir. Kuzey ve Güney bölgeleri arasında önemli değişiklikler olan İtalya'daki ekonomik sistem, göçmenlerin iş piyasasına girişlerindeki fırsatları ve giriş şekillerini de etkilemektedir. Özellikle Güney'de yaşayan göçmenler kuzey'dekinden farklı olarak, daha çok mevsimlik iş fırsatı sunan tarım sektöründe yoğunlaşmıştır. aynı zamanda inşaat sektörü ile her geçen gün büyüyen ölçüde ev işleri sektörü gibi alanlarda göçmenlere fırsatlar sunmaktadır (Ambrosini, 2010). Genel anlamda, ülkenin kuzeyinde yaşayan göçmenlerin daha istikrarlı, düzenli ve kontratı olan işlere sahip oldukları ifade edilebilirler. Sonuç olarak göçmenler nitelik gerektirmeyen işlere erişim konusunda çok fazla zorlukla karşılaşmazken, daha nitelik gerektiren işlerde çalışma konusunda çok büyük güçlüklerle karşı karşıya kaldıkları söylenebilir. 2009 yılında yapılan bir araştırmaya göre, orta-yüksek kategoride çalışan yabancı işçilerin sayısı sadece %10'dur. Kısacası İtalya'daki göçmen işçiler için sosyal hareketlilik (social mobility) olanakları oldukça azdır. Bu durumdan iki ayrı sonuç çıkmaktadır: birincisi, yabancı işçilerin, İtalyan işçilerden daha düşük maaşla çalışıyor olmalarıdır: 2008-2010 yılları arasında geçen üç yıllık dönemde, İtalyan işçilere nazaran, erkek göçmen işçilerin aylık ücretleri %20'den daha az, kadın işçilerin aylık ücretleri ise %32'den daha azdır (Saraceno, Sartor ve Sciortino, 2013). Çıkan ikinci sonuç ise, işyerinde kıdem düşürülmesidir: İtalya'daki göçmenlerin eğitim seviyeleri, diğer Avrupa ülkelerinde yaşayan göçmenlerin eğitim seviyelerinden daha düşük olsa da, becerileri ve vasıflarına göre çok daha düşük seviyelerdeki işlerde çalışanların sayısı oldukça fazladır (Zanfrini,

2013). Bu duruma, ev işlerinde çalışan erkek ve sayıları çok daha fazla olan kadın işçileri örnek gösterebiliriz. Son olarak, istatistiklerde ve değerlendirmelerde yer almayan kayıt dışı göçmenlerin durumuna bir göz atacak olursak, onların iş piyasasına dahil edilme özelliklerinin kırılgan olduğunu görüyoruz. Bu grubun belirsizliği, kayıtlı olan göçmenlere nazaran daha düşük maaş almaları ve daha çok sayıda işsiz göçmen barındırmasıdır (Cingano, Giorgi ve Rosolia, 2013).

Göçün sosyo-ekonomik boyutu sadece iş ve gelirle sınırlı kalmamakta, başka diğer önemli öğeleri de kapsamaktadır.

Ev ve ikamet politikası

2001 yılında gerçekleştirilen bir araştırmada, göçmen işçilerin üçte birinin işverenlerinin yanında kaldıkları ya da diğer göçmenlerle bir daireyi paylaştıkları görülmektedir. Bir diğer ifade ile on işçiden biri ya belirsiz, daimi olmayan ya da izinsiz bir şekilde bir yerde konaklamaktadır. On yıl sonra gerçekleştirilen başka bir araştırmada ise konuyla ilgili ciddi bir iyileşme olduğu gözlemlenmiştir. Bu araştırmada göçmenlerin konaklamasında marjinallik konusunda %50 oranında bir düşüş görülmüştür. Ayrıca ev satın alan göçmenlerin oranı da %23 olarak saptanmıştır (Daminato ve Kulic, 2013). Konaklama şartlarındakianlamlıiyileşmelere rağmen bazı önemli farklılıkların varlığı devam etmiştir. İtalyan halkı ile karşılaştırıldığında göçmen ailelerin kiralık evlerde yaşadığı, daha yüksek kiralar ödediği, daha kalabalık şekilde yaşadığı ve daha kötü koşuldaki ev ve mahallelerde yaşadıkları görülmektedir.

Sağlık

İtalyan yasalarına bakıldığında, kayıt dışı göçmenlere temel tedavi hakkı tanınmaktadır. İtalya özellikle göçmenlere hamilelik, annelik ve reşit olmayan çocukların sağlığı için gerekli tedavilerden yararlanma fırsatı tanıyan az sayıdaki ülkeden biridir. Ancak uygulama konusuna gelince, sağlık hizmetlerinden faydalanma konusunda göçmenlerin önüne dil, bürokratik zorlukları ve ulusal kanunların uygulanmasında coğrafi eşitsizlikler gibi çok sayıda engel de çıkmaktadır. Ayrıca, göçmenlerin geldikleri ülkelerle ilgili farklılıklar olmasının yanında büyük bir kısmının 3D -kirli tehlikeli fe hizmet- gibi işlerde çalışıyor olmaları, İtalyan halkına oranla, sağlık durumlarında daha fazla olumsuz yönlerle karşılaşmalarına sebep olmaktadır.

Eğitim

Göçmen çocuklarının İtalyan okullarındaki sayısı özellikle son yıllarda bir artış göstermektedir. 1985 yılında 6.000 olan göçmen öğrenci sayısı, 2007 yılında 500.000'e, 2012 yılında ise 755.939'a yükselmiştir (Azzolini, Cvajner ve Santero, 2013). Bu sayılar, göçmenlerin kısa bir zamanda İtalyan toplumunun istikrarlı ve yapısal bir öğesi haline geldiğini gözler önüne sermektedir. Göçmen çocuklarının İtalyan eğitim sisteminin seviyeleri arasında dağılımlarının sayısal açıdan oldukça homojen olduğu ve lise eğitimine gelindiğinde ise, göçmen çocuklarının daha çok meslek liselerinde yoğunlaştığı görülmektedir. Göçmen çocuklarının okul kariyerlerinde yaşadıkları sorunları üç ayrı başlık altında özetleyebiliriz: okula diğer öğrencilerden daha geç gelirler, ders notları daha düşüktür ve daha önce de görüldüğü gibi, daha çok meslek okullarında yoğunlaşırlar. Göçmen çocuklarının okul yaşamlarında karşılaştıkları bu sorunlar, diğer ülkelerde de görülmektedir. Bu açıklamanın ardından daha detaylı bir inceleme yapacak olursak, diğer ülkelere nazaran ilginç farklılıklar ortaya çıkmaktadır. Öncelikle, İtalya'da doğan göçmen çocuklarının (ikinci nesiller) okul başarıları, sonradan ülkeye gelenlerinkinden daha iyidir. Ayrıca göçmen çocuklarının sosyal sınıfları ve anne-babanın 3D işlerde çalışıyor olmaları, toplum içinde bir zayıflığı da beraberinde getirmektedir. Göçmenlerin menşei de sık sık bir farklılık unsuru oluşturmaktadır: örneğin, Çin'li göçmenlerin çocuklarının eğitime katılımları, İtalyanların katılımından daha fazlayken, Kuzey Afrikalı göçmenlerin çocuklarının katılımının daha az olduğu görülmektedir.

Entegrasyon aktörleri ve mekânları

Entegrasyon sürecinde büyük rol oynayan, siyasi-hukuki ve sosyo-ekonomik iki öğeye, Hammar'ın (1990) tanımladığı entegrasyon politikaları (*immigrants policies*) gibi üçüncü bir öğe daha eklenebilir. Bu politikalar, göçmenlerin yasaların tanıdığı sosyal haklardan faydalanma ve çeşitli sosyal yaşam ortamlarına girme fırsatı tanır. Bunlar, dil kurslarına gitme, devlet bürokrasisi ile ilişkilerde (özellikle de okullarda ve hastanelerde) danışmanlık ve tercümanlık hizmetleri alma ve profesyonel formasyon kurslarına katılma gibi faaliyetlerdir. İtalya'da, göçmenlerin kendi ülkelerini bırakıp gelmesi ve değişmeyen karakteristik yapısı, kamu politikasının ve toplumun entegrasyon politikası üzerinde iki ayrı etki yaratmıştır. Bunlardan ilki, bu politikaların özellikle de yerel seviyede, sivil toplumun öncülük ettiği spontane özellikte olmasıdır. İkincisi ise, yerel idari ofisler, ilçeler ve çeşitli devlet dairelerine ait yan yapıların birinci etkinin ve İtalyan siyasi-idari yapısının bir sonucu olarak oynadığı önemli roldür. Sonuç olarak, İtalya'da göçmen entegrasyonunun "alttan bir süreç" olarak gerçekleştirildiği söylenebilir. Yerel yönetimlerin önemli rol oynamasının bir sonucu da, göçmenlerin haklarını etkin bir şekilde kullanmaları konusunda, farklı yerlerde, büyük ölçüde farklılıkların olmasıdır. Zincone hakların yerel olma özelliğinin, İtalya'da entegrasyon modelinin başlıca özelliklerinden biri olduğunu savunmaktadır (2009). Birçok araştırma sonucunda (Caponio, 2002, 2004; Campomori, 2005) yerel olarak oluşturulan toplumla bütünleştirme politikaları arasındaki farklılıkların, bir grup faktörün birleşiminden ortaya çıktığı ortaya konulmaktadır. Bunlar arasında ilk olarak yerel yönetimin politik tercihi gelmektedir. Solcu partiler tarafından yönetilen ilçelerde göçmenlerin haklarından yararlanmaları daha kolay olmaktadır. Ancak yerel yönetimlerin politik seçimleri belirleyici tek faktör değildir. Diğer faktörler de büyük rol oynamaktadırlar: yerel siyasi kültür özellikleri, yerel bürokrasinin etkinliği, işbirliğinde ya da ilçeler tarafından gerçekleştirilen girişimlere göre belirleyici olan gönüllü kuruluşların özellikleri olarak sıralanabilir. Dayanışma dernekleri ve gönüllü kuruluşlar, entegrasyon politikalarının diğer aktörleridir. Analitik bakış açısıyla Douglas (1987) dayanışma derneklerini üç kategoriye ayırmaktadır: sadece gönüllülerin yer aldığı, giyecek, eşya, yiyecek, dil kursları organizasyonu gibi temel ihtiyaçları karşılayan hayırsever dernekler (kiliseler, dini dernekler, laik dernekler); siyasi açıdan çok önemli bir rol oynayan ve göçmenlerin haklarını aramalarında yardımcı olan dernekler. Bu derneklerin görevleri arasında, siyasi mobilitasyon aracılığıyla, yeni yasaların çıkarılmasına önayak olmak ya da yürürlükte olanlara itiraz etmek, ırkçılık karşıtı kampanyalar ya da kültürler arası etkinlikler düzenlemek yer alır. İtalya'da bu derneklerin gerçekleştirdikleri girişimlerin toplumla bütünleştirme ve daha genel anlamda göç politikaları üzerinde çok önemli etkileri olmuştur[16]. Üçüncü kategoride, insan kaçakçılığı mağdurları, on sekiz yaşından küçükler ve şiddet gören kadınların misafir edildiği merkezler ya da hukuki danışmanlık ve bürokratik danışmanlık ofisi hizmeti veren ve genellikle kooperatif özelliği olan girişimci dernekler olarak karşımıza çıkmaktadır. İtalya'daki göçmen derneklerinin resmiyetten oldukça uzak olduklarını görmekteyiz. Resmi olmayan etnik internet ağları ise, kalacak bir yer ve hatta iş bulma gibi pratik sorunların çözümünde daha etkin bir rol oynamaktadırlar. Son olarak da sendikaların rolü gelmektedir. İş piyasasında bir rakip olarak görülen göçmenlere karşı genellikle düşmanca bir tavır takınan birçok Avrupa ülkesinden farklı olarak İtalya'da sendikalar toplumla bütünleşmeyi sağlamak için dil kursları organizasyonundan, bürokratik danışma hizmetlerinden, iş yerindeki anlaşmazlıklarda hukuk yardımlarına kadar (örneğin Marchetti

---

[16] Kayıtsız göçmenlere devlet sağlık ve eğitim hizmetleri verilmesini, kaçak göçmenin suçlu duruma düşmesine karşı gelinmesini sağlayan ya da sınırdışı edilecek göçmenlerin alıkonulduğu merkezlerdeki göçmenlerin içinde bulundukları şartların iyileştirilmesi için çabalayan mobilitasyonları düşününüz. Bu liste daha başka mobilitasyonlarla da devam edebilir.

tarafından incelenen ev hizmetlerinde çalışan kadınların durumları gibi) (2009) birçok aktif rolü üstlenmekten kaçınmamışlardır.

Entegrasyon politikalarında belirleyici rol oynayan araçlara örnek olarak öncelikle dil kursları gösterilebilir. Milli Eğitim Bakanlığı, yetişkin göçmenler için her yıl yaklaşık 100.000 kişinin katıldığı 500 eğitim merkezi oluşturmuştur (Stuppini, 2013). Bu girişimin yanı sıra, gönüllü kuruluşlar ve sendikalar tarafından organize edilen dil kursları da çok etkili olmaktadır. Kültürler arası profesyonel aracılık figürü[17] -*mediatore culturale*- göçmenler ile kurumlar arasındaki etkileşimi etkin kılma konusunda genellikle belirleyici olmaktadır. Bunların çoğunluğu kadındır ve bu kişiler, devlet dairelerinde, okullarda ve hastanelerde kültür ve dille ilgili çevirileri yapan gruplarda görevlidirler. Yine okullarda, göçmen çocuklarının sadece tek bir okulda yoğunlaşmaması için öğretmenlere verilen formasyon kursları ve stratejilerle ilgili eğitim, toplumla bütünleştirme politikasının örneklerinden bir diğeridir. Göçmen işçiler için organize edilen profesyonel formasyon kursları ise, daha yakın bir zamanda hayata geçirilmiştir (Stuppini, 2013). Göçmenler arasında işsizlik oranı, İtalyan vatandaşları arasında olandan daha düşük olsa da, göçmen işçiler, belki gelenekselden farklı bir iş bulma ihtiyacıyla, belki de sosyal mobilitasyon kanalları arayışı içinde oldukları için, profesyonel formasyon konusunda son zamanda daha ilgilidirler.

Sonsöz

İtalya'daki dört milyon yabancıya yüz binlerce kayıt dışı kişi eklendikten ve ilk dönemsel göçlerin üzerinden yaklaşık kırk yıl geçtikten sonra İtalyan toplumunun önemli bir bölümünün yabancılardan oluştuğu görülmektedir. Yabancı ya da yabancı menşei olan kişiler sık sık televizyon programlarında, spor dünyasında ve üniversite sınıflarında karşımıza çıkmaktadırlar. İtalya'da kıyılan on nikâhtan birinde, eşlerden birinin yabancı olduğunu görülmektedir. Istat'ın (İstatistik Enstitüsü) bir araştırmasına göre, on İtalyan'dan sekizi yabancılarla bir şekilde şahsi ilişkiler içindedir (Saraceno, Sartor ve Sciortino, 2013). İtalya'da göçmenler çoğunlukla çok uzun yıllardan beri yaşamaktadırlar. Göçmenler, aileleri, eşleri ve İtalyan okullarında okuyan öğrencilerin %10'unu oluşturan çocukları ile birliktedir. Çizdiğimiz bu tablodan, göçmenlerin artık İtalya'da geçici olmadığı, İtalyan toplumunun bir bölümünü oluşturduğu görülmektedir. İtalya'da uzun bir süre, sirküler göç kavramı üzerinde durularak, göçe, "insan değil, iş gücü geliyor" mantığıyla, işçi perspektifiyle bakılmıştır. Bu aşamada, iş piyasası, yerel kurumlar ve dernekler, göçmenleri toplumla bütünleştirme konusunda üzerine en çok sorumluluk düşen aktörlerin başında gelmektedir. 90'lı yılların sonuna doğru, merkez sol parti otoriteleri, İtalyan topluma kazandırma modelinin

---

[17] Bu görevin artık üniversite düzeyinde formasyonu mevcuttur.

özelliklerini ve bunun için gerekli araçları, özellikle de yasamayla ilgili olanları belirlemeye ve daha sistematik, spontane olmayan bir şekilde uygulamaya koymaya çalışmışlardır. Ancak güvenlik endişeleriyle, merkez sağ hükümetleri zamanla bu uygulamalara bazı kısıtlamalar getirmişlerdir.

Göçmenlerin göç ettikleri ülkelerde topluma dahil edilme ve entegrasyon şekilleri konusu hakkında, geleneksel olarak üç ideal çeşidin yer aldığını görüyoruz. Bunlardan biri, işçi göçmenin geçici bir misafir olarak görüldüğü ve bir süre sonra ülkeden ayrılması beklenen, Almanya ve Avusturya gibi ülkelerde karşımıza çıkan geçici göç modelidir. Fransa'da görülen, belirgin bir kültürel kabul aracılığıyla bireylerin toplumla bütünleşmesini öngören asimilasyon modeli de bir diğeridir. Üçüncü bir model ise, göçmenlerin, kendi kültürel özelliklerini kaybetmeden, İngiltere, İsviçre ve Hollanda'da olduğu gibi, içinde yaşadıkları toplumun her ortamına katıldıkları, çok kültürlü modeldir[18] (Ambrosini, 2005). Son yıllarda, Avrupa ülkeleri, toplumla "bütünleşme anlaşmaları" aracılığıyla, yabancıların göç ettikleri ülkelerin dilini öğrenmelerini ve siyaset konusunda sadık davranmalarını öngören neo-asimilasyon uygulamalarına yakınlık göstermektedirler (Zincone, 2009). İtalyan modeli ise, bu saydığımız üç modelden de farklıdır. İtalyan modeli, güçlü bir teorik model oluşturmak yerine, sorunlar ortaya çıktıktan sonra onları çözümlemeye çalışan "bilinçsiz" bir toplumla bütünleştirme politikası yürütmektedir. 90'lı yılların sonlarına kadar bu model, göçmen işçilerin geçici misafirler olarak görüldüğü modele daha yakın bir özellik taşımaktadır. Devlet kuruluşlarının bir göçmen politikası olmadığı için, göçmenlerin gelişlerinden sonra ortaya çıkan sorunların çözümü de, yerel girişimlere, iş piyasası mekanizmalarına ve gönüllü kuruluşlara bırakılmıştır. İlk kez 1998 yılında, Turco-Napolitano olarak bilinen yasa, toplumla bütünleştirme modelinin özelliklerini tam anlamıyla belirlemeye çalışmıştır. İtalya'nın, asimilasyon ve çok kültürlülük modellerinden uzaklaşarak kendi kendisine oluşturduğu bir modelden söz edilebilir. Ancak 2000'li yıllarda, toplumla bütünleştirme konusuna karşı, diğer Avrupa ülkelerinde yaşananların takip edildiği bir yaklaşım benimsenmiştir. İtalya'da eğilim, "büyük takas" eğilimidir (Hollifield, 1998). Bir yandan yeni göçmenlerin ülkeye girişi daha zor, sınırdışı edilme prosedürleri ise daha hızlı kılınırken, diğer yandan da ülkede yaşayan göçmenlerin toplumla bütünleştirilmesi için daha fazla çaba harcanmaktadır. Sonuç olarak, toplumla bütünleştirme konusunda daha sistematik politikaların geliştirilmesine katkıda bulunan Avrupa Birliği, İtalya'da da, yasama ve finans açısından önemli bir aktör olmuştur (Caponio, 2013; Morawska, 2005). Bütün bu değişikliklere rağmen, bir yandan merkez-

---

[18] Bu analitik ayrım, her bir ülke tarafından gerçekleştirilen uygulamalara bakıldığında, daha kırılgan ve daha çeşitli bir özelliğe sahiptir.

sağ hükümetlerinin çoğunluğu, bir yandan da göçü hâlâ bir acil durum olarak görmeye eğilim, İtalya'da, toplumla bütünleştirme politikalarının "bilinçsizce yapılma" özelliğini korumasına ve yükün önemli bir kısmının yerel yönetimin ve gönüllü kuruluşların omuzlarına bırakmasına sebep olmaktadır. Bu kuruluşlar, ulusal toplumla bütünleştirme politikalarının eksiklerini gidermede ve direnişlerini kırmada her zaman başarılı olamamaktadırlar. Ayrıca, kırk yıllık bir göçmen tarihinden sonra, misafir eden toplumdaki bireylerin ülkelerindeki yabancı ve göçmen mevcudiyetinin kaçınılmaz olduğunu ve bundan fayda sağlayabileceklerini anlamalarına yardımcı olacak toplumla bütünleştirme politikaları geliştirmenin artık zamanı gelmiş gibi görünmektedir (Stuppini, 2013).

Bölüm 9: Türkiye'de Göçün Farklı Tipleri ve Yönetim Stratejileri

Zerrin Toprak Karaman

Göç hareketleri ve göçmenler konusu, kamu yönetimlerinin her zaman önemsediği bir hareketli zemin olup, biyopolitika stratejilerinin merkezinde insanlık tarihi boyunca yer almıştır. Günümüzde global etkiler (doğa, ekonomik faaliyetler, iletişim ağları) ve göç hareketleri bağlantıları, "bekle gör" tipi bir tercihi, "başarısız yönetim algısı yarattığı için" gündem dışı bırakmaktadır. Büyük yerleşim alanlarını oluşturan kentlere, her tipten göçle yeni gelişlerin, yaşam kalitesini olumsuz yönde etkilememesi ve hayatı daha çok pozitif yönde aktif hale getirmesi yönetsel ve politik analizler bağlamında beklenmektedir. Bu beklentide, göçle kazanılan nüfusun taşıdığı özelliklerin "insan sermayesi" olarak sosyal, teknik ve ekonomik boyutlarda geniş bir yapısal ilişkiler ağı ile kesişerek, toplumsal sermayeye dönüşmesinden yararlanma felsefesi önem taşımaktadır. Bu felsefenin temel dayanağı kişiyi kendi haline bırakmayarak, kültürel, sosyo-ekonomik aktivitelerin içine almak ve bu toplumsal ilişkiler ağlarını desteklemektir. Başka bir ifadeyle sürdürülebilir kalkınmada bireyler, gruplar, firmalar, meslek kuruluşları ve diğer aktörler arasındaki ilişkiler ağı üzerinde göç hareketlerinin sürekli ve dinamik özelliği nedeniyle giderek daha fazla durulmaktadır.

Toplumsal-kurumsal iletişim ağlarına katılım ve toplumsal ilişkilere dâhil olma, özellikle de yerelde katılım fırsatlarının yakalanması için bir ön koşul niteliğindedir. Katılımın özelliği ve tercihi, aidiyet duygusu ile sahiplenme yaratması ve siyasi yabancılaşmadan uzaklaştırması etkisi ile daha az sorunlu "yönetsel" bir alan yaratmasındandır. Bu sinerjiyi yakalamada yerel yönetimler mekândaki etkili birimlerdir. Yerel yönetimlerin geliştirilmesinde kamusal, özel ve sivil aktörlerin bütünleştirilmiş işbirliğine açılmış kapasiteleri ile girişimci özelliklerinin kent ve bölge için kullanılması da, kalkınma hedefleri için geliştirilmiş yeni göstergelerdir. Bu konu, aynı zamanda demokrasinin köklerinin sağlamlaştırılması, içsel-leştirilmesi ve kurumsallaşma ile ilgilidir. Sorun, kamu yönetiminin göç tiplerini yönetebilmesinin ancak bu anlatımı realize edebileceğidir.

Aşağıda bu konu, yazarın araştırmalarına konu olan, her bir göç tipine göre ayrı ayrı incelenmekte ve bu araştırmalarda özellikle önemseyerek çalıştığı, "kamusal hayatta görünürlük" çerçevesindeki konularda elde edilmiş sonuçlara dayanarak çıkarsamalarda bulunulmaktadır.

Kent ve göç bağlantılı kavramlar, tanımlar

Kent tanımları

"Kent ve Göç", her zaman birlikte değerlendirilen iki stratejik sözcüktür. Hatta göç içeriğini oluşturan "nüfus" ölçütü, kent ve kentleşme tanımlamalarının olmazsa olmaz unsurudur. Kent tanımı üzerine idari, sosyal, ekonomik vb çeşitli kriterlerle birlikte geniş bir düşünsel çaba olsa da, ayni ilgi "göç tanımları için" en azından idari anlamda söylenemez. Çeşitli yasal düzenlemelerde, göç tipinden genelde bahsedilmekle birlikte unsurları itibariyle tanımlan-mamaktadır. Gerçekten de bu konunun tespiti Türkiye'nin ilgili mevzuat düzenlemeleri dikkate alındığında ilginç olabilir. Neticede göç tipine göre değişebilecek bir tespit üzerinden haklar ve sorumluluklar veya yasaklar yaratılacaktır. Başka bir ifadeyle idari düzenlemenin konusu oluşturulacaktır.

Kent tanımlamalarının önemi, insanlık tarihi boyunca önemsenen unsurlar kadar beşeri gelişmeleri de yansıtmasıdır. Kenti, kentler tarihi içinde tanımlamak gelişimleri göstermek açısından önemlidir. Artık küresel ilişkiler ağında ve ülkelerin demokratikleşmeye bağlı olarak, geliştirdikleri hukuki düzenlemelerin yabancı göçmenler için getirdiği çok yönlü kolaylaştırıcılıklar, bir "yabancının" göçle gelerek yerleştiği ülkede, yerel halkının arasına karışabilmesi için soy-sop bağlılığını zorunlu şart olmaktan çıkarmıştır.

Göçle gelen kişilerin kamusal alanda görünürlüklerini sağlayan haklar, insan hakları bağlantılı geliştirilmektedir. Kentlere yönelik kavram değişiminin başlangıcını toplumlarında çok eski tarihlere kadar götürmek mümkündür. Nitekim Aristo (M.Ö.384–322) kenti, insanların daha iyi bir hayat yaşamak için toplandıkları yerler olarak tanımlamıştır (Özdeş, 1962:6). Zaman içinde sosyo-ekonomik gelişmelerle birlikte kent tanımlamaları da geliştirilmiştir (Ertürk, 1997:35–89). Adam Smith (1723–1790), kentlerin özellikle zanaat fonksiyonları üzerinde durmuştur. Max Weber (1864-1920), kenti daha geniş bir yorumla tanımlamıştır. Weber'e göre gerçek bir kent topluluğunun ortaya çıkabilmesi, "ticari münasebetlerin ön plana geçmesiyle birlikte, bir bütün olarak cemiyetin tahkim edilmiş bir yer, bir kale, bir pazar yeri, bir dereceye kadar olsun otonom hukuk düzeni, belli bir birlik, konfederasyon şekli, bir dereceye kadar bağımsız olma özelliğine sahip olması" ile gerçekleşebilecektir (Yörükan, 1968:16, 41). Daha sonraları kentlerin endüstri ve ticaret veya tüketim merkezi olma fonksiyonları önem kazanmıştır. Aslında İbn-i Haldun (1332–1406), yerleşimlerin uygarlaşma doğrultusunda kentleşme sürecini belirleyen en önemli etkeni gördüğü kentlerin endüstri merkezi olma fonksiyonuna çok önceden işaret etmiştir (Ugan, 1968: 295–296). Friedmann için ise, kentlerin tanımı açısından asıl önemli konu kentlerin "yenilikçi merkezler" olmasıdır (Friedmann, 1972: 82–90).

Batı toplumlarında artık, yukarıda da değinildiği gibi yaşam biçimi ve hukuki düzenlemeler arasındaki fark çok azaldığı için, kent kavramının tanımından çok, kentsel yaşam içinde fonksiyonların ağırlığı üzerinde durulmaktadır. Kentler, meslek (zanaat) faaliyetleri ile bütünleşerek birlikte gelişmişlerdir (Rörig, 1946: 36). Bu fonksiyonların zaman içinde değişimine göre de, kent yerleşim alanlarının değişmesi ve bu değişmeden ortaya çıkan sorunlar ağırlık kazanmaktadır. Örneğin Colby'ye göre dinamik güçler kent arazilerindeki toprağın kullanım şeklini ve biçimini sürekli değiştirmektedir (Candless, 1970: 43–44). Bu gelişmelere göre kent kavramı tamamen fonksiyonel bir içerik kazanmıştır (Blumenfeld, 1967: 61–64), ve günümüzde "kentte yaşadığını hissetmek" gibi bir algı tanımlamalarda giderek daha anlamlı hale gelmiştir.

Kırsal yerleşimler de idarenin takdir yetkisine göre göç ile gelenlerin yerleştiği hatta yerleştirildiği özellikli alanlar olabilir. Yine kentsel alanların çevrelerindeki kırsal yerleşimlerin kent içine idari olarak alınması da mümkündür. Bu nedenle mekânın kullanımı ve öne çıkan fonksiyonlarına dikkat etmek daha stratejik öneme sahiptir.

İdare Türkiye'de olduğu gibi, belediye hizmetleri yönüyle etkinliğe dayalı 2.000, 5.000 gibi nüfusa dayalı ölçütler geliştirebilir. Ancak literatürde kent, nadiren birlikte yaşayan insan topluluklarının sayısal çoğunluğuyla tanımlanmaktadır. Kentin sosyolojik tanımıyla ilgili sorulabilecek soru, kenti kent yapan değerlerin ya da verilerin ne olduğudur. Nüfus birikimi kenti tek başına açıklayamamaktadır. Bu nedenle sosyo-kültürel yapı, ekonomik ilişkiler, idari yapı gibi faktörler tanımlamalara eklenmektedir.

1982 Anayasası'na göre "Yerleşme ve Seyahat Hürriyeti"ni düzenleyen md.23 gereğince "...Yerleşme hürriyeti, suç işlenmesini önlemek, sosyal ve ekonomik gelişmeyi sağlamak, sağlıklı ve düzenli kentleşmeyi gerçekleştirmek ve kamu mallarını korumak... amaçlarıyla kanunla sınırlanabilir". Cumhuriyet Türkiye'sinde bugüne kadar hiç uygulanmamış olsa da, uygulamada yerleşme ve seyahat hürriyetinin sınırlandırılabilmesi, çok geniş bir idarenin takdir yetkisi yelpazesi içinde mümkündür.

Göç tanımları

Göç, birey ve grupların çeşitli nedenlerle yaşadıkları yerleri terk etmeye mecbur olmalarından kaynaklanan nüfus hareketliliğidir. Ana yurt olarak tanımladığı alanlardan uzaklaşarak yeni yurdum diyebildiği yerlere göç etme şansı elde edenler (Karaman Toprak, 2012a: 27-40) yanında, araştırmalarda ister roman ister şiir dili ile yaşanan duygular ifade edilsin, anılarda daha çok kalbi kırıklar anlatılmakta ya da yer almaktadır.

Kişinin soy sop bağlarının etkisi olsun olmasın, bulunduğu yeri terk ederek, yurt içinde kıra veya kente yönelik farklı kombinasyonlardaki hareketlilik ile yurt içinden yurt dışına veya yurt dışından, yurt içine değişen uzaklıklardan itici veya çekici güçler etkisiyle gelişler (Massey vd. 2014), çeşitli iç göç veya dış göç tipleri oluşurken; ekonomik, sosyal, kültürel, siyasi, idari ve iklime bağlı boyutlar ile ölümcül tehdit altında olma veya göreli olarak daha sağlıklı ve dengeli bir yerleşimde yaşama, uygun çok yönlü fırsatlar yakalayabilme şansını ve isteğini "seyahat özgürlüğü hakkı" içinde kullanabilme vb değişkenler göç tiplerini farklılaştırarak, cinsiyet ile biyolojik yaş (genç, yaşlı gibi) ve kişinin çalışma hayatındaki yeri gibi konular da eklendiğinde, göçlerin tanımlanmasını belirginleş-tirmektedir.

Bu genel başlıklar, daha alt başlıklarla da anlamsal derinleştirmeye tabi tutulabilir. Örneğin kültür kelimesi, en geniş ilişkiler ağına ve çok yönlü anlamlandırmaya sahip olan önemli bir değişken durumundadır. Bu ve benzeri insanlık tarihinden gelen tanımsal konum zenginlikleri, yan yana gelişlerine ve gelme sayısına göre farklı tanımlar ve algılar yaratırken, bir tanım içinde kalmayı zorlaştırmaktadır. Oysa bu tanımların her biri üzerinde belirlenmiş göstergeler yardımıyla çalışma yerine, Türkiye'de idari tercihlerin göç hareketlerini genel bir çerçeveye iterek duruma göre bir uygulama alanı yarattığı görülmektedir. Türk soylu göçmenler için idarece geliştirilmiş kolaylaştırıcı öncelikler olsa da, genel yaklaşımlı (genelleştirilmiş) yasal düzenlemeler genelde yabancı gruplar için sürekli bir sorun alanı yaratmaktadır.

Günümüzde yerleşiklere, "güvenli yerleşimler" sağlanması konusu, tarihsel süreç içinde edinilmiş bilgiler ile desteklenen kentsel haklar listesinde yerleştiği birinci sıradaki yerini, küresel ilişkiler ağında neredeyse sabitlemektedir. Oysa sağlıklı kent yönetimine ilişkin temel felsefi duruş " kent güvenliği konusunun" sorun alanı olarak "ilk akla gelen" olmamasını sağlamaktır (Toprak, 2008a 2-7, 32, 194, 195, 245, 311). Aşağıda çeşitli kanunlarda yer alan göç ile bağlantılı tanımlar yer almaktadır.

- 2013 tarihli ve 6458 Sayılı Yabancılar ve Uluslararası Koruma Kanunu; Kanunda göç tanımına ilk defa doğrudan yer verilmiştir. Tanımlamaya göre göç; ".Yabancıların, yasal yollarla Türkiye'ye girişini, Türkiye'de kalışını ve Türkiye'den çıkışını ifade eden düzenli göç ile yabancıların yasa dışı yollarla Türkiye'ye girişini, Türkiye'de kalışını, Türkiye'den çıkışını ve Türkiye'de izinsiz çalışmasını ifade eden düzensiz göçü ve uluslararası korumayı, ifade etmektedir." (6458 sk, md.3/ı). Aslında bu düzenlemede yer alan göç tanımının anahtar sözcükleri: yabancı, yasal yolla Türkiye'ye girme, yasa dışı yollarla giriş, kalış, çıkış ve izinsiz çalışma, gibi dış göç tanımı içinde yer alabilecek nüfus hareketliliğini tanımlamaktadır. Bu nedenle, bu düzenlemede "göç" yerine aslında "dış göç" denilmesi daha uygundur.

<u>- 2006 tarihli ve 5543 sayılı İskan Kanunu;</u> İskan Kanununda, "dış göç" olarak tanımlanabilecek ve geliş istikameti Türkiye olan, başka bir ifadeyle Türkiye'ye yerleşmek amacıyla göç edenlerin statüsünü belirlemiştir. "Göçmen ve Serbest Göçmen" tanımlanırken, aşağıda da yer alan içeriğinden de görüleceği gibi, "Türk Soyu ve Türk Kültürü", olmazsa olmaz unsur olarak belirlenmiştir.

-Göçmen: Türk soyundan ve Türk kültürüne bağlı olup, yerleşmek amacıyla tek başına veya toplu halde Türkiye'ye gelip bu Kanun gereğince kabul olunanlardır (5543, md. 3/d).

-Serbest göçmen: Türk soyundan ve Türk kültürüne bağlı olup, yerleşmek amacıyla tek başına veya toplu halde Türkiye'ye gelip, Devlet eliyle iskân edilmelerini istememek şartıyla yurda kabul edilenlerdir (5543, md.3/e).

1982 Anayasa hükümleri dâhil bu 3 temel düzenleme dışında, "dış veya iç göç" tanımına doğrudan veya dolaylı yer veren bir hukuki tanımlama bulunmamaktadır. Türkiye'ye altı aydan kısa süreli turistik gelişlerden ayrılan, daha uzun sürelerde eğitim ve iş hayatında yer almak amacıyla gelenlere yönelik genel bir idari tanımlama son yıllarda geliştirilmiştir. Yerleşiklik altı aylık bir süreyi aştığında, aşağıda açıklandığı gibi, "yerleşik yabancı" tanımlaması içinde yabancılar değerlendirilmektedir.

Yerleşik Yabancı Kavramı, konuşma dilinde giderek artan oranda kullanılmaya başlamakla birlikte, yürürlükteki mevzuatta, bu yönde bir tanımlama bulunmamaktadır. Ancak, "Yerleşik Yabancı" tanım-lamasının İçişleri Bakanlığı'nın yabancılar ile ilgili uygulamalarında yerleşikliğin altı aydan fazla olması halinde; yeniden ikamet izni verilip verilmemesi, verilecekse sürelerinin ne kadar olacağı hususunda bir önemi de bulunmaktadır. Yerleşik Yabancı statüsünün tespiti, şahıs hakkında yapılan araştırma sonucunda ortaya çıkmaktadır.

Türkiye'ye gelerek çoğu kere kıyı yerleşimlerinde popüler tatil bölgelerine yerleşerek ülkemizde kalmak ve sürekli yerleşmek niyetiyle gelmiş olanlar, genelde gayrimenkul satın almış olanlar ile kiralık konutlarda oturanlar, Türkiye'yi kendi iradesi veya ailesine tabi olarak, şahsi hayatı için yakın ilişkiler kurduğu yer sayanlar, yine Türkiye'yi, ekonomik faaliyetleri, sosyal irtibatları ve yaşamak için hayatlarının merkezi haline getiren yabancılar "yerleşmiş sayılan yabancı" sayılarak, idari işlem yapılmak suretiyle, kendilerine daha uzun süreli ikamet izni verilmektedir (Karaman Toprak, 2008b:26).

Genel olarak değerlendirildiğinde, Türkiye'ye göçle gelişlerin sosyo-kültürel etkileri ile ekonomik hayata katkısı, kamusal alanda görünürlük gibi konulardaki gelişmeleri çok yönlü analiz eden araştırmalar sınırlı sayıdadır.

Buna karşılık, yurt içinde gerçekleşen özellikle kırdan kente olan göç hareketleri analizlerine ilişkin geniş bir literatür listesi oluşturulabilir.

Alan araştırmalarına konu olan göçlerin klasik tipi, kırsal alanlardan daha gelişmiş yerleşimler olan "kentlere" yönelen, kırların iticiliği ve kentlerin çekiciliği ile açıklanabilen nüfus hareketleridir. Dönemsel analizlerde bu hareketlilik, gecekondu olgusu ile iç içe geçen sorun alanı olarak tanımlanmıştır. Sonraki dönemlerdeki nüfus hareketleri bir kentten diğerine ve kent yerleşimlerinden göreli olarak gelişmiş özellikle kıyı alanlarındaki kır özelliği ağır basan kıyı yerleşimlerine yönelmiştir (Toprak, 1990). Aslında mevsimlik nüfus hareketleri nedeniyle kıyı belediyelerinde geçirilen yaz dönemi tatillerinde kazanılan komşuluklar ve mülk edinme, emeklilik sonrasında bir bakıma bu sahiplenilmiş kırsal alanlara sürekli geri dönüşe zemin hazırlamıştır. Ayrıca kıyı alanlarına yönelik iç ve dış turizm hareketleri, gelinen yerleşimlerde ekonomik canlılık yaratsa da, kentsel hizmetler planlanırken genelde daimi nüfus esas alındığı için, hizmetlerin nüfus artışına yetişememesi nedeniyle, hızlı nüfus artışı yerleşimlere çok yönlü yük bindirmektedir.

Göç tipleri ve yönetim stratejileri

Yurtiçi göçler ve etkilerine dayalı stratejik yaklaşımlar

Aşağıda yurtiçi göçlerinin farklı tipleri ve uygulanabilir stratejik yaklaşımlara yer verilmiştir.

Kırsal alanlardan kente nüfus hareketleri

Türkiye'de kırsal alandan kalkan iç göçü, sektörler arasındaki işgücü transferi şeklinde değil, tarım sektöründen kente gelen bir işgücü transferi şeklinde değerlendirmek gerekir. Kısaca sektörden sektöre değil, alandan alana niteliksiz işgücü taşıyan bir demografik süreç haline dönüşmüştür (Toprak, 2008a: 16-17). Bunun sonucu olarak da kente göçen kırsal işgücü her zaman belli bir uzlanıma sahip olmadığı için ya hizmet sektöründe tekrar gizli işsiz niteliği kazanmış; ya da marjinal sektör (informal) adıyla anılan seyyar satıcılık ve ayakkabı boyacılığı gibi faaliyetlerde kendine yer bulmuştur (Tekeli, 1977: 45-86). Kırdan kente iş bulmak amacıyla gelen niteliksiz işgücü, uzun yıllar kayıt dışı ekonominin kontrol altına alınamaması nedeniyle, her zaman ellerine, gelip geçene satmaları için verilecek, merdiven altı ürünü bulabilmişlerdir. İşportacılık olarak adlandırılan bu faaliyetleri yürütenler, kentlere ilk gelişlerinde marjinal sektörü oluşturmuş ise de, 2000'li yıllarda kayıt dışı ekonomik faaliyetlerin kayıt içine alınmasına yönelik idari çalışmalar etkisi ile örgütleşme süreçlerinin dışında kalamamış ve yasalara uygun satış koşulları yaratarak, esnaf odalarının çoğunlukla üyesi olabilmişlerdir. Mamafih kentlere göç hareketlerinin devamı bağlamında, işportacılık olgusu, yoğunluğu kentlere göre değişse de faaliyetlerini göz önünde sürdürebilmektedir.

Köyden kente gelen kişi, kentte kendisini sadece maddesel değil, aynı zamanda sosyolojik, psikolojik gibi etmenler yönüyle, köyde bulunduğundan daha iyi durumda görmektedir. Ayrıca, kentlere gelip yerleşenlerin köyleriyle ilişkileri tamamen de kopmuş değildir. Aile bağları, hasat ve ekim faaliyetleri çoğu zaman tek güvence olan toprağa bağlılık gibi maddi ve manevi nedenlerle köyle ilişkiler devam etmektedir. Bununla beraber, kentte oturma süresi ve gelir arttıkça köye ilgi azalmakta ve geri dönüş gündemden çıkmaktadır. Ancak gelinen yerlere olan bağlılık devam etmektedir. İletişim ağlarının güçlenmesi, aslında bulunulan kentle bütünleşme ve uyum hazırlığı fonksiyonuna sahip olması beklenen ancak siyasi güç elde etme gibi bir "Hemşeri Dernekleri" uygulaması yaratmış, yerel siyaseti grup menfaatleri baskısı ile etkilemenin yeni aracı olmuştur (Bayındırlık ve İskân Bakanlığı, 2009: 102, 116).

Türkiye'de iktidarı ele geçiren partiler hükümet olarak, biyoiktidar stratejilerini "eğitimli toplum" yerine çok çocuk sayısına eşitlenen ve bir aileden gelen "çok oy" bakış açısı ile desteklenen, "etki- tepki analizi" içinde geliştirmişlerdir. Niteliksiz işgücünü oluşturan göçle gelenler ekonomik olarak güçsüz, doğal olarak da sosyal yardımlara bağımlı seçmenlerdir. 1980-1990'lı yıllarda göçle gelenlerin çoğu kere "gecekondularının aflarına" karşı önerdikleri oylarının, ikametgâha bağlı sürelerden doğabilecek kısıtlamalar nedeniyle, birinin bile kaybedilmemesi amacıyla, yerel seçimlerde seçme ve seçilme hakkına erişimde en az altı ay o beldede oturma gibi süre sınırlamasının ortadan kaldırılmasında partiler "nasılsa" uzlaşmışlardır. Nitekim, 18 yaşını dolduran her Türk vatandaşı seçme ve halk oylamasına katılma hakkına sahiptir. 2839 sayılı Milletvekili Seçimi Kanunu'nun 11. maddesinde belirtilen sakıncaları taşımamak şartıyla 25 yaşını dolduran her Türk vatandaşı belediye başkanlığına, il genel meclisi ve belediye meclisi üyeliğine seçilebilir (2972, md. 9/1, Değişik 3950, 1993) şartlarına bağlı düzenlemeler yanında; yerel yönetim sistemi içinde kuramsal olarak ele alınan beldeyi tanıma, halka sorumlu olma, sorunları bilme anlamında "yerellik ilkesini" tamamlayan "6 ay o beldede oturma koşulu" ortadan kaldırılmıştır. Belirtilen yasal düzenlemeler göç olgusu ve getirdiği sorunları konusunu, Dokuzuncu ve Onuncu Kalkınma Planı dâhil, önceki planlara da yansıtılmıştır.

Nihai tahlilde kapsamlı göç yönetimi programı olmaksızın başka bir deyişle kontrolsüz gelişen ve çoğu kere kırdan kalkan niteliksiz nüfusun yarattığı iç göçler Türkiye'de; 1960'lı yıllardan günümüze, özellikle büyük kent alanlarında işsizliğin artışına yol açtığı gibi, yeni altyapı yatırımları ihtiyacının zamanında sağlanamaması sonucunda, hukuk dışı yapıların yer aldığı sağlıksız yerleşimleri oluşturmuştur.

Hazine veya özel mülkiyete konu arazileri gasp ile kentte bir yer kapma davranışı, neredeyse her on yılda bir idari çöküşler, güç çatışmaları ve ekonomik gerilemelerin yaşandığı, 1960 - 1990 dönemlerinde, toplumsal bir kabul ve hoşgörü kültürü gelişmiştir. Bu bağlamda da, gecekondulaşmayı önleme ve ıslah yasaları çoğu kere uygulanmamıştır. Kentsel imar pratiklerinde çevre sorunlarına yol açtığı gibi, doğa afetlerinden de etkilenen bu yerleşimler; bir taraftan merkezi yönetimin imar afları, diğer taraftan yerel yönetimlerin gizli uyguladığı imar affı benzeri uygulamaları ile onaylanmıştır (Kıldiş, 1998: 112-114). Aslında idarenin onayı ile konut sahibi olabilen aileler bugünün çevre afetlerinden etkilenen gruplardır. Özetle üniversiteler orman alanlarında, farklı gelir ve baskı grupları duruma göre kıyılarda ve kentlerde zorlama imar değişiklikleri ile kendilerine yer açabilmişlerdir.

Ayrıca çeşitli çalışmalarda ve mülakatlarda, hukuk dışı yerleşimlere yönelik eskiden oluşmuş toplumsal kabullerin artık kalktığını; önce gelenlerin, sonradan gelenlere "gelmesinler" tepkisini koyduklarını belirtmek yerinde olacaktır (İzmir YG21 Tanıtım Filmi; İzmir Büyükşehir Belediyesi, 1998). Günümüze gelindiğinde, kentlerin çevrelerinde, özelikle 1960'lı yıllarda başlayan 1980'li yıllarda artış gösteren hazine arazilerinin gasp edilmesiyle kentte, kırda, kent girişlerinde dağlarda, tepelerde bir yer kaparak oluşturulan konutlar, sağlıksız binalar (İzmir YG21 Yayını, Göç, 1998: 25,37,38), günümüzde giderek çeşitlenen ve etkileri artan afet tiplerinden öncelikle etkilenen yapılar olarak, kentsel dönüşüm projelerinin ana teması haline gelmiştir.

Göç ve oy ilişki ağları üzerinde büyüyen kentler Türkiye'de artık demokrasi kültürünün de yok olup gitmesinde de anahtar roller oynayan mekânlara dönüşmüştür. Bu durumu görmek ve göç stratejilerini sürdürülebilir iktidarlar üzerinden değil, sürdürülebilir demokratik devlet yapılanmasına dayandırmak gerekmektedir. Esasen seçim sistemi ile birlikte değerlendirildiğinde yerel halkın belediye başkanlarını ve meclis üyelerini, yerellik felsefesine uygun, ne kadar seçebildiği de tartışmalıdır. Benzer durum 2014-Mart yerel seçimlerinde de olmuş, elektrik ve su faturalarının en son gün yatırılması alışkanlığındaki gibi, partilerin "belediye başkanı ve meclis üyeleri adayları seçim listesi" 18 Şubat 2014 olarak belirlenen resmi teslim tarihinde ancak tamamlanabilmiştir. Hatta bu çalışmanın devam ettiği 25 Ocak 2014 tarihi itibariyle, İzmir'de ve İstanbul'da hala ilçe belediye başkan adaylarının tamamı belirlenmiş değildi. Türkiye genelinde de hemen her partide benzer durum yaşanmıştır!

Dokuzuncu Plan Döneminde (2007–2013), nüfusu bir milyonun üzerindeki büyük kentlere doğru göç eğilimini yavaşlatıcı politikaların uygulamaya konulması beklense de, uygulamada kentlere olan nüfus artışı devam etmiştir. İç göç yönetimine ilişkin yöntemlerin belirlenmesine rehberlik edebilecek, resmi bir belge oluşturu-lamamıştır.

Onuncu Kalkınma Planında (2014–2018), bir taraftan kırdan kente göçün yarattığı sorunların giderilmesi için altyapının geliştirilmesine yönelik stratejiler önerilirken, diğer taraftan nüfus hareketlilik analizleri çerçevesinde "Planın birçok yerinde iç göç olgusundan bahsedilirken ve göçü engellemek için politikalar oluşturulurken eldeki rakamların ciddi bir göç olgusunun varlığını göstermediğinden yola çıkılarak… bu durum ne anlama gelecektir" tipi sorular ile kararsızlık belirtileri dikkati çekmektedir (Kalkınma Bakanlığı, 2013: 50). Bu ifadelerdeki ikilemler, göç istatistiklerinin güvenirliliğini artıracak merkez-yerel işbirliğine ve göç kayıtlarının sağlıklı tutulmasına yönelik çalışmalara ihtiyaç duyulduğunu göstermektedir.

Ayrıca Planda "Son yıllarda Türkiye'den yurt dışına ciddi anlamda bir beyin göçü olduğundan ve devlet burslarıyla veya kendi imkânlarıyla ülke dışına giden gençlerimizin birçoğunun geri dönmediği bilgisi (Kalkınma Bakanlığı, 2013: 57) yer almaktadır. Bir bakıma, kırdan kente gelişle ilgili ekonomik ve kültürel erozyon söyleminin yerini artık büyük ölçüde yurt dışına kaçan nitelikli nüfus söylemi yer almış görünmektedir. Bu durum da ayrıca göçle gelen yabancılara kamusal fikri ve yönetsel alanda olduğu kadar ekonomik alanda da "ne kadar yer açma toplumsal kabul edilebilir sınırlar içinde kalabilir" konusunun da önemsenmesi gerektiğini ortaya koymaktadır.

Türkiye İstatistik Kurumu ve Kalkınma Planlarının değerlendirme raporlarında yer alan istatistikî bilgilerin köylerden başlayarak toplandığı bilinmekle birlikte, neden il düzeyinden bırakın köyü, ilçe seviyesine tekrar dönülemediği ve farklı ölçeklerdeki bilgilerin rakamlaştırılamadığı da, ayrıca sorgulanması gereken önemli bir durumdur. Ayrıca, Türkiye'de gelişmiş Batının takip ettiği yaşam kalitesi göstergelerinin takip edilmemesi ya da oluşturulmaması, akademik çalışmaları olumsuz etkilemekte ve sağlıklı analizler yapılabilirliği ortadan kaldırmaktadır (Karaman Toprak, 2009a: 322-324).

Özetle; Türkiye'de yurt içi göçler az gelişmiş bölgelerden, gelişmiş bölgelerin çevresinde toplanmaya yönelmektedir. Bu anlamda kırdan ayrılma, ekonomik ve sosyal erozyon yaratmaktadır. İl veya ilçe belediyesinin coğrafîk konumu başta olmak üzere tercih edilen yer seçme kriterlerine göre yerleşiklik az çok değişse de, genelde yerleşimlerin kenarında yaşamaya başlayan nüfus gerek yaşadığı yerde altyapı ve üst yapı yatırımları boyutuyla, gerekse kent merkezine ulaşım konularında, yerel yönetimlerde hizmet baskısı da yaratmaktadır (Toprak, 1998: 108-111).

Öte yandan bireysel ihtiyaçların ekonomik kazanç, kamusal alanda görünürlük ve kültürel alanda yer alma boyutları da bulunmaktadır. Nihai tahlilde farklı ekonomik grupların kentte dağınık ve idari yol göstermeden bağımsız sosyal birliktelik tercihi ile yasa dışı yerleşmesi, hizmetlerin kent kenarına da kaydırılması zorunluluğu nedeniyle, yaşam kalitesi göstergelerinde toplamda bir gerileme olmaktadır. Başka bir ifadeyle kentlerin hukuka uygun gelişen bölgelerinde de, göçler nedeniyle kentsel hizmetlerde aksama ve gerileme olmaktadır.

Genelde, niteliksiz işgücü ile ilişkilendirilebilen darp, gasp, kapkaç gibi kent güvenliğinin farklı konuları (Toprak vd., 2004: 19-23) kentlerde önemli sorun alanları iken; hukuk dışı ve çoğu kere imara aykırı yerleşimlerin taşıdığı yetersiz barınma koşullarını yaşayan yerleşikler, sel gibi doğal afet tiplerinin yıkıcı etkileriyle potansiyel olarak daha fazla karşılaşmaktadır.

Başlangıçta yerel yönetimleri oy tehdidi ile aşarak ucuz barınma imkânları yaratan ve bu nedenle de görmezlikten gelinen hukuk dışı davranışlar, günümüzde kriz yönetim planlarının merkezine yerleşerek toplumsal maliyetleri yükselten bir bumerang etkisini oluşturmuştur. Özetlenen bu etki-tepki analizinin kendilerini de etkileyen mali boyutunu yerli halk, idarecilerden daha hızlı yapmakta ve yeni hukuk dışı yerleşimlerin doğmasına artık destek vermemektedir.

Temel stratejik yaklaşımlar

Kentlere geliş ve yerleşim kurallarının belirlenmesi, kontrollü yerleşimleri sağlamak,

Nüfus artışı yönetiminin stratejisini, nitelikli nüfusa sahip olma hedefiyle birlikte oluşturmak,

İşgücünün sektörel dağılımını, bölgesel ve ülkesel ihtiyaca göre planlanmak,

İş bulma kurumlarının yerel, bölgesel ve ulusalda iletişim ağları yaratarak etkinliğini sağlamak,

Mahalle muhtarlarını konut standartlarına uygun yerleşimi izlemede yetkilendirmek,

Muhtarların mahalle halkını, tanımasını sağlayan iletişim ve bilgi toplama modelleri geliştirmek,

Yerel seçimlerde seçme ve seçilme hakkını, yerleşimlerde en az bir yıl yerleşmiş olmak ve seçimlerden geriye 1 veya 2 yıl gibi yerel vergi sorumlusu olmak gibi süreler oluşturulmasıyla ilişkilendirmek,

Göçle gelenlerin kapasitelerini artırıcı eğitim programları oluşturmak, gerekiyorsa okuma-yazma eğitimlerini sürdürmek,

Göçle gelenlerin kentle uyum sağlamaları için, en iyi uygulama örneklerinden yararlanarak yerleşimlere uygun stratejiler geliştirmek,

Yerel halkın katılımını artırmaya yönelik tasarlanan kurumsal müzakere ortamlarının (kent konseyleri, ihtisas komisyonları gibi) kullanılmasını teşvik etmek,

Hazine veya özel mülkiyete konu olan arazileri, gasp ederek hukuk düzenleme dışında yapılmış binaların sahiplerinin toprağa yasal erişim hakkına konu olmasını ve arazi rantı vb haksız kazanımlar elde etmesini engellemek,

Önceden yasal düzenlemelere uygun yerleşenlerin, hemşeri hukukuna saygı gösterdikleri için, zarar görmelerini engellemek,

Özellikle göçmenlere yer bulmak amacıyla, aslında çeşitli yasalarla yerleşime kapatılmış sulama havzaları, baraj bölgeleri gibi yerlere merkezi talimatlarla konut ve iş yerleşimleri yapılarının inşaatı alışkanlığını durdurmak,

Hemşeri derneklerinin kuruluş amaçlarına uygun olarak ve yerel halkla sosyo-kültürel bütünleşme sağlama amacıyla faaliyetlerde bulunmasını teşvik etmek.

Kentlerden kırsal alanlara nüfus hareketleri

Nüfus hareketlerini 1970'lerden bu yana yalnızca kırsal yörelerden büyük yerleşme merkezlerine yönelen bir nüfus göçü ile sınırlandırmak mümkün değildir. Gerek miktar veya oran, gerekse yol açtığı ekonomik ve toplumsal sorunların ağırlığı itibariyle kıyı alanlarına yönelen mevsimlik nüfus da geçici olarak başlayan yer değiştirme analizlerinde ayrı bir önem taşımaktadır. Mevsimlik nüfus hareketlerinin önemi ekonomik gelişme ve küresel ilişkiler ağlarında giderek artan oranda gelişen iç ve dış turizm hareketi ile iç içe bulunmasından kaynaklanmaktadır. Ülke içinde kentlerde sürekli ikametgahı olanların, ister konut sahipliği ister kiracı ilişkileri içinde olsun, bir veya birkaç aylık bir tatil süresinde "yazlığa", gitmeleri olgusu 2000'li yıllara gelindiğinde yurt dışından gelenlerin turistik amaçlarla gelip, sonradan yerleşikliğe geçme tercihleri benzeri bir durumu, vatandaşlar için de ortaya çıkarmıştır.

Mevsimlik nüfus hareketlerinin temel kaynağı olan iç turizmdeki artışlar, özellikle kıyı yerleşme merkezlerinde yalnız belde için değil, ülke çıkarları açısından da çeşitli sorunlara yol açmaktadır. Türkiye'de turizm amaçlı bir iki aylık kullanımlar için sahiplenilen ikinci konut olgusu uzunca zamandır nedeni olduğu verimsiz konut yatırımları, arazi kullanım kararların tarım aleyhine gelişmesi gibi yönleriyle çeşitli araştırmaların konusunu oluşturmuştur (Toprak, 1987: 65-73). Ayrıca imar, kıyıda yerleşim, kirlilik gibi belediyelerin yönetime ilişkin görev ve yetkilerinin bir kısmı mevsimlik nüfus artışından özellikle daha fazla olumsuz etkilemektedir.

Kentlerin yaşayan bireylerin genelde emekliliklerini daha sakin ve huzurlu ortamlarda geçirmek, sıkışık nüfuslu ortamlardan uzaklaşma isteği ile bulundukları yerden uzaklaşma eğilimi giderek artmaktadır. Bugünkü ulaşım imkânlarının yarattığı hızlı erişebilirlik koşullarında, bireyler aslında yaşadıkları kentlerden çok fazla uzaklaşmamış ise de sağlık ve altyapı gibi temel kentsel hizmetlerinin kalitesini artıracak şekilde bulundukları yerlerde bir hizmet hareketlenmesi yaratmışlardır. Benzer olgu, emekli yerleşik yabancıların turistik nedenlerle geldikleri yerleşimlerde de karşılaşılmaktadır. Bu konuya ilgili yerinde değinilecektir.

Kıyılar, su ve kara yaşamlarının iç içe girdiği doğal kaynak olarak; turizm, ticaret, taşımacılık, sanayi, konut, dinlenme ve savunma gibi çok farklı kullanımlar için elverişli konum yaratırken bu faaliyetlerden olumsuz olarak da etkilenmektedir. Doğal kaynakların aşırı kullanımı, kıyıların endemik flora ve fauna imhası yaratan etkileri gibi doğa aleyhine imara açılması, bu amaçla 1.derece sit alanlarının yapılaşmaya izin verecek statü değişikliklerine konu olması, vb ekonomik ve politik tehditleri engelleyici gerçek hukuk kurallarını uygulamaya yönelik etik ısrar ve stratejik önlemler ile bu kıyı yönetiminin analizi önem kazanmaktadır. Bütün kıyı devletlerinin 21. yüzyılda, mevcut doğal zenginliklerinin envanterini hazırlama ve bütünleşik güvenlik ve göç yönetimini kapsayan sınır yönetimi çalışmalarını ve bağlantılı politikalarını belirleme çalışmalarını yoğunlaştırdığı bir dönemde 8.272 km. ulaşan kıyılar ve küçümsenmeyecek miktarda iç sulara sahip olan ülkemiz için bu konu, şüphesiz büyük bir önem taşımaktadır (Toprak, 2008a: 29, 259, 284–298). Bu nedenle, kurumlar arası işbirliği ve envanter çalışmaları ile desteklenen güvenilir veri tabanına sahip olmak önem taşımaktadır (Karaman Toprak, 2001: 31-50).

Ülkemiz açısından konuya bakıldığında kıyılar üzerinde yerel yönetimlerden çok merkezi yönetimin: Çevre ve Şehircilik Bakanlığı ile Gıda, Tarım ve Hayvancılık Bakanlığı, Kültür ve Turizm Bakanlığı, Orman ve Su İşleri Bakanlığı gibi bakanlıkların kontrolü bulunduğu söylenebilir. Buna karşılık "Çevre, Şehir ve Orman konularında" gerek kurumsal yapı gerekse sürekli mevzuat değişiklikleri hükümleriyle kıyıların ülkemizde ne kadar korunduğu (?) sorgulamaya değerdir.

Uygulamada, mevsimlik nüfus hareketlerinin kıyılarda zorladığı imar faaliyetleri, tırmanarak gerek kıyı bandını gerekse iç kesimleri tamamen kapsayacak biçimde ikinci konut ve diğer turizm yapılanmalarına yönelmektedir. Bu gelişmeler, işgücünün daha ileri bir teknolojiye geçmeden tarımdan çekilmesi ile tarımsal üretimde beklenmeyen bir azalışına, fiyat artışlarına ve işsizlik sorunlarına ve sektörel dengesizliklere yol açmaktadır.

Belde halkı açısından dikkate alınması gereken bir diğer durum da, beldede sürekli oturmadığı halde ikincil konut sahiplerine oy kullanma hakkı verilerek yerel siyaseti yerleşikler aleyhine etkileme fırsatı verilmesidir. Ayrıca belde halkının öncelikle yerine getirilmesi gereken konut gibi ihtiyaçları yeterince karşılanmadan, ulusal finansal kaynakların, farklı sürelerle çalıştırılan turistik kullanımlara ayrılması da her zaman akademik olarak eleştirilmiştir. Ayrıca, kıyı arazisinin yüksek gelir grupları tarafından ikinci konut şeklinde mülk edinilerek kullanılması, düşük gelirli kimselerin daha pahalı bir yaşama katlanmalarına yol açmaktadır (Toprak, 1990: 113–129). Arazilerini satan veya satmak zorunda kalanların kente gelerek kent yükünü artırmaları yanında, işgücünün tarımdan çekilmesi de tekrarlamaya değer bir sorun yumağıdır. Turizm hareketlerinin yörede yerel halk lehine gelir artışı yaratması konusu da arazi sahipliğinin el değiştirmesi nedeniyle incelemeye değerdir.

Ayrıca iç göç yanında dış göçün farklı göç tiplerinin getirdiği özellikle kırsal özelliği ağırlıklı kıyı yerleşimlerindeki nüfus baskısı gerek sosyo-kültürel yönüyle, gerekse tarım arazilerinin yabancılara satışı uygulamaları gibi imar yönüyle, yerel halkı olumsuz etkilemektedir. Dış göçleri de kapsayan, turizm hareketliliğinin yıl içine yayılması imkânı ile bavul ticareti olgusunun birleşmesi yanında özellikle Rusya gibi komşu ülkelerdeki ekonomik baskıların yarattığı kayıt dışı ilişkiler ağı, yerleşik halk yönüyle Türkiye için yeni kent güvenliği konularını gündeme getirmiştir. Özellikle ulusal güvenlik krizi içinde olan toplumların yasal veya yasa dışı yollarla Türkiye'ye gelişlerinin ortaya çıkardığı nüfus artışları, Hatay (Antakya) gibi odak yerleştirme noktalarında, önemli bir ekonomik ve toplumsal sorun alanı haline gelmektedir.

Temel stratejik yaklaşımlar

Kır nüfusunun artması- nüfus baskısı olasılığının planlanması, optimum nüfusun tespiti,

Göçle gelen nüfusun göreli ekonomik üstünlüğü ve yerelde mal ve hizmet fiyatlarının yükseltmesine karşı önlem planlaması yapılması,

Trafik kurallarına uymama ve kültürel farklılıkların yarattığı uygulamaların tehdit edici etkilerini kaldırmaya yönelik stratejilerin geliştirilmesi,

Kent güvenliği ve risk faktörleri (kişisel saldırılar-suç, doğal afetler vb) tehditlerinin artmasına karşı kurumsal önlemler ve bireysel görev ve sorumlulukların geliştirilmesi

İkincil konut ve turizm yatırımlarının artmasının negatif etkileri ile toprağın tarım dışı amaçlara yönelmesini önleyici stratejilerin geliştirilmesi,

Yeni gelenlerin kamusal alanda görünürlüklerinin sağlanması, kültürel değerler ve alışkanlıkların sürdürülmesine yönelik yeni sosyo-kültürel hareketlilik yaratmalarının değerlendirilmesi ve önceki yerleşiklerle komşuluk ilişkilerinin güçlendirilmesi stratejilerinin oluşturulması,

Mekansal planlama (kıyı, dağ) ve yerleşim kurallarının rasyonel oluşturulması, bütünleşik sektörel planlamanın yapılmasına özen gösterilmesi,

Yurtdışı göçler ve etkilerine dayalı stratejik yaklaşımlar

Avrupa'dan gelen Avrupalı kökenli dış göçler

Dış göç olarak ifade edebileceğimiz nüfus hareketlerini tek bir başlık altında toplayamayız. Çünkü her bir tip kendi içinde farklı özellikleri barındırmaktadır. Avrupa gibi gelişmiş bölgelerden Türkiye'ye gelen Avrupalı yabancıları, diğer dış göçlerden ayrı tutmak gerekmektedir.

Dış göçler, yabancı kavramı desteğinde, yurt dışından ülkeye girişleri ifade etmektedir. Yabancı, bir ülkede bulunup da o ülkenin vatandaşı olmadan yaşayan kişidir. Yabancılar hukuku ise, bir ülkede yaşayan ve o ülkenin vatandaşı olmaması dolayısıyla bir takım haklardan faydalanamayan kişilerin tabi olduğu hukuk sistemidir. Konusu, yabancı gerçek ve tüzel kişilerdir. Yabancı, bulunduğu ülkenin hâkimiyeti altındadır. Vatandaşı bulunduğu devletin diplomatik himayesine sahiptir. Yabancı ise; "bir devletin ülkesinde bulunan ve o devletin vatandaşlığını iddiaya hakkı olmayan kimse" (Altuğ, 1966: 8) olarak tanımlanmaktadır. Bu tanımlamada belirtildiği gibi yabancı, bir başka devletin vatandaşı olabileceği gibi vatansız kişiler ve mülteciler de olabilir.

Türkiye doğumlu olup, uzun yıllar önce hatta Osmanlı döneminde İzmir gibi bazı büyük yerleşim birimlerimize gelip yerleşen özellikle Avrupalı yabancı kökenli gruplar, kent konseyi gibi yerel müzakere toplantılarında, Türkiye doğumlu olmayan diğer göçle gelen yabancılardan ayrı tutulması gerektiği konusunda görüşler ortaya koymuşlardır (YG21 Yayını: 2007: 1–31). Bu gruplar ülke ve bölgeye genelde ekonomik olarak yük bindirmeyen "emekli yabancı göçleriyle" bu bakımdan ortak özellik taşımaktadırlar. Bu grup dışta bırakıldığında Avrupa'dan gelen mevsimlik nüfus hareketleri özelliği de olan gelişler aşağıda belirtilen bazı özellikleri taşımaktadır.

Son yıllarda artan oranda iş, eğitim, siyasi amaçlı veya iklim değişikliklerinin zorlayıcı etkisi de olmak üzere çeşitli nedenlerle Türkiye'ye yönelen göç hareketleri görülmektedir. Bunlardan kıyı yerleşim birimlerine dikkati çekecek kadar ve giderek artan oranlarda yönelen, uygun iklime dayalı turistik amaçlı başlayan ve giderek kabul edilebilir yaşam standartlarının cazibesiyle yerleşikliğe dönen yabancı emekli nüfus hareketleri başta olmak üzere, çeşitli tiplerdeki yabancı göçleri idari ve akademik ilgi odağı haline yeni yeni gelmektedir. Yerleşim ve mülk edinme haklarına erişim ile başlayan, ekonomik hayata girişlerin kolaylaştırıldığı hukuki düzenlemelerin de cesaretlendirmesiyle, dünyanın her tarafından Türkiye'ye gelen göçlerin artması ile göçmenlerin ülkeye giriş çıkışlarının takibi, süreler, farklı gelir durumları, sosyo-kültürel profillerin incelenmesi amacıyla idari yapılanmaların güçlendirilmesi, yerelde destekleyici bütünleşik politikalar geliştirilmesi, ulusal güvenlik ve toplumsal huzur yönüyle zorunluluk halini almıştır. Nihai tahlilde, farklı etkilerle gerçekleşen nüfus hareketleri ve yarattıkları toplumsal sonuçlar, her bir göç profilin tüm yönleriyle tek tek değerlendirilmesi iddiamızı desteklemektedir. (Karaman Toprak, 2012b: 212-213)

Yurt dışından emekli grubu da dâhil olmak üzere ülkeye gelen göçlere yönelik kapsamlı çalışmalar gerekmektedir. Ancak henüz dış göçlerden rahatsız olup, Malta örneğindeki gibi kalabalığın artması, güvenlik tehdidi vb nedenlerle dalga dalga yerli sayıldıkları yerleşimleri veya göç edilen bölgeleri terk etme anlamında (Toprak, 2009b:106-107), yeni bir nüfus hareketliliğinin varlığına ilişkin belirginleşmiş olgulardan henüz bahsedilemez. Bu durum bir bakıma kıyı alanlarında ikincil konut sahiplerini oluşturan, yerli yerleşik nüfusun sayıca fazlalığından kaynaklandığı ve dış göçlere başlangıç oluşturan turistik gelişlerin yeni başlaması ile ilişkilendirilebilir.

Avrupa kökenli emekli yabancılar, genelde gerek eğitimleri gerekse satın alma güçleri itibariyle, vatandaş-yerel halka göre sadece ekonomik değil, sosyo-ekonomik ve kültürel yönüyle de daha yüksek yaşam kalitesi standartlarına sahiptir. Türkiye'de ekonomik ve iklimsel yaşam koşullarındaki cazibe nedeniyle yerleşim tercihlerini daha çok Ege ve Akdeniz de kıyı beldelerine yönelten yabancıların yerel halk ile birlikteliklerini çatışma yaratmayan ortamlar geliştirmeyi hedefleyerek değerlendirmek gerekmektedir. Yabancı toplumsal sermaye olarak da değerlendirilebilecek yerleşikliğe geçen dış göç hareketliliklerinin, klasik diğer turistik gelişlerden farklı olarak yerel ve ulusal ölçekte bir "tehdit" mi yoksa "fırsat" mı olduğunun incelenmesi önem taşımaktadır.

Yerleşik Yabancıların yerel halkla sosyo-kültürel bağları, Komşuluk İlişkileri, Yerleşik Yabancıların Yerelde Ekonomik Rol ve Etkileri ile Yerleşik Yabancıların Yerel Siyasetin Biçimlenmesine Etkileri ve Politik Katılım yabancı yerleşiklere yönelik öncelikli araştırma konuları olarak düşünülmektedir. Türkiye'nin Avrupa Birliği üyesi olmaması nedeniyle de, ülkeye yerleşmiş Avrupa Birliği vatandaşları açısından yerel siyasete katılmalarına ilişkin bir hak doğmamıştır. Bununla birlikte Türkiye Avrupa

Konseyinin üyesi (1950) statüsündedir. Avrupa Konseyi Yerel ve Bölgesel Yönetimler Kongresi Anlaşmalarından, "Yabancıların Yerel Düzeyde Kamusal Hayata Katılım Sözleşmesi" hükümleri Türkiye'nin önünde önemle çalışılması gereken konulardan birisi olarak durmaktadır. Avrupa Konseyi açısından farklı kültür ve etnik grupların bir mekânda huzurlu yaşamaları ve kamusal hayata katımları çok önemsenmektedir. Yerelde bütünleşme (local integration); "nitelikli eğitim, sosyal alanda örgütlenme ve kuruluşların karşılıklı kültürel açılımları" temelinde ve karşılıklı etkileşim ağında "katılım" bağlantılarını kuran bir dizi siyasa ile birlikte değerlendirilmektedir (Council of Europe Publishing, 2004: 26).

Türkiye'ye göçle gelenlerin uzun yıllara yayılan (5 -20 yıl gibi) yerleşik hayata geçmesine rağmen, sadece yerel halkın değil yerel yönetimlerin de yeni yerleşiklere turist tanımında olduğu gibi "kısa süreli misafir, ziyaretçi" gibi davrandığı görülmektedir. Bu tespitin en önemli göstergesi özellikle İzmir gibi yabancı göçü alan belediye örneğinde kıyı belediyelerinin stratejik planlarında "yerleşik yabancılar" için ayrı bir strateji oluşturulmadığı ve planlarda hala "turizm olgusuna" klasik anlamda yer verilmesidir.

Türkiye'de vatandaşın, ülkemizdeki yerleşik yabancılara yönelik güven eşiğinin düşük olması ve bölgelere göre "komşuluk ilişkilerinde" benimseme farklılıkları, incelenmesi gereken acil bir konudur. Toplumsal işbirliğinin artırılmasına yönelik, toplumsal diyalogları geliştirici yerelde planlanacak katılımcı programlar kadar, idarenin yerel hizmetlere yönelik karar alımında sosyo-kültürel buluşmaları sıklaştıracak tercihleri de önemli role sahiptir. Destekleyici olarak, gerek demokratik katılım gerekse kentsel hizmetlerin verimliliğinin artırılmasında hemşehriye/ ilgi gruplarına/ sektörlere düşen rollerin ve sorumluluklarının "tanısı" yapılmalı ve yerel halk, sosyo-kültürel yönüyle değişen ve giderek kendisinden farklılaşan yeni gelenlerle tanıştırılmalı ve buluşturulmalıdır. Yerel halkın yerel siyasetin biçimlenmesinde etkili yönetim mekanizmalarına katılımına ilişkin sorunlar henüz giderilememiş iken, yabancıların da yönetime ve siyasi mekanizmalara katılması konusu, eylemsel yönü sorgulanması gereken olgulardır. Öte yandan göçle gelen Avrupa kökenli yabancıların satın alma gücü yerel halk ile mukayese edildiğinde, göreli olarak yüksektir. İdareye bakımını sağlama anlamında ek bir ekonomik yük getirmemektedir. Ancak dünyanın farklı bölgelerinden özellikle Asya ve Rusya'dan gelen profil incelenmeli ve araştırmacılar desteklenmelidir.

Özellikle bölgesel veya evrensel uluslararası örgütlerin faaliyetlerinin geldiği aşamada, yerleşik yabancılara vatandaş gibi davranılması fikri desteklenirken, aynı zamanda kendilerinden tıpkı "hemşehri gibi" sorumluluk taşıması beklentisi de uluslarası demokratik-politik gündeme aşama aşama alınmaktadır. Bu nedenle yasal gelişmeler içinde yerel halkın sahip olduğu kent yönetimindeki ortaklık sürecine göçle gelen yeni yerleşiklerin katılımlarını gelecek senaryosunda değerlendirmek, sürdürülebilir yerel yönetimler ve sürdürülebilir devlet yönetimi için önemli hale gelmektedir. Hatta bir süre sonra Antalya gibi kıyı yerleşimlerine gelerek yerleşmiş olanların çocukları ve torunları, Türkiye doğumlu yerleşik yabancılar konusunu, sadece yerel değil aynı zamanda ulusal yönetsel ve politik gündeme ayrı bir madde olarak taşıyabilecektir.

Türkiye'de yerleşik yabancılar idari-stratejik sorumluluklar yönüyle "hemşehri değerlendirmesine" tüm yönleriyle alınamaz doğrultusunda bir değerlendirmeyi destekleyen en önemli konu; vatandaş /yerel halkın sosyo-psikolojik nedenlerle bu yeni grupları kabule hazırlık olmadığı görüşünün çeşitli alan çalışmalarında (Antalya, Alanya ve İzmir) ortaya çıkmasıdır. Bağlantılı olarak, yabancıların yerel yönetimle ilişkileri şimdilik, etkilendikleri ve etkiledikleri yerel hizmetlerin etkin sunumu açısından karşılıklı etkileşimlere açık bırakılabilir.

Yabancılara yönelik yerelde sağlanan hak ve borçlar açısından, yerel yönetimlere bilgi verme, yerel vergilerin ödenmesi gibi hususlar esasen uygulanmakta olup, ancak siyasi haklar yönüyle (seçme ve seçilme hakkı) tanınmış değildir. Yabancılara vatandaş gibi hak ve borçlar yüklenilmesi konusu üzerinde çalışılması gereken önemli bir konudur. Stratejik konularda yetkilendirme konularının gözden geçirilmesi, yerelde vatandaşlardan başlamak üzere demokratikleşme göstergelerinin geliştirilmesi, önemli hazırlıklardır.

Yabancılara verilecek seçme ve seçilme hakları kadar, ekonomik girişimler ile istihdam konularında da kamuoyu tepkilerine açık olması özelliği nedeniyle, kapsamlı araştırma ve analizlere gerek duyulmaktadır. Nitekim sektörel tepkiler çalışma raporlarında yer almaya başlamıştır. TMMOB, İzmir Jeoloji Mühendisleri Odasının (2012-2014) çalışma raporunda, "Türkiye'de yabancılara mermer ruhsatı verilmemesi, eğer bu mümkün değilse haksız rekabete konu olmayı engelleyici yaptırıcı düzenlemelere ihtiyaç olduğu" açık bir dille belirtilmiştir (TMMOB, 2014:157).

Kamuoyunda tepki duyulduğu her fırsatta belli edilen, 2644 sayılı Tapu Kanunu başta olmak üzere, çeşitli kanunlarla yapılan değişiklikler sonucunda, yabancıların toprak satın alması ve mülkiyet haklarına erişimin kolaylaştırılması; kırsal alanların Büyükşehir Belediyesi idari alanında girmesi nedeniyle köy yerleşimlerinin kentsel alanların mahalleleri haline gelmesi ile yabancılara yönelik izine bağlı yerleşikliği öngören hukuki düzenlemelerin (442 sk, md. 87 ve md. 88), bu alanlarda doğal olarak ortadan kalkması; yabancılara mülk satışlarının artmasına ilişkin düzenlemelerdir.

Yasal düzenlemelerdeki alansal kısıtlar, yabancı nüfus miktarından bağımsız değerlendirildiği için de, ayrıca gelecek senaryosunda kültürel zıtlıklar taşıyan heterojen gruplardan kaynaklanan çok yönlü sorunlar olacağını düşünebiliriz. Başka bir ifadeyle alan ölçütü oluşturulmuştur ancak bu alandaki kişi yoğunluğu veya kullanma-kişi ilişkilendirmesi yapılmamıştır. Özellikle köy yerleşimlerinde ve kırsal ağırlığını koruyan küçük belediyelerde mülk edinilmesi ve sosyo-kültürel altyapı oluşmadan yabancı yerleşimine izin verilmemesine ilişkin hukuki düzenlemeler geliştirilmesi önem taşımaktadır.

Diğer bir konu, göçle gelen yabancıların özellikle "son durak turizmi" olarak değerlendirilebilecek yaşta olan emekli gruplarının yeni mezarlık alanları açılması ile imar planlarını etkileyebilecekleri ve etkilenebilecekleri konusudur (Toprak ve Karakurt, 2009:75–97). Mezarlık alanlarının verimli tarım topraklarına yönelik gelişmesinin engellenmesi yanında, kent planlamasının da gelecek projeksiyonlarını dikkate alacak şekilde geliştirilmesi önemlidir.

Temel stratejik yaklaşımlar

Göçle kırsal alanlara yönelen vatandaş ve yabancıların, yerel halktan kopuk kapalı topluluklar (gated communities) oluşturarak sadece yönetimle irtibatlı olmalarını engellemeye yönelik; komşuluk ilişkilerini güçlendirecek yerleşim stratejileri ve kapalı topluluklar olmasının engellenmesine yönelik konut tasarımları ve mülk edinme politikalarının oluşturulması,

Göçle gelen nüfusun göreli ekonomik ve eğitim üstünlüğünün istihdam yönüyle, ekonomik sorunlar yaratmaması için uygun stratejilerin geliştirilmesi,

Göçle gelen kamusal alanda yer alma ve kültürel ihtiyaçlarının sağlanması talepleri ile önceki yerleşiklerle ilişkilerinin uzlaşmacı modellerinin oluşturulması,

Kent güvenliği ve risk faktörlerinin (kişisel saldırılar-suç, ulaşım, doğal afetler vb tehditler) artma olasılığına karşılık risk, kriz analizlerinin yapılması,

Kırsal alanda nüfusun artması ile ortaya çıkan altyapı ve üstyapıya ilişkin hizmetlerin aksaması veya olmaması olasılığına karşı alanda optimum nüfus çalışmalarının yapılması,

Mülkiyet hakları, arazi kullanım kararları, kamusal alanda görünürlüğün ve mekanda nüfus dengesinin temel kurallarının oluşturulması,

Yabancıların göçmen veya turist statüsünden hemşeri/vatandaş statüsüne geçişin süresinin belirlendiği stratejiler oluşturulması, önemlidir.

Avrupa'dan göçle gelen Türk soylu yabancılar

Türkiye bir taraftan Avrupa kökenli turistik gelişler ile başlayan ve süreli veya sürekli yerleşikliğe dönen dış göç hareketlerine ev sahipliği yaparken, diğer taraftan da Türk vatandaşı olmayan ancak tarihi ve kültürel bağlarla bağlı bu nedenle de "Türk soylu" olarak tanımlanabilen grupların geldiği ülke konumuna gelmiştir. Türkiye'ye göç veren ülkeler Makedonya, Kosova, Arnavutluk, Bulgaristan, Romanya, Bosna-Hersek, Sancak ve Yunanistan olarak bilinmektedir. Bugün bu ülkelerde hâlâ Türkler ve akraba toplulukları yaşamaktadır. Yine, Slovenya, Hırvatistan, Sırbistan ve Karadağ gibi ülkelerden de Türkiye'ye göçler devam etmektedir. Sadece Avrupa'dan değil, Türk Cumhuriyetlerindeki ekonomik ve siyasal nedenlerle Kazakistan, Azerbaycan, Kırgızistan, Özbekistan ve Gürcistan gibi ülkelerden de Türkiye'ye olan göçler artan oranda devam etmektedir. Bu ülkelerden göç eden kişiler ve gruplarla tarihi ve kültürel bağlarımız bulunmaktadır. Ancak, Türk soylu yabancı olarak, yabancı statüsü içinde, dezavantajlı konumlarını Türkiye'de uzun süredir yaşamaktadırlar.

Yabancılar öteden beri diğer ülkelerde olduğu gibi Türkiye'de de devlet güvenliği gibi temel bir nedene dayanarak, hukuki kısıtlamalarla karşı karşıya kalmıştır. Türk soylu göçmenlerin profilini bilmek ve kamusal ihtiyaçlarını değerlendirmek gerekliliği bulunmaktadır. Başka bir ifadeyle, sorunlarının da farkında olmak gerekmektedir.

Dış Göçler konulu araştırmada (Toprak vd, 2013: 7–16), Türk soyundan olup Türkiye'ye Balkanlardan göçle gelen grupların genelde göçmen tanımıyla adreslenebilen mekânlarda ve homojen topluluklar halinde yaşadığı belirlenmiştir. Komşuları olan yerel halka yöneltilen sorulardan, Türk soylu göçmenlerin karşılaştıkları çeşitli sorunlarından, göçmen olmayan diğer yerleşiklerin çok farkında olunmadığı izlenimi doğmuştur. Bu nedenle de yurt dışından gelenlerin gerek merkezi yönetimle gerekse yerel yönetimlerin görevleriyle ilişkili olan sorunlarını çözülmesi önem taşımaktadır. Esasen yurt dışından gelen Türk soylu göçmenlerin sorunlarını çözme amacıyla kurdukları Balkan dernekleri gibi bir çeşit "hemşeri dernekleri" sayıları hızla artmaktadır.

Türk Soylu yabancı göç olgusunda, Balkan ve Rumeli bölgesinden gelen "soydaşlarımızın" gelişlerinin Türkiye'ye duyulan bir özlem midir? Göçler, ülkeden ülkeye göre farklılaşan bir tercihe sahip midir? benzeri özelliği olan konuların yanı sıra, göçle gelenler ile yerel halk arasındaki sosyo-kültürel etkileşimler, beşeri kapasiteleri, toplumsal bütünleşme, aidiyetlik ve toplumsal uyum konuları ve bu konuların idari mekanizmalara yansımaları önemlidir.

1964 tarihli ve 403 sayılı Türk Vatandaşlığı Kanunu, hükümlerinde yabancıların Bakanlar Kurulu kararı ile Türk Vatandaşlığına alınabilmesine yönelik olarak ortaya koyduğu koşullar arasında "Türk soyundan olma" ayrı bir hüküm olarak düzenlenmiştir (403, md.7). Çeşitli hukuki düzenlemelerle Türk soyluların ekonomik hayatta yer almalarına yönelik iyileştirmeler yapılmaktadır. Bu düzenlemeler, idarenin "Türk Soylu" olmayı yabancı grubu içinde ayrıcalıklı bir duruma getirdiğini göstermektedir.

Türk soylu olmakla beraber, henüz vatandaşlığa geçmemiş Türk soylu topluluklar, yerel düzeyden başlama üzere ekonomik rekabet kavramı içinde düşünülmektedir. Yerel halk ve Türk soylu göçmenlerde birbirlerine karşı duydukları güven eşiği düşüktür. Toplumda oluşan derin ekonomik uçurumlar ve sosyo-kültürel farklılıklar ve yarattığı toplumsal negatif etkilerin giderilmesine yönelik çalışmalar önem taşımaktadır. Yerleşimde yan yana yaşayan ve Türk Soylu olmakla birlikte, birbirlerini farklı kültürel grup olarak değerlendiren yerleşiklerin birbirini anlamada çalışmalarına yardımcı olabilecek ortak projelerde buluşmalarını sağlamak toplumsal birliktelik adına, iyi bir strateji sayılabilir. Kutuplaşmanın zararlı etkileri bilinirken, "çeşitliliğin sadece bir slogan olmayıp ahlaki bir değer taşıdığı" fikrinin toplum tarafından içselleştirilmesi önem taşımaktadır. Oysa farklı dilden konuşma ve inançlar süreklilik halinde kolay kabul edilmemektedir. Ancak araştırmalar, komşuluk bağlarını geliştiren ortak çalışmalar ile tanışma ve birlikteliklerin güven duygusunu artırdığını göstermektedir.

Nihai tahlilde, yurt dışından gelen soydaş göçleri vatandaşlığa geçmeden önceki süreçte Türk soylu yabancı olarak çeşitli idari sorunlara sahiptir. Ayrıca yerleştirilmeleri sırasında mülk edinmeleri sürecinde yaşadıkları hukuki sorunların bir kısmı hala devam etmektedir. Tıpkı Avrupa kökenli yabancı yerleşikler gibi, vatandaşlığa geçsin veya yabancı statüsünde olsun, önceki yerleşiklerce sosyo-kültürel olarak farklı değerlendirilmektedirler. Çoğu kere, tıpkı Avrupa kökenli yabancılar gibi homojen topluluklar halinde yaşamaları bu algıyı güçlendirmektedir.

Kent idari sınırları yakın çevresinde yerleşen Balkanlardan göçle gelenler sosyo-kültürel ve ekonomik olarak benzerlik göstermekle birlikte kuşkusuz ayni zamana dayanışma duygusu ve ihtiyacı ile homojen yerleşimler oluşturmaktadır. Bu gruplar, yakınlarındaki önceki yerleşikler ve diğer kentliler ile komşuluk, arkadaşlık ilişkilerinde özellikle genç grubunda daha etkindir.

Dernekler içinde, faaliyetlerin yürütüldüğü kent içinde başka bir kent veya ülke/bölge adıyla kurulan dayanışma dernekleri ağırlıklı konumdadır. Bu durum da bir bakıma kişilerin, geldiği menşe yörenin aidiyetliğinden kopamadığı gibi, bulunduğu yere ait de olamadığını göstermektedir. Aslında, hemşeri dernekleri, yerel halkla bütünleşmeyi sağlamak ve idareyle oluşabilecek sorunları çözmede arabuluculuk yapmak amacıyla kurulmuştur.

Yabancı derneklerinin kurulma amacı da benzerdir. Günümüzde derneklerin kuruluş amacı genel olarak "hemşerileri bir araya getirmek", "dernek çatısı altında toplamak", "yöresel değerleri korumak", "gelinen yöreye ait kültürel değerleri korumak, yaşatmak", "maddi durumları kötü olan destek olmak, yoksul ailelerin çocuklarına burslar vermek" ve "kendilerini rahatça ifade edebilecekleri bir ortam oluşturmak" olarak gösterilmektedir. Hemşeri dernekleri önceleri göçle yeni gelenleri kente alışmak için uygun ortamlar yaratırken, uygulamada hemşeri dernekleri daha çok göç ile geride bırakılan ülke ve/veya ildeki aileler ve akrabalarla irtibatı devam ettiren ve o yörelere aidiyetliğini ortaya koyan ve çatısı altında grup dayanışması sağlamak amacıyla kurulmuş görünmektedir. Bu konunun diğer yönü de, göçmenlerin "siyasi güç" güç oluşturma isteğidir. Bu tip örgütlenmeler, toplumla işbirliğine yönelmeyi hedefleyen, bütünleşik sosyal ve kültürel faaliyetler için uygun değildir. Türkiye'de seçme ve seçilme hakkının kullanılmasında ve özellikle de yerel siyaseti biçimlendiren yerel seçimlerde "o yerde belirli bir süre oturma koşulunun" olmaması da hemşeri derneklerinin kurulmasında son derecede etkilidir.

Kentlileşme süreci içinde hemşehri derneklerinin kendiliğinden kalkacağı hipotezine karşılık, çıkar ilişkilerini koruyucu politik ilişkiler ağına eklemleyebilen örgütlenmelere dönüştüğü için kendiliğinden kapanması çok zor görünmektedir. Bu tespit de demokratik hayatın olağan sürecine katılım sorunlarının gelecek senaryosunda da çok yönlü süreceğini göstermektedir. Başka bir ifadeyle yukarıda belirtilen sahip oldukları özellikleri itibariyle "hemşehri dernekleri" toplumsal sorumluluğu sağlayacak bütünleşik işbirliğinin önündeki keskin engellerdir. Dernekler Dairesinin 2013 yılı Eylül sonu rakamlarına göre, 99.666 faal toplam dernek içinde, hemşeri dernekleri % 16,8 ile ikinci büyük dilimi oluşturmaktadır (İçişleri Bakanlığı, 2013).

Temel stratejik yaklaşımlar

Türk soylu yabancılar, yerel halkla soy ortaklığına rağmen vatandaşlık statüsüne geçmede zorluklar yaşadıklarını, yerleştirildikleri yerlerde bedellerini ödedikleri arsalara ilişkin, hâlâ mülkiyet sorunlarının devam ettiklerini belirtmektedir. Kurumsal, yasal sorunların giderilmesine yönelik çalışmaların geliştirilmesi gerekmektedir.

Soydaş tanımlaması içinde yer almakla birlikte, özellikle göçle gelenlerin yerleştikleri bölgelerde, yerel yönetimler desteğinde tüm yerleşiklerin yer alabileceği ortak sosyal ve kültürel çalışmalar ile toplantılar yapılması,

Kent çevresinde yeni göçle gelenler ile Türk soylu göçmenlerin birlikte yaşadıkları yerlerde komşuluk ilişkilerini güçlendiren, toplumsal birlikteliği sağlayacak programlar geliştirilmesi,

Göçle yeni Avrupa'dan gelen Türk soylu nüfusun bilgi ve becerilerinden ve girişimciliklerinin pozitif etkilerinden istifade edilmesi için ortak çalışmaların geliştirilmesi önem taşımaktadır,

Türk soylu göçmenlerin ekonomik fırsatları daha iyi kullana-bilmelerin önünü açarken, önceki yerleşikler olarak vatandaşlar ile aralarında rekabet duygusu yaratacak düzenlemelere de gidilmemesi gerekmektedir,

Yerleşiklerde soy ortaklığı olsa bile, karşılıklı yabancılaşma doğmasına yol açacak eğilimlerin kapasite artırıcı çalışmalarla giderilmesine çalışılmalıdır,

Hemşeri derneklerinin siyasi rant toplama amaçlı hareket etmemeleri için demokrasiyi geliştirici mekanizmaların geliştirilmesi önem taşımaktadır,

Demokrasinin gelişmesinde etkili olabilecek kent konseyleri, kalkınma ajansları gibi yasal-kurumsal müzakere ortamlarının, ihtisas komisyonlarının kuruluş amacına uygun çalıştırılması için gerek yerel yönetim çalışanlarının hizmet içi eğitimlerle gerekse hemşerinin düşünsel kapasitesinin geliştirilmesi için toplumsal eğitimlerle uzman desteği sağlanmalıdır.

Diğer dış göçler: Siyasi ve ekonomik tehditler

Dış göçlerin bir kısmı, Doğu ülkelerinden daha iyi yaşama koşullarına erişmek için ve yine ölüm korkusu ile sığınma arayarak mülteci statüsüne erişme amacıyla Türkiye'ye gelenlerdir. Bu tip zorunlu göçlerle gelenler giderek artan ve binleri aşan rakamlara erişmiştir. Bu gruplar idarenin takdir yetkisi ile Türkiye'nin çeşitli odak noktalarına yerleştirilmektedir.

İdarenin bilgisi içinde yerleştirilen bu gruplar, yerleştirildikleri bölgelerde kırsal alan veya kentlerde farklı boyutlarda kültürel ve ekonomik yükler yaratmaktadır. Göçle gelen nüfusun göreli ekonomik yetersizliği veya sığınma arayanların tamamen ekonomiye yük bindirmeleri yaşam kalitesi göstergelerini sürekli olumsuz etkileme özelliği göstermektedir. Bu durumda kent güvenliğini etkileyen farklı risk faktörleri karşısında gelenler mağdur konumda olabileceklerdir. Ayrıca, göçle gelenlerin önceki yerleşiklerin hoşgörüsüne ihtiyaçları bulunmaktadır. Öte yandan yerleşik halk da kendisini mağdur durumda görmektedir. Bu nedenle idarenin, hazırlıksızlığına yol açan ani geliş özelliği taşıyan göçlere karşı yeni risk ve kriz senaryoları oluşturması ve grupları karşı karşıya getirecek uygulamalara yol açmama için olay prova çalışmaları yaparak, strateji geliştirmeleri gerekmektedir. Türkiye'ye gelerek vatandaş statüsüne geçiş sürelerinin kısaltılmaması ve yerel halkla toplumsal bütünleşme projeleri geliştirilmesi önem taşımaktadır. Ayrıca ekonomik rekabet olgusu kadar, kayıt dışı ekonomik durumların yaratılmaması da önem taşımaktadır.

Diğer dış göçler: Doğal afet kaynaklı göçler

İklim değişikliklerinin, yurt içinde bölgeden bölgeye veya yurt dışına uygun iklim koşulları taşıyan bölgelere kaçış gibi nüfus hareketliliğine yol açması, sadece günümüzün değil, tarihten gelen bir sorun alanıdır. Günümüzde, denizlerin ve okyanus sularının yükselmesinin kıyı şeridine olabilecek su baskınlarından daha çok söz edilmekle birlikte, ani sıcaklık değişikleri kök neden durumundadır. Aşırı sıcaklar ve kuraklıkla gelen göçler (doğudan, batıya –Asya'dan Avrupa'ya vb) ya da aşırı soğuktan kaçarak (kuzeyden, güneye -Kuzey Avrupa'dan Batı Asya'ya vb) daha sıcak bölgelere yayılma, tarih kitaplarındaki işlenen ulusal yer değiştirmelerin yarattığı savaş nedenlerinin çoğu kere değişmez senaryosudur.

İklim değişikliklerinin tetiklediği doğal afetlerin itici gücü olarak ortaya çıkan yer değiştirme hareketlerini, sığınma arama veya mülteci olabilme amacıyla ülkeden çıkışlarla hatta kaçışlarla ayni grup içinde değerlendirilememektedir. Sığınmacı/Mülteci terminolojisi daha ziyade devletiyle "gemileri yakma" tepkisi içinde anlamlan-dırılmaktadır. Bu nedenle doğal afetler nedeniyle ülkelerinden bölgesel olarak, başka bir ülkeye sığınanlar, afetin tipine göre geri dönebilirler veya sığındıkları ülkede, kabul edilmeleri halinde sürekli yerleşik duruma geçebilirler.

Göç edenler, geçmişte olduğu gibi, arkalarına askeri bir gücü alıp gelmese de, artık uluslararası destek ile zoraki yerleştirmeler de ayrı bir senaryonun kapısını aralamaktadır. Hükümetin istekli olması veya uluslararası arenada "iknası" sağlansa da sınır ötesinden göçenlerin yerleştirildikleri alanlarda yerel halk ile çatışmaları ve iki yanlı hoşnutsuzluk da konunun ayrı bir yönüdür. Bu bakımdan, her ne nedenle geliş olursa olsun, geçici sığınmanın, sürekli kalışa dönüşü ve giderek büyüyen rakamlar göç yönetiminin çok yönlü analizini gerekli hale getirirken, çoğu kere idare ile yerel halkın arasını açmakta olduğunu da görmek gerekir. Bu tepkiyi yerel halkla da sınırlayamayız. Kitlesel hareketlilik ulusal kamuoyunu da "red cephesi" haline getirebilir.

Göçle gelenlerin sayısallığına bağlı olarak, kırda ve kentte nüfus ve ekonomik baskılar, temel ihtiyaçlara erişimde zorluklar ortaya çıkabilecektir. İki yönlü sosyo-kültürel baskılar yanında kent güvenliği konularının temel konu haline geldiği rahatlıkla söylenebilir. Kent güvenliğini etkileyen risk faktörlerinin analiz edilmesi ve oluşmasının önlenmesine yönelik risk, kriz analizlerinin yapılması önem taşımaktadır.

Bu analizlerin iki tip senaryoyu kapsaması önem taşımaktadır. Bunlardan ilki; geçici olduğu düşünülerek yeni gelenlerin yerleştirilmesi ve belirli sürelerle kalış için geliştirilmesi gereken stratejiler ile geçici olduğu düşünülmekle birlikte, çeşitli nedenlerle "sürekli yerleşikliğe" dönüşme eğilimine karşı geliştirilmesi gereken stratejilerdir. Ayrıca; yukarıda bahsedildiği gibi geçmişte yaşanan "silahlı saldırılarla ve/veya askeri güç kullanarak" bir yerden gelip, başka bir ülkenin topraklarına zor kullanarak yerleşme olgusuna günümüzde çok rastlanılmasa da, "tetikte durmamak da" olmaz.

Değerlendirme

Göç olgusunun, ortak konusu çoğu kere düzensiz, hızlı, ani ve artarak gelen nüfus hareketliliği ise de, her göç tipinin gereksinmeleri, karakteristikleri birbirinden az çok ayrıldığı için, yönetsel farklı stratejiler geliştirmek gerekmektedir. Oysa Türkiye'de göç hareketlerini özelliklerine göre ayıran kapsamlı idari çalışmalar bulunmamaktır. Ayrıca daha da önemlisi, yerleşimlerdeki nüfus hareketliliğini gösteren güvenilir yerleşim istatistikleri ve göç eden nüfusun profil envanterleri yoktur. Güncelleştirilmiş rakamlara erişme ve sürdürülebilirliğini sağlama stratejileri üzerinde çalışılmalıdır. Bu konuda Birleşik Krallık gibi ülkelerin deneyimlerinden istifade edilebilir.

Göç tiplerinin tanımı ve gelenlerin profil tanısına bağlı olarak, kamusal alandaki hukuki sorumlulukları belirlenmeli, hak ve borç analizleri yapılmalıdır. Göçle gelen nüfus baskısının yerel, bölgesel etkilerinin belirlenmesi, göç yönetiminin planlaması, kentsel ve kırsal yerleşimlere göçle gelen nüfusun dağıtımının çok yönlü planlaması önemli bir konudur. Ayrıca göçle gelenlerin farklı sosyo-kültürel ve ekonomik özellikleri yerel halkta özellikle ekonomik sıkıntılar nedeniyle iş bulamama korkusu ve ekonomik rekabet endişesi yaratmaktadır. Bu duygu, komşuluk ilişkilerini zedelemekte önemli bir stres kaynağı olduğu görülmelidir. Kamu yönetiminde ekonomik, sosyal, siyasi ve doğal nedenlerle "güvenlik" riski yaratan olaylarda, kriz yönetimini olumsuz etkileyen en önemli konular; toplumsal-kültürel uyumsuzluk ya da kültürel çatışmalar ve toplumsal güvensizlik konularıdır. Bu nedenle göç yönetimi planlamasının en önemli konuları arasına kültürel bütünleştirici çalışmalar alınmalıdır.

Özetle yerel, bölgesel ve ülkesel göç yönetimi planlaması, kent ve ülke güvenliği yönüyle önem taşımaktadır. Kamu yönetimi merkez ve taşra teşkilatlanması içinde yer alan birimlerin kendi aralarında işbirliği ile yerel, ulusal seviyelerde beşeri ve toplumsal sermayeden ve göçle gelen yabancı toplumsal sermayeden istifade etmeleri için her fırsatta uzlaşmacı stratejiler geliştirmeleri de önem taşımaktadır.

Bölüm 10: Türkiye'de Almanlar ve Almancılar

Sinan Zeyneloğlu ve İbrahim Sirkeci

Her ne kadar Türkiye ve Almanya arasındaki nüfus hareketliliğinin Haçlı Seferlerine ve Osmanlı akıncılarına kadar geri götürülebilecek çok eski tarihsel kökenleri olsa da, modern anlamda Türkiye'den Almanya'ya göçün tarihçesi 30 Ekim 1961'de imzalanmış olan işçi değişimi antlaşması ile başlar. Bu tarihten itibaren Almanya'da bulunan Türkiye kökenli nüfus sürekli olarak artış göstermiştir. Ancak yakın tarihte Türkiye göç veren bir ülkeden göç alan bir ülkeye dönüşmüştür (Kirişçi, 2007; Parla, 2007; Sirkeci vd. 2012a; Sirkeci & Zeyneloğlu, 2014). Bu bağlamda Almanya'dan Türkiye'ye gerçekleşen göçün ayrıntılı bir analizi, özelde hangi nüfus gruplarının Almanya'dan Türkiye'ye yönelik bir hareketlilik içinde bulundukları, bu çalışmanın inceleme konusudur. Bu çalışmada 1990 ve 2000 Genel Nüfus Sayımlarının verileri kullanılmış olup[1], bu şekilde zamansal odak 20. yüzyılın son bölümü olmuştur. 20. yüzyılın son on yılı için tespit edilen akımların günümüzde de ana hatları itibarı ile artan boyutta geçerli oldukları varsayılmaktadır.

Hızlı iletişim ve ulaşım olanaklarıyla artan bağlantılı olma niteliğinin her alanda hem örgütleri, hem de grupları ve bireyleri belirlediği "Ulusötesileşme dönemi" (Sirkeci, 2014) diye adlan-dırabileceğimiz içinde bulunduğumuz dönemde, Türkiye ile çeşitli Avrupa ülkeleri (örn. Almanya, Avusturya) arasındaki göç akımları gittikçe karşılıklı ve muhtemelen sürekli bir nüfus hareketliliğe dönüşme eğilimindedir. Türkiye'den Avrupa ülkelerine göç devam etmekle beraber Avrupa ülkelerinden Türkiye'ye göçün boyutu ve çeşitliliği de artmaktadır (Sirkeci vd. 2012b; Akkoyunlu 2012). Bu artışın nedenleri arasında Türkiye ve Avrupa arasındaki ekonomik ilişkilerin

---

[1] "2011 Nüfus ve Konut Araştırması"nın raporu (TÜİK 2013) Temmuz 2013'de yayınlanmış olsa da araştırmanın veri seti bu çalışmanın yazımı sırasında henüz kullanıma açılmış değildir. Her ne kadar Türkçe yazımda bir "araştırma"dan söz edilse de 2011 NKA'nın çift dilli olarak yayınlanan raporundaki resmi İngilizce çevirisi "2011 Population and Housing Census"dur. Bütün Avrupa ülkelerinin sonu 1 ile biten yıllarda tamsayım kapsamında bir nüfus sayımı düzenledikleri belirtilmelidir. TÜİK de önceleri bu bağlamda bir çalışma yürütmüş, ancak ADNKS'nin 2007'de kullanıma alınmasından bu yana "artık sayım yapılmasına gerek olmadığı" savındaki ısrar sonucu yapılan çalışma bir "araştırma"ya dönüştürülmüştür. Türkiye nüfusunun yaklaşık %11'inin kapsandığı 2011 NKA'nın içeriği 2000 ve önceki Genel Nüfus Sayımları ile büyük ölçüde benzeşmektedir. NKA Raporunun İngilizce çevirisinde de 'survey' yerine 'census' terimi kullanılarak yapılan çalışma yurtdışına karşı bir 'nüfus sayımı' olarak sunulmuştur. 2007 yılından bu yana her yılsonunda dökümü yayınlanan ADNKS ise bir nüfus sayımından ziyade idari anlamda bir nüfus kaydı, amiyane tabirle bir kelle sayımıdır. İstihdam durumu veya doğurganlık gibi çok önemli demografik değişkenlerin yer almadığı ADNKS dökümlerinin bir nüfus sayımı olarak kabul edilmesi mümkün değildir.

büyümesi (Biffl, 2012: 52-60), ama aynı zamanda Türkiye'deki ekonomik ve siyasî istikrar ile süreğen büyüme gösterilebilir. Öte yandan Türkiye[2] kökenli nüfusun Avrupa'daki (olumsuz) deneyimleri ve ayrıca özellikle kıyı bölgelerine yönelik 'emekli göçü' kapsamında Türkiye'nin sıcak iklimi ve görece olarak düşük yaşam maliyetleri de önemli etkenlerdendir.

Almanya ve Türkiye arasında zaman içinde son derece güçlü ve süreğen bir göç ilişkisi meydana gelmiş olup (Cohen & Sirkeci 2011), bu ilişki bir Türk-Alman Göç Kültürü (Sirkeci vd. 2012b) olarak da tanımlanabilir. Göç Kültürü kavramı, Cohen ve Sirkeci (2011) tarafından göç veren ve göç alan iki ayrı ülke arasında zaman içinde oluşmuş olan göç ağları ve göç rotalarının sonraki göç hareketlerini de kolaylaştıran ve böylece nüfus hareketliliğine süreklilik getiren bir etki yaratması olarak tanımlanmaktadır. Türkiye ve Almanya örneğinde, baştaki göçü doğuran nedenler ortadan kalksa bile, yani Almanya'nın işçi alımı ihtiyacı 1973'den itibaren ortadan kalmış olsa bile, oluşmuş olan göç kültürü iki ülke arasındaki göç hareketlerinin yarım yüzyıldır devam etmesini mümkün kılmaktadır.

Bu çalışma kapsamında Almanya'dan Türkiye'ye göçün niceliksel kapsamı incelenmiş, aynı zamanda Türkiye'ye göç etmiş olan farklı nüfus gruplarının sosyo-demografik özellikleri ortaya konularak bu grupların özellikleri hem birbirleri ile hem de Türkiye geneli ile karşılaştırılmıştır. Çalışmanın temel amacı bu nüfus gruplarının tespit edilmesi ve temel demografik göstergeler üzerinden tarif edilmesidir. Bu kapsamda 14 farklı gruptan oluşan bir sınıflandırma önerilmiştir.

Veri ve yöntem

Almanya'dan Türkiye'ye göçün niceliksel kapsamını gruplar itibariyle karşılaştırmalı olarak incelerken farklı grupların sosyo-demografik özelliklerini ortaya koymak için son iki geleneksel nüfus sayımı verileri kullanılmıştır. Verilen analizler temelde 1990 ve 2000 Genel Nüfus Sayımlarına dayanmakta olup, bunun yanında gümrük kapıları istatistikleri, BMMYK (Birleşmiş Milletler Mülteciler Yüksek Komiserliği) verileri ve Emniyet Genel Müdürlüğü istatistikleri de bulguları yorumlamada yardımcı olarak değerlendirilmiştir.

1990 ve 2000 sayımları, onlardan önceki bütün genel nüfus sayımları gibi tek bir gün içinde sokağa çıkma yasağı ile birlikte uygulanmış de facto sayımlardır. Bu kapsamda sayım günü Türkiye'de bulunan tüm kişiler vatandaşlık veya daimî ikametgâh durumlarına bakılmaksızın sayıma dahil

---

[2] Pratik nedenlerden ötürü bu çalışma kapsamında Türk veya Alman tanımları ile vatandaşlık bağı kast edilmekte, Türk ve Alman tabiiyetleri içinde farklı etnik kökenlere sahip kişiler olabileceği inkâr edilmemektedir.

edilmişlerdir. Bu nedenle genel nüfus sayımları sadece Türkiye nüfusu hakkında değil, aynı zamanda sayım günü Türkiye'de bulunan misafir veya turist nüfus hakkında da bilgi vermektedir.

Gerek 1990 ve 2000 nüfus sayımları gerekse de 2011 Nüfus ve Konut Araştırması[3], sayılan kişilerin etnik aidiyetleri veya anadilleri hakkında bilgi içermemektedir[4]. Yine de sayım verisinde yer alan dört değişken, sayım günü Türkiye'de bulunan ve Almanya ile bağlantılı (Almanya'da yaşamış olan, Alman vatandaşı olan ve Almanya'da doğmuş olan) nüfusun tespit edilmesini mümkün kılmaktadır. Söz konusu dört değişken kişinin doğduğu ülke, tabiyeti, sayım günündeki ikametgâhı ile beş yıl önceki ikametgâhıdır. Çalışmadaki analizlerde 1990 ve 2000 sayımlarının yüzde 5 örneklem verileri değerlendirilmiş olup, söz konusu verisetleri Türkiye İstatistik Kurumu'nun (TUİK) izni ile kullanılmıştır[5]. Yukarıda sayılan dört ana değişken dışında ek değişkenler kullanılarak bazı kategoriler içinde alt ayrımlara ulaşılmıştır. Bu değişkenler hane reisine göre hane içindeki konum (hanede misafir olup olmama), hanedeki çocukların doğum yerleri ve yaşanılan ildir. Örneğin Grup 2 hane reisinin hanede yasayan çocuklarından en az bir tanesinin Almanya doğumlu olduğu hanelerden oluşmaktadır. Bu gruptaki hane reislerinin veya eşlerinin kendileri Almanya doğumlu veya Almanya vatandaşı değillerdir, sayım gününden 5 yıl öncesinde de Almanya'da ikamet etmemişlerdir. Ancak hane içindeki çocuklardan en az bir tanesinin Almanya doğumlu olması bu ailelerin son 5 yıl içinde olmasa bile daha öncesinde Almanya'da yaşamış olmalarının bir göstergesi olarak kabul edilmiştir. Bu şekilde Tablo 1'de tespit edilen kategori 1 Tablo 2'de Grup 1 ve 2 olarak ikiye ayrılmıştır.

Tablo 1'deki Grup 4 ise hane üyesi olanlar ve sayım günü bir hanede veya kurumda (otelde) misafir olanlar olarak ikiye ayrılarak Tablo 2'de Grup 4 ve 5 olarak ayrıştırılmıştır. Normalde Almanya'da yaşadığı halde sayım günü Türkiye'de sayılan ve bir hanede ya da bir otel vb. yerde misafir

---

[3] Resmi adıyla "2011 Nüfus ve Konut Araştırması", her ne kadar içerik itibarı ile önceki sayımların devamı niteliğinde olsa da, örneklem çerçevesinin Adrese Dayalı Nüfus Kayıt Sistemi'ne dayanması ve ayrıca önceki sayımların aksine tek bir günde uygulanmamış olması nedeniyle yabancı nüfusun tespiti için son derece elverişsiz bir çalışmadır. Birinci neden, hem yabancı tabiiyetlilerin hem de yurtdışında yaşayan ama Türkiye'de de evi bulunan Türkiye kökenlilerin ancak küçük bir kısmının ADNKS kapsamında kayıtlı olmalarıdır. İkinci neden ise, tek bir günde sokağa çıkma yasağı ile birlikte icra edilen de facto bir tamsayımda hiç değilse teorik olarak tespit edilmesi mümkün olan kaçak yabancıların, aylara yayılmış bir örneklem çalışması ile bulunmalarının mümkün olmamasıdır.

[4] Türkiye'de 1927 yılında yürütülmüş olan ilk nüfus sayımından 1985'e kadar tüm sayımlarda anadil ve ikinci dile yönelik sorular sorulmuş ve sonuçlar 1965'e kadar sansürsüz olarak yayınlanmıştır. 1970 sayımından itibaren anadil ve ikinci dil sorularının dökümleri sayım sonuç kitaplarından çıkarılmış, ancak söz konusu sorular 1985'e kadar sorulmaya devam etmiştir (Zeyneloğlu vd. 2011; Sirkeci 2000).

[5] Verileri elektronik ortamda kullanımımıza açan TÜİK'e teşekkür ederiz.

konumunda bulunan kişiler Grup 5 ("ziyaretçi"), Almanya'da ikamet ettigi halde sayım sırasında Türkiye'de bir hanenin sürekli üyesi olarak sayılmış olanlar ise Grup 4 ("mevsimlik göçer") olarak tanımlanmışlardır.

Almanya doğumlu ziyaretciler arasında ise Türkiye'deki bir hanenin sürekli üyesi olan yoktur, ancak bu kesim (Grup 8) sayım sırasında bulunduğu ile göre ikiye ayrılmaktadır. Antalya ve Muğla illerinde sayılan Almanya doğumlu ziyaretçiler ağırlıkla otel ve benzeri kurumsal mekanlarda tespit edilmiş olup bu kesim Grup 9'u (Türk turistler) oluşturmuş, diğer illerde sayılmış olan ziyaretçiler de Grup 8 (Almanya doğumlu ziyaretçiler) olarak tanımlanmışlardır.

Son olarak, 5 yıldan daha eski olmamak uzere yakın zamanda Türkiye'ye gelmiş olan Alman vatandaşları (Tablo 1'de Grup 15) yine Türkiye'de sayıldıkları ile göre ikiye ayrılmışlardır. Antalya ve Muğla illerinde sayılan Alman vatandaşları ağırlıkla yazlıkçı/emekli kesimden oluşmakta olup Grup 12 (yeni yazlıkçılar) olarak tanımlanmışlar, diğer illerde yaşayan Alman vatandaşları ise ağırlıkla profesyonel meslek sahipleri ve atanmış memurlar ile onların eşlerinden oluştukları için Grup 11 olarak tanımlanmışlardır.

Kişilerin vatandaşlık bilgisi, doğum ülkesi, 5 yıl önceki ve şimdiki ikametgâh yeri bilgileri kullanılarak 16 kombinasyon üretilmiştir. İki sayımda da vatandaşlık sorusuna tek yanıt alındığı ve çifte vatandaşlığa sahip Türk vatandaşlarının sadece Türk vatandaşı olarak kayıt edildikleri akılda tutulmalıdır. Bu nedenle doğum ülkesi değişkeni, Almanya ile bağlantılı nüfusun tespit edilmesi açısından önemlidir. Örneğin bu bilgi ile Türkiye'ye geri dönmüş Türkiye doğumlu Almancılar ile onlarla birlikte anavatana göç etmiş Almanya doğumlu çocuklarının ayrıştırılması mümkündür. 5 yıl önceki ve şimdiki ikametgâh bilgileri ile yakın zamanda (son beş yıl içinde) veya daha önce (beş yıldan daha uzun zaman önce) göç etmiş kişilerin tespiti mümkündür. Güncel ikametgâh bilgisi ile de facto sayım yerinin karşılaştırılması, sürekli olarak Türkiye'de oturanlarla ziyaretçi olarak bulunanları ayırmamızı sağlar.[6] Bu bilgiler ayrıca analiz gruplarının il bazındaki coğrafî dağılımını da ortaya koymakta kullanılmıştır. Belirtilen dört farklı değişkenin herhangi birinde "Almanya" veya "Türkiye" dışında üçüncü bir ülke ile bağlantılı olan kişiler analizlerden çıkarılmış, bu sayede ya hiç uluslararası göç deneyimi olmayan Türkler ya da sadece Almanya ile

---

[6] Her ne kadar Genel Nüfus Sayımları de facto yönteme göre yapılmış olsa da GNS %5 örneklem verileri içinde sayım günü evde olmayan (başka bir hanede misafir olan veya o gün hane dışı kurumsal nüfusun parçası olan ya da yurtdışında bulunan) hane reisleri de birer kayıt olarak yer almaktadır. Ancak bu kişiler misafir bulundukları diğer hanelerde veya kurumlarda da sayılmışlardır. Çifte sayıma yol açmamak için bu kayıtlar analizlerden çıkarılmış ve bu sayede de facto tanımına uygun bir veriseti ile çalışılmıştır.

bağlantılı olan nüfus analize dahil edilmiştir.[7] 5 yıl önceki ile güncel ikametgâh karşılaştırılmasının düzgün yapılabilmesi ve göçmen olan ve olmayan nüfus oranlarının doğru tespiti için 5 yaşından küçük nüfus da analiz dışı bırakılmıştır. Çalışmada yukarıda belirtilen değişkenler kullanılarak çapraz tablolar üretilmiş ve yorumlanmıştır. Üretilen 16 kombinasyonu yukarıda değinilen ek değişkenlerle birlikte ele alarak üzerinde yorum yapılabilecek 14 analiz grubu oluşturulmuştur.

Türkiye ve uluslararası göç deneyimi

Son yarım yüzyıl içinde Türkiye dışa göç veren bir ülke olmuştur. Milyonlarca kişi Batı Avrupa'ya ve dünyanın diğer bölgelerine göç ederek, varış ülkelerinde sayıca büyük Türkiye kökenli topluluklarının oluşmasını sağlamışlardır. Günümüzde yurtdışında yaşayan en büyük Türkiye kökenli nüfus Almanya'da bulunmaktadır. Bu grubun kökenleri, 1960'lar ile 1970'lerin başındaki işçi göçlerine, takiben 1973'den sonra aile birleşimlerine ve son olarak 1980'lerden itibaren mülteci akımlarına ve yasadışı göç hareketlerine dayanmaktadır. Belirtilen süre boyunca Türkiye'den Almanya'ya süreğen bir öğrenci akımının da yaşandığını ve bu öğrencilerin bir bölümünün nitelikli göçmen olarak Almanya'ya yerleştiklerini, 2000'lerde ise özellikle bazı seçilmiş sektörlerde çalışmak üzere Türkiye eğitimli nitelikli göçmenlerin de Almanya tarafından alındığını belirtmek gerekir. 1992'de Almanya'da yapılan yasal değişiklikle bu ülkeye iltica etmek büyük ölçüde zorlaşırken, bu tarihten itibaren de evlenme yolu ile Almanya'ya göç edenlerin sayısında artış gözlenmiş, Almanya'ya göç için mümkün olan tek açık kanal olan aile birleşimi yöntemi değerlendirilmiştir. Bütün bu göç akımları sonucu oluşmuş olan göç kültürü (Sirkeci vd. 2012a; Cohen & Sirkeci 2011) kanımızca Almanya'dan Türkiye'ye yönelik tersine göçün yaşanmasına da katkıda bulunmaktadır.

Türkiye topraklarına yönelik göç, tarihsel olarak 19.yüzyılda kaybedilen savaşlar sonucu küçülen imparatorluğun sınırları dışında kalan Türk soylu ve/veya Müslüman toplulukların Anadolu'ya zorunlu göçleri biçiminde yaşanmıştır. Bu şekilde Türk soylu ve/veya akraba İslam topluluklarının 'anavatan'a göçü cumhuriyet döneminin ilk 30 yılında da devam etmiştir. Bu gruplar dışında Türkiye'ye yönelik göç akımları daha ziyade çatışma bölgelerinden kaçan nüfusların geçici akımları biçiminde gerçekleşmiştir. Yakın tarihte Türkiye'ye yönelik bu tür yoğun nüfus hareketleri arasında, 1980'lerde Bulgaristan'daki Türk soyluların göçü ve aynı zamanda İran İslam

---

[7] Vatandaşlık, doğum ülkesi, 5 yıl önceki ile güncel ikametgâh bilgilerinden her biri üçüncü bir ülke olan kişilerin toplamı Tablo 3'de 'Analiz dışı nüfus' olarak tanımlanmıştır.

devriminden kaçan İranlılar, 1990'larda Kuzey Irak'tan kaçan çoğunluğu Kürt sığınmacılar ve 2010'larda ise Suriye'den gelen sığınmacılar sayılabilir.[8]

1990'lı yılların ikinci yarısından itibaren tedrici olarak Türkiye'nin göç veren bir ülkeden göç alan bir ülke konumuna geçmeye başladığını söyleyebiliriz. Hâlihazırda Türkiye'ye başta Ortadoğu, Avrasya ve Afrika olmak üzere dünyanın çeşitli bölgelerinden birçoğu yasadışı göçmen olan ve/veya başka ülkelere devam etmek üzere Türkiye'de geçici olarak bulunan (transit göçmen) çok sayıda kişi gelmektedir (Kirişçi, 2007). Öyle ki, sadece 1995-2012 yılları arasında güvenlik güçleri tarafından ülkede yasadışı olarak bulunan yaklaşık 900 bin yabancı yakalanmış ve bu süre içinde 125 bin sığınma başvurusu yapılmıştır (Sirkeci & Martin 2013; Sirkeci & Esipova 2013). Yabancıların bir bölümünün de sürekli olarak giriş-çıkış yaparak Türkiye'deki uzun vadeli varlıklarını gizledikleri, bir bölümünün de ev içi hizmetler veya kayıt dışılığın yüksek olduğu diğer sektörlerde çalıştıkları belirtilmelidir.

2011 NKA ile tespit edilen yabancı doğumlu ve/veya yabancı uyruklu nüfus sayısının, gerçek miktarın çok altında olduğu düşünülmektedir. Bu bakımdan 2011'deki yabancı doğumlu nüfus miktarının 2000 yılında gözlenenin altında değil aksine üstünde olduğu ve 1980'den bu yana Türkiye'deki yurtdışı doğumlu nüfusun sürekli olarak arttığını düşünmekteyiz. 1980 öncesinde yurtdışı doğumlu nüfus yaklaşık 900 bin civarında bir miktarda ve büyük ölçüde sabit seyrederken, 1990'dan itibaren belirgin bir artış gözlenmektedir. Öte yandan miktar olarak yurtdışı doğumlu nüfus 1980'den bu yana artarken, yurtdışı doğumluların toplam nüfus içindeki oranı 1935'teki %6'dan 1980'deki %1,9'a kadar sürekli olarak düşmüştür (Bakınız Tablo 1). 1980'den bu yana ise yurtdışı doğumlu nüfusun ülke içindeki oranı %1,9-2,0 bandında sabittir. 2011 yılında da bu oranının gerçekte %2 olduğu varsayılırsa yurtdışı doğumlu nüfusun gerçekte 1,5 milyon kişi civarında olması gerekir.

Öte yandan bütün yurtdışı doğumlu nüfusla karşılaştırıldığında yabancı tabiiyetli nüfus henüz çok azdır. 1980 yılında Türkiye'de sadece 51 bin yabancı ülke vatandaşı sayılmıştır. Belirtilen dönemde hem ekonomik hem de

---

[8] Benzer mülteci hareketleri arasındaki ilk örnek 1492-93 yıllarında İspanya'dan kovulan Musevilerin Osmanlı İmparatorluğuna yerleşmeleri sayılabilir (Diaz-Mas 1992; Masters 2004). Türkiye Cumhuriyeti döneminde ise ağırlıkla Yunanistan, Bulgaristan ve Yugoslavya'dan göçmenler gelmiştir (Sirkeci 2006; Pentzopoulos 1962). Öyle ki, 1935 yılında ülke nüfusunun %6'sı yurtdışı doğumludur. 1950'lilerden 1990'lara kadar Bulgaristan'dan yaklaşık 700 bin göçmen daha gelmiştir (Çağlayan 2007: 23-25). Ağustos 2014 itibarı ile Suriye'den gelen mültecilerin resmi sayısı 1 milyon 113 bindir (UNHCR 2014). 1988-1991 arasında Irak-Türkiye sınırını geçen Kürt sığınmacıların sayısı ise yarım milyon civarındadır.

sosyal açıdan dışa kapalı olan bir ülke için bu, beklenen bir durumdur. 1990'a gelindiğinde Türkiye'de 246 bin yabancı ülke vatandaşı sayılırken bunun içinden yaklaşık 100 bin kişi bir süre sonra Türk vatandaşlığına geçecek veya Bulgaristan'a geri dönecek olan Türk asıllı Bulgar vatandaşlarıdır. Dolayısı ile kriz etkisinden bağımsız olarak, 1990'da yaklaşık 150 bin yabancının Türkiye'de sayıldığını düşünmek mümkündür. 2000 sayımında ise 267 bin yabancı ülke vatandaşı tespit edilmiş olup, yabancı uyrukluların sayısı çeyrek milyonu geçmiştir. Bunların içinden Bulgaristan vatandaşlarının sayısı sadece 35 bin düzeyindedir. Yine de 2000 itibarı ile yabancı ülke vatandaşlarının ülke nüfusu içindeki oranı sadece %0,4 düzeyinde olup, yabancı uyruklu nüfus 2000 yılında sadece Antalya ve Muğla illerinde (sırasıyla %9 ve %7) önemli oranlara ulaşmaktadır.

Tablo 1: Yurtdışında doğmuş olan de facto nüfus, 1935-2011

Sayım yılı	Yurtdışında doğmuş olan nüfus	Yurtdışında doğmuş olanların toplam nüfus içindeki payı %
1935	962.159	5,95
1950	755.526	3,61
1960	952.515	3,43
1970	889.170	2,50
1980	868.195	1,94
1990	1.133.152	2,01
2000	1.260.530	1,86
2011*	957.000	1,28

Kaynak: TÜİK, Genel Nüfus Sayımları
* 2011 Nüfus ve Konut Araştırması, de jure sayım yöntemi

Öte yandan bütün yurtdışı doğumlu nüfusla karşılaştırıldığında yabancı tabiiyetli nüfus henüz çok azdır. 1980 yılında Türkiye'de sadece 51 bin yabancı ülke vatandaşı sayılmıştır. Belirtilen dönemde hem ekonomik hem de sosyal açıdan dışa kapalı olan bir ülke için bu, beklenen bir durumdur. 1990'a gelindiğinde Türkiye'de 246 bin yabancı ülke vatandaşı sayılırken bunun içinden yaklaşık 100 bin kişi bir süre sonra Türk vatandaşlığına geçecek veya Bulgaristan'a geri dönecek olan Türk asıllı Bulgar vatandaşlarıdır. Dolayısı ile kriz etkisinden bağımsız olarak, 1990'da yaklaşık 150 bin yabancının Türkiye'de sayıldığını düşünmek mümkündür. 2000 sayımında ise 267 bin yabancı ülke vatandaşı tespit edilmiş olup, yabancı uyrukluların sayısı çeyrek milyonu geçmiştir. Bunların içinden Bulgaristan vatandaşlarının sayısı sadece 35 bin düzeyindedir. Yine de 2000 itibarı ile yabancı ülke vatandaşlarının ülke nüfusu içindeki oranı sadece %0,4 düzeyinde olup, yabancı uyruklu nüfus 2000 yılında sadece Antalya ve Muğla illerinde (sırasıyla %9 ve %7) önemli oranlara ulaşmaktadır.

Son iki buçuk yıldır Suriyelilerin kitlesel akınlarını[9] şimdilik hariç tutarsak, komşu ülkelerde meydana gelen krizlerden kaynaklanan nüfus akımları büyük ölçüde geçici nitelik göstermiştir. Dolayısıyla resmi kayıtlara göre Türkiye'deki yabancı doğumlu nüfusun büyük çoğunluğu (%95) Avrupa doğumludur. Yabancı uyrukluların da büyük çoğunluğu yine Avrupa ülkelerinin vatandaşlarıdır. Türkiye'deki yabancı doğumlular arasında, geri dönmüş Almancıların Almanya doğumlu çocukları, Türk vatandaşları ile evlenmiş olan yabancı kökenliler, Türk Rivyerası diyebileceğimiz Muğla - Antalya sahil şeridine yerleşmiş olan Avrupalı emekliler ve Avrupa ülkelerinin diplomatik ve kültürel temsilciliklerinde çalışan elemanlar sayılabilir. 1920'lerden 1980'lere kadar Türkiye'deki yabancı doğumlu nüfus içinde Yugoslavya, Bulgaristan, Yunanistan gibi Balkan ülkelerinde doğmuş olan nüfusun ağırlığı gözlenirken, 90'lardan itibaren Batı Avrupa ülkeleri ile Türkiye arasında oluşmuş olan göç ağlarının (dolayısıyla göç kültürünün) etkisi görülmeye başlanmıştır diyebiliriz.

Tablo 2: Yurtdışında doğmuş nüfusun tabiiyete göre dağılımı (seçilmiş ülkeler), 5 ve üzeri yaştaki de facto nüfus, 1990 ve 2000

Tabiiyet		Yurtdışında doğmuş nüfusun tabiiyeti %		Yabancı tabiiyettekilerin kendi aralarındaki dağılımı %	
		1990	2000	1990	2000
Türkiye		78,1	79,1	-	-
Almanya		2,9	6,8	13,2	32,5
Yugoslavya		0,6	0,3	2,7	1,4
Avrupa'daki komşular	Bulgaristan	8,6	2,8	39,3	13,4
	Yunanistan	0,9	0,4	4,1	1,9
Asya'daki komşular*		3,5	2,1	16,0	10,1
Diğer ülkeler		5,4	8,5	24,7	40,7
Toplam		100,0	100,0	100,0	100,0

Kaynak: *TÜİK 1990 ve 2000 Genel Nüfus Sayımları, yazarlar tarafından hesaplanmıştır.*
* *Suriye, Irak, İran, Azerbaycan, Ermenistan, Gürcistan*

1973'ten önce, yılda yaklaşık 30 bin Türkiye kökenli kişi Almanya'dan (çoğu Türkiye'ye dönmek üzere) ayrılırken, 1973'deki petrol krizi ve Almanya'nın işçi alımını durdurmasını takiben sayısı artan Almanya'dan

---

[9] Suriye'de krizin devamı ve Türkiye'nin yeni yasal çerçevesi nedeniyle bu grubun Türkiye'de kalış süresi daha önceki kitlesel akınlar gibi kısa olmayabilir. Bu çalışmanın son düzeltmeleri yapıldığı tarih itibariyle Türkiye'deki Suriye'li sayısının resmi olarak 1 buçuk milyon sınırına dayandığı bilinmektedir.

ayrılan Türk göçü 1975 yılında yaklaşık 150 bin'e kadar çıkmıştır. Diğer bazı Avrupa ülkelerinin de yaptığı gibi Almanya, 1980'lerin başında yabancı işçilere yönelik gönüllü bir geri dönüş programı başlatmış olup, bu program kapsamında Almanya'dan ayrılmak isteyen ailelere maddi yardım ve danışmanlık önerilmiştir (OECD 1984). Belirtilen programın etkisi ile 1984 yılında Almanya'dan Türkiye'ye dönenlerin sayısı 200 bin'e kadar yükselmiş (Sirkeci et al. 2012b: 37; OECD 1985), ancak 1980'lerin ortalarından itibaren yıllık 30-40 bin kişi seviyesinde normalleşmiştir. Benzer göç akımları tarihçelerinin Türkiye ile Hollanda, Avusturya, İsviçre veya Fransa gibi diğer Avrupa ülkeleri arasında da geçerli olduğu varsayılabilir.

Yurtdışı doğumluların toplam sayısı 1990'lardan bu yana artarken, bu grup içindeki yabancı ülke vatandaşlarının oranı sabit kalmakta, ancak köken ülkelerin dağılımında değişim gözlenmektedir. Tablo 2'de yurtdışı doğumlu nüfusun tabiiyete göre dağılımı verilmiştir. Her iki nüfus sayımında yurtdışı doğumlu nüfus içindeki yabancı ülke vatandaşlarının oranı beşte birin biraz üzerindedir[10]. 1990'da yabancıların neredeyse %40'ı Bulgaristan vatandaşı iken, 2000'de bu oran %13'e düşmüştür. Yugoslavya da dahil sayıldığında Türkiye'ye yakın veya komşu ülkelerin tümünün yabancı nüfus içindeki oranları düşmüştür. Buna karşın hem Alman vatandaşlarının oranı hem de çoğunlukla diğer Batı Avrupa ülkelerinden oluşan 'diğer ülkeler' kategorisi altındaki ülke vatandaşlarının Türkiye'de bulunan yabancılar içindeki payı 1990-2000 arasında artmıştır. 1985 Nüfus Sayımına göre (tabloda verilmemiştir) Alman vatandaşlarının tüm yabancılar içindeki payı %1'in altındadır. Sadece 5 yıl içinde bu oran %13'e çıkmış, 2000 yılında ise tüm yabancıların neredeyse üçte birini kapsar hale gelmiştir. 2000 yılı itibarı ile Türkiye'de sayılan Alman vatandaşları %33 ile tüm yabancılar içindeki en büyük grubu oluşturmakta, tüm yurtdışı doğumluların da %7'sini kapsamaktadır.

Almanya'dan Türkiye'ye göç akımının arttığı bir dönemde gümrük istatistikleri ile derlenen ziyaretçi sayıları da iki ülke arasında artan hareketliliğe işaret etmektedir. 1984 yılında Alman vatandaşları Türkiye'ye toplam 240 bin kere giriş yapmış iken, 2012'de bu sayı 5 milyona ulaşmıştır. Aynı dönemde tüm yabancıların Türkiye'ye giriş adedi 2 milyondan 34 milyona çıkmıştır.

Almanya ile bağlantılı Türkiye nüfusu

Veri ve yöntem bölümünde açıklandığı üzere, bu çalışma kapsamında Almanya ile bağlantılı nüfus gruplarının tespiti amacıyla genel nüfus sayımı verilerinden dört değişken (kişilerin vatandaşlık bilgisi, doğum ülkesi, 5 yıl

---

[10] Türkiye doğumlu olup Türk vatandaşı olmayan nüfusun adedi ve oranı analizlerde ihmal edilebilecek kadar düşüktür.

önceki ve şimdiki ikametgâh yerleri) kullanılarak 16 kombinasyon üretilmiştir.

Tablo 3: 21 Ekim 1990 ile 22 Ekim 2000 tarihli nüfus sayımlarına göre analiz değişkenleri ayrımında 5 yaş ve üzeri de facto nüfus

Kombinasyon	Vatandaşlık	Doğum ülkesi	5 yıl önceki ikametgah	Sayım günü ikametgahı	1990 örneklem içindeki N	1990 nüfusa orantılanmış sayı	2000 örneklem içindeki N	2000 nüfusa orantılanmış sayı
1	T	T	T	T	2.303.704	46.074.080	2.986.052	59.721.040
2	T	T	T	A	152	3.040	66	1.320
3	T	T	A	T	2.701	54.020	2.787	55.740
4	T	T	A	A	757	15.140	1.590	31.800
5	T	A	T	T	5.220	104.400	7.219	144.380
6	T	A	T	A	32	640	6	120
7	T	A	A	T	645	12.900	664	13.280
8	T	A	A	A	178	3.560	799	15.980
9	A	T	T	T	29	580	8	160
10	A	T	T	A	0	0	0	0
11	A	T	A	T	2	40	7	140
12	A	T	A	A	6	120	9	180
13	A	A	T	T	66	1.320	613	12.260
14	A	A	T	A	4	80	0	0
15	A	A	A	T	65	1.300	164	3.280
16	A	A	A	A	1.375	27.500	3.151	63.020
	16 kombinasyon toplamı				2.314.936	46.298.720	3.003.135	60.062.700
	Analiz dışı nüfus miktarı				50.928	1.018.560	53.579	1.071.580
	5 + yaştaki de facto toplam nüfus				2.365.864	47.317.280	3.056.714	61.134.280

Kaynak: TÜİK 1990 ve 2000 Genel Nüfus Sayımları, yazarların kendi hesaplamaları.

Tablo 3'de gösterildiği üzere, her biri 2 değer alabilen 4 değişkenin matrisinden 16 kombinasyon ortaya çıkmaktadır. Beklenileceği üzere büyük çoğunluk (kombinasyon 1) Türkiye'de doğmuş olan, gerek 5 yıl öncesinde gerekse de sayım gününde Türkiye'de ikamet eden Türk vatandaşlarıdır. Bu grup 'uluslararası göç deneyimi olmayan Türkler' olarak tanımlanmıştır.

Ancak hiçbir zaman göç etmedikleri zannedilmemelidir. 2000 itibarı ile bu grubun %10'dan fazlası son 5 yıl süresince ülke içindeki ikametgâhını değiştirmiştir. Bunun dışında bu grubun içinde Türkiye'de doğmuş, hayatının bir döneminde yurtdışında yaşamış, fakat 5 yıldan daha uzun bir zaman önce Türkiye'ye dönmüş ve halen de Türkiye'de yaşayan kişilerin de olabileceği unutulmamalıdır. Takip eden sayfalarda gösterileceği üzere bu grubun bir bölümü hanelerinde bulunan Almanya doğumlu çocuklarının anne-babaları olarak tespit edilmiş ve 'eskiden dönmüş Almancılar' olarak tanımlanmıştır. Yine de kombinasyon 1 içindeki kişilerin çok büyük çoğunluğunun uluslararası göçmen olmadıkları varsayılmaktadır. Tam tersi olan durumda ise (kombinasyon 16) Almanya doğumlu Alman vatandaşı olup, hem 5 yıl öncesinde hem de sayım gününde Almanya'da ikamet ettiklerini beyan eden ve Türkiye'de sadece misafir/turist olarak bulunan kişiler yer almaktadır. Diğer bütün kombinasyonlar (2-15) farklı açılardan hem Almanya hem de Türkiye ile bağlantılı nüfusu oluşturmaktadır.

Kuramsal olarak mümkün olan, ancak pratikte örneklem içerisinde çok az rastlanan (örneklem içinde 50 kişiden, nüfus içinde 1000 kişiden daha düşük boyuta sahip) kombinasyonlar analiz dışı bırakılmış ve Tablo 3'de gri renk ile imlenmiştir (6, 9, 10, 11, 12 ve 14 nolu kombinasyonlar). Örneğin Almanya'da doğmuş olup beş yıl öncesinde Türkiye'de, sayım günüm ise Almanya'da ikamet eden Türk vatandaşları (kombinasyon 6) bu durumdadır. 9-12 arası kombi-nasyonlar Türkiye doğumlu Alman vatandaşlarını içermektedir, ancak belirtildiği üzere buradaki kişi sayıları anlamlı bir analize izin vermeyecek kadar küçüktür.

Tablo 4'de gösterilen birinci kategori, referans grubu olarak işlev görmekte, diğer 13 kategori de Almanya ile bağlantılı nüfus gruplarını içermektedir (Tablo 4). Belirtilen grupların toplamı, 2000 yılı itibarı ile nüfus sayımı sırasında Türkiye sınırları içinde tespit edilen Almanya ile bağlantılı yaklaşık olarak 330 bin Türk vatandaşına (2-10 gruplar) ve 79 bin Alman vatandaşına (11-14 gruplar) denk gelmektedir. Bu şekilde 22 Ekim 2000 tarihinde fiilen Türkiye'de bulunan toplam 408 bin kişinin Almanya ile bağlantılı olduğu görülmektedir. Bu 408 bin kişinin içinden Türkiye'de sürekli olarak (gruplar 2, 3, 6, 7, 11, 12, 13) veya yılın belli zamanı (grup 4) ikamet edenlerin sayısı yaklaşık olarak 305 bin iken, Almanya'da ikamet ettiği halde sayım günü Türkiye'deki bir hanede ya da kurumda misafir veya turist olan (gruplar 5, 8, 9, 10, 14) kişilerin adedi 103 bin dolayındadır.

Almanya'dan dönüşünün üzerinden 5 yıldan daha uzun zaman geçmiş Türkiye doğumlu ve Türk vatandaşı Almancıların tespiti, ancak hanede bulunan Almanya doğumlu bir çocuğun varlığı durumunda mümkün olduğu için, bu kategoride (grup 2) olduğu halde sayım günü hanede Almanya doğumlu çocuğu olmayan kişiler de hesaba alındığında gerçekte Almanya ile

Göç ve Uyum

bağlantılı de facto nüfusun 408 binin üzerinde olması gerekir. Tahminimiz 2000 yılı için bu sayının 450-500 bin düzeyinde olması gerektiği yönündedir.

Tablo 4. Analiz grupları (1990-2000), 5 ve üzeri yaştaki de facto nüfus

Kombinasyon	Vatandaşlık	Doğum ülkesi	5 yıl önceki ikametgâh	Sayım günü ikametgâhı	Ek değişkenler	1990 örneklem içindeki N	1990 nüfusa orantılanmış sayı	2000 örneklem içindeki N	2000 nüfusa orantılanmış sayı	Grup no	Kategori	Üst-kategori
1	T	T	T	T	Hanede Almanya doğumlu çocuğu olmayan	2.299.524	45.990.480	2.982.696	59.653.920	1	Uluslararası göç etmemiş Türkler	
					Almanya doğumlu çocukların (6.grup) ebeveynleri	4.180	83.600	3.356	67.120	2	Eskiden dönmüş Almancılar	
3	T	T	A	T		2.701	54.020	2.787	55.740	3	Yeni dönmüş Almancılar	Türkiye doğumlu Almancı gruplar
4	T	T	A	A	Sayım günü bir hanenin üyesi olarak sayılan	151	3.020	461	9.220	4	Mevsimlik 'göçerler'	
					Sayım günü bir hanede veya kurumda misafir olarak sayılan	606	12.120	1.129	22.580	5	Ziyaretçiler	
5	T	A	T	T		5.220	104.400	7.219	144.380	6	Eskiden dönmüş Almanya doğumlular	
7	T	A	A	T		645	12.900	664	13.280	7	Yeni dönmüş Almanya doğumlular	Almanya doğumlu Almancı gruplar
8	T	A	A	A	Antalya ve Muğla hariç	167	3.340	384	7.680	8	Almanya doğumlu ziyaretçiler	
					Antalya ve Muğla'da sayılan nüfus	11	220	415	8.300	9	Almancı turistler	
2	T	T	T	A		152	3.040	66	1.320	10	Yeni Almancılar	
15	A	A	A	T	Antalya ve Muğla hariç	51	1.020	56	1.120	11	Çalışan Almanlar	Almanlar
					Antalya ve Muğla'da sayılan nüfus	14	280	108	2.160	12	Yeni göçmüş Alman yazlıkçılar	
13	A	A	T	T		66	1.320	613	12.260	13	Eskiden göçmüş Alman yazlıkçılar	
16	A	A	A	A		1.375	27.500	3.151	63.020	14	Alman turistler	
					N	13.833	276.660	16.481	329.620	2-10 gruplar	Sayım günü Türkiye'de bulunan Almanya ile bağlantılı Türk vatandaşları	
					Toplam nüfus içindeki payı		0,58%		0.54%			
					N	1.506	30.120	3.928	78.560	11-14 gruplar	Sayım günü Türkiye'de bulunan Alman vatandaşları	
					Toplam nüfus içindeki payı		0,06%		0,13%			
					5 + yaştaki de facto toplam nüfus*	2.365.864	47.317.280	3.056.714	61.134.280			

Kaynak: TÜİK 1990 ve 2000 Genel Nüfus Sayımları, yazarların kendi hesaplamaları.
* Analiz dışı nüfus dâhil

Veri seti henüz kullanıma açılmamış olan 2011 NKA'nın raporunda hayatının herhangi bir döneminde 12 aydan daha fazla yurtdışında yaşamış olan kişilerin adedi verilmiştir. Bu kapsamda, Ekim 2011 itibarı ile hayatının herhangi bir döneminde, ancak en son ülke olarak Almanya'da 12 aydan fazla kalmış olan kişi sayısı 488 bindir.

Bunların içinden 128 bini 2000 yılında veya daha sonra Türkiye'ye dönmüşlerdir. Bu 128 bin kişinin Türkiye'ye dönüşünün 2000-2011 döneminde yıllara eşit yayıldığı ve aynı zamanda 2000 yılında dönmüş olan kişilerin tümünün 22 Ekim 2000 itibarı ile ülkeye varmış oldukları varsayılırsa, 2011 NKA'ya göre 2000 yılı itibarı ile Türkiye'deki Almanya bağlantılı nüfusun 371 bin kişi (488 – 128 + 128/12) olması gerekir. NKA'nın de jure yöntemi ile uygulanan bir araştırma olduğu, bir başka değişle araştırma sırasında hanelerde veya kurumlarda rastlanılan ama son 12 ay boyunca başka bir yerde ikamet eden kişileri kapsamadığı, sonuçta sadece son bir yıl içinde sürekli olarak veya çoğunlukla ülke içinde ikamet eden kişileri kapsadığı belirtilmelidir. Daha açık bir ifadeyle NKA ile Türkiye'de ziyaretçi olanlar (turist veya misafir) kapsanmamıştır[11].

2011 NKA'nın sonuçlarına göre 2000 yılı itibarı ile 371 bin olarak hesapladığımız Almanya ile bağlantılı nüfusun 2000 GNS verisinde toplamda 305 bin kişiden oluşan Türkiye'de ikamet eden gruplara (2, 3, 6, 7, 11, 12, 13 gruplar ile büyük olasılıkla grup 4) denk gelmesi gerekir. Aradaki farkın (66 bin kişi) grup 2'de olması gerektiği halde tespit edilemeyen eskiden dönmüş Almancılara denk geldiği varsayımı altında, 2000 GNS ile hesaplanan 408 bin kişilik Almanya ile bağlantılı nüfusa eklenmesi durumunda 474 bin'e ulaşıldığı, sonuç olarak 2000 yılı itibarı ile Almanya ile bağlantılı toplam de facto nüfusun yaklaşık olarak 450-500 bin aralığında olması gerektiği düşünülmektedir. Grup 2'nin mutlak sayıları ve dolayısı ile Almanya ile bağlantılı nüfusun toplam boyutu ne olursa olsun, bu çalışmanın ana odağı her bir kategorideki kitlenin sosyo-demografik profillerini tespit etmek olup, tespit edilen grup özellikleri takip eden bölümde sunulmaktadır.

Almanya ile bağlantılı nüfus gruplarının sosyo-ekonomik özellikleri

Bu bölümde 14 analiz grubunu tarif edeceğiz. Birinci grup, uluslararası göç deneyimi olmayan Türkleri kapsamaktadır. Grup 2, "eskiden dönmüş Almancılar", Türkiye doğumlu olup bir süre Almanya'da yaşadıktan sonra 1990 veya 2000 itibarı ile 5 yıldan daha uzun zaman önce Türkiye'ye geri

---

[11] Grup 4'de yer alan ve yılın sadece bir bölümünü Türkiye'de geçiren nüfusun da ancak bir kısmının Ekim-Aralık 2011 döneminde yürütülen NKA ile tespit edilebildiği, ancak aynı eksikliğin yine Ekim aylarında yapılan 2000 ve ondan önceki Genel Nüfus Sayımları için de geçerli olması gerektiğini belirtmek gerekir.

dönmüş olanlardan oluşmaktadır. Yeni dönmüş Almancılar kategorisi (Grup 3), Türkiye doğumlu olup ilgili nüfus sayımları sırasında Türkiye'de yaşayan ancak nüfus sayımlarından 5 yıl öncesinde henüz Almanya'da bulunan Türkleri kapsamaktadır. Mevsimlik göçerler dördüncü grubu oluştururken, ikametgahı Almanya'da olup sayım sırasında Türkiye'de bir hanede misafir olarak kaydedilmiş kimselerden oluşur. Nüfus sayımından beş yılı aşkın bir süre önce Türkiye'ye göç etmiş Almanya doğumlular altıncı grupta incelenirken sayımdan önceki beş yıl zarfında Türkiye'ye göç etmiş olanlar "Yeni dönmüş Almanya doğumlular" (Grup 7) olarak adlandırıldı. Grup 8 Almanya doğumlu ziyaretçiler ve Grup 9 Almancı turistleri kapsamaktadır. Yeni Almancılar grubu (grup 10) sayımdan önceki beş yılda Almanya'ya göç etmiş Türkiye doğumlulardan oluşur. Son dört analiz grubu sayım günü Türkiye'de bulunan Almanya doğumlu Alman vatandaşlarından oluşmaktadır. Grup 11 Türkiye'de çalışan Alman vatandaşlarını, Grup 12 ve 13 Türkiye'ye göç etmiş yazlıkçı Alman vatandaşlarını kapsamaktadır. Grup 14, Türkiye'de ikamet etmeyen ancak nüfus sayım gününde Türkiye'de bulunan Alman vatandaşlarından oluşmaktadır.

Uluslararası göç deneyimi olmayan Türkler (Grup 1)

Birinci kategori, uluslararası göç deneyimi olmayan Türkleri kapsamaktadır. Daha önce de belirtildiği üzere içlerinden bir bölümünün Türkiye'de doğduktan sonra hayatının bir döneminde Almanya'da yaşamış olması mümkündür. Ancak sayım gününe göre 5 yıldan daha önce tekrar yurda dönmüş olanların -eğer bu kişilerin aynı hane içinde Almanya'da doğmuş olan çocukları yoksa- tespit edilmeleri mümkün değildir. Öte yandan bu grubun çok büyük çoğunluğunun uluslararası göç deneyimine sahip olmadığı söylenebilir. Bu grubun özellikleri, Türkiye nüfusunun genelini yansıtmakta ve diğer kategorilerle karşılaştırma için referans işlevi görmektedir.

Bu grubun ortanca yaşı 1990'da 25, 2000'de ise 27 olarak tespit edilmiştir. Bu grupta görece olarak düşük orana sahip yaşlı nüfusla birlikte yüksek oranda genç nüfus bulunmaktadır. Bunlar arasında 2000 yılı itibarı ile en kalabalık yaş grubunun %23 oran ile 15-24 olduğu gözlenmektedir (Tablo Ek-1). Tablo Ek-2'den okunacağı üzere incelenen dönem boyunca kırdan kente göç devam etmiştir. 1990'da kırsal nüfus oranı %41 iken 2000'de bu oran %35'e düşmüştür. 2011'de kırsal nüfus %23 ile toplam nüfusun dörtte birinin de altına inmiştir.

1990 ile 2000 yılları arasında genel eğitim düzeyi yükselmekte ancak kadınlar ve erkekler arasındaki eğitim farklılıkları azalmakla birlikte devam etmektedir. 2000 yılı itibariyle erkeklerin %8'i, kadınların da %5'i yüksekokul ve üzerinde bir eğitim düzeyine sahiptir. Bu değerler, 1990'daki eğitim düzeylerine kıyasla, erkekler için %30, kadınlar için ise %100'ün üzerinde bir artışa denk gelmektedir (Tablo Ek-3).

Kentleşme ve sanayileşmenin devamı ile birlikte 1990'dan 2000'e erkek nüfus içinde ücretsiz aile işçilerinin oranı %12'den %9'a, kendi hesabına çalışanların oranı da %26'dan %20'ye düşmüştür. Aynı dönemde iş arayan işsizlerin oranı %6'dan %8'e çıkarken, öğrencilerin oranı %7'den %9'a, emeklilerin oranı da %6'dan %9'a yükselmiştir. Belirtilen dönemde, kadınlar arasında iş arayan işsizlerin oranı da iki kattan fazla artarak %3'e çıkmış, tarımdan çıkışın etkisi ile büyük çoğunluğu ev hanımı olan istihdam dışındaki kadınların oranı da %55'den %58'e yükselmiştir. Ancak aynı dönemde ücretli olarak çalışan (büyük çoğunluğu şehirli) kadınların oranının da az bir artışla %8'in altından %9'un üstüne çıktığı belirtilmelidir (Tablo Ek-4).

Eskiden dönmüş Almancılar (Grup 2)

Bu kategori içinde Türkiye doğumlu olup bir süre Almanya'da yaşadıktan sonra 1990 veya 2000 nüfus sayımlarından 5 yıldan daha uzun zaman önce (1985 ve 1995 öncesinde) Türkiye'ye geri dönmüş olanlar bulunmaktadır. Bölüm 3'de de söz edildiği üzere bu kişilerin tespiti ancak hane reisi veya hane reisinin eşi olarak bulundukları hanelerde Almanya doğumlu çocuklarının (Grup 6 kapsamında en az bir çocuk) olması halinde mümkün olmuştur. Bu nedenle Grup 2'deki Türkiye doğumlu olup bir süre Almanya'da kalmış olan ve 5 yıldan daha uzun zamandır tekrar Türkiye'de yaşayan kişilerin tümünün tespit edilemediği açıktır. 2011 NKA verisi ile 2000 GNS'nin karşılaştırıldığı ve Bölüm 3'de sunulmuş olan hesaplamalarla bu grupta olması gerektiği halde hanelerinde Almanya doğumlu çocuk bile bulunmadığı için tespit edilemeyen kişilerin sayısının 2000 yılı itibarı ile yaklaşık 66 bin düzeyinde olduğu düşünülmektedir. Dolayısı ile bu çalışmada uygulanan yöntemle 2000 GNS %5 veri seti içinde, eskiden dönmüş Almancıların ancak yarısının tespit edilebildiği tahmin edilmektedir.

Beklenileceği üzere eskiden dönmüş Almancılar Türkiye genelinden çok daha yaşlı bir nüfusa sahiptir, zira göç edilen ülkeden geri dönüş çoğunlukla emekliliğin veya belli bir çalışma süresi sonucunda elde edilen bir maddî birikimin ardından gerçekleşmektedir. Bu grubun ortanca yaşı 50'dir (Tablo Ek-1). 2000'de modal yaş grubu %41 oranla 45-54 grubudur. 1990'da ortanca yaşın 44, modal yaş grubunun da 35-44 olması bize bu grubun üyelerinin büyük çoğunluğunun 1990'dan önce (80'li yıllarda) ülkeye dönmüş olduğunu ve zaman içinde yaşlandıklarını düşündürmektedir. Özellikle 1984 yılında Türkiye'ye bir dönüş akımı yaşanmıştır. Dolayısıyla Türkiye'deki Almancıların önemli bir bölümünün 1984-1985 yıllarında ülkeye gelmiş oldukları düşünülebilir. Eskiden dönmüş Almancılar içinde kadınların ağırlığı daha fazladır (%56). Büyük olasılıkla yaş etkisinin sonucu olarak (daha fazla dul ve boşanmış kişiler) 1990 ile 2000 arasında grup içindeki kadın hane reislerinin oranı neredeyse ikiye katlanmıştır. Bu grubun büyük çoğunluğu kentsel alanlarda otururken, kırda oturanların oranı 2000 itibarı ile sadece %15'dir (Tablo Ek-2).

Her iki nüfus sayımında da Grup 2 (diğer bütün Almancı gruplarında olduğu gibi) uluslararası göç deneyimine sahip olmayan Türklere göre çok daha yüksek oranda ev sahibi konumundadır. Sonuç olarak eskiden dönmüş Almancılar Türkiye geneline oranla maddi açıdan daha iyi durumdadır, ancak eğitim düzeyi açısından bu iki kesim arasında belirgin bir fark gözlenmemektedir. 2000 nüfus sayımına göre ülke dışına çıkmamış erkeklerin %57'si ilkokul mezunu veya daha düşük bir mezuniyet derecesinde iken eskiden dönmüş Almancı erkekler arasında bu oran %60'dır. Kadınlar arasında ise her iki grupta ilkokul veya daha düşük eğitim düzeyindeki nüfusun oranı %74'dür (Tablo Ek-3).

2000 nüfus sayımı sırasında eskiden dönmüş Almancılarda erkekler arasındaki en yaygın grup %41 ile emeklilerdir. İkinci sırada %23 ile kendi hesabına çalışanlar bulunmaktadır. 1990 yılında kendi hesabına çalışanların %33 ile çalışma konumları içindeki en büyük kesim oldukları, ancak aradan geçen 10 yıl boyunca 2000 yılına kadar bunların bir bölümünün emekli olarak, zaten emekli olanların ise çalışmayı bırakarak emekli kesimin büyümesine yol açtıkları tahmin edilmektedir (Tablo Ek-4). 1990'da Grup 2 erkekleri arasında istihdam oranı %64 iken, 2000 yılında bu oran %49'a düşmüştür (Tablo Ek-6). 2000 yılı itibari ile istihdam içindeki kişilerin %27'si tarımda çalıştığını beyan etmiştir. Kırsal kesimde oturan ve sadece hobi veya öztüketim amaçlı küçük ölçekli tarımsal faaliyette bulunanların dahi –eğer son 1 hafta içinde en az 1 saat tarım ile uğraşmış iseler– 2000 Genel Nüfus Sayımı kuralları gereği yine tarım çalışanı olarak kaydedilmiş oldukları belirtilmelidir.[12] İki sayım arasındaki tanım farkı nedeniyle 2000 Nüfus Sayımında tarımsal istihdamın 1990'daki tanıma göre bir miktar daha yüksek ölçülmüş olması mümkündür.

Eskiden dönmüş Almancıların sanayi veya hizmet sektöründe çalışma ihtimali ülke dışına çıkmamış Türklere oranla daha düşüktür. Buna karşın satış ve ticaret personeli olanların oranı %16 ile ülke genelinin iki katına yakındır. Grup 2 içinde en yaygın çalışan kategorisinin kendi hesabına çalışanlar olduğu da göz önünde bulundurulduğunda, eskiden dönmüş erkek Almancıların çoğunluğunun ya emekli olup çalışmadıkları ya da kendi küçük işletmelerinin başında oldukları düşünülebilir. Öte yandan bu grup içindeki

---

[12] 1990 Genel Nüfus Sayımı için ise istihdam içinde olmanın ölçütü son hafta içinde 1 gün çalışmış olmaktır (Zeyneloğlu, 2010).

kadınların çok büyük çoğunluğu ev hanımıdır (1990'da %81, 2000'de %70). 1990'da kadınlar arasında %3 olan emeklilerin oranı 2000'de %10'u geçmiştir. (Tablo Ek-5).

Yeni dönmüş Almancılar (Grup 3)

Yeni dönmüş Almancılar kategorisi (Grup 3), Türkiye doğumlu olup ilgili nüfus sayımları sırasında Türkiye'de yaşayan ancak nüfus sayımlarından 5 yıl öncesinde henüz Almanya'da bulunan Türkleri kapsamaktadır. Bir başka deyişle bu grubun içindekiler son 5 yıl içinde Türkiye'ye geri dönmüşlerdir. Bu grubun sayısı her iki nüfus sayımı sırasında da 55 bin düzeyindedir. Dolayısıyla makalede incelenen dönem boyunca her yıl ortalama yaklaşık 11 bin Türkiye doğumlunun Almanya'dan Türkiye'ye kesin dönüş yaptığını düşünebiliriz.

2000 sayımına göre, yeni dönmüş Almancılar (Grup 3) ile eskiden dönmüş Almancıların (Grup 2) ortanca yaşı aynıdır: 50. Ancak Grup 2 ile karşılaştırıldığında Grup 3 üyelerinin farklı yaş gruplarına dağılımının aynı olmadığı gözlenmektedir. Bunun, Grup 2 üyelerinin tespitinde kullanılan yöntemle ilgili olduğu söylenebilir. Eskiden dönmüş Türkiye doğumlu Almancıların tespiti ancak hane reisi veya eşi oldukları hanelerinde Almanya doğumlu çocuklarının bulunuyor olmasıyla mümkün olmaktadır. Bu nedenle Grup 2 özellikle 35-64 yaş grubunda yoğunlaşmıştır. Yeni dönmüş Almancılar arasında 65 ve üzeri yaştaki kişilerin oranı %11 iken, Grup 2 içinde bu oran sadece %4'dür.

Her iki nüfus sayımında da Grup 3 üyelerinin %58'i erkektir (Tablo Ek-2). Çoğunluk kentlerde oturmakla beraber, yeni dönmüş Almancılar arasındaki kentsel nüfus oranı eskiden dönmüş olanlara göre daha azdır. Çoğunluğunun 1984/85 yıllarında ya da daha önce ülkeye dönmüş olduğunu varsayabileceğimiz Grup 2 üyelerinin her iki nüfus sayımına göre de yaklaşık %85-86'sı kentsel alanlarda yaşamaktadır. 1986-1990 arasında dönmüş olan Grup 3 üyelerinin %78'i, 1996-2000 yılları arasında dönmüş olanların ise sadece %69'u kentsel alanlara yerleşmiştir. Ülke içinde kırdan kente göç devam ederken, Almanya'dan dönen gruplar içinde kentsel nüfus oranının ilerleyen zaman içinde azalıyor olması ilk bakışta bir çelişki gibi görünebilir. Sonraki bölümlerde gösterilecek olan mekânsal dağılımlar ile de açıklanacağı üzere, bu durum bir çelişki olmayıp ülkeye dönen Almancıların zaman içinde değişen mekân tercihleri ile ilgilidir. Eskiden dönmüş Almancılar daha ziyade kentlere ve ülkenin batısındaki illere yerleşirken, daha yakın zamanda dönmüş olanlar (Grup 3) ülkenin orta ve doğu bölgelerindeki illeri ve kırsal alanları da tercih etmişlerdir. Bu durumun 80'li yılların ortalarından itibaren ülkenin gelişen altyapısı ile ilgili olduğu, 80'lerin ortalarına kadar sadece bazı büyükşehirlerde var olan hizmetlerin ülke geneline yayılması ile açıklanabileceğini düşünüyoruz. Dolayısıyla geri dönen Almancıların da eskiye oranla daha sıklıkla kendi köken illerindeki kırsal veya kentsel bölgelere yerleşebildikleri tahmin edilmektedir.

Öte yandan ev sahipliği oranı ve eğitim düzeyi açısından yeni dönmüş Almancılar ile eskiden dönmüş Almancılar benzerlik göstermektedir. İstihdam durumu açısından Grup 3 içinde erkeklerin yarısından fazlası emekli veya kendi hesabına çalışandır (Tablo Ek-4). Kadınlar arasında ise yeni dönmüş Almancıların içindeki istihdam oranı %33 ile eskiden dönmüş Almancı kadınlardaki oranın neredeyse iki katıdır, ancak bunun kentsel sektörlerde bir istihdam artışına denk gelmediği, çalıştığını beyan eden kadınların büyük çoğunluğunun (%80) tarım sektöründe yer aldıkları belirtilmelidir (Tablo Ek-7). Grup 2 üyelerinin sadece %15'i kırsal alanlarda otururken, 2000 yılı itibarı ile Grup 3'ün %31'i kırda oturmaktadır. Sonuç olarak, iki kat daha fazla kadının tarım çalışanı olarak kaydedilmiş olması, genel nüfus sayımlarında uygulanan ilkeler sonucu beklenen bir durumdur (Zeyneloğlu, 2010). Gerçekte söz konusu kadınların önemli bir bölümünün ya küçük çaplı özüretim kapsamında ücretsiz aile işçisi konumunda tarımla uğraştıkları veya yarıcı-ortakçı-toprak sahibi konumlarındaki kocaları nedeniyle iş ile ilgilerinin devam ettiği düşünülebilir. 2000 itibarı ile yeni dönmüş Almancı erkeklerin %51'i istihdam içindedir ve bunların içinden de %48'i tarım alanında çalışmaktadır, ancak büyük çoğunluğunun bilfiil tarımda çalışmak yerine toprak sahibi olarak tarımla uğraştıkları tahmin edilebilir (Tablo Ek-6).

Mevsimlik göçerler (Grup 4)

Grup 4 kapsamında tespit edilen kişilerin mevsimlik 'göçer' olarak tanımlanmaları mümkündür. Bu kişiler gerek ilgili nüfus sayımları sırasında gerekse de 5 yıl öncesinde Almanya'da ikamet ettiklerini beyan etmişler, ancak Türkiye'de yapılan nüfus sayımları sırasında sahibi veya ana kullanıcısı oldukları bir hane içinde o hanenin misafir olmayan sabit bir üyesi olarak kaydedilmişlerdir. Bu kişilerin hem Almanya'da hem de Türkiye'de sahip veya kullanmakta oldukları (en az) birer haneleri olduğu ve yılın farklı zamanlarını dönüşümlü olarak her iki ülkede geçirdikleri anlaşılmaktadır. Bu tarz modern göçerlerin sayısı 1990-2000 yılları arasında neredeyse 3 kat artmıştır (Tablo 4).

'Mevsimlik göçerler' 1990'da 47, 2000'de de 57 yaş olmak üzere her iki nüfus sayımında da en yaşlı gruptur (Tablo Ek-1). Bu nedenle bu kesimin ekseriyetle 1960'larda Almanya'ya göç etmiş olan ilk kuşak Almancılardan oluştuğu düşünülebilir. Örneğin 1963'te 20 yaşındayken Almanya'ya göç etmiş bir kişi 2000 yılında tam 57 yaşında olacaktır. Bu grup içindeki erkeklerin oranı 1990-2000 arasında %74'ten %55'e inmiştir (Tablo Ek-2).

Bu durum kadınların artan hareketliliğinin bir göstergesidir. Mevsimlik göçerler arasında gerek erkeklerin (%94) gerekse de kadınların (%93) çok büyük çoğunluğu evlidir.

Ev sahipliği oranının en yüksek olduğu grubun grup 4 olduğu görülmüştür. Bu, beklenen bir durumdur, zira iki ayrı ülkede oturulmaya hazır iki ayrı konut bulundurulması belirli bir mali varsıllık gerektirmektedir. 2000 yılında kentsel alanlarda oturan mevsimlik göçerlerin %95'i ev sahibi iken sadece %3'ü Türkiye'deki konutlarında kiracıdır.

Görece olarak varsıl olmalarına karşın mevsimlik göçer grubunda eğitim düzeyi oldukça düşüktür. 2000 itibarı ile bu grubun erkeklerinin sadece %5'i kadınlarının da sadece %1'i yüksek eğitimlidir (Tablo Ek-3). 2000 yılında erkeklerin yarısından fazlası (%52) emekli olup, %22'si de kendi hesabına (örn. dükkan sahibi olarak) çalışmaktadır. Ancak bunların bir bölümünün de aslında öncesinden emekli olmuş olmaları ihtimal dahilindedir (Tablo Ek-4). Erkeklerin %38'i istihdam içinde olup, bunların %59'u tarımsal faaliyet içinde olarak kaydedilmişlerdir. Diğer Almancı gruplarında olduğu gibi, bunların da önemli bir bölümünün gerçekte toprak sahibi veya ortakçı olarak faaliyet gösterdikleri düşünülmektedir (Tablo Ek-6).[13]

Ziyaretçiler (Grup 5)

Bu çalışmada "ziyaretçi" olarak tanımlananlar gerek sayım gününde gerekse de 5 yıl öncesinde Almanya'da ikamet eden, ancak nüfus sayımı sırasında Türkiye'de bir hanede misafir olarak veya kurumsal nüfusun parçası (otel/tatil köyü müşterisi, asker, vb.) halinde sayılmışlardır. Bu grubun sayısı 1990 ile 2000 arasında neredeyse ikiye katlanmış olup, bu durum, iki ülke arasında artan seyahat hacmine işaret etmektedir.

Ziyaretçiler grubu diğer Türkiye doğumlu Almancı gruplara göre daha genç olup, ortanca yaş 1990'daki 32'den 2000'de 37'ye çıkmıştır (Tablo Ek-1). Bu grup, halen Almanya'da yaşayan ve çalışan Almancıları temsil etmektedir. Tespit edilen yaşlanma, Almanya'daki Türkiye doğumluların kuşak olarak yaşlandıklarını göstermektedir. Grup içindeki kadınların oranının 1990-2000 döneminde hafif oranda artmış olması kadınların artan hareketliliğini göstermektedir (Tablo Ek-2). Bu gruptaki erkeklerin eğitim düzeyi Türkiye geneli ile (Grup 1) ile büyük ölçüde benzeşmekte, kadınlarının ise Türkiye genelinden daha eğitimli olduğu görülmektedir. Hiç göç deneyimi olmayanlara göre, kadın ve erkek ziyaretçiler arasında yüksekokul ve üniversite mezunlarının oranı daha düşüktür (Tablo Ek-3).

---

[13] Nüfus sayım verisi içinde istihdamın konumu (ülkesi) hakkında bilgi bulunmamaktadır. Kişilerin beyan ettikleri işleri kapsamında tarımsal faaliyetlerin (ve gelirlerin) Türkiye'de gerçekleştiği, diğer mesleklerdeki etkinliklerin ise Almanya'da gerçekleşen faaliyetler kast edilerek beyan edildiği düşünülmektedir.

Takip eden dört grup Almanya doğumlu Almancıları içermektedir. Söz konusu grupların içinde Alman asıllı (ve dolayısıyla Almanya doğumlu) olup bir Türk vatandaşı ile evlenerek Türk vatandaşı olmuş kişilerin de olabileceği ancak bunların anadil veya etnisite değişkenleri olmadan veri seti içinde tespit edilemeyeceği belirtilmelidir.

Eskiden dönmüş Almanya doğumlular (Grup 6)

Almanya doğumlu olan bu kişilerin teknik olarak 'geri dönmüş' sayılamayacakları, aslında doğmuş oldukları ülkeden vatandaşı bulundukları ülkeye göç etmiş oldukları belirtilmelidir. Bu grup içinde Almanya doğumlu olup ilgili nüfus sayımı sırasında 5 yılı aşkın zamandır Türkiye'de yaşayan kişiler yer almaktadır. Grup 6'nın büyük çoğunluğunun Grup 2'nin çocukları oldukları ve aileleri ile birlikte göç etmiş ('geri dönmüş') oldukları tahmin edilmektedir. Almancı gruplar içindeki en kalabalık kesim budur (2000'de 144 bin kişi). İçlerinden bir bölümünün Alman asıllı olup bir Türk vatandaşı ile evlendikten sonra Türk vatandaşlığına geçen kişiler de olması mümkündür.

1990'da 15 olan ortanca yaş 2000'de 24'e yükselmiştir (Tablo Ek-1). Bu grubun büyük çoğunluğunun 1970'lerde doğmuş olduğu görülmektedir. Grup 2'deki anne-babaları gibi büyük çoğunluğu (%83) kentlerde oturmaktadır. 2000 itibarı ile erkeklerin %21'i, kadınların ise %20'si yüksek eğitimlidir (Tablo Ek-3). 2. kuşak Almancıların 1.kuşağa göre (ve aynı zamanda göç etmemiş Türkiyelilere göre) çok daha eğitimli oldukları gözlenmektedir. 1990'dan 2000'e gelindiğinde Grup 6 üyeleri eğitim çağını geride bırakarak meslek hayatına adım atmaya başlamıştır. 1990'da erkeklerin sadece %37'si istihdam içindeyken, 2000'de bu oran %63'e çıkmıştır (Tablo Ek-4). Erkekler arasında ilmî-teknik eleman (%15) veya idarî memur (%12) olanların oranları göç etmemiş Türkiyelilere göre iki kat seviyesindedir (Tablo Ek-6). 2000 yılında grup içindeki kadınların ise %37'si çalışmakta olup, bunların %28'i ilmî-teknik eleman, %24'ü ise idarî memurdur (Tablo Ek-7). Bu oranlar göç etmemiş kadın nüfustaki oranların yaklaşık 4 katıdır. Eskiden dönmüş Almanya doğumlular arasındaki kadınların aynı zamanda görece olarak en yüksek girişimci-yönetici oranına sahip oldukları da vurgulanmalıdır. Bu şekilde Almanya doğumlu ikinci kuşağın eğitim ve istihdam açısından uluslararası göç deneyimi olmayan Türkiyelilere göre çok daha ileride oldukları, ayrıca Grup 6'nın eğitim ve istihdamda cinsiyetler arası farklar açısından daha eşitlikçi konumda bulunduğu gözlenmektedir.

Yeni dönmüş Almanya doğumlular (Grup 7)

Yeni dönmüş Almanya doğumlular olarak tanımlanan grup, ilgili nüfus sayımının 5 yıl öncesinde Almanya'da ikamet eden, ancak son 5 yıl içinde ülkeye gelmiş kişilerden oluşmaktadır. Bu grubun da eskiden dönmüş Almanya doğumlulara benzer şekilde ekseriyetle ebeveynleri ile birlikte Türkiye'ye gelmiş oldukları düşünülmektedir. Her iki nüfus sayımında da bu kategori kapsamında 13 bin kişi tespit edilmiştir. Bu bulgu, incelenen dönem boyunca yılda 2-3 bin Almanya doğumlunun Türkiye geldiğine işaret etmektedir. Grup 6'da olduğu gibi Grup 7'nin de bir bölümünün sonradan Türk vatandaşlığına geçmiş Almanlardan oluşuyor olması mümkündür.

1990-2000 arasında yeni dönmüş Almanya doğumluların ortanca yaşı 12'den 18'e yükselmiştir (Tablo Ek-1). Genç yaş gruplarındaki yoğunlaşma Almanya doğumlu Türkiye kökenlilerin genellikle aileleri ile birlikte Türkiye'ye gelmiş olduklarına işaret etmektedir. Almanya'dan Türkiye'ye geri dönen aileler ya çocukları henüz küçükken Türkiye'ye gelmekteler ya da anne ve babalar Türkiye'ye göç ederken erişkin çocuklar Almanya'da kalmaktadır.

Grup 7 içinde kadınların 2000 sayımı itibariyle %58 gibi yüksek bir oranda temsil edilmeleri dikkat çekici bir bulgudur (Tablo Ek-2). Ailelerin ve özellikle kadınların göç örüntülerinin detaylı ve belki kalitatif incelenmesi bu farkın nedenlerini anlamamıza yardımcı olabilir. Eğitim düzeyi dağılımında cinsiyetler arası farklar da bu tahmini desteklemektedir (Tablo Ek-3). Örneğin 2000 yılında yeni dönmüş Almanya doğumlular arasında kadınların %17'si yüksekokul mezunu iken erkekler arasında bu oran sadece %15'dir. Hâlbuki diğer bütün analiz gruplarında erkekler arasındaki yüksek eğitimlilerin oranı kadınlarınkinden daha yüksektir. Bu nedenle Almancıların yüksek eğitimli erkek çocuklarının bir bölümünün Almanya'da kalmış olmaları ihtimal dahilindedir. Öte yandan Almanya'da yaşayan Türkiye kökenli ailelerde çocukların eğitimine büyük önem verildiği (Kristen et al. 2008), ayrıca ikinci kuşak Almancılar arasında kız çocukların Alman eğitim sistemi içinde erkek çocuklara oranla daha başarılı olduklarını ortaya koyan çalışmaların da bulunduğu belirtilmelidir (Kristen/Granato 2007: 14).

Grup 7 erkekleri arasında 1990 yılında, yaş grubunun etkisi ile öğrenciler çoğunluğu (53 %) oluştururken, bu oran 2000 yılında %22'ye inmiştir (Tablo Ek-4). Benzer şekilde kadınlar arasında da öğrencilerin oranı aynı dönemde %39'dan %19'a düşmüştür. Her iki cinste de öğrenciler mezun oldukça, özellikle ücretli olarak çalışanların oranının artacağı düşünülmektedir. Kadınlar arasında en büyük grup %41 ile ev hanımları olmakla beraber, ücretli olarak çalışanların oranı 1990-2000 dönemine %9'dan %16'ya çıkmıştır (Tablo Ek-5). Bu şekilde Almanya doğumlu gençlerin Türkiye doğumlu ebeveyn-lerinden farklılaştıkları, eğitim düzeyi ve işgücü piyasasındaki konumları itibariyle öne geçtikleri görülmektedir. Erkekler arasında en büyük meslek grubunu sanayi işçileri oluşturmakla birlikte, ilmî-teknik elemanların sayısı 1990'daki %3'ten 2000'de %19'a yükselmiştir

(Tablo Ek-6). Bu grubun ilgili sayımlar sırasında henüz çok genç olduğu dikkate alındığında, 2000 yılı itibarı ile eğitimine devam edenlerin mezuniyetlerinin ardından günümüzde meslek sahibi olarak istihdama katılmış olduklarını düşünmek mümkündür.

Almanya doğumlu ziyaretçiler (Grup 8)

Almanya doğumlu ziyaretçiler grubu, hem sayım gününde hem de 5 yıl öncesinde Almanya'da ikamet eden ve sayım günü Türkiye'de bir hanede misafir olarak veya kurumsal nüfusun parçası olarak (otelde, havalimanında, vb.) bulunan kişilerden oluşur. Ekim 1990'da bu kapsamda 3 bin kişi sayılmış iken aradan geçen 10 yılın ardından bu sayı 8 bine yükselmiştir. Bu durum, iki ülke arasındaki artan nüfus hareketliliği ile uyumludur.

1990'da Almanya doğumlu ziyaretçilerin ortanca yaşı 13 iken, 2000'de 22'ye yükselmiştir. Grup 8 üyelerinin önemli bir bölümünün Grup 5'teki Türkiye doğumlu misafir Almancıların çocukları (veya üçüncü kuşak torunları) olduğu ve aileleri ile birlikte Türkiye'yi ziyarete geldikleri düşünülmektedir (Tablo Ek-1). Yine de 2000 itibarı ile bu grubun %38'inin 25 yaş veya üzerinde olduğu ve bir bölümünün yanlarında Türkiye doğumlu akrabaları olmadan kendi başlarına Türkiye'ye gelmiş olabilecekleri de akılda tutulmalıdır. Genel olarak Grup 8'in ortanca yaşının yükselmesi, Almanya'da yaşayan Almanya doğumlu Türkiye kökenlilerin de yaşlandıklarını göstermektedir. İleri yaşlardaki (55 ve üzeri) Almanya doğumlu Türk vatandaşlarının bir bölümünün ise Türk vatandaşlarıyla evlenerek vatandaşlığa geçmiş Almanlar oldukları düşünülebilir.

Yukarıda aktarıldığı üzere Türkiye doğumlu ziyaretçilerin bir bölümü mevsimlik göçer (Grup 4) olarak diğer ziyaretçilerden (Grup 5) ayrıştırılmıştı. Almanya doğumlu ziyaretçiler arasında ise sayım gününde kendisini Türkiye'de bulunduğu hanenin sürekli bir üyesi olarak beyan etmiş olan hemen hemen hiç kimse bulunmamaktadır. Bu nedenle bu grup içinde mevsimlik göçer alt ayrımına gidilmemiştir. 2000 nüfus sayımı sırasında erkeklerin %28'i kadınların ise %12'si kurumsal nüfusun parçası olarak sayılmış olup, geri kalanlar bir hane içinde misafir konumunda yer almaktadır. Grup içindeki erkeklerin toplamda %9'u sayım gününde kısa dönem asker (kurumsal nüfusun parçası) olarak Türkiye'de bulunmaktadır.

2000 itibarı ile Almanya doğumlu ziyaretçiler arasında erkeklerin %19'u kadınların ise %13'ü yüksek eğitimlidir (Tablo Ek-3). Bu bulgu, Almancı ailelerin Türkiye'ye dönerken yüksek eğitimli/meslek sahibi oğullarının Almanya'da kalmalarına daha yüksek oranda izin verirken eğitim düzeyinden bağımsız olarak kızlarının kendileri ile birlikte Türkiye'ye dönmelerini bekledikleri tezimizi güçlendirmektedir. Sayım günü Türkiye'de misafir olarak tespit edilmiş (bir başka deyişle Almanya'da ikamet eden) Almanya doğumlu erkekler arasındaki yüksek eğitimlilerin oranı kadınlara göre daha yüksek iken Türkiye'ye yeni dönmüş Almanya doğumlular içinde kadınlar arasındaki yüksek eğitimlilerin oranı erkeklerdeki oranın üstündedir.

2000 itibarı ile Almanya doğumlu ziyaretçiler arasında erkeklerin %57'si istihdamın içindedir. Bunların %52'si sanayi işçisi kategorisinde çalışırken, %16'sı da ilmî-teknik elemanlardır (Tablo Ek-6)[14]. Bu grubun Türkiye doğumlu babaları (Grup 5) arasında ise istihdam oranı sadece %7'dir. Almanya doğumlu kadın ziyaretçilerin istihdam içinde olan kesiminde ise ilmî-teknik eleman oranı %14'dür. Bu grubun yine Türkiye doğumlu olan anneleri (Grup 5) için ise söz konusu oran %9'un altındadır (Tablo Ek-7). Verilen sonuçlar Almanya'daki 2. kuşak Türkiye kökenlilerin bir bölümünün dikey hareketlilik sonucu sosyo-ekonomik konumlarını yükselttiklerini göstermektedir.

Almancı turistler (Grup 9)

Sayım günü Antalya veya Muğla il sınırları içinde tespit edilmiş olan Almanya doğumlu ziyaretçiler 'Almancı turistler' olarak tanımlanarak ayrı bir grup olarak analiz edilmiştir. Bu kişilerin hemen hemen tümü, hanelerin dışında kurumsal nüfusun parçası (otel vb. müşterisi) olarak sayılmışlardır. Tıpkı Grup 14'teki Alman vatandaşı turistler gibi Türkiye'deki varlıklarının tatil amaçlı olduğu tahmin edilmektedir, bu nedenle 'ziyaretçi' olarak değil 'turist' olarak tanımlanmışlardır. Tablo 4'den okunacağı üzere 1990'da henüz var olmayan bu grup, 2000 yılında 8 bin kişinin üzerinde bir sayıya ulaşmıştır. Nüfus sayımının Ekim ayının ikinci yarısında yürütüldüğü göz önünde bulundurulduğunda turizm mevsimi içinde bu sayının çok daha yüksek olacağı tahmin edilmektedir.

Genel olarak eğitimli ve/veya meslek sahibi bireylerden oluşan bu grubun demografik özellikleri Grup 14'te gösterilen Alman turistler ile büyük benzerlik göstermektedir. 2000 itibarı ile bu gruptaki erkeklerin %36'sı kadınların ise %19'u yüksek eğitimlidir (Tablo Ek-3). Buna uygun olarak hem kadınlar hem erkekler arasında görece olarak yüksek oranda beyaz yakalı işlerde çalıştıkları görülmekte ve oranlar Grup 14'teki Alman turistler ile benzerlik göstermektedir. (Tablo Ek-6).

---

[14] Gerek Grup 5 gerekse de Grup 8 kapsamındaki erkek ve kadın ziyaretçilerin görece olarak yüksek 'tarımsal çalışan' oranları ortaya koyduklarını, ancak nüfus sayımında tarımsal faaliyet gösterdiği kaydedilmiş olan kişilerin aslında Türkiye'deki ziyaretleri sırasında tarımda çalışan ailelerine son 1 hafta içinde yaptıkları yardım eylemlerinin kastedildiği düşünülmektedir. Almanya'da yaşayan Grup 5 ve Grup 8 üyeleri arasındaki gerçek tarımsal istihdam oranının Grup 9'dan (%6) daha fazla olmaması gerektiği tahmin edilmektedir.

Almancı turistlerin ortanca yaşı 2000 itibarı ile 38 olup, bu grubun yarısına yakını 25-44 yaş aralığında bulunmaktadır (Tablo Ek-1). Bu grubun genç üyelerinin 1. kuşak Almancıların 3. kuşak torunları olarak kendileri de 2. kuşak Almanya doğumlu ebeveynleri ile birlikte Türkiye'de tatilde oldukları da ihtimal dahilindedir. Bu grubun içinde Türk vatandaşları ile evlenerek Türkiye Cumhuriyeti vatandaşlığına geçmiş Alman asıllıların da olabileceği not edilmelidir.

Yeni Almancılar (Grup 10)

Yeni Almancı olarak adlandırdığımız grup Türkiye'de doğmuş olan ve 5 yıl öncesinde Türkiye'de ikamet ettiği halde sayım gününde Almanya'da ikamet ettiğini beyan etmiş kişilerden oluşmaktadır. Bu grup normalde Almanya'da yaşadığı halde sayım günü Türkiye'de ziyaretçi olarak bulunmuştur. Bu kapsamda 1990 sayımında 3 bin, 2000'de ise binin üzerinde kişi tespit edilmiştir. 1990 nüfus sayımı verilerine bakarak bu grubun niteliğine dair yorum yapmak mümkün değilken, 2000 nüfus sayımından bu grubun büyük ölçüde evlenme yoluyla Almanya'ya gitmiş 'ihraç damat ve gelinlerden' oluştuğunu tahmin etmek mümkün. 'Yeni Almancıların' ekseriyetle evlenme yoluyla Almanya'ya göç etmiş olan kişilerden oluşmuş olabileceği düşünülebilir. Bu durum şaşırtıcı değildir, zira Almanya'da 1992 yılında yapılan yasal değişikliklerle bu ülkeye işçi ya da mülteci olarak göç etmek zorlaşırken, Almanya'ya yasal olarak yerleşmek isteyen çoğu Türkiyeli için 'aile birleşimi' kategorisinde göç etmek mümkün olan tek yasal yol olarak belirmiştir.

2000 yılında Grup 10 üyelerinin üçte ikisine yakını 15-34 yaş aralığındadır (Tablo Ek-1). Erkeklerin %82'si kadınların da %83'ü evlidir ki bu yüksek oranlar evlilik yoluyla göç tezimizi desteklemektedir. Erkekler arasında işsizlerin ve çalışmadığı halde iş aramayanların toplam oranı %20 ile diğer tüm gruplarda gözlenen değerlerin üzerindedir. Buna ek olarak erkeklerin %11'i 3 ay içinde işe başlayacaklarını veya iş kuracaklarını beyan etmişlerdir. Erkeklerin %22'si de ücretsiz aile işçisi olarak çalıştıklarını beyan etmişlerdir. Bu oran da diğer bütün gruplarda erkekler arasında gözlenen ücretsiz aile işçisi kategorisindeki oranların üzerindedir. Bu durum evlilik yoluyla göçen kişilerin belirli bir süre geçene kadar çalışma iznine sahip olmamalarından kaynaklanmaktadır. Sonuç olarak bu kategoride bulunanların bir bölümü Almanya'ya damat ve gelin olarak yanına gittikleri ailenin sahip olduğu işletmede ücretsiz aile işçisi olarak faaliyet gösterebilmektedir. Diğer nedenlerden dolayı çalışamadığını beyan edenler dahil sayıldığında 2000 yılında Grup 10 erkeklerinin %57'sinin gelir getiren bir işe sahip olmadığı görülmektedir (Tablo Ek-4). Aynı dönemde kadınların da %57'si ev hanımıdır (Tablo Ek-5). Bu gruptaki erkeklerin eğitim düzeyi Türkiye geneli ile benzeşmekte olup, %9'dan azı yüksekokul mezunudur (Tablo Ek-3). Öte yandan yeni Almancı kadınların içinde yüksek eğitimli olanların oranı %10 ile göç etmemiş kadın nüfustaki oranın iki katından fazladır.

Çalışan Almanlar (Grup 11)

Grup 11 dahil olmak üzere takip eden dört analiz grubu sayım günü Türkiye'de bulunan Almanya doğumlu Alman vatandaşlarından oluşmaktadır. Bu gruplardaki bazı kişilerin Türk asıllı olması mümkündür, ancak anadil veya etnik köken değişkenlerinin yokluğunda bunların ayrıştırılması mümkün değildir.

Grup 11, ilgili sayımlar sırasında Türkiye'de ikamet eden ve son 5 yıl içinde ülkeye gelmiş Alman vatandaşlarını kapsamaktadır[15]. Bu grup içinde ekseriyetle çalışan kişiler ve onların aileleri yer almaktadır. Her iki nüfus sayımında da bu kapsamda yaklaşık bin kişi sayılmış olup, bu durum küçük hacimli ancak süreğen bir insan hareketliliğinin varlığına işaret etmektedir. Öte yandan Antalya ve Muğla illerine yerleşmiş yazlıkçılar dışında, Türkiye'de her iki sayımda da 5 yıldan uzun süredir Türkiye'ye yerleşmiş hemen hemen hiç Alman vatandaşına rastlanmamıştır. Bu durum, gerek 1990, gerekse de 2000 itibarı ile Türkiye'de çalışan Alman vatandaşlarının büyük çoğunluğunun geçici süre ile ülkeye atanmış kamu veya özel sektör çalışanları olduklarını düşündürmektedir. Bu kapsamda Alman devletinin diplomatik ve kültürel misyonları ve aynı zamanda Alman firmalarının Türkiye şubeleri, Alman vatandaşlarının geçici süreyle çalışacakları kurumlar olarak akla gelmektedir. Buna ek olarak Türk kurumlarında öğretmen veya tercüman gibi pozisyonlarda da Alman vatandaşlarının çalışması olasıdır.

'Çalışan Almanlar' her iki nüfus sayımında da yüksek oranda (%86) kentlerde bulunmaktadır. 1990'da ortanca yaşları 32 iken, 2000'de 38 olarak tespit edilmiştir (Tablo Ek-1 ve A2). Bu yaş grupları gerek kamu gerekse özel sektörde acemiliği geride bırakmış ama henüz yönetici pozisyonlara ulaşmamış uzmanların deneyim kazanmaları için farklı ülkelere atandıkları veya kendi istekleri ile gittikleri yaşlardır. 2000 itibarı ile bu gruptaki erkeklerin %62'si yüksekokul mezunudur (Tablo Ek-3). Beklenen bir sonuç olarak erkeklerin neredeyse yarısı (%48) ücretli konumunda çalışmaktadır. Bunun yanında %7'sinin kendi hesabına (büyük ihtimalle 'freelance' olarak) çalıştığı, diğer bir %7'sinin de Türkiye'de iş aramakta olduğu gözlenmiştir. Bu kişilerin iş aramak amacıyla mı Türkiye'ye geldikleri yoksa Türkiye'de çalışmakta oldukları görev veya proje sona erince mi iş aramaya başladıkları bilinmemektedir. 2000 itibarı ile Grup 11 üyelerinin %57'si erkek olup, gruptaki kadınların sayısı eğitim ve istihdam bilgilerini analiz etmemize

---

[15] Bu tanıma uyan ancak Antalya ve Muğla illerinde sayılmış olan Almanlar hemen hemen tümüyle yazlıkçı olduklarından ayrı bir grup olarak değerlendirilmişlerdir.

yetecek boyutta değildir. Bu gruptaki erkeklerin bir bölümünün ülkeye bekâr olarak geldikleri belirtilmelidir.

Yeni göçmüş (Grup 12) ve eskiden göçmüş (Grup 13) Alman yazlıkçılar

Türkiye'de ikamet eden Alman vatandaşlarının büyük çoğunluğu Antalya ve Muğla illerinde sayılan, ekseriyetle emekli veya çalışmayan kesimden oluşan, 'yazlıkçı' olarak nitelendirilebileceğimiz ve yılın tümünü veya önemli bir bölümünü Türkiye'de geçiren kişilerdir. Grup 13 içinde ilgili nüfus sayımına göre en az beş yıldır Türkiye'de bulunan tüm Almanlar, Grup 12'de ise ilgili nüfus sayımına göre son beş yıl içinde sadece Antalya veya Muğla illerine göçmüş Almanlar yer almaktadır. Grup 12 tanım gereği Antalya ve Muğla illeri ile sınırlandırılmış iken, beş yıldan daha uzun bir zamandır Türkiye'de yaşayan Alman vatandaşlarının (Grup 13) hemen hemen tümü zaten Antalya ve Muğla illerinde bulunmaktadır. Bir başka değişle Antalya ve Muğla illerinin dışında yaşayan Almanlar Türkiye'de geçici süreyle (5 yıldan az) kalmakta, yerleşmek isteyenler ise öncelikle Antalya'yı, ikinci sırada da Muğla'yı tercih etmektedir. Bunun yanında her iki grubun nüfus sayımı verilerinden görebildiğimiz temel özellikleri birbirine benzediği için Grup 12 ve 13 aynı alt bölümde birlikte betimlenmiştir.

1990 yılında Türkiye'de en az beş yıldır ikamet eden Alman vatandaşlarının (Grup 13) sayısı sadece bin civarında iken, bu sayı 2000 yılına kadar tam 9 kat artarak 12 bini geçmiştir. Bu kişilerin çoğunlukla 1991-1995 yılları arasında Türkiye'ye geldikleri tahmin edilmektedir. Son beş yıl içinde Antalya veya Muğla'ya göç etmiş olanların sayısına gelince ise, 1990 yılında bunlar sadece birkaç yüz kişi iken -2000 yılında kadar 8 kat artarak 2 bin kişiyi geçmiştir. Gözlenen üssel artışın 2000'li yıllarda da devam ettiği düşünülürse günümüzde Türkiye'ye yerleşmiş Alman vatandaşı yazlıkçıların sayısının 100 bini geçmiş olması sürpriz olmayacaktır. Grup 4'de aktarılan Türk vatandaşı mevsimlik göçerler gibi Alman vatandaşı yazlıkçıların bir bölümünün de iki ülke arasında mekik dokudukları, bu nedenle 2000 yılı itibarı ile tümü nüfus sayımı sırasında tespit edilememiş olabilecek Türkiye'ye yerleşmiş Alman yazlıkçıların Grup 12 ile 13'ün toplamı olan 14 binin üzerinde olduğunu tahmin etmekteyiz. Her iki grup da 1990'da çok küçük olduğundan demografik özellikler sadece 2000 nüfus sayımı dikkate alınarak aktarılacaktır.

2000 yılı itibarı ile 5 yıldan daha uzun süredir Türkiye'ye yerleşmiş olan Almanların ortanca yaşı 40 iken, son 5 yıl içinde yerleşmiş olanlarda bu değer 46,5'dir (Tablo Ek-1). Gözlenen bu yaşlanma durumu, Türkiye'ye göçün emeklilik yaşlarına doğru kaymakta olduğuna işaret etmektedir. Beş yıldan daha uzun zaman önce Türkiye'ye yerleşmiş olanlar ekseriyetle kentsel alanlarda otururken (%57), sayım gününe göre son beş yıl içinde gelmiş olanlar kırsal alanlarda oturmaktadır (%61). Ulaşım, altyapı ve ticaret ağının 80'lerden bu yana gelişmesi ve kırsal ile kentsel alanlar arasındaki nitelik farklılıklarının gittikçe azalması sonucunda, yakın zamanda göç eden Almanların eskiden gelmiş olanlara göre daha yüksek oranda kırsal alanları tercih ediyor olması mümkün hale gelmiştir (Tablo Ek-2).

2000 yılında yeni göçmüş Alman yazlıkçılar içinde yer alan erkeklerin %45'i, kadınların da %40'ı yüksek eğitimlidir (Tablo Ek-3). Bu oranlar, eskiden göçmüş Almanlar arasında daha düşüktür. Artan eğitim düzeyi ve yükselen ortanca yaş, 90'ların ikinci yarısından itibaren görece olarak daha varsıl bir grubun Türkiye'ye geldiğini gösterebilir ancak bunu teyit edecek veriler elimizde bulunmamaktadır. Bu savı destekleyen bir bulgu olarak yeni göçmüş Alman yazlıkçılar arasında erkeklerin %9'u irat sahibi (rantiye) iken bu oran eskiden göçmüş olanlarda %5'in altındadır (Tablo Ek-4). Her iki grupta da erkekler arasındaki en büyük istihdam kategorisi emeklilerdir (Grup 12'de %25, Grup 13'de %30). Eskiden göçmüş Almanlar'ın yaklaşık %20'si de kişisel, ailevî veya sağlık nedenlerinden dolayı çalışmayanlardır. Grup 13'te erkeklerin %9'dan azı, Grup 12'de de sadece %13'ü ücretli olarak çalışmaktadır. Görece olarak genç olanların da Almanya'da yaygın olarak 'erken emekli' oldukları varsayılabilir. Grup 13 erkeklerinin %16'sı gibi azımsanmayacak bir bölümü, 3 ay içinde bir iş kuracaklarını veya bir işe başlayacaklarını beyan etmişlerdir ancak bunun hangi oranda uygulamaya dönüşeceği şüphelidir. Ülke dışına göç eden çoğu Alman yazlıkçı, güzel bir ev sahibi olmanın yanısıra restoran-bar-cafe tarzı bir işletme açmayı da düşlerken, gerçekte bu niyetlerin ya uygulamaya konulamadığı ya da ilgili girişimlerin genelde uzun ömürlü olmadığı belirtilmelidir.

Grup 12 erkeklerinin %21'i sayım gününde kendi hesabına çalıştığını beyan ederken, bu oranın zaman içinde düşmesi mümkündür. Öte yandan, bu kişilerin belki de çoğunun (Grup 4'te gösterilen mevsimlik göçerler gibi) zaten emekli olduğu ve kendi hesabına yapılan işin hobi mahiyetinde yürütülüyor olabileceği de akılda tutulmalıdır. Eskiden göçmüş Alman yazlıkçılar arasında erkeklerin %20'den azı halihazırda istihdama dahil edilmişken, bunların yaklaşık yarısı (%47) - nüfus sayımları pratiği ve kullanılan soru kağıdı tasarımından dolayı- belki de çoğu sadece kendi öztüketimleri için ve/veya hobi olarak yürüttükleri tarımsal (bağ-bahçe) faaliyetleri nedeniyle tarım işçisi olarak kaydedilmişlerdir. 'Tarımcı'lar hariç tutulduğunda eskiden göçmüş Alman erkekler arasındaki istihdam oranı %10'a düşmektedir (Tablo Ek-4 ve Ek-6). Benzer bir durumun yeni göçmüş Alman yazlıkçılar arasında söz konusu olduğu varsayılmakta, ancak sayıların düşüklüğü nedeniyle Grup 12'nin mesleklere dağılımı verilememektedir.

Alman yazlıkçıların bir bölümünün kırsal alanlarda yabancıların tabi olduğu mülk alım sınırlamalarını aşmak için sahip oldukları/kullandıkları ev ve/veya arsayı Türkiye'de kurdukları bir şirket üzerinden satın aldıkları, Grup 13 erkekleri arasında kendi hesabına çalışanların bir bölümünün söz konusu şirkete bir gönderme olabileceği de akılda tutulmalıdır. Bazı Alman yazlıkçıların uygulamada sürekli ya da her yıl yılın belirli zamanlarında kullandıkları bir evi/daireyi apart otel olarak kiraladıkları, bir kısmının diğer Alman yazlıkçılar ile bir araya gelerek topluca site kurdukları veya mevcut site yönetim şirketlerinden hizmet satın aldıkları da not edilmelidir.

Alman yazlıkçı kadınlar arasında ise görece olarak en kalabalık grubu ev hanımları oluşturmaktadır ve bunların oranları Grup 12 için %33, Grup 13 için %49'dur (Tablo A9). Her iki grupta kadınların %17-18'i emeklidir. Erkeklere benzer şekilde eskiden göçmüş yazlıkçı kadınların istihdam içinde olanlarının yarısından fazlası (%55)tarım çalışanı olarak kaydedilmiştir. Gerçekte hobi veya öztüketim amaçlı bu faaliyetler hariç bırakılırsa 2000 yılında Grup 13 kadınları arasındaki istihdam oranının %7'nin altında kalacağı hesaplanmaktadır.

Alman turistler (Grup 14)

Grup 14, Türkiye'de ikamet etmeyen ancak nüfus sayım gününde Türkiye'de bulunan Alman vatandaşlarını kapsamaktadır. Bu kişilerin neredeyse tümü Antalya ve Muğla illerinde sayılmış ve kurumsal nüfusun parçası olarak tespit edilmiştir. Almanya'dan Türkiye'ye artan ziyaretçi sayıları ile uyumlu bir şekilde bu grubun sayısı 1990'da 28 bin iken 2000 yılında bu sayı 63 bine çıkmıştır. Aynı dönemdeki sınır istatistiklerinden de Alman ziyaretçi sayısında sürekli bir artış olduğu görülmektedir. Bu Göç Kültürü modeli (Cohen & Sirkeci, 2011, Sirkeci et al. 2012) ile açıklanabilecek iki ülke arasındaki gelişmiş ilişkilerin de bir sonucudur. Türkiye bir turizm destinasyonu olarak hızla önem kazanırken, Alman ziyaretçilerin sayısı da 2012 yılı itibariyle 21 kat artarak 5 milyon düzeyine ulaşmıştır. Almanların toplam ziyaretçi sayısı içindeki oranı da yüzde 12-14 aralığında seyretmiştir. Ancak Nüfus sayımlarının Ekim ayının ikinci yarısında yapıldığı göz önünde bulundurulduğunda, Alman turistlerin çok küçük bir bölümünün Grup 14 içinde kapsanmış olduğu tahmin edilmektedir.

Almanya ile Türkiye arasındaki göçün bölgesel yönelimi

Türkiye doğumlu Almancı nüfusun ülkeye geri dönüşleri her zaman bu kişilerin doğum memleketlerine dönüş biçiminde gerçekleşmemektedir. Harita 1'de Grup 2 üyelerinin Türkiye'deki doğum illerinin dağılımı, Harita 2'de ise aynı grubun 2000 nüfus sayımı sırasında Türkiye'de bulundukları illerin göreceli dağılımı verilmektedir[16]. Harita 1, eskiden dönmüş Almancıların hangi illerden yola çıkarak Almanya'ya gitmiş olabileceklerini, Harita 2 ise bu kişiler Türkiye'ye geri döndüklerinde yerleşmek için hangi illeri tercih ettiklerini göstermektedir.

Harita 1 incelendiğinde eskiden dönmüş Almancıların doğum illeri arasında genel olarak ülkenin Batı ve Kuzey kesimlerinin, özel olarak Trakya, Marmara, Ege ve Doğu Karadeniz ile Kırşehir merkezli bir alanda kısmen Orta Anadolu'nun öne çıktığı görülmektedir. Akdeniz Bölgesi ile Güneydoğu Anadolu ise, eskiden dönmüş Almancıların doğum yerleri arasında seyrek görülmektedir. Bu bölgelerde doğan nüfus ilk kuşak Almancıların nüfusuna oranla az temsil edilmektedir.

Harita 1. Eskiden dönmüş Almancıların (Grup 2) doğum yerlerinin göreceli dağılımı*, 2000

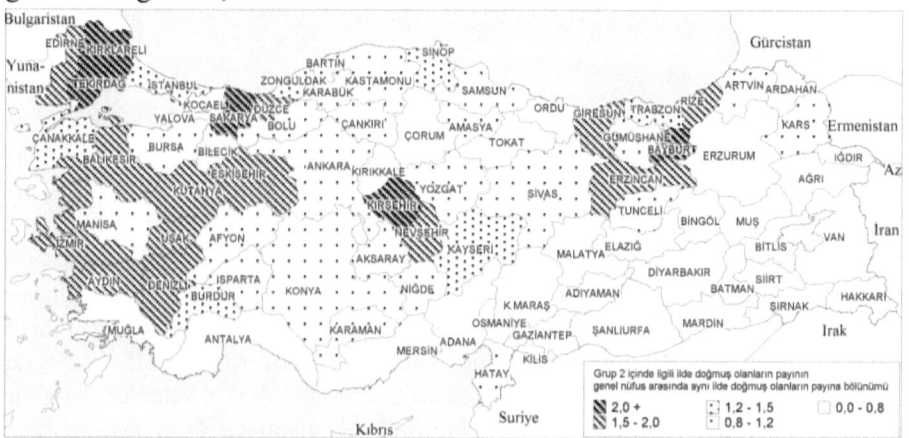

* *Grup 2 içinde ilgili ilde doğmuş olanların payının genel nüfus arasında aynı ilde doğmuş olanların payına bölünümü*

Harita 2'de gösterilen geri dönüş alanları ise kısmen farklı bir tablo çizmektedir. Çoğunluğu 1984/85 döneminde veya öncesinde ülkeye dönmüş olan bu kişiler ekseriyetle ülkenin batısındaki gelişmiş ve sanayileşmiş illere yerleşmişler, özellikle İstanbul, İzmir, Balıkesir, Aydın, Denizli, Uşak,

---

[16] Haritalarda gösterilen kategorilerin oluşturulmasında belirtilen yöntem uygulanmıştır: Her bir ilin analiz edilen grup içindeki payı, söz konusu ilin genel nüfus içindeki payına orantılanmış, bu sayede göreceli dağılım elde edilmiştir. Örneğin Harita 1 kapsamında her bir ilin eskiden dönmüş Almancılar arasında doğum yeri olarak oranı, aynı ilin genel nüfus içinde doğum yeri olarak oranına bölünmüştür. Bir ilde eskiden dönmüş Almancıların %7'si doğmuş, ancak genel nüfusun sadece %3'ü doğmuş ise o ilin orantısı 2,33 olacaktır. Öte yandan genel nüfusun yine %3'ünün doğmuş olduğu başka bir il eğer eskiden dönmüş Almancılar içinde doğum ili olarak sadece %1 paya sahip ise, o ilin orantısı sadece 0,33 olacaktır.

Sakarya, Düzce ve Kırklareli'ni tercih etmişlerdir. Antalya ili eskiden dönmüş Almancıların öncelikli doğum illeri arasında yer almazken, yerleşim için Grup 2 tarafından genel nüfusa oranla daha çok tercih edilmiştir. Öte yandan Doğu Karadeniz doğum illeri arasında öne çıkarken Almanya'dan dönüldükten sonra yerleşim için tercih edilmemiştir.

Harita 2. Eskiden dönmüş Almancıların (Grup 2) göreceli de facto yerleşim dağılımı*, 2000

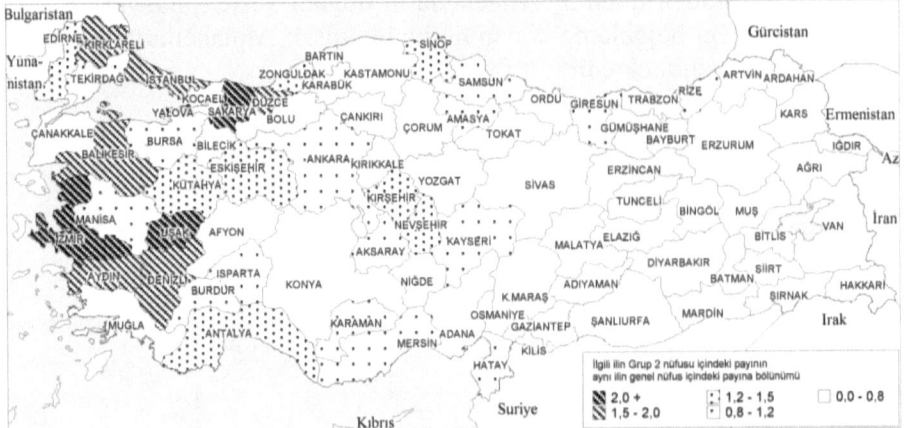

Eskiden dönmüş Almancıların doğum illeri ile dönüş illeri önemli ölçüde farklılaşmaktadır. Söz konusu tercihin ana sebebi Türkiye'de ülke sathını kapsayan yaygın bir ulaşım, iletişim ve ticaret ağının ancak 80'li yılların ikinci yarısından itibaren kurulmuş olması olabilir. Daha öncesinde Türkiye'nin çoğu ilinde ve iller içindeki kırsal alanlarda şehirlerarası bir telefon görüşmesi için saatlerce beklenilmekte, insan ve eşya taşımacılığı kalitesi düşük, sınırlı karayolları ile gerçekleştirilmekte ve birkaç büyükşehir dışında çoğu mal ve hizmetin sunulduğu perakende ticaret zincirleri bulunmamakta idi. Sonuç olarak 80'li yılların ikinci yarısına kadar Türkiye'de yüksek alım gücüne sahip olunsa bile, birkaç büyükşehir dışında Almanya'da alışılmış standartta bir yaşam sürdürülmesi mümkün değildi. Bu nedenle eskiden dönmüş Almancıların ekseriyetle batıda bulunan daha gelişmiş illeri tercih etmiş olmaları beklenen bir durumdur.

Harita 3. Yeni dönmüş Almancıların (Grup 3) doğum yerlerinin göreceli dağılımı*, 2000

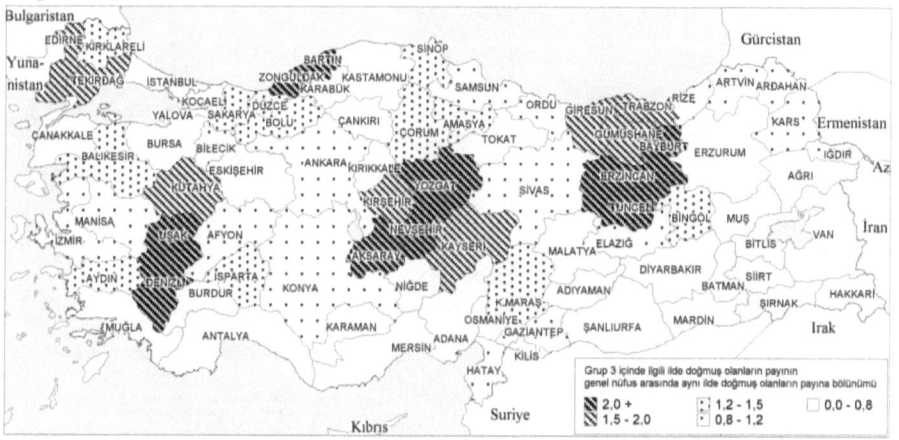

* Grup 3 içinde ilgili ilde doğmuş olanların payının genel nüfus arasında aynı ilde doğmuş olanların payına bölünümü

Öte yandan 1996-2000 yılları arasında ülkeye dönmüş Grup 3 içindeki göçmenlerin doğdukları iller ve yerleştikleri iller büyük ölçüde birbiri ile örtüşmektedir. Harita 3'de yeni dönmüş Almancıların göreli doğum illeri, Harita 4'de ise nüfus sayımında bulundukları illerin göreli dağılımı verilmiştir. Doğum yerleri açısından daha sık görülen yöreler İç Batı Anadolu (Denizli, Uşak, Kütahya), İç Anadolu (Yozgat-Aksaray hattı), Doğu Karadeniz ile Erzincan-Tunceli hattı, Zonguldak-Bartın ve göç veren bölge olarak önemi azalmakla birlikte Trakya illeridir. Akdeniz Bölgesi ile Güneydoğu Anadolu ise yeni dönmüş Almancıların doğum yerleri içindeki nüfuslarına oranla daha az görülmektedir. Bu dağılım Harita 4'de verilen yerleşim illerinin dağılımı ile büyük ölçüde benzeşmektedir. Tek belirgin bölgesel farklılık yeni dönmüş Almancıların doğum illeri arasında ağırlığı olmayan Antalya ve Muğla'nın yerleşim yeri açısından tercih edilen iller arasında olması, tekil il düzeyinde ise Sinop'un yerleşim yeri olarak ağırlıkla tercih edilen iller grubunda yer almasıdır. 90'lı yılların ikinci yarısından itibaren ülkeye dönen Almancıların ülkenin orta ve doğu kesimleri dahil olmak üzere doğum yerlerinde daha yüksek oranda oturdukları görülmektedir. Kanımızca bu değişimin ana nedeni ülkenin 80'li yıllardan itibaren gelişen altyapısı sonucu bölgesel ve kır-kent donatı farklılıklarının azalmış olmasıdır.

Harita 4. Yeni dönmüş Almancıların (Grup 3) göreceli de facto yerleşim dağılımı*, 2000

İlgili ilin Grup 3 nüfusu içindeki payının aynı ilin genel nüfus içindeki payına bölünümü

Harita 1 ile Harita 3'ün karşılaştırılması bize sadece Almanya'dan dönüşün değil, aynı zamanda geçmiş dönemde Türkiye'den Almanya'ya göçün mekânsal dağılımı hakkında da ipucu vermektedir. Eskiden dönmüş Almancıların Almanya'ya ilk giderken de yeni dönmüş Almancılara göre daha erken gittiklerini varsayarsak, Grup 2'nin doğum yerlerinin Türkiye'den Almanya'ya ilk göç dalgasını temsil ettiği, Grup 3'teki yeni dönmüş Almancıların doğum yerlerinin ise ikinci göç dalgasını gösterdiği düşünülebilir. Bu varsayımlar altında 60'lı yıllarda başlamış olan birinci göç dalgasının Türkiye'nin batı ve kuzey illerinden kaynaklandığını, büyük olasılıkla 70'li yıllara denk gelen ikinci göç dalgasının köken illeri listesinde ise, daha ziyade güney ve doğu illerinin öne çıktığı, ve bu süreçte Trakya ve Kıyı Ege illerinin göç veren iller listesinde gerilediği gözlenmektedir. Yeni dönmüş Almancıların doğum illeri ayrıntılı olarak incelendiğinde K.Maraş, Bingöl ve Kars gibi illerin doğum illeri arasında daha sık rastlandığı, bu bağlamda yurtdışına göç dalgasının Güneydoğu'ya doğru kaydığını söylemek mümkündür. Büyük olasılıkla 80'li yıllara denk gelen üçüncü göç dalgası ağırlıkla güneydoğu illerini de kapsamaktadır, ancak bu kişiler 2000 itibarı ile henüz dönüş göçlerine başlamadıklarını için bu çalışma kapsamında tespit edilememişlerdir. 2011 NKA verisinin kullanıma açılması ile üçüncü göç dalgasından ilk geri dönüş göçlerinin de tespit edilebileceği umulabilir.

Harita 5. Çalışan Almanlar, Alman yazlıkçılar ve turistler ile Türk ziyaretçiler ve turistlerin nokta yoğunluk haritası, 2000

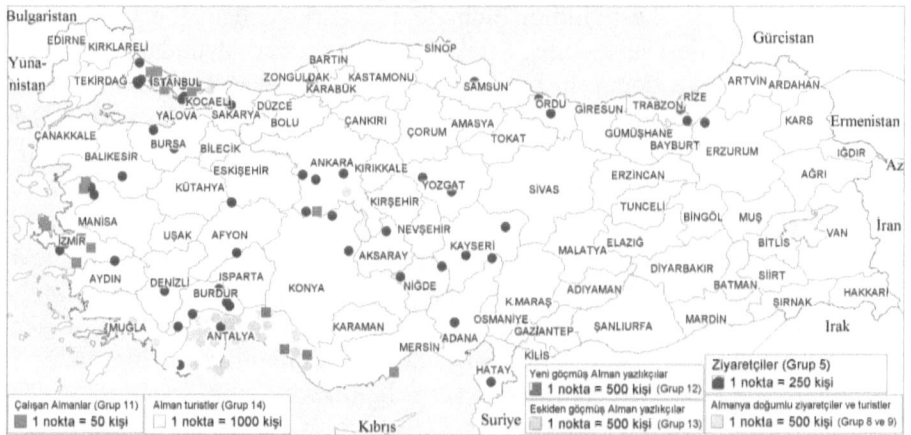

Son olarak Harita 5'te Türkiye'deki Alman vatandaşlarının ve ayrıca sayım günü Türkiye'de ziyaretçi olarak bulunan Almancı grupların ülke içindeki dağılımı nokta yoğunluk haritası biçiminde gösterilmiştir. Alman turistlerin (Grup 14) büyük çoğunluğu Antalya ilinde, geri kalanı da Muğla ilinde sayılmışlardır. Aynı mekânsal dağılım Türkiye'ye yerleşmiş olan Alman yazlıkçılar (Grup 12 ve 13) için de geçerlidir. Çalışan Almanlar ise çoğunlukla İstanbul ve İzmir'de, az bir bölümü de Ankara ve Mersin'de bulunmaktadır. Türkiye doğumlu ziyaretçilerin (Grup 5) daha ziyade ülkenin batı, orta ve kuzeydoğu illerinden oldukları gözlenmekte. Bu dağılım Türkiye'ye kesin dönüş yapmış Almancı grupların (Grup 2 ve 3) Türkiye'deki yerleşim dağılımları ile benzeşmektedir. Almanya doğumlu ziyaretçiler ile Almancı turistlerin dağılımı ise Türkiye'deki Alman vatandaşlarının dağılımına daha benzerdir. Almancı turistler (Grup 9) tıpkı Alman vatandaşları gibi Antalya ve Muğla illerinde tatil yaparken, Grup 8 kapsamındaki Almanya doğumlu genç ziyaretçiler de daha ziyade üç büyük şehirde bulunmaktadır. Buradan Almanya doğumlu ziyaretçilerin Türkiye'ye memleket ziyaretine giden ebeveynlerine katılmadıkları, ancak anne-babaları büyükşehirlere ziyarete geldikleri zaman onlara eşlik ettiklerini çıkarsamak mümkündür.

Sonuç ve değerlendirme

Bu çalışmada 1990 ve 2000 nüfus sayımları sırasında Almanya ile bağlantılı nüfus grupları tespit edildi. İki nüfus sayımı verileri kullanılarak bu grupların göç örüntüleri ile her birinin temel sosyo-ekonomik özellikleri tarif edildi. Genel olarak Türkiye'deki yurtdışı doğumlu ve Türk vatandaşı olmayan nüfuslara bakıldığında Alman vatandaşları ve Almanya doğumluların ülkedeki en kalabalık Türk vatandaşı olmayan ve Türkiye doğumlu olmayan nüfus grubunu oluşturduğunu görüyoruz. Bunun göç kültürleri modelinde kastedildiği biçimde bir Türk-Alman göç kültürünün yansıması olduğu ileri sürülebilir. Çünkü Türkiye sınırları dışındaki en büyük vatandaş ve Türkiye doğumlu nüfus grubu da Almanya'da bulunmaktadır. Yarım yüzyılı aşan bu göç ilişkisi ve ona paralel ekonomik ve siyasi ilişkiler iki ülke arasında göç kültürünün oluşmasına katkıda bulunmuştur. Dolayısıyla da bugün gözlemlediğimiz karşılıklı göç akımları ortaya çıkmıştır.

Son yarım yüzyıllık gelişmeler dikkate alındığında, belirtilen dönemdeki Türkiye nüfusunun yaklaşık %10'unun zaman içinde yurtdışına çıkmış olduğu tahmin edilmektedir. Bu kişilerin yarısından fazlası Almanya'ya göç etmiştir. Benzer şekilde Almanya'daki Türkiye kökenli nüfusun yine yaklaşık %10'unun Almanya'da belirli bir süre kaldıktan sonra zaman içinde Türkiye'ye geri döndüğü görülmüştür. Bir kısmının ise her iki ülkede bir ev açarak yılın belirli zamanlarında sırasıyla iki ülkede yaşadığı gözlenmiştir. Türkiye'ye geri göçen Türk vatandaşları arasında birinci kuşak göçmenlerin Almanya doğumlu çocukları da bulunmakta olup, bu kişiler Türkiye'ye aileleri ile birlikte çocukluk veya gençlik dönemlerinde gelmiştir. İçlerinden bir bölümünün yükseköğrenim için tekrar Almanya'ya geri döndüğü, bunların da bir bölümünün geri dönüş haklarını kullanarak tekrar Almanya'ya yerleştiği de bilinmektedir. Bu şekilde vatandaşı oldukları ve ebeveynlerinin geri dönmüş olduğu ülkeden ayrılarak doğmuş oldukları ülkeye geri dönenlerin oranının da tüm Türkiye'deki yakın dönemde dönmüş Almanya doğumluların %10'unu bulması şaşırtıcı olmayacaktır. İki ülke arasındaki nüfus akımları, bir sarkacın hareketine benzeyen karşılıklı göçleri ve geri dönüşleri içermektedir.

Türk vatandaşlarının yanı sıra 1990'dan bu yana Alman vatandaşları da Türkiye'ye göç etmekte, ekseriyetle emekliliklerini geçirmek üzere Antalya ve Muğla'ya yerleşmektedir. Bu grubun sayısı 2000 itibarı ile henüz küçük olup, zaman içinde artmış olduğu tahmin edilmektedir. Göç hareketlerine ek olarak her iki ülke vatandaşları arasında Türkiye'ye turist veya ziyaretçi olarak gelenler de 1990'dan bu yana artmıştır. Bütün olarak bakıldığında iki ülke arasındaki göç akımlarının son 30 yıl içinde 20 katına çıktığı görülmektedir. Mevcut hareketler gelecekteki göç akımlarını da daha olası hale getirmektedir.

Nüfus sayım verilerinin analizi, Almanya'ya göç ederek sonrasında Türkiye'ye geri dönmüş olan nüfusun yurtdışına çıkmamış nüfusla karşılaştırıldığında maddî açıdan daha iyi durumda olduğunu göstermektedir. Öte yandan bu kişilerin Almanya'da doğmuş çocukları eğitim ve istihdam verileri açısından aynı yaş gruplarındaki göç etmemiş kitleye göre daha iyi bir konumdadır. Almanya'ya göç eden birinci kuşak için bu göç eylemi, geri dönüşü yüksek bir yatırım haline gelmiştir. Birinci kuşağın kendisi edindikleri birikimle Türkiye'de kalmış nüfusla karşılaştırıldığında çok daha yüksek ev sahipliği oranlarına ulaşmış, bu kişilerin çocukları olan Almanya doğumlular da her iki cinsiyet içinde görece olarak daha yüksek oranda yüksek eğitim edinerek istihdam piyasasında daha nitelikli mesleklerde çalışır hale gelmiştir.

Yakın dönemde Almanya'ya gitmiş olan kitle ise evlilik yoluyla göç eden ve büyük çoğunluğu çalışmayan kişilerden oluşmaktadır. Bu grubun Almanya'ya yasal yollarla gidebilmek için yaptığı harcamaların (ki düğün masrafı, Almanca kurs ücreti, Almanya'daki dünürlerin bazen nikâhtan hemen önce talep edebildikleri başlık parası/drahoma türü yüklüce bir ödeme, yol parası gibi masraflar önemli miktarlara ulaşabilmektedir) ileride verimli bir yatırıma dönüşüp dönüşmeyeceği, gelecekte belli olacaktır.

Gerek Almancıların gerekse de Almanların Türkiye'de yerleştikleri iller, bir kısmı zaman içinde değişen belirli tercihleri ortaya koymaktadır. Alman yazlıkçılar sadece Antalya ve Muğla'ya yerleşirken, eskiden dönmüş Almancılar ülkenin batı kesimlerindeki kentsel alanları, 1996-2000 arasına dönmüş olan Almancılar da batıdaki büyükşehirlerin yanı sıra kendi doğum illerini ve/veya kırsal alanları da daha yoğun olarak tercih etmişlerdir.

1990 ve 2000 nüfus sayım verileri kullanılarak Türkiye'deki Almanya ile bağlantılı grupların sosyo-demografik özellikleri çıkarılmış olsa da, söz konusu sayımlarla Türkiye'deki Alman vatandaşlarının ve Almanya bağlantılı Türk vatandaşlarının güncel sayısının tespiti mümkün değildir. Euro bölgesinde 2008'den bu yana devam eden ekonomik kriz Almanya'dan Türkiye'ye eğitimli Almancı göçünü hızlandırmış olabilir. Öte yandan Alman vatandaşı yazlıkçıların sayısının katlanarak artmış olduğu beklenmektedir. Bu kapsamda, gerek 2011 NKA'nın araştırmacıların kullanımına açılması, gerekse sınır kapısı/gümrük kayıtlarının düzenlenerek yabancı nüfusun güvenilir ölçüde kayıt altına alınması araştırmacılar olarak doğru tahminler yapmamızı kolaylaştıracaktır.

Teşekkür ve Açıklama

Bu çalışmada yararlanılan Genel Nüfus Sayımı %5 örneklem veriseti TÜİK tarafından özel izin ile yazarların kullanımına açılmıştır. Gerek söz konusu izin gerekse http://www.tuik.gov.tr adresinden çekilen diğer veri ve tablolar için Türkiye İstatistik Kurumu'na teşekkür ederiz. Ayrıca bu çalışmanın geliştirilmesine yorum ve eleştirileriyle katkıda bulunan Murat Yüceşahin ve Fethiye Tilbe'ye teşekkür ederiz.

EK TABLOLAR:

Tablo Ek-1. 5 ve üzeri yaştaki de facto nüfusun yaş dağılımı

2000 Genel Nüfus Sayımı

Grup	Kategori	Yaş grubu %						Ortanca yaş
		5-14	15-24	25-34	35-44	45-54	55-64	65+	
1	Uluslararası göç etmemiş Türk	22.6	22.9	17.8	14.6	9.8	6.2	6.1	27
2	Eskiden dönmüş Almancı	0.0	0.3	7.1	20.5	40.9	27.1	4.2	50
3	Yeni dönmüş Almancı	3.6	8.2	17.1	15.2	15.5	29.6	10.8	50
4	Mevsimlik 'göçer'	0.7	0.7	3.9	6.9	28.6	45.3	13.9	57
5	Ziyaretçi	1.7	12.2	28.7	19.0	14.3	19.3	4.8	37
6	Eskiden dönmüş Almanya doğ.	9.8	44.0	42.5	1.8	0.8	0.7	0.5	24
7	Yeni dönmüş Almanya doğ.	40.5	34.2	18.7	2.7	2.4	1.2	0.3	18
8	Almanya doğumlu ziyaretçi	32.3	29.4	20.8	5.7	5.2	3.6	2.9	22
9	Almancı turist	8.0	14.2	20.0	22.2	13.0	13.7	8.9	38
10	Yeni Almancı	1.5	34.8	31.8	15.2	6.1	7.6	3.0	27
11	Çalışan Alman	8.9	7.1	25.0	21.4	14.3	16.1	7.1	38
12	Yeni göçmüş Alman yazlıkçı	6.5	7.4	17.6	16.7	10.2	33.3	8.3	46.5
13	Eskiden göçmüş Alman yazlıkçı	8.3	8.6	19.6	21.9	15.5	17.3	8.8	40
14	Alman turist	8.5	9.5	17.8	22.6	16.8	15.5	9.3	40

1990 Genel Nüfus Sayımı

Grup	Kategori	Yaş grubu %						Ortanca yaş
		5-14	15-24	25-34	35-44	45-54	55-64	65+	
1	Uluslararası göç etmemiş Türk	26.7	22.5	17.9	12.5	8.5	7.2	4.7	25
2	Eskiden dönmüş Almancı	0.0	0.9	11.0	41.0	39.7	6.7	0.8	44
3	Yeni dönmüş Almancı	3.7	16.4	16.3	16.5	28.4	16.2	2.4	43
4	Mevsimlik 'göçer'	0.7	9.9	13.9	17.9	33.1	21.9	2.6	47
5	Ziyaretçi	2.6	18.3	34.0	13.7	23.4	7.6	0.3	32
6	Eskiden dönmüş Almanya doğ.	43.9	52.8	1.6	0.5	0.4	0.3	0.5	15
7	Yeni dönmüş Almanya doğ.	65.4	30.5	1.7	0.9	0.9	0.3	0.2	12
8	Almanya doğumlu ziyaretçi	63.5	25.1	7.8	1.2	0.6	1.8	0.0	13
9	Almancı turist								
10	Yeni Almancı	5.3	38.2	18.4	13.2	17.8	6.6	0.7	26
11	Çalışan Alman	13.7	15.7	29.4	19.6	17.6	3.9	0.0	32
12	Yeni göçmüş Alman yazlıkçı								
13	Eskiden göçmüş Alman yazlıkçı	28.8	16.7	18.2	16.7	10.6	6.1	3.0	26
14	Alman turist	3.9	10.8	21.5	19.4	21.4	10.4	12.7	42

*25'den küçük N'e sahip satırlar gösterilmemiştir.

Tablo Ek-2. 5 ve üzeri yaştaki de facto nüfusun cinsiyet ve kır/kent dağılımı, %

2000 Genel Nüfus Sayımı

Grup	Kategori	Cinsiyet		Kır/kent		Ev sahipliği (sadece kentsel nüfus)
		Erkek	Kadın	Kent	Kır	
1	Uluslararası göç etmemiş Türk	50.6	49.4	64.9	35.1	62.9
2	Eskiden dönmüş Almancı	44.3	55.7	85.2	14.8	82.1
3	Yeni dönmüş Almancı	58.2	41.8	68.9	31.1	76.7
4	Mevsimlik 'göçer'	54.7	45.3	70.7	29.3	95.1
5	Ziyaretçi	56.8	43.2	73.2	26.8	**
6	Eskiden dönmüş Almanya doğ.	48.0	52.0	83.2	16.8	61.5
7	Yeni dönmüş Almanya doğ.	42.0	58.0	71.4	28.6	66.2
8	Almanya doğumlu ziyaretçi	51.0	49.0	73.2	26.8	**
9	Almancı turist	51.6	48.4	30.6	69.4	**
10	Yeni Almancı	53.0	47.0	57.6	42.4	**
11	Çalışan Alman	57.1	42.9	85.7	14.3	12.5
12	Yeni göçmüş Alman yazlıkçı	50.0	50.0	38.9	61.1	78.1
13	Eskiden göçmüş Alman yazlıkçı	48.9	51.1	57.3	42.7	66.2
14	Alman turist	50.1	49.9	30.4	69.6	**

1990 Genel Nüfus Sayımı

Grup	Kategori	Cinsiyet		Kır/kent		Ev sahipliği (sadece kentsel nüfus)
		Erkek	Kadın	Kent	Kır	
1	Uluslararası göç etmemiş Türk	51.6	48.4	58.7	41.3	63.5
2	Eskiden dönmüş Almancı	46.5	53.5	86.5	13.5	81.6
3	Yeni dönmüş Almancı	57.8	42.2	78.1	21.9	78.3
4	Mevsimlik 'göçer'	74.2	25.8	61.6	38.4	80.6
5	Ziyaretçi	61.9	38.1	79.7	20.3	**
6	Eskiden dönmüş Almanya doğ.	51.0	49.0	86.3	13.7	79.7
7	Yeni dönmüş Almanya doğ.	46.0	54.0	86.0	14.0	77.8

1990 Genel Nüfus Sayımı

Grup	Kategori	Cinsiyet		Kır/kent		Ev sahipliği (sadece kentsel nüfus)
		Erkek	Kadın	Kent	Kır	
8	Almanya doğumlu ziyaretçi	53.3	46.7	67.7	32.3	**
9	Almancı turist					**
10	Yeni Almancı	46.1	53.9	73.0	27.0	**
11	Çalışan Alman	47.1	52.9	86.3	13.7	51.2
12	Yeni göçmüş Alman yazlıkçı					*
13	Eskiden göçmüş Alman yazlıkçı	37.9	62.1	90.9	9.1	66.7
14	Alman turist	52.7	47.3	67.8	32.2	**

*25'den küçük N'e sahip satırlar gösterilmemiştir.
**ziyaretçilere uygulanamaz

Göç ve Uyum

Tablo Ek-3. 15 yaş ve üzeri de facto kadın ve erkek nüfusun eğitim düzeyleri, %

2000 Genel Nüfus Sayımı

Grup	Kategori	Erkek eğitim				Kadın eğitim			
		İlkokul veya daha düşük	Orta-okul ve dengi	Lise ve dengi	Yüksek-okul ve üzeri	İlkokul veya daha düşük	Orta-okul ve dengi	Lise ve dengi	Yüksek-okul ve üzeri
1	Uluslararası göç etmemiş Türk	56.7	15.0	20.2	8.1	74.4	8.1	12.8	4.7
2	Eskiden dönmüş Almancı	59.8	11.6	18.4	10.2	73.5	10.9	12.1	3.5
3	Yeni dönmüş Almancı	64.0	12.8	14.9	8.3	74.7	8.6	11.9	4.9
4	Mevsimlik 'göçer'	82.0	7.2	6.0	4.8	92.3	3.8	3.4	0.5
5	Ziyaretçi	53.0	17.7	22.8	6.4	65.6	12.0	19.3	3.1
6	Eskiden dönmüş Almanya doğ.	16.4	17.5	45.5	20.6	21.8	14.2	44.5	19.5
7	Yeni dönmüş Almanya doğ.	10.8	17.7	57.0	14.6	10.1	16.9	56.5	16.5
8	Almanya doğumlu ziyaretçi	12.4	17.8	50.4	19.4	15.3	16.0	55.7	13.0
9	Almancı turist	6.7	16.1	41.5	35.8	16.0	15.0	49.7	19.3
10	Yeni Almancı	40.0	20.0	31.4	8.6	56.7	16.7	16.7	10.0
11	Çalışan Alman	0.0	10.3	27.6	62.1				
12	Yeni göçmüş Alman yazlıkçı	7.5	11.3	35.8	45.3	8.3	10.4	41.7	39.6
13	Eskiden göçmüş Alman yazlıkçı	24.7	6.3	37.6	31.4	25.2	8.1	38.5	28.1
14	Alman turist	16.7	13.2	39.7	30.4	18.5	14.0	41.5	26.0

1990 Genel Nüfus Sayımı

1	Uluslararası göç etmemiş Türk	70.0	11.7	12.6	5.7	83.8	6.2	7.6	2.3
2	Eskiden dönmüş Almancı	71.9	10.0	11.7	6.3	83.4	7.4	7.3	1.9
3	Yeni dönmüş Almancı	67.1	10.8	15.0	7.2	65.5	10.4	20.5	3.7
4	Mevsimlik 'göçer'	82.0	6.3	8.1	3.6	74.4	2.6	20.5	2.6
5	Ziyaretçi	50.9	19.5	20.1	9.5	69.2	10.9	17.6	2.3
6	Eskiden dönmüş Almanya doğ.	30.3	39.9	27.2	2.6	31.9	40.5	24.3	3.2
7	Yeni dönmüş Almanya doğ.	26.7	44.4	25.6	3.3	24.8	37.6	35.3	2.3
8	Almanya doğumlu ziyaretçi	36.7	40.0	16.7	6.7	48.4	25.8	22.6	3.2
9	Almancı turist								
10	Yeni Almancı	65.6	17.2	15.6	1.6	63.8	12.5	21.3	2.5
11	Çalışan Alman					12.0	16.0	40.0	32.0
12	Yeni göçmüş Alman yazlıkçı								
13	Eskiden göçmüş Alman yazlıkçı					12.5	18.8	40.6	28.1
14	Alman turist	30.9	12.1	35.8	21.3	31.1	14.0	38.8	16.1

*25'den küçük N'e sahip satırlar gösterilmemiştir.
Not: Türkiye ile Almanya'nın eğitim sistemlerindeki belirgin farklılıklar ve ayrıca incelenen dönem içinde Türk eğitim sisteminde yapılan çok sayıda değişiklik nedeniyle tabloda verilen kategorilerin Alman eğitim sistemindeki karşılıkları konusunda dikkatli olunmalıdır. Nüfus sayım memurlarının ve kodlamacılarının Alman okul türleri konusunda bilgi sahibi olmamaları nedeniyle eğitimini Almanya'da görmüş grupların karegorilere atanmasında farklı standartlar uygulanmış olması olasılık dahilindedir. Yine de Gymnasium'un lise, Realschule'nin ortaokul, Hauptschule'nın ise bazen ortaokul bazen de ilkokul olarak kodlanmış olduğu tahmin edilmektedir.

Tablo Ek-4. 15 yaş ve üzeri de facto erkek nüfusun istihdam durumu, %

2000 Genel Nüfus Sayımı

Grup	Kategori	İşgücü içinde bulunma durumu									
		İstihdam içinde				İşsiz		İşgücü dışında			
		Ücretli	İşveren	Kendi hesabına çalışan	Ücretsiz aile işçisi	3 ay içinde çalışmaya başlayacak veya iş kuracak	Son 3 ay içinde iş arayan işsiz	İş aramayan işsiz	Öğrenci	Emekli	İrat sahibi	diğer nedenlerle çalışmayan
1	Uluslararası göç etmemiş Türk	37.5	2.5	19.6	9.3	2.5	5.0	3.1	8.7	8.8	1.7	1.3
2	Eskiden dönmüş Almancı	20.9	5.2	23.0	0.1	1.7	3.0	1.7	0.0	40.8	3.2	0.4
3	Yeni dönmüş Almancı	20.1	2.4	22.7	5.7	5.1	4.2	2.2	2.0	32.4	1.8	1.4
4	Mevsimlik 'göçer'	12.8	1.6	19.6	3.6	2.4	2.0	0.8	0.0	52.4	2.4	2.4
5	Ziyaretçi	41.1	2.4	3.2	11.0	7.7	4.8	1.6	2.9	20.9	2.2	2.2
6	Eskiden dönmüş Almanya doğ.	50.4	3.1	5.5	4.7	3.8	7.8	2.8	18.9	1.0	0.6	1.4
7	Yeni dönmüş Almanya doğ.	30.4	0.0	4.4	10.8	7.6	9.5	2.5	22.2	5.7	3.8	3.1
8	Almanya doğumlu ziyaretçi	46.5	0.8	3.9	5.4	15.5	4.7	0.8	11.6	7.8	1.6	1.4
9	Almancı turist	26.9	1.0	5.2	2.6	9.8	3.6	2.6	8.8	26.9	2.1	10.5
10	Yeni Almancı	28.6	0.0	11.4	22.9	11.4	11.4	8.6	0.0	0.0	2.9	2.8
11	Çalışan Alman	48.3	0.0	6.9	0.0	10.3	6.9	0.0	6.9	13.8	6.9	0.0
12	Yeni göçmüş Alman yazlıkçı	13.2	1.9	20.8	3.8	5.7	0.0	1.9	7.5	24.5	9.4	11.3
13	Eskiden göçmüş Alman yazlıkçı	8.6	1.4	4.3	5.4	16.1	2.5	2.1	2.5	29.6	4.6	22.9
14	Alman turist	20.0	1.0	3.7	1.9	9.5	1.3	0.8	4.5	30.6	3.6	23.1

1990 Genel Nüfus Sayımı

Grup	Kategori	İşgücü içinde bulunma durumu									
		İstihdam içinde				İşsiz	İşgücü dışında				
		Ücretli	İşveren	Kendi hesabına çalışan	Ücretsiz aile işçisi	İş arayan işsiz	İş aramayan işsiz	Öğrenci	Emekli	İrat sahibi	diğer nedenlerle çalışmayan
1	Uluslararası göç etmemiş Türk	39.7	1.6	25.6	11.8	5.5	0.2	6.5	5.6	0.8	2.7
2	Eskiden dönmüş Almancı	24.8	5.4	33.4	0.4	4.1	0.5	0.1	26.8	1.0	3.5
3	Yeni dönmüş Almancı	29.0	2.9	19.8	2.8	6.6	0.2	2.1	29.1	1.1	6.4
4	Mevsimlik 'göçer'	62.2	1.8	9.9	2.7	3.6	0.0	0.9	14.4	0.9	3.6
5	Ziyaretçi	70.2	1.4	4.9	2.7	7.0	1.4	2.2	5.4	0.3	4.5
6	Eskiden dönmüş Almanya doğ.	28.5	0.5	3.0	4.9	8.3	0.3	51.3	0.4	0.1	2.7
7	Yeni dönmüş Almanya doğ.	27.8	0.0	4.4	3.3	6.7	0.0	53.3	1.1	1.1	2.3
8	Almanya doğumlu ziyaretçi	30.0	0.0	0.0	16.7	20.0	0.0	33.3	0.0	0.0	0.0
9	Almancı turist										
10	Yeni Almancı	59.4	1.6	6.3	1.6	12.5	0.0	4.7	7.8	1.6	4.5
11	Çalışan Alman										
12	Yeni göçmüş Alman yazlıkçı										
13	Eskiden göçmüş Alman yazlıkçı										
14	Alman turist	29.2	0.6	5.5	0.4	2.1	1.3	2.5	6.1	1.3	51.0

*25'den küçük N'e sahip satırlar gösterilmemiştir.

Göç ve Uyum

Tablo Ek-5. 15 yaş ve üzeri de facto kadın nüfusun istihdam durumu, %

2000 Genel Nüfus Sayımı

Grup	Kategori	İstihdam içinde				İşsiz		İşgücü dışında			
		Ücretli	İşveren	Kendi hesabına çalışan	Ücretsiz aile işçisi	3 ay içinde çalış-maya başlayacak veya iş kuracak	Son 3 ay içinde iş arayan	İş aramayan işsiz	Öğrenci	Emekli	İrat sahibi	Ev hanımı + diğer nedenlerle çalışmayan
1	Uluslararası göç etmemiş Türk	9.2	0.4	2.3	27.2	0.6	2.4	1.4	6.2	2.5	0.4	47.4
2	Eskiden dönmüş Almancı	2.6	0.6	2.4	11.5	0.4	1.3	0.6	0.1	10.2	0.6	69.7
3	Yeni dönmüş Almancı	5.8	0.4	2.8	23.5	0.7	2.3	0.5	1.8	12.0	0.6	49.6
4	Mevsimlik 'göçer'	4.8	1.0	2.9	21.6	0.0	1.0	0.0	0.0	13.9	1.0	53.8
5	Ziyaretçi	10.3	1.0	1.0	16.7	0.8	2.5	0.8	2.3	8.7	0.0	55.9
6	Eskiden dönmüş Almanya doğ.	27.2	0.7	0.7	8.0	1.5	6.5	2.2	14.4	0.6	0.2	38.0
7	Yeni dönmüş Almanya doğ.	15.6	0.0	1.3	12.2	1.7	7.2	1.3	18.6	0.8	0.0	41.3
8	Almanya doğumlu ziyaretçi	16.8	0.0	0.0	9.9	8.4	1.5	1.5	13.7	9.2	0.8	38.2
9	Almancı turist	24.9	0.0	2.1	0.5	5.8	3.7	1.1	7.4	14.8	0.5	39.2
10	Yeni Almancı	6.7	0.0	0.0	23.3	6.7	0.0	3.3	0.0	3.3	0.0	56.7
11	Çalışan Alman											
12	Yeni göçmüş Alman yazlıkçı	14.6	0.0	2.1	20.8	2.1	0.0	4.2	4.2	16.7	0.0	35.3
13	Eskiden göçmüş Alman yazlıkçı	5.7	0.0	2.1	7.1	5.7	2.8	1.1	2.5	18.1	1.1	53.8
14	Alman turist	15.8	0.3	1.2	1.7	4.8	1.1	0.1	4.7	16.8	1.0	52.5

1990 Genel Nüfus Sayımı

Grup	Kategori	İstihdam içinde				İşsiz		İşgücü dışında			
		Ücretli	İşveren	Kendi hesabına çalışan	Ücretsiz aile işçisi	İş arayan işsiz	İş aramayan işsiz	Öğrenci	Emekli	İrat sahibi	Ev hanımı + diğer nedenlerle çalışmayan
1	Uluslararası göç etmemiş Türk	7.5	0.1	3.3	32.5	1.2	0.1	4.1	1.0	0.1	50.1
2	Eskiden dönmüş Almancı	3.7	0.3	3.1	8.1	0.3	0.0	0.2	3.4	0.0	80.9
3	Yeni dönmüş Almancı	6.6	0.2	2.0	10.5	1.8	0.1	3.5	8.2	0.2	66.9
4	Mevsimlik 'göçer'	17.9	0.0	2.6	12.8	0.0	0.0	0.0	2.6	0.0	64.1
5	Ziyaretçi	23.5	0.0	2.3	8.1	0.9	0.5	3.6	2.3	0.0	58.8
6	Eskiden dönmüş Almanya doğ.	11.9	0.1	0.6	7.2	3.7	0.6	40.6	0.6	0.1	34.6
7	Yeni dönmüş Almanya doğ.	9.0	0.0	0.0	3.0	1.5	0.0	39.1	0.8	0.0	46.6
8	Almanya doğumlu ziyaretçi	16.1	0.0	0.0	6.5	3.2	0.0	29.0	0.0	0.0	45.2
9	Almancı turist										
10	Yeni Almancı	13.8	0.0	1.3	7.5	3.8	0.0	3.8	1.3	0.0	68.5
11	Çalışan Alman	28.0	4.0	0.0	4.0	0.0	0.0	12.0	0.0	0.0	52.0
12	Yeni göçmüş Alman yazlıkçı										
13	Eskiden göçmüş Alman yazlıkçı	15.6	0.0	0.0	6.3	3.1	0.0	12.5	6.3	0.0	56.2
14	Alman turist	20.5	0.6	2.4	0.4	1.6	0.0	3.4	6.1	0.0	65.0

*25'den küçük N'e sahip satırlar gösterilmemiştir.

Tablo Ek-6. 15 ve üzeri yaştaki de facto erkek nüfusun yaptığı iş

2000 Genel Nüfus Sayımı

Grup	Kategori	Yapılan iş (ücretsiz aile işçisi hariç)							İstihdam oranı (ücretsiz aile işç.	İstihdam oranı (ücretsiz aile işç.
		İlmi-teknik eleman	Girişimci ve yönetici	İdari personel	Satış ve ticaret	Hizmet personeli	Tarım çalışanı	Sanayi ve ulaştırma		
1	Uluslararası göç etmemiş Türk	8.6	2.2	6.6	8.9	11.6	24.5	37.6	59.6	68.9
2	Eskiden dönmüş Almancı	11.5	4.8	4.6	15.8	8.6	26.9	27.7	49.1	49.2
3	Yeni dönmüş Almancı	9.3	2.8	2.5	6.6	9.4	41.9	27.5	45.2	51.0
4	Mevsimlik 'göçer'	2.4	0.0	0.0	4.7	2.4	55.3	35.3	34.0	37.6
5	Ziyaretçi	8.9	2.1	3.4	6.9	9.3	1.7	67.7	46.6	57.7
6	Eskiden dönmüş Almanya doğ.	15.7	2.9	13.1	16.4	12.9	2.0	37.1	59.0	63.7
7	Yeni dönmüş Almanya doğ.	25.0	1.8	5.4	12.5	14.3	1.8	39.3	34.8	45.6
8	Almanya doğumlu ziyaretçi	18.2	1.5	3.0	9.1	9.1	1.5	57.6	51.2	56.6
9	Almancı turist	32.8	1.6	6.3	14.1	15.6	3.1	26.6	33.2	35.8
10	Yeni Almancı								40.0	62.9
11	Çalışan Alman								55.2	55.2
12	Yeni göçmüş Alman yazlıkçı								35.8	39.6
13	Eskiden göçmüş Alman yazlıkçı	35.0	2.5	5.0	10.0	7.5	27.5	12.5	14.3	19.6
14	Alman turist	29.3	2.8	9.5	10.9	11.5	5.6	30.4	24.8	26.6

1990 Genel Nüfus Sayımı

Grup	Kategori	Yapılan iş (ücretsiz aile işçisi hariç)							İstihdam oranı (ücretsiz aile işç.	İstihdam oranı (ücretsiz aile işç.
		İlmi-teknik eleman	Girişimci ve yönetici	İdari personel	Satış ve ticaret	Hizmet personeli	Tarım çalışanı	Sanayi ve ulaştırma		
1	Uluslararası göç etmemiş Türk	7.1	1.8	5.3	9.1	10.3	27.0	39.4	66.9	78.7
2	Eskiden dönmüş Almancı	6.5	5.9	2.6	24.4	9.9	14.1	36.6	63.6	63.9
3	Yeni dönmüş Almancı	10.6	2.7	2.0	13.7	7.6	19.6	43.8	51.8	54.6
4	Mevsimlik 'göçer'	2.5	2.5	0.0	1.2	4.9	12.3	76.5	73.9	76.6
5	Ziyaretçi	3.5	0.7	1.1	3.2	1.8	2.8	86.9	76.4	79.1
6	Eskiden dönmüş Almanya doğ.	6.4	0.8	6.4	16.9	12.1	1.9	55.5	32.0	37.0
7	Yeni dönmüş Almanya doğ.	3.4	0.0	3.4	24.1	13.8	0.0	55.2	32.2	35.6
8	Almanya doğumlu ziyaretçi								30.0	46.7
9	Almancı turist								*	*
10	Yeni Almancı	4.7	2.3	0.0	7.0	4.7	4.7	76.7	67.2	68.8
11	Çalışan Alman								*	*
12	Yeni göçmüş Alman yazlıkçı								*	*
13	Eskiden göçmüş Alman yazlıkçı								*	*
14	Alman turist	23.1	5.9	11.3	12.9	8.1	2.2	36.6	35.3	35.7

*25'den küçük N'e sahip satırlar gösterilmemiştir.

Göç ve Uyum

Tablo Ek-7. 15 ve üzeri yaştaki de facto kadın nüfusun yaptığı iş

2000 Genel Nüfus Sayımı

Grup	Kategori	Yapılan iş (ücretsiz aile işçisi hariç)							İstihdam oranı (ücretsiz aile işç. hariç)	İstihdam oranı (ücretsiz aile işç. dahil)
		İlmi-teknik eleman	Girişimci ve yönetici	İdari personel	Satış ve ticaret personeli	Hizmet personeli	Tarım çalışanı	Sanayi ve ulaştırma işçisi		
1	Uluslararası göç etmemiş Türk	22.4	1.2	21.4	6.6	8.2	24.1	16.1	11.9	39.1
2	Eskiden dönmüş Almancı	17.3	1.0	3.8	14.4	15.4	36.5	11.5	5.6	17.1
3	Yeni dönmüş Almancı	17.0	3.0	18.0	11.0	7.0	30.0	14.0	9.0	32.5
4	Mevsimlik 'göçer'								8.7	30.3
5	Ziyaretçi	18.3	1.7	15.0	8.3	25.0	8.3	23.3	12.4	29.1
6	Eskiden dönmüş Almanya doğ.	35.6	1.4	30.9	13.1	7.7	1.7	9.5	28.6	36.6
7	Yeni dönmüş Almanya doğ.	15.0	0.0	22.5	20.0	12.5	10.0	20.0	16.9	29.1
8	Almanya doğumlu ziyaretçi								16.8	26.7
9	Almancı turist	32.0	0.0	28.0	16.0	6.0	4.0	14.0	27.0	27.5
10	Yeni Almancı								6.7	30.0
11	Çalışan Alman								*	*
12	Yeni göçmüş Alman yazlıkçı								16.7	37.5
13	Eskiden göçmüş Alman yazlıkçı								7.8	14.9
14	Alman turist	38.3	1.6	19.8	14.5	13.3	0.8	11.7	17.2	18.9

1990 Genel Nüfus Sayımı

Grup	Kategori	Yapılan iş (ücretsiz aile işçisi hariç)							İstihdam oranı (ücretsiz aile işç. hariç)	İstihdam oranı (ücretsiz aile işç. dahil)
		İlmi-teknik eleman	Girişimci ve yönetici	İdari personel	Satış ve ticaret personeli	Hizmet personeli	Tarım çalışanı	Sanayi ve ulaştırma işçisi		
1	Uluslararası göç etmemiş Türk	19.1	0.8	15.7	4.0	5.8	34.3	20.3	10.9	43.4
2	Eskiden dönmüş Almancı	13.8	1.9	6.3	17.6	12.6	26.4	21.4	7.1	15.3
3	Yeni dönmüş Almancı	22.9	1.0	18.8	5.2	15.6	14.6	21.9	8.8	19.3
4	Mevsimlik 'göçer'								20.5	33.3
5	Ziyaretçi	8.8	0.0	8.8	3.5	15.8	12.3	50.9	25.8	33.9
6	Eskiden dönmüş Almanya doğ.	17.4	1.1	37.5	12.5	8.7	2.2	20.7	12.7	19.9
7	Yeni dönmüş Almanya doğ.								9.0	12.0
8	Almanya doğumlu ziyaretçi								16.1	22.6
9	Almancı turist									*
10	Yeni Almancı								15.0	22.5
11	Çalışan Alman								32.0	36.0
12	Yeni göçmüş Alman yazlıkçı									*
13	Eskiden göçmüş Alman yazlıkçı								15.6	21.9
14	Alman turist	30.3	0.8	26.9	8.4	7.6	0.8	25.2	23.5	23.9

*25'den küçük N'e sahip satırlar gösterilmemiştir.

Bölüm 11: Göçmen ya da Yerli Olmaya İlişkin Algılar: Selçuk'la Çift-kültürlü Özdeşim Süreci

İrem Umuroğlu, Melek Göregenli, Pelin Karakuş

İzmir'in Selçuk ilçesi, Cumhuriyet tarihi boyunca, önce "Batı" dan, 1980'li yıllarla birlikte de Türkiye'nin çeşitli bölgelerinden göç alarak, adeta nüfusunun tümünü "göçmen"lerin oluşturduğu bir yerleşim bölgesi olma niteliği kazanmıştır. Tarihsel çevresi, mimari yapılanması ve sosyal-turistik bağlamı nedeniyle de dışa açık bir yerleşim bölgesi olma özelliğini günümüze kadar korumuştur. İlçenin yüzölçümü 295 km^2'dir. 1 beldesi (Belevi) ve 9 köyü bulunmaktadır. 2012 Yılı Nüfus Sayımı'na göre toplam nüfusu 34.770'tir. Bu nüfusun 28.285'i merkezde, 6.485'i belde ve köylerde yaşamaktadır. Selçuk kış mevsimlerinde büyük bir kasaba nüfusuna sahip olmakla birlikte, yaz mevsimlerinde turizmin de etkisiyle nüfusu bazı küçük illerin nüfusunu aşmaktadır.

Araştırmanın teorik arkaplanı

Yere bağlılık ve yer kimliği

Göç edilen yerin mekansal yapı ve özelliklerinin yarattığı ve göçmenler açısından oluşturduğu değişim, Çevre Psikolojisi alanında "yere bağlılık" ve "yer kimliği" kavramları çerçevesinde ele alınmaktadır. Mekansal deneyimlerin kimlikle ilişkili olduğunu ileri süren Proshanksy (1978) bu olguyu; "insanın doğal ve yapılandırılmış çevreyle, fiziksel dünyayla ve başka insanlarla ilişkilerinde tercihleri, beklentileri, duyguları, değerleri ve inançları tarafından belirlenen, yerin ve kişinin kimliğini yapısında birleştiren karmaşık bir örüntü" olarak tanımlamaktadır (Akt. Göregenli, 1997). İnsanın kendilik duygusu yalnızca diğerleriyle olan ilişkilerinden hareketle ifade edilmemekte, aynı zamanda kişinin günlük yaşamını tanımlayan çok sayıda fiziksel ortam aracılığıyla yapılandırılmaktadır (Proshansky vd., 1983; Twigger-Ross ve Uzzell, 1996).

Yer duygusuna yönelik çoğu kavramsallaştırmada (Örn. Örn. Proshansky vd., 1983) yer kimliğinin bireysel boyutlarının vurgulandığı görülmektedir. Bu yönelim kişiler, kimlikler ve mekanlar arasındaki ilişkilerin kolektif doğasının üzerini örtmektedir (Akt. Hopkins ve Dixon, 2006). Sosyal deneyimler için anlamlı ve tutarlı bilgiler sağlayan yer dinamikleri, sosyal psikoloji disiplini içerisinde büyük ölçüde göz ardı edilmiş ve kimlik oluşumunun merkezi yönlerine kıyasla (aile tarihi, cinsiyet rolleri, etnik angajmanlar ve sınırlandırılmış bir çerçevedeki sosyal ilişkiler gibi) geri planda kalmıştır (Fried, 2000; Göregenli, 2013). Yaşam çevrelerimizden edindiğimiz enformasyonların/çevresel uyaranların içinde bulunduğumuz sosyal bağlama özgü anlamları vardır (Beck, 1970; Ittelson, 1973). Çevresel enformasyonlar, çoğunlukla fiziksel olarak dışsallaştırılmakla birlikte, mekansal olmayan; semboller, değerler ve inançlar gibi kültürel kodlarla da algılanabilir (Golledge, 1987). "İnsanlar çevresel enformasyonları sahip oldukları deneyimler, değerler ve kültürel kodlar doğrultusunda dönüştürmekte ve bu enformasyonları çevrenin içsel bir temsilini oluşturmak için kullanmaktadır" (Göregenli vd., 2013: s.15).

Yer kimliğinin sosyal ve kültürel boyutu

Mekana, kişisel, sosyal ya da kültürel süreçler yoluyla anlam atfedilmesi sonucunda yer duygusu oluşmaktadır (Low ve Altman, 1992). "Anlamlandırılmış mekan" olarak tanımlanan yer, hem sosyal bir boyuta hem de elle tutulan, gözle görülen, gerçek bir fiziksel temele dayanır (Lewicka, 2011). Mekanın sosyal boyutu, bir diğer anlatımla belirli mekanlara özgü sosyal bağlar çok çeşitli şekilde ifade edilebilir: Komşuluk ilişkileri ve mahalledeki arkadaş sayısı; tesadüfi sosyal karşılaşmalar; mahalledeki sosyal aktivitelere katılım ve bu aktivitelerin sıklığı; mahalle sakinleriyle olan ilişkilerin yüzeysellik ve derinlik açısından özellikleri gibi (Lewicka, 2005; 2010). İnsanlar yaşadıkları yerlerde komşularıyla ailesel, toplumsal, etnik / kültürel ilişkilerini paylaşmaktadırlar. Bu bağlar, insanlar ve yerler arasında kişisel, özel ilişkiler oluşturabilirler, evin ve sokağın ötesinde, bu ilişkiler, ait olma hissinin oluştuğu, insanların yeri sevdikleri, bağırlarına bastıkları daha geniş alanlara da yayılabilirler. Birçok toplum bu şekilde yer ve insanlar arasında gerçek, tam, katışıksız bir kimliği sürdürür, bu toprağın insanlara değil, insanların toprağa ait olduğu duygusuna ilişkin gizil bir kabuldür (Fried, 2000).

Çevre psikolojisi alanında davranışın, fiziksel çevre ve kültürel bağlamla ilişkisini vurgulayan görüşlerin psikoloji alanındaki ekolojik yaklaşımlara (Barker, 1968; Gibson, 1979) dayandığı söylenebilir. Örneğin Barker (1968) "Ekolojik Psikoloji" alanını kurarak, hem insan davranışını etkileyen fiziksel çevrenin rolünü vurgulamış hem de farklı kültürlerin farklı davranış ortamları olduğunu, benzer ortamlara uygun olabilecek davranışların farklı kültürlere göre değiştiğini vurgulamıştır. Kültürlerarası bir perspektifle Rapoport (1982) ise çevresel anlamın, işlevden ayrı düşünülebilecek bir şey olmadığını; anlamın işlevin önemli bir yönü olduğunu belirtir. Fiziksel çevre, sahip olduğu anlamlarla kendiliğin sunumunda, grup kimliğinin oluşturulmasında ve kültürel öğrenmede kullanılmaktadır. Yazara göre fiziksel öğeler yalnızca görülebilen, sabit kültürel kategoriler yaratmakla kalmaz, birer anlamları vardır ve bu anlamlar insanların bilişsel şemalarıyla uyuşmaları temelinde çözümlenmektedir. Yazar, kurulu çevrenin anlamları üzerine olan bu çalışmasında fiziksel çevrenin, verili düzen ya da bağlama uyan bir şekilde davranılmasında yol gösterici olduğunu belirtmiştir. Yer bağlılığının ve yer kimliğinin insanın güvenlik duygusu ihtiyacının giderilmesi, kendini ifade etme, aktarma, öngörülebilirlik ve kontrol ihtiyacının giderilmesi ve bireyler, gruplar, topluluklar ve kültürler düzeyinde kimlik oluşturma ihtiyacının karşılanması gibi işlevlerinin olduğunu söyleyen Low ve Altman (1992: s.6) ise bağlılık ve kimlik duygusunun oluşması, sürdürülmesi sürecinde biyolojik, çevresel-mekânsal, psikolojik ve sosyo-kültürel faktörlerin etkili olduğunu belirtmektedir. Yazarlar yere bağlılıkla ilişkili bu faktörlerin beş kategori altında toplanabileceğini ifade eder. Bu kategoriler: *"Bağlılık öğeleri* (duygulanım, biliş ve etkinlik); *Farklı ölçekteki ve özelliklerdeki mekânlar/yerler* (ev, mahalle ve kent gibi); *Farklı aktörler* (bireyler, gruplar, topluluk ve kültürler); *Farklı sosyal ilişkiler* (birey, grup, topluluk ve kültürler); *Zamansal göstergelerdir* (doğrusal ve döngüsel)" (s.8).

Homojen ve heterojen çevrelerde yer kimliği

Etnokültürel ve sosyo-ekonomik açıdan çeşitli grupların yaşadığı heterojen çevreler ile homojen çevrelere aidiyet düzeylerinin karşılaştırıldığı çalışmalarda genel olarak mahalle içi sosyo-kültürel ve sosyo-demografik çeşitliliğin yere bağlılık düzeyi ile olumsuz yönde ilişkili olduğu görülmüştür (örneğin Kasarda & Janowitz, 1974; Leigh, 2006; Lewicka, 2010; Greif, 2009; Stolle vd., 2008). Stolle ve arkadaşlarının çalışmasında (2008) mahallenin etnik açıdan çeşitli grupları içermesi, mahalle sakinlerinin birbirlerine karşı güven duyguları, kolektif eylemlere katılım düzeyleri, yakın arkadaş sayısı, genel mutluluk düzeyi ile negatif yönde ilişkili bulunmuştur.

Lewicka (2010) güvenlik duygusunun, kişinin mekânla olan ilişkisinde öznel olarak geliştirdiği ve kendisini o yerde ne ölçüde güvende hissettiğiyle ilişkili olduğunu ifade etmiştir. Brown vd. (2003) yaşadığı mahallede kendini güvensiz hisseden, suç işlenmesinden korkan ve mekâna yönelik kişisel ve kişiler arası yaşantılar açısından kontrol isteği duyan bireylerin, yere bağlılıklarının daha düşük olduğunu belirtmişlerdir. Lewicka (2011) komşulara güven ve mahalle sakinleriyle ilişkilerin sıklığının, bağlılığın önemli birer göstergesi olduğu göz önünde bulundurulacak olursa, etnik çeşitliliğin mahalle ölçeğinde yere bağlılığı düşürdüğünü ifade etmiştir. Kültürlerarası alanda çalışan Gifford vd. (2009) ise mekânların ölçekleri büyüdüğü oranda mekâna yönelik güvenlik duygusunun da azaldığını ifade etmişlerdir. Bu çalışma sonuçlarına göre katılımcılar, yaşadıkları yere ilişkin çevresel tehdit algıları arttıkça, mekânda kendilerini güvende hissetmemeye ve mekân üzerindeki kontrol hislerini kaybetmeye başlamaktadırlar. Bu durum, bireylerin yere bağlılık düzeylerinin olumsuz yönde etkilenmesine neden olmaktadır. Benzer bir sonuç elde eden Liberman vd. (2007) mekânların yaşam çevresinden uzaklaştıkça, daha homojen ve daha soyut olarak algılandıklarını ifade etmişlerdir.

Etnik çeşitlilik ve yere bağlılık arasındaki ilişkileri inceleyen çok az sayıda çalışma bulunmakla birlikte, Lewicka (2011) var olan araştırma bulgularına bakılarak; homojen mahallelerden oluşan heterojen kentlerin, insanların yakın çevrelerinde "barış ve güvenlik" duygusunu; uzak çevrelerinde ise "yenilik, çeşitlilik ve hareket" duygusunu birarada yaşayabilecekleri ideal bir yaşam formu olabileceğini belirtmiştir.

Yerlilik ve göçmenlik

Bir yere sonradan yerleşmiş olmanın/göç etmenin söz konusu yerle kurulan bağlar üzerindeki etkisini araştıran çalışmalarda, yere bağlılık düzeyinin çeşitli değişkenler (yaşama süresi, yerli veya göçmen olma vb.) açısından farklılaştığı görülmüştür. Örneğin Hay (1998) farklı grupların (uzun süredir yaşayanlar, turistler, uzun süreli gezginler vb.) yere bağlılık düzeylerini karşılaştırdığı çalışmada bu grupların bağlılıklarının farklılaştığını ortaya koymuştur. Hernandez vd. (2007) Kanarya Adası'nda yaşamakta olan yerli ve yerli olmayan grupların yaşadıkları kente, mahalleye ve adaya bağlılık duygularını karşılaştırdıkları çalışmada ise yerlilerin üç mekansal birime de bağlılık ve kimlik duygularının, göçmenlere kıyasla daha güçlü olduğunu ve yerlilerin bu üç mekansal birime bağlılık duygularının birbirine yakın olduğunu görmüşlerdir. Göçmenlerin ise yere bağlılık duygularının kimlik duygularına kıyasla daha güçlü olduğu anlaşılmıştır. Göçmenler için bu üç mekansal birime de bağlılık duyguları ortalama düzeyde iken, kimlik duygularının bağlılıklarına kıyasla daha düşük olduğu bulunmuştur. Yazarlar bu sonuçtan hareketle -en azından göçmen katılımcılar için- bağlılık duygusunun, kimlik duygusundan daha önce geliştiğini ileri sürmüşlerdir.

Bazı araştırma bulguları, nispeten daha büyük ölçekli kentlerle yapılan çalışmalar, nüfus yoğunluğu ve yerleşim düzensizliği nedeniyle kent bölgeleri ve mahalleler arasında algılanan sınırların belirsizleşmesinin, mahalleye bağlılığa izin vermediğini, daha belirgin ve daha somut sınırlara sahip olan mekânlar olan kentlere bağlılığın artmasına neden olduğunu göstermektedir (Hidalgo ve Hernandez, 2001; Lewicka, 2005).

Çevre psikolojisi literatüründe bazı araştırmalarda ise sosyo-kültürel açıdan homojen olarak algılanan mahallelerde yere bağlılığın daha yüksek olduğu ve mekana ilişkin güvenlik algısının güçlendiği belirtilmektedir (Kasarda ve Janowitz, 1974; Leigh, 2006; Lewicka, 2010; 2011; Stolle vd., 2008).

Yöntem

Araştırma iki aşamada gerçekleştirilmiştir. İlk aşamada, Selçuk'un tüm mahalle ve köylerinde toplam 888 kişiyle görüşülerek, bu araştırma için hazırlanmış bir soru formu tüm katılımcılarla yüz yüze görüşme yöntemi ile uygulanmıştır. Saha çalışması için örneklem oluşturulurken, en son verilere göre ilan edilen seçmen sayıları esas alınmıştır. Ayrıca alan uygulaması süresince cinsiyet ve yaş değişkeni, seçmen özelliklerini yansıtan biçimde kota olarak alınmış, bu kotaya uygun uygulamalar yapılmıştır.

Alan araştırmasının gerçekleştirildiği mahalle ve köyler ile katılımcı yüzdelik oranları, Atatürk Mh. (%23,3), Cumhuriyet Mh. (%15,5), İsa Bey Mh. (%6,4), Zafer Mh. (%18,2), 14 Mayıs Mh. (%16,1), Belevi Beldesi (%6,9), Acarlar Köyü (%1,5), Çamlık Köyü (%2,6), Havutçulu Köyü (%0,8), Şirince Köyü (%1,8), Gökçealan Köyü (%2,5), Barutçu Köyü (%1), Sultaniye Köyü (%0,7), Zeytinköy (%2,7) biçimindedir.

Alan araştırması sırasında derinlemesine görüşmeler yapılacak kişilerin sosyo-demografik özellikleri (cinsiyet, yaş, etnik köken, Selçuk'a göç tarihi vb.) hakkında bilgi edinilmiş ve bu bilgiler ışığında, alan uygulamasına paralel olarak toplam 52 kişi ile derinlemesine görüşme gerçekleştirilmiştir. Örneklem seçiminde Selçuk'un çokkültürlü nüfus yapısının temsil edilebilmesi ve birbirinden farklı göç yaşantılarının değerlendirilebilmesine dikkat edilmiştir.

Amaç

Bu çalışma, Selçuk'ta yaşayan kişilerin Selçuk'ta yaşamakla ilgili algı ve değerlendirmelerini öğrenmek amacıyla Selçuk Belediyesi, Selçuk Efes Kent Belleği Müzesi ve Ege Üniversitesi tarafından bir bilimsel proje kapsamında gerçekleştirilmiştir. Neredeyse herkesin bir "göç" hikayesine sahip olduğu Selçuk'ta, "göçmenlik" ve "yerliliğin" nasıl deneyimlendiği ve bu deneyimlerin Selçuk'a bağlılık sürecini hangi yönlerden etkilediğinin anlaşılması çalışmamızın esas amacını oluşturmaktadır. Ayrıca bireylerin yaşadıkları yerle özdeşleşmelerinde etkili olabileceği düşünülen gruplar arası ayrımcılık algılarının, mahalle yaşantılarına ve kentsel mekanların kullanımına nasıl yansıdığının incelenmesi de amaçlanmıştır.

Örneklem

Saha çalışmasına 460'ı kadın ve 428'i erkek olmak üzere toplam 888 kişi katılmıştır. Yaşları 18 ile 89 arasında değişen katılımcıların yaş ortalaması 47,7'dir. Katılımcıların %41,8'i Selçuk doğumludur. İzmir doğumlu katılımcıların oranı %12,2 iken, Ege Bölgesi'nde yer alan diğer şehirlerde doğduğunu belirten katılımcıların oranı %14,1'dir.

Örneklemin %63,8'inin aylık toplam geliri 601-1500 TL arasındadır. 600 TL'nin altında geliri olan katılımcı grubunun oranı %8,4'tür. Üst gelir düzeyinde (4000TL ve üzeri) olan katılımcıların ise oranı oldukça düşüktür (%1,2). Katılımcıların meslek dağılımları incelediğinde ise, örneklemin

%54,6'sının çalışmayan kesim (ev kadınları ve emekliler) olduğu görülmüştür. Vasıflı ve vasıfsız işçilerin oranı %16,6'dır. Araştırmanın yapıldığı dönemde işsiz olduğunu belirten katılımcıların yüzdesi ise %8,3'tür. Mülkiyet durumu açısından bakıldığında ise örneklemin %72,12'inin ev sahibi olduğu, kiracı olanların oranının ise %22,7'lik bir dilimi kapsadığı görülmüştür. Katılımcıların yaşadıkları evlerin yapısal durumlarına bakıldığında ise %53'ünün apartman dairesinde, %31,3'ünün ise tek katlı müstakil evde yaşadığı görülmüştür. Katılımcıların %50,1'i ilkokul mezunu olduğunu dile getirmiştir. Okur-yazar olan ve hiç okuma yazma bilmeyen katılımcıların yüzdesi ise %12,5'tir. Ortaokul ve lise mezunu katılımcıların oranı %26,9 iken, yüksek eğitim düzeyindeki katılımcıların oranı %10,5'tir. Son olarak örneklemin %82,6'sı çekirdek ailede yaşamaktadır.

Derinlemesine görüşmeler ise 28 kadın ve 24 erkek katılımcıdan oluşan 52 kişilik bir örneklemde gerçekleştirilmiştir. Katılımcıların kendi ifadeleriyle etnik kökenleri şu şekilde farklılaşmaktadır; Arnavutlar, Aleviler, Çerkezler, Giritliler, Kürtler, Lazlar, Romanlar ve Yörükler. Yaşları 28 ile 84 yaş arasında değişen katılımcıların çoğunluğu Selçuk'ta en az 10 yıldır yaşamaktadır. Sosyo-ekonomik düzeylerine bakıldığında, 43 katılımcı kendi evlerinde, diğer 9 katılımcı ise yakınlarının evlerinde veya kirada oturduklarını belirtmiştir. Katılımcıların aylık gelirleri ise, 6 kişi (Roman katılımcılar) dışında asgari ücretin üzerinde seyretmektedir. Kadın katılımcılardan 21 kişi ev hanımı, 2 kişiyse esnaf olduğunu belirtirken diğer 5 katılımcı Selçuk'ta mevsimlik tarım işlerinde çalıştıklarını ifade etmiştir. Erkek katılımcıların meslek grupları ise, vasıflı-vasıfsız işçi, esnaf ve emekli olarak farklılaşmaktadır.

Araçlar

Araştırmanın amaçları doğrultusunda iki ayrı soru formu hazırlanmıştır. Niceliksel araştırmamızın soru formunda, daha önce Türkiye'de uygulanmış ve geçerlik güvenirlik çalışmaları yapılmış ölçekler (Göregenli, vd., 2014; Lalli, 1992) kullanılmıştır. Soru formunun alt bölümleri aşağıda başlıklar halinde tanıtılmaktadır.

Sosyo-Demografik Sorular: Bu sorular, katılımcıların sosyo-demografik durumları *(doğum yeri, cinsiyet, etnik köken, yaş, eğitim düzeyi, gelir düzeyi ve meslek)* hakkında bilgi edinmeyi amaçlayan sorulardır.

Göç Deneyimine İlişkin Sorular: Genel olarak göç yaşantısıyla ilgili bu sorular arasında katılımcıların *"göç etme kararını verme nedenleri, göç tipleri (gönüllü/zorunlu), göç zamanları, göç etme biçimleri (yalnız/aile ile birlikte), varış noktası olarak Selçuk ve yerleşim için yaşadıkları ilçeyi seçme nedenleri"* hakkında bilgi edinmeyi amaçlayan kapalı ve açık uçlu sorular yer almakla birlikte katılımcıların *"Selçuk'a göç etmiş olmaktan genel memnuniyet düzeyleri; memleketlerine geri dönme istekleri; başka bir şehre yerleşme isteklerinin olup olmadığı"* konusunda bilgi edinmeyi amaçlayan sorular da yer almaktadır.

Göçten memnuniyet düzeyi ve başka bir şehre göç etme isteği 7'li Likert tipinde hazırlanmıştır.

Kentsel Deneyime İlişkin Sorular: Katılımcılara, kentsel deneyimleri hakkında bilgi edinmek amacıyla *"Selçuk'da yaşama süreleri, kent merkezine ilişkin algıları, Selçuk'un yerlilerine ilişkin algıları ve genel olarak ne ölçüde Selçuklu hissettikleri"* sorulmuştur.

Selçuk Kent Kimliği Ölçeği: Bu bölümde Lalli'nin (1992) 20 maddelik Kent Kimliği ölçeğinin Göregenli vd. (2014) tarafından kısaltılmış formu kullanılmıştır. Toplam 9 maddeden oluşan bu ölçeğin alt boyutları: Karşılaştırma, bağlılık/aidiyet, aşinalık, geçmiş ve gelecektir. Ölçekteki örnek maddelerse şu şekildedir: *"Diğer şehirlerle karşılaştırıldığında, Selçuk pek çok avantaja sahiptir", "Selçuk benim bir parçam", "Selçuk'a içten bir bağlılık hissediyorum; çünkü burasıyla ilgili pek çok anım var", "Selçuk'u iyi bildiğimi, tanıdığımı düşünüyorum".*

Aile Kökenine Bağlılığa İlişkin Sorular: Katılımcılara, aile kökenlerine bağlılıkları hakkında bilgi edinmek amacıyla *"Kendinizi ne kadar ailenizin kökenine, geldiğiniz yere ait hissediyorsunuz?"* sorulmuştur.

Ayrımcılık Algılarına İlişkin Sorular: Katılımcıların Selçuk'taki ayrımcılık algılarını değerlendirmek amacıyla, *"Selçuk'un yerlileri tarafından kendilerine yönelik herhangi bir ayrımcılık algılayıp algılamadıkları"* sorulmuştur. Eğer algılıyorlarsa söz konusu ayrımcılık deneyimlerinin nasıl ve ne zaman yaşandığına ilişkin açık uçlu sorularla detaylı bilgi alınmaya çalışılmıştır.

Araştırmamızın niteliksel bölümünde ise katılımcılara, niceliksel soru formunun alt bölümleri ile paralel olarak hazırlanan yarı yapılandırılmış bir görüşme formu uygulanmıştır. Derinlemesine görüşmeler esnasında katılımcıların göç hikâyelerinin ve Selçuk'taki yaşantılarının daha detaylı olarak ele alınması amaçlandığı için, görüşme formları her katılımcı için esnek tutulmuş ve görüşme süreçlerinin doğal seyrine olabildiğince müdahale edilmemeye çalışılmıştır.

Verilerin analizi

Uygulama sonucunda soru formlarından elde edilen veriler sayısallaştırılarak SPSS İstatistik Paket Programıyla uygun istatistiksel yöntemlerle analiz edilmiştir. Yarı-yapılandırılmış derinlemesine görüşmelerden elde edilen metinler ise transkripsiyonları yapılarak söylem analizi tekniği ile incelenmiştir.

Bulgular

Araştırmamız, yöntem bölümünde de belirtildiği gibi, niteliksel ve niceliksel olarak iki ayrı yöntemle yapılmıştır. Bu bölümde, geniş bir örnekleme uygulanan soru formundan elde edilen bulgular ve 52 katılımcıyla yapılan derinlemesine görüşmelerden elde edilen bilgiler, birleştirilerek, iç içe sunulmuştur.

Göç deneyimleri

Katılımcıların %25,6'sı, ailelerinin Selçuk'a 1930 yılı ve öncesinde göç ettiğini belirtmiştir. Kendisi ya da ailesinin Selçuk'a 1931-1959 yılları arasında yerleştiğini ifade eden katılımcıların oranı ise %19,1'lik bir dilimi kapsamaktadır. Selçuk'a yakın geçmişte gerçekleşen göçler olarak nitelendirilebilecek diğer göç hareketleri ise 1960-1989 yılları arasında (%26,7) ve 1990 yılı ve sonrasındadır (%28,6). Araştırmaya katılanlar arasında Selçuk'a göçün en ağırlıklı olarak Ege Bölgesi (%20), Ege ve diğer bölgelerden Yörük göçü (%11,6), geçmiş yıllarda da Yugoslavya (%9,8) ve Yunanistan'dan (%9,8) olduğu anlaşılmıştır. İkinci düzeyde ağırlıklı göç bölgeleri ise sırasıyla "İç Anadolu (%9,0), Güneydoğu Anadolu (%7,2) ve Doğu Anadoludan (%6,7) gerçekleşen yakın geçmişli göçlerdir. Katılımcıların %21'inin ailesi Selçuk'a geçmiş yıllarda yaşanan nüfus mübadeleleri sonucunda toplu göç ile birlikte gelmiştir. Kendi ve ailesi ile birlikte Selçuk'a yerleşen oranı ise %60,8'dir. Yalnız başına göç ettiğini belirtenlerin oranı ise %18,2'lik bir dilimi oluşturmaktadır.

Katılımcıların %40'ı ailesi ya da kendisinin iş veya ekonomik nedenlerle Selçuk'a göç ettiğini dile getirmiştir. Evlilik ya da aileden birinin iş değişikliği nedeniyle Selçuk'a göç edenlerin oranı %18,5'tir. Güvenlik kaygısı ile yaşadıkları yerden ayrılarak Selçuk'a yerleşenlerin oranı ise %10,9'dur.

Katılımcıların %68'inin kendisinin ya da ailesinin göç kararını takiben geldikleri ilk yer Selçuk'tur. Selçuk'a ilk göç ettiklerinde bu şehirde tanıdıkları kişilerin (akraba, arkadaş) olduğunu dile getirmişlerdir. Katılımcıların %17,9'u Selçuk'tan çeşitli nedenlerle bir süreliğine ayrılarak farklı bir yerde yaşadığını belirtmiştir. Bu katılımcıların %56,1'i iş; %21,6'sı eğitim; %22,3'ü ise diğer nedenlerle Selçuk'tan ayrıldığını ifade etmiştir.

Katılımcıların neredeyse tamamına yakını (%93,6) kendileri ya da ailelerinin Selçuk'a göç etmesini olumlu değerlendirmektedir. Göç kararına ilişkin olumlu değerlendirmelerle de tutarlı olarak, katılımcıların büyük bir çoğunluğu (%79,6) gelecek yıllarda Selçuk'tan başka bir yere göç etmeyi düşünmemektedir.

Göç hikâyelerinin daha detaylı olarak anlatıldığı görüşmelerde de katılımcıların büyük bir çoğunluğu Selçuk'a ekonomik nedenlerle göç ettiklerini ifade etmişlerdir. Bazı katılımcılar ise farklı göç nedenleri olarak *"1992'de yaşanan Erzincan Depremi'ni"* ve güvenlik nedeni olarak adlandırılabilecek *"kan davalarını"* dile getirmiştir.

Niceliksel bulguları destekler nitelikte, görüşme yapılan her katılımcı, kendisinin veya ailesinin Selçuk'a göç edişini olumlu yönde değerlendirdiğini ifade etmiştir. Bu değerlendirmelerde memnuniyet nedenlerinin bir kısmı Selçuk'un doğal güzelliğine veya ekonomik kazanç sağlayan topraklarının elverişliliğine; diğer bir kısmı ise sakinlerinde tanıdıklık ve güvenlik hissi yaratan yaşam tarzına atfedilmiştir. Katılımcıların bu yöndeki örnek ifadeleri aşağıda görülmektedir.

"Biz buraya iş için toprak işi için geldik. İyidir yani burası bizim için çok iyi oldu. İş vardır. Bahçe var. Buranın toprakları çok bereketlidir. Herkesin işi var. Mandalin portakal falan şeftali var. Her bir bahçede 20-25-30 kadar işçi çalışıyor.." (Erkek, 68 yaşında, Çiftçi, Mardin'den göç etmiş, Selçuk'ta 20 yıldır yaşıyor)

"Buraya gelmem iyi oldu tabi. Neden iyi oldu? Çünkü başka bir yerde olsaydım bu rahat hayatı sürdüremezdim. Bir Ankara mesela ya da İzmir, ikisinde de akrabalarım var gel diyorlar ama... Büyük şehir. Ben bir dul kadınım. Orada rahat yaşayamam. Burada ise bir bayan karanlık bassa da rahatlıkla çıkıyor, çarşıya gider, lokantasına oturur, yemeğini yer, çıkar gelir. Burası rahat herkes tanıdık" (Kadın, 47 yaşında, Çaycılık yapıyor, Edirne'den göç etmiş, Selçuk'ta 14 yıldır yaşıyor)

Selçuk'ta yerlilik ve göçmenlik: Çift-kültürlü özdeşim

Bir yerdeki göçmen ve yerli grupların birbirleriyle ve yaşadıkları yerle kurdukları ilişkiler, belirli bir dış gruba karşı benimsenen sabit bir tutum olarak değerlendirilmemelidir (Droseltis ve Vignoles, 2010). Bu yönelimler, göçmen ve yerli grupların karşılıklı olarak grup aidiyetlerini, gruplar arası ilişkileri ve grup içi yaşantıları nasıl değerlendirdiklerine göre değişen bağlamsal bir niteliğe sahiptir. Bu nedenle göçmenlik ve yerlilik deneyimleri, grup aidiyetlerine ve gruplar arası ilişkilere dinamik bir nitelik kazandıran sosyal kimlik teorisinden bağımsız düşünülemez (Reicher, 2004). Nitekim bu bölümde katılımcılar açısından Selçuk'un yerlilerinin nasıl bir grup aidiyetine referans ettiği, "yerli" ve "göçmen" gruplar arasındaki ayrımın nasıl değerlendirildiği ve "yerlilerin" özdeşim kurulabilir bir grup olarak algılanıp algılanmadığı analiz edilmiştir.

Niteliksel ve niceliksel veriler, katılımcıların zihninde "Selçuk'un yerlilerinin" nasıl bir temsile sahip olduğunun anlaşılması amacıyla analiz edilmiştir. Niceliksel bulgularda en yüksek sıklıkla dile getirilen ilk üç grup, kendi ifadeleri ile *"Yörükler* (%28,4); *Göçmen-Muhacir* (%24,6) ve *Giritliler* (%7,3)"dir (bkz. Grafik 1). Katılımcıların %8'i, Selçuk'un yerlisinin *"kim olduğunu bilmediğini"* dile getirmiştir. Selçuk'un yerlisinin bu şehirde yaşamakta olan *"herkes"* olduğunu belirtenlerin oranı ise %7'dir. Selçuk'un yerlilerine ilişkin dile getirilen diğer görüşler aşağıdaki grafikten izlenebilir.

Grafik 1. Katılımcıların Selçuk'un yerlilerine ilişkin görüşlerinin dağılımı

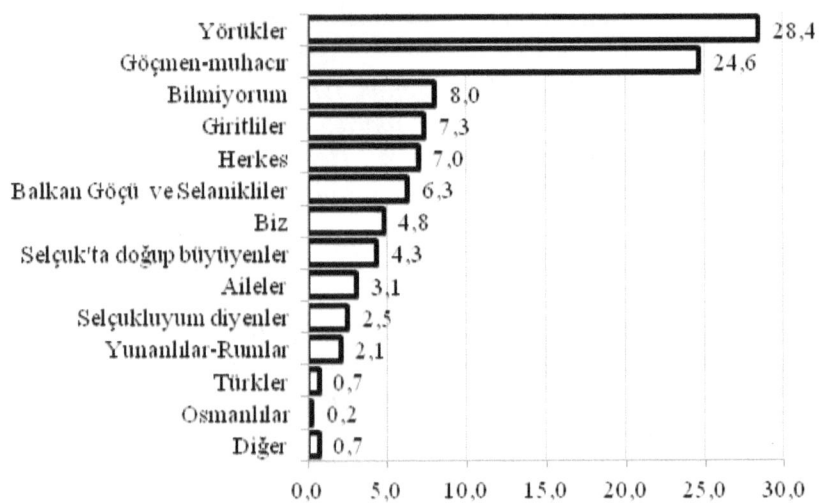

Niteliksel verilerde ise tüm katılımcıların, "Selçuk'un yerli halkını" tanımlarken, niceliksel bulgularla benzer grup kategorilerini kullandıkları görülmektedir. Aşağıda örneklerine de yer verilen bu ifadelerde "yerliliğin", çoğunlukla belirli bir kültürel grup yerine; birbirinden farklı kültürel gruplara aynı anda referans eden "heterojen" niteliği dikkat çekmektedir. "Selçuk'un yerlilerinin" tanımlandığı bu ifadelerde öne çıkan ikinci bir boyut ise "göçmenlik" tir. Katılımcılar tarafından "Bir yerin yerlisi olmanın", orada doğmuş olmak (örn: Berry, 1990) veya orada göreli olarak uzun bir süre yaşamış olmak gibi (örn: Shamai ve Ilatov, 2004) sabit bir mekan deneyimini gerektiren kullanımının aksine, "dinamik" bir yer deneyimine işaret etmesi ve katılımcıların kendi ifadeleriyle *"Selçuk'un yerlilerinin göçmenlerden oluştuğu"* nu belirtmeleri ayrıca dikkate değerdir.

"Selçuk'un yerlisi en çok Yörükler ve göçmenler yaşıyor. Yerlisi en çok onlar var. Az bir şey Kürtler var. Aleviler var." (Erkek, 57 yaşında, esnaf, Tunceli'den göç etmiş, Alevi kökenli, Selçuk'ta 20 yıldır yaşıyor)

"Selçuk'un yerli halkı...Yörüklerdir.. Yörüklerdir ama hep farklı farklı işte... İşte çoğu göçmendir." (Kadın, 48 yaşında, Ev hanımı, Rize'den göç etmiş, Laz kökenli, Selçuk'ta 12 yıldır yaşıyor)

Göç dönemlerine göre "Yerliliğe" ilişkin değişen algı ve değerlendirmeler

Hem niteliksel hem de niceliksel analizlerde Selçuk'un yerlilerine ilişkin algıların göç dönemlerine göre nasıl farklılaştığı da değerlendirilmiştir. Niceliksel bulgularda, göç tarihleri günümüze doğru yaklaştıkça, Selçuk'un yerli halkının *"Selçuk'ta doğup büyüyenler"* den oluştuğunu belirten katılımcıların sayısı artmaktadır (bkz. Tablo 1).

Diğer göç dönemleri ile kıyaslandığında, 1990 yılı ve sonrasında Selçuk'a göç etmiş olan katılımcılar –Bu dönemde çoğunlukla Doğu, Güneydoğu ve İç Anadolu'dan göçler olmuştur- Selçuk'un yerli halkını daha homojen bir grup olarak tanımlama eğilimindedirler. Göç etme tarihleri açısından gözlemlenen bu farklılaşma, ayrımcılık algısıyla birlikte değerlendirildiğinde daha anlamlı olmaktadır. Selçuk'un yerli halkı tarafından herhangi bir şekilde kendisine ayrımcılık yapıldığını düşünen katılımcıların, göçmenlik ve yerlilik algıları da değişmektedir. Bu bulgu, algılanan ayrımcılığın değerlendirildiği bölümde daha detaylı ele alınacaktır. Diğer göç tarihlerinde, sıklıkla dile getirilen "yerli grupların" kimler olduğuna ilişkin değerlendirmeler aşağıdaki tablodan izlenebilir. Tabloda sunulan yerli gruplar, belirtilme sıklıklarına göre düzenlenmiştir. İfadelerin yazı boyutları büyüdükçe, belirtilme sıklıkları da artmaktadır. Tablo bu şekilde izlenmelidir.

Derinlemesine görüşmelerdeyse Selçuk'un yerlilerine ilişkin değerlendirmelerin, göç tarihlerine göre farklılaşmaktan ziyade bazı açılardan benzerlik gösterdiği söylenebilir. Selçuk'a farklı dönemlerde göç etmiş olmalarına rağmen katılımcıların çoğunluğu, Selçuk'un yerlilerini "heterojen" bir grup olarak tanımlamış ve bu grubu tanımlarken "kendi etnik veya kültürel kimliklerini" de dâhil etmişlerdir. Diğer bir deyişle "Selçuk'un yerlileri", Selçuk'ta 15 yıldır yaşamakta olan bir katılımcıyla, Selçuk'ta doğmuş olan bir katılımcının her ikisi için de kendilerini dâhil hissedebildikleri bir grup kimliğine işaret eder. Bu yöndeki örnek ifadeler aşağıda sunulmuştur.

"Ya işte göçmenler var. Yugoslavya'dan gelenler, başka Yörük var, Kürt var Laz var. Herkes var." (Erkek, 51 yaşında, Serbest meslek, Mardin'den göç etmiş, Selçuk'ta 15 yıldır yaşıyor, Kürt kökenli,)

"Valla Selçuk'un yerli halkı, Arnavutlar çok, Giritliler çok, Yörükler var... Göçmenler işte... ama genelde daha çok en fazla Arnavut ve Giritli. Daha sonra Yörükler oldu. Sonra Yugoslavya muhacirleri. Bulgaristan göçmeni,

bunlardan oluşuyor Selçuk." (Kadın, 52 yaşında, Esnaf, Selçuk doğumlu, Ailesi Selçuk'a Yanya'dan göç etmiş, Arnavut kökenli)

Tablo 1. Selçuk'a göç etme tarihine göre Selçuk'un yerlisi olduğu düşünülen grupların frekans dağılımları

Bu bölümdeki niteliksel ve niceliksel bulgulardan hareketle Selçuk'un yerlilerinin, katılımcıların çoğunluğu tarafından, farklılıkları kapsayıcı çokkültürlü bir grup aidiyeti olarak algılandığı söylenebilir. Yerliler açısından çokkültürlü bir ideolojinin kabulüne (Berry, 1984; 1997; 2001; 2013) işaret eden bu grup aidiyeti, göçmenler açısından yerli ve göçmen grup ayrımının belirsizleşmesine ve yerli grubun özdeşim kurulabilir bir iç grup aidiyeti olarak değerlendirilmesine olanak sağlamaktadır.

Selçuk'a bağlılık ve Selçuk'un yerlisi hissetmek

Araştırmamızda yere bağlılık ve yer kimliği, literatürdeki bazı çalışmalarda (Örn; Hinds ve Sparks, 2008) farklı kavramlar olarak kullanılmalarına rağmen, bireylerin yer deneyimlerinin birer parçası olarak ele alınmıştır. Bu deneyimler bir süreç içerisinde düşünüldüğünde, bireyler yaşadıkları çevreye duygusal olarak bağlanmakta ve bu bağlılığın bir sonucu olarak çevre, bireylerin benliğinin bir parçası haline gelmektedir (Felonneau, 2004).

Selçuk'ta, yerle ve yerli halkla özdeşim sürecinin nasıl yaşandığının anlaşılması amacıyla katılımcılardan, kendilerini Selçuk'un yerli halkına ne ölçüde ait hissettiklerini değerlendirmeleri istenmiştir. Niceliksel bulgulara bakıldığında, tüm katılımcı gruplarının, bu sorudan alınabilecek yanıtların ortalama değeri (Ort değer = 4.00) üzerinde bir puan aldıkları görülmektedir. Bu açıdan göçmen grupların çoğunluğu, kendilerini Selçuk'un yerlisi hissetmekle birlikte en yüksek puanları alan ilk üç grup, Girit (6,78), Yugoslavya (6,67) ve Makedonya'dan (6,67); en düşük düzeyde puan alan son gruplar ise Güneydoğu Anadolu Bölgesi (4,56), Akdeniz Bölgesi (4,38), Doğu Anadolu Bölgesi (4,19) ve Marmara Bölgesi'nden (4,02) gelen göçmenlerden oluşmaktadır. Kendisini diğer gruplara kıyasla, daha yüksek düzeyde Selçuk'un yerlisi olarak hisseden katılımcıların, çoğunlukla Selçuk doğumlu oldukları veya Selçuk'a daha eski tarihlerde (1960 ve öncesi) göç ettikleri belirtilmelidir. Ayrıca bu göçmen gruplar, katılımcılar tarafından da Selçuk'un yerlisi olarak sıklıkla anılan gruplardır (bkz. Grafik 1; Tablo 1). Bu bulgulardan hareketle, Girit, Yugoslavya veya Makedonya'dan gelen göçmenlerin yerlilik deneyimlerinin, Selçuk'ta yaşama sürelerinden etkilendiği söylenebilir.

Katılımcılardan aynı zamanda kendilerini aile kökenlerine ne ölçüde ait hissettiklerini de değerlendirmeleri istenmiştir. Bulgulardan hareketle Selçuk'a, Güneydoğu (5,53) ve Doğu Anadolu (5,38) bölgelerinden gelen göçmenler, diğer göçmenlerle kıyaslandığında, kendilerini aile kökenlerine en çok ait hisseden gruplar olduğu saptanmıştır. Bu grupları, Aydın veya Antalya çevresinden Selçuk'a göç eden Yörükler (5,20) izlemektedir. Kendilerini aile kökenlerine en düşük düzeyde bağlı hisseden gruplar ise, Yunanistan (Selanik-Kavala) (3,64), Yunanistan (Romanlar) (3,71) ve Bulgaristan'dan (3,82) gelen göçmenlerdir. Bulgular arasında Doğu ve Güneydoğu bölgelerinden, nispeten daha yakın tarihlerde (1990 ve sonrası) Selçuk'a göç eden katılımcıların, diğer gruplarla kıyaslandığında, kendilerini aile kökenlerine daha fazla ait hissederken, Selçuk'un yerli halkına daha az ait hissetmeleri dikkat çekmektedir.

Derinlemesine görüşmeler Selçuk'ta yerli gruba aidiyet açısından incelendiğinde, katılımcıların bir kısmı kendisini Selçuk'un yerlisi olarak hissettiklerini belirtmiştir. Farklı etnik kökenlere (Çerkez, Alevi, Kürt, Arnavut) sahip bu katılımcıların ifadelerinin ortak noktası Selçuk'un yerlisi olmanın, çok kültürlü bir grup aidiyeti olarak anlamlandırılmasıdır. Ayrıca bu yöndeki görüşmelerde katılımcıların Selçuk'a duygusal bağlılıklarını da sıklıkla dile getirdikleri belirtilmelidir. Bu olumlu duygular çoğunlukla Selçuk'un, sakinlerine yaşattığı samimi ve rahat yaşam tarzına atfedilmektedir. Katılımcıların bu yöndeki değerlendirmeleri bir yerle özdeşleşmenin, kaçınılmaz olarak o yerin anlamlarından etkilendiğini görünür kılmaktadır (Fried, 2000). Literatürdeki bazı çalışmalar göçmenlerin, göç ettikleri yere ve yerli halkına ilişkin olumlu anlamlara sahip olmalarının, o yere duygusal olarak bağlanabilmelerine ve "yere ait olma hissini" yaşamalarına imkân tanıdığını belirtmektedir (Felonneau, 2004; Droseltis ve Vignoles, 2010). Bu bulguları destekler nitelikte, Selçuk'a ve Selçuk'un yerlilerine ilişkin olumlu anlamlara sahip olan katılımcıların, Selçuk'ta yaşamayı sevdikleri ve kendilerini yerli halka ait hissettikleri söylenebilir. Bu yöndeki bir değerlendirmeye örnek olarak aşağıda bir katılımcının ifadesine yer verilmiştir.

"Selçuk'ta göçmenler, Girit göçmenleri var benim bildiğim kadarıyla, değil mi? Alasonyalılar var. Bunlardan oluşuyor. Esas öyle tek bir Selçuk yerlisi yok. Herkes dışarıdan gelmiş, burada birbirine hoşgörülüdür herkes o yüzden... Valla ben şu anda kendimi Selçuk'un yerlisi olarak hissediyorum... Tabi seviyorum ben burayı, insanlarını, yaşam tarzını... Ben ayrı kalınca özlüyorum bile burayı" (Kadın, 43 yaşında, ev hanımı, Konya'dan göç etmiş, 15 yıldır Selçuk'ta yaşıyor, Türk kökenli)

Ayrıca niteliksel bulgularda, ailesi veya kendisi çok eski tarihlerde Selçuk'a göç etmiş olan katılımcıların (Girit, Yugoslavya, Makedonya, Yunanistan veya Arnavutluk'tan gelen göçmenler) yere aidiyetlerini, daha çok Selçuk'ta "kök salmış olmaları"yla anlamlandırdıkları görülmüştür. Niceliksel bulgularda da bu göçmen grupların, diğer göçmen gruplara kıyasla kendilerini daha çok Selçuk'un yerlisi hissetmeleri, bir yerde uzun süre yaşamanın getirdiği "köklülük hissiyle" anlaşılır olmaktadır. Bu bulgu, yerliler açısından yaşama süresi ve yere bağlılıkla ilgili literatürdeki bazı çalışmaları da destekler niteliktedir (Hidalgo ve Hernandez, 2001; Shamai ve Ilatov, 2004).

"Benim ailem buraya çok önceden gelmişler yavrum, Girit'ten... Ben artık buraların en eskisi kaldım. Benim çocukluğum, her yaşım burada geçti, Selçuk'un yerlisi hissetmez miyim hiç. Zaten Selçuk'un yerlileri Giritliler, Muhacirler, Yörükler..." (Kadın, 62 yaşında, emekli, Selçuk doğumlu, Ailesi 1920'lerde Girit'ten Selçuk'a göç etmiş)

Kendisini Selçuk'un yerlisi hissettiğini belirten katılımcılarla yapılan görüşmeler, "aile kökenlerine ait hissetmeleri" ve "Selçuk'ta kendi kültürlerini sürdürmeleri açısından da incelenmiştir. Bu yöndeki ifadeler değerlendirildiğinde, Selçuk'a göç ettikleri ilk dönemlerden itibaren kendilerine yönelik herhangi bir ayrımcılık algılamayan ve Selçuk'un yaşamına, doğasına ve sakinlerine ilişkin olumlu anlamlara sahip olan katılımcıların, kendilerini hem Selçuk'un yerli halkına hem de aile kökenlerine ait hissedebildikleri görülmüştür. Göçmenlerin yere bağlılık sürecinde etnik kökenleri açısından herhangi bir tehdit algılamadıkları bu bağlamda, Selçuk'la ve Selçuk'un yerli halkıyla özdeşimleri mümkün olmaktadır (Vignoles vd., 2000). Bu bulgu sosyal kimlik literatüründeki "çoklu kimlikler" kavramıyla (Cinnirella ve Hamilton, 2007) düşünüldüğünde, biri "yer" üzerinden diğeri ise "etnik köken" üzerinden anlamlandırılan iki farklı grup aidiyeti aynı anda yaşanabilir olmaktadır. Bireysel boyuttaki bu deneyimlerin kamusal alana yansıması ise, göçmenlerin rahatlıkla kendi kültürel pratiklerini sürdürebilmelerinde görünür olmaktadır. Bu deneyimleri anlatan örneklere aşağıda yer verilmiştir.

"Selçuk'un yerlisi, hissediyorum tabi ki... Türkiye geneline baktığın zaman Selçuk'u çok farklı görüyorum ben. Her zaman söylemişimdir. Selçuk'ta biraz rahatlığımız var, o bakımdan. Bugüne kadar kötü hiçbir şey olmadı, bundan sonra olur mu bilmem... Baskıcı bir şey görmedik; ben Aleviyim. Bunu da rahatlıkla söyleyebiliyorum... Bizim derneğimiz de var..." (Erkek, 54 yaşında, Emekli, Erzurum'dan göç etmiş, 20 yıldır Selçuk'ta yaşıyor, Alevi)

"Biz Selçuk'un yerlisi olduk artık ama aslen Doğuluyuz... Düğünlerimiz aynı yine kültürümüze devam ediyoruz. Buna mesela en bariz verebileceğin örnekler var mı, bizim düğünlerimizde hep şu olur gibi. Tabi bizim düğünlerimizde aynı hep halay çekilir. İstediğimiz giysilerimizi giyiyoruz yani elbiselerimizi. Aynı devam ediyor, yani Kürtlerin yani kültürümüz ne ise onu devam ediyoruz. Önemlidir. Çünkü bizim Doğululardan birinin cenazesi olduğu zaman ne kadar Doğulu varsa hepsi o adamın acısını çekiyor. Bu bir kültürdür bir gelenektir. Bizim burada yas çadırı açıyoruz 2-5 gün, bir hafta 10 gün bütün dost tanıdık arkadaş gelir akşama kadar gece yarısına kadar gelinir gidilir en azından 1 hafta 10 gün acısı paylaşılır." (Erkek, 48 yaşında, Serbest meslek, Mardin'den göç etmiş, 18 yıldır Selçuk'ta yaşıyor, Kürt kökenli)

Algılanan ayrımcılık

Hem niceliksel hem de niteliksel araştırmamızda katılımcılardan "Selçuk'un yerli halkından kendilerine yönelik herhangi bir ayrımcılık algılayıp algılamadıkları"nı değerlendirmeleri istenmiştir. Niceliksel bulgularda katılımcıların % 16,3'ü, Selçuk'ta kendilerine yönelik ayrımcılık algıladıklarını belirtmiştir. Niteliksel bulgularda ise, Selçuk'a 1990 sonrasında Doğu ve Güneydoğu Anadolu'dan göç eden Kürt veya Alevi kökenli katılımcıların bazıları ile Marmara Bölgesi'nden göç eden Roman kökenli katılımcıların ayrımcılık algıladıkları görülmüştür. Algılanan ayrımcılığın, katılımcıların, yerlilik ve göçmenlik tanımlarını ve yerle kurdukları ilişkileri etkilediği söylenebilir. Bu katılımcılar görüşmelerde diğer katılımcılara kıyasla, daha homojen (sadece Selçuk'un en eski göçmen gruplarına değinerek; Giritliler, Yugoslavlar gibi) ve göçmenlerle etkileşime kapalı bir yerli grup tarifi yapmışlardır. Kendilerini Selçuk'un yerlisi hissetme-diklerini ifade eden bu katılımcılar kendi etnik aidiyetlerini de vurgulamışlardır. Dikkate değer bir şekilde, ayrımcılık algıladığını belirten katılımcılar, görüşmenin başlangıcında Selçuk'un yerlisi olmadıklarını dile getirirken, görüşmelerin devamında kendilerini "Selçuklu" hissettiklerini belirtmişlerdir. Selçuk'ta göçmenlerin ayrımcılık algılamalarının yerlilik deneyimini engellemesine rağmen, "yere bağlılığı" etkilememesi önemli bir bulgudur. Aşağıda bu deneyimleri örnekleyen ifadeler görülmektedir.

"*Yaşamaz mıyız? Hala daha var... Kendi içine öyle bir kapalı ki yani insanın merhabasını bile kabul edemicek kapasitede kapalıydı. Ben Aleviyim ama çekinmeden, partilere de gidiyorum, toplantılara da gidiyorum, yürüyüşlere de gidiyorum, her türlü şeye katılan bi insanım. Ama yine de olmuyor. Onların içinde her şeyi yapıyorsun her türlü... Senin merhabanı bile kabul etmeyenler vardı... Selçuk'un yerlisi değilim. Dersimliyim diyorum. Tabi. Ama 2. Yurdum da vazgeçilmez, Selçuk. Ama kanımın canımın attığı bir yer varsa o da Dersim. hayır şimdi zamanı geldiği zaman Dersimi anıp da şey ediyorum. Günlük yaşantında her şeyi artık Selçuk gibi yaşıyorsun. Çünkü Selçuk'ta yaşıyorsun. çünkü başka bir yerde olsaydım bu rahat hayatı sürdüremezdim. Ankara, İstanbul gibi*" (Kadın, 45 yaşında, Ev hanımı, Tunceli'den göç etmiş, 21 yıldır Selçuk'ta yaşıyor, Alevi kökenli)

"*Ya onlara genellikle nerelisin diyorum, Girit'ten geldim diyo. nerelisin, şurdan diyo. nerelisin, buradan. Yani onlar da, Selçuk kökenli dediğin insanlar da ordan buradan gelme. Ama onların içine çok zor girdik yani. Hani ister istemez bizi kabul ettiler yani. Gerçi hiç de önemli değil benim için. Şu an için yaşadığımız için Selçukluyuz ama köken olarak Mardinliyiz. Ama yaşadığımız için Selçukluyuz... Selçuk'ta tabi ki ayrımcılık algılıyorum. Mesela ne kadar da ne olsa bir şey olduğu zaman şu Kürtler böyle yaptı derler. Herhangi bir şey olduğunda Kürtler böyle Kürtler böyle.*" (Erkek, 42 yaşında, Vasıflı işçi, Diyarbakır'dan göç etmiş, 11 yıldır Selçuk'ta yaşıyor, Kürt kökenli)

Selçuk'ta ayrımcılık algıladıklarını belirten katılımcıların bazıları ise, kendilerini daha çok mahallerinde mutlu ve güvende hissettiklerini dile getirmişlerdir. Görüşmeler daha detaylı olarak incelendiğinde, söz konusu mahallelerin kendi içlerinde kapalı ve sosyo-kültürel açıdan homojen topluluklar (Roman Toplu Konutları ve çoğunlukla Kürt kökenli göçmenlerin ikamet ettikleri mahalleler) niteliğinde oldukları söylenebilir. Literatürde, homojen kültürel özelliklere sahip mahallelerin, sakinlerinde güvenlik ve kontrol hissinin oluşmasına imkan sağladığı belirtilmektedir (Lewicka, 2011; Gifford vd. 2009). Nitekim katılımcılar, bu bulguları doğrular nitelikte, ifadelerinde keskin bir "dışarı-içerisi" ayrımı yapmakta ve mahallelerini yani "içerisini" kendi kontrollerinde, hâkimiyetlerinde bir yer olarak anlamlandırmaktadırlar.

"Ben mahallemde çok mutluyum valla... Dışarı çıktığımız zaman mesela, bi düğünümüz bi derneğimiz olduğunda kimisi böyle yan yan bakar. Roman olmayan kişiler. Mahallenin dışında mesela, çarşıda. Mesela şalvar giyelim, bi etek giyelim. Çekinirler böyle bakarlar, kötümüşük gibi. Mahallede iyiyiz ama istediğimiz gibi davranırız... Kim ne karışır..." (Kadın, 23 yaşında, Ev hanımı, Tekirdağ'dan göç etmiş, Selçuk'ta 4 yıldır yaşıyor)

Göç dönemine göre değişen algı ve değerlendirmeler

Selçuk'a kendisi ya da ailesi farklı dönemlerde göç eden katılımcıların "Selçuklu hissetme, Selçuk'un yerlisi hissetme ve aile kökenine ait hissetme" düzeylerinin farklılaşıp farklılaşmadığı incelenmiş ve elde edilen bulguların dağılımları aşağıda sırasıyla sunulmuştur.

Genel olarak niteliksel ve niceliksel analizlerden elde ettiğimiz bulguları özetleyecek olursak, katılımcıların aile kökenlerine aidiyet düzeyleri göç tarihleri günümüze doğru yaklaştıkça artmaktadır. Buna karşılık olarak Selçuk'un yerlisi hissetme düzeyleri ise, katılımcıların göç tarihleri günümüze doğru yaklaştıkça azalmaktadır. Son olarak tüm göç dönemleri için katılımcıların kendilerini Selçuklu hissettikleri söylenebilir. Fakat 1990 yılı ve sonrasında Selçuk'a göç eden katılımcılar belirgin olarak, diğer gruplara kıyasla daha az Selçuklu hissetmektedirler.

Tartışma

Araştırmamızın bulguları genel olarak değerlendirildiğinde, katılımcıların Selçuk'a bağlılıklarının temel olarak göçmenlik-yerlilik tanımlarından hareketle inşa edildiği görülmektedir. Selçuk'ta göçmenlerin, yerlileri zaman içerisinde farklı etnik grupların Selçuk'a göç ederek oluşturdukları çokkültürlü bir grup olarak algılamaları, bu grupla özdeşimlerini mümkün kılmaktadır. Öte yandan Selçuk'un en eski göçmen grupları sayılan yerlilerinin de, ideolojik olarak göçmenliği ve çokkültürlülüğü benimseyen bakış açıları, Selçuk'ta göçmen ve yerli grupların birbirlerine benzer algı ve değerlendirmelere sahip olduklarını göstermektedir. Kültürlerarası psikoloji literatüründe, bir toplumda başat ve başat olmayan grupların birbirlerine yönelimleri arasındaki bu benzerliğin, kamusal alanda uyumlu ilişkiler yaratacağı belirtilmektedir (Piontkowski vd., 2000). Nitekim derinlemesine görüşmelerde Selçuk'ta, hem göçmen hem de yerli gruplar açısından otantik kültürlerin özel (yemek alışkanlıkları, ev içinde konuşulan dil vb.) ve kamusal alanda sürdürülebildiği (dernekleşme faaliyetleri, sergiler vb.) diğer taraftan Selçuk'un gündelik yaşamı içerisinde tüm bu kültürlerin birbirleriyle etkileşime girebildikleri görülmektedir. Ayrıca Selçuk'un sakinlerine ekonomik ve sosyal açıdan rahat bir yaşam tarzı sunması da, bu süreçte etkili olmakta ve göçmenlerin yerli halkla bütünleşmelerini kolaylaştırmaktadır.

Grafik.2 Göç tarihine göre bağlılık puanları (1:Hiç-7:Çok)

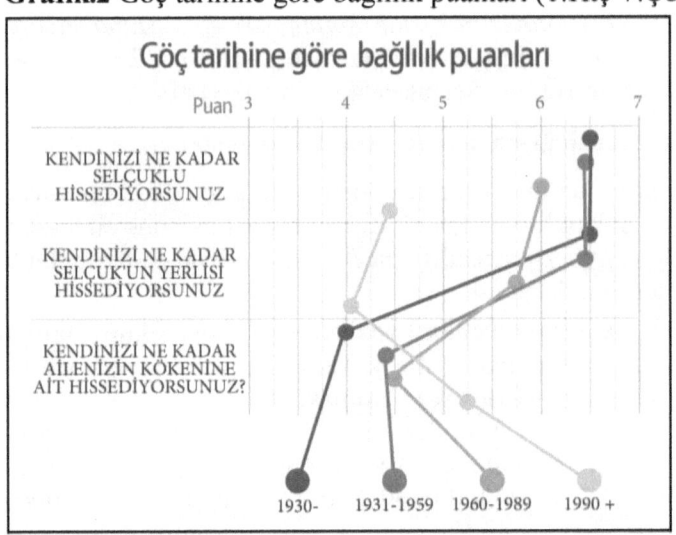

Belirli bir yere bağlanma sürecinde, o yerin sakinleri arasındaki etkileşimler kadar yerin kendi yapısal özellikleri de belirleyici olmaktadır. Hopkins ve Dixon'a göre (2006) mekanlar, insanların günlük yaşamlarındaki tüm sosyal etkileşimleri, nereye dahil olabileceklerini, kamusal mekanlara kimlerin dahil edilip kimlerin dışarıda bırakılacağını, insanların birbirlerine nasıl davranması gerektiğini belirler. Bu açıdan Selçuk'un kentsel dokusuna baktığımızda, belirli bir sistematiğin (örn: ızgara plan) yerine zaman içerisinde ihtiyaca göre birbirine eklenerek inşa edilmiş daha serbest bir yapılanma dikkati çekmektedir. Selçuk'taki bu serbest yapılanma kamusal alanlar arasındaki sınırları da belirsizleştirmekte ve böylece kentin her bölgesinin herkes tarafından deneyimlenebilir olmasına izin vermektedir. Diğer taraftan Selçuk'ta sadece kent merkezinde değil, aynı zamanda mahalleler içerisinde de mekânsal boşlukların olması, göçmen ve yerli grupların günlük yaşam içerisinde karşılaşabilecekleri yerlerin kamusal mekan işlevi kazanma ihtimallerini de arttırmaktadır. Bu gibi nedenlerden ötürü Selçuk'ta göçmen ve yerli gruplar arasındaki etkileşimlerin uyumlu olmasında, kentsel dokusunun payı göz ardı edilemez.

Araştırmamızda öne çıkan diğer bir bulgu ise göçmenlerin ayrımcılık algılarının, göçmenlik-yerlilik tanımlarını ve dolayısıyla Selçuk'a bağlılık süreçlerini etkilemesidir. Algılanan ayrımcılık, bir yerle özdeşim sürecinin sadece bireysel boyutta yaşanan bir aidiyet olmadığına, bu deneyimin kollektif boyutuna işaret eden bir değişkendir. Dixon ve Durrheim'a (2000) göre mekana aidiyet, kollektif boyutta etnik ilişkilerin bir sonucudur. Nitekim araştırmamızda Selçuk'a 1990 sonrası göçlerle gelen çoğunlukla Alevi, Kürt ve Roman kökenli katılımcıların dile getirdiği ayrımcılık algılarının, katılımcıların kendilerini Selçuk'un yerlisi hissetmelerini engellediği görülmüştür. Derinlemesine görüşmelerde algılanan ayrımcılıkla birlikte katılımcıların, yerli ve göçmen gruplar arasında algıladıkları kültürel farklılığın da arttığı söylenebilir. Bu durum Piontkowski vd. (2002) tarafından göçmen ve yerli grupların birbirlerine yönelik algı ve değerlendirmeleri arasında bir tür "uyumsuzluk" olarak değerlendirilmektedir. Gruplar arasındaki bu uyumsuzluk, göçmenlerin Selçuk'un yerli halkıyla özdeşim kurmak yerine kendi etnik kültürel kimliklerini sürdürmeleriyle sonuçlanmaktadır. Bu bulgu literatürde de başat toplum içerisinde kendilerine yönelik ayrımcılık algılayan göçmenlerin, yerli halka kültürel ve sosyal temastan kaçındıklarını belirten çalışma bulgularıyla tutarlıdır (Neto, 2002;Te Lindert vd., 2008). Öte yandan ayrımcılık algıları katılımcıların kentsel alanları kullanımlarını da etkilemektedir. Kendilerini Selçuk'ta daha çok mahallelerinde rahat ve huzurlu hissettiğini belirten bu katılımcıların birçoğu, kamusal alanlar yerine mahalle yaşantılarıyla sınırlı kalan bir yer deneyimini paylaş-maktadırlar. Bu yer deneyimi içerisine ticari faaliyetleri de dahil etmek mümkündür. Çünkü Kürt veya Alevi kökenli Selçuklu esnaflardan bazıları, kentin nispeten daha heterojen bölgelerinde dükkan açtıklarında, özellikle yerli halkın kendilerinden alışveriş yapmayı tercih etmediklerini veya dükkanlarına girmediklerini belirtmişlerdir.

Niteliksel bulgularda ayrımcılık algıladığını belirten katılım-cıların, kendilerini Selçuk'un yerlisi hissetmediklerini fakat Selçuk'lu hissettiklerini dile getirmeleri de oldukça önemlidir. Bu durum ayrımcılık algılayan katılımcıların, yere duygusal olarak bağlana-bildiklerini fakat henüz o yeri kimliklerinin bir parçası haline getiremediklerini göstermektedir. Bu bulguya benzer şekilde Hernandez vd. (2007) göçmen ve yerli katılımcıların yere bağlılık süreçlerini değerlendirdikleri araştırmalarında, göçmenlerin yere bağlılık duygularının kimlik duygularına kıyasla daha güçlü olduğunu belirtmişlerdir. Yere bağlılık bir süreç olarak düşünüldüğünde bu sürecin birçok değişkenden etkilenebileceği ve sonuç olarak benlik kavramının bir parçası haline gelmesi için farklı kimliklerin öneminin (özellikle ayrımcılık algılayan göçmenlerde etnik kimliğin veya yer kimliğinin vb.) anlaşılması gerektiği söylenebilir. Literatürde etnik aidiyet ve yere bağlılık arasındaki ilişkileri inceleyen çok az sayıda çalışma bulunmakla birlikte, Lewicka (2011) var olan araştırma bulgularına bakılarak; homojen mahallelerden oluşan heterojen kentlerin, insanların yakın çevrelerinde "barış ve güvenlik" duygusunu; uzak çevrelerinde ise "yenilik, çeşitlilik ve hareket" duygusunu bir arada yaşayabilecekleri ideal bir yaşam formu olabileceğini belirtmiştir. Bu idealin Selçuk'ta gerçekleşebilmesi için, 1990 sonrasında göç eden katılımcıların yoğunlukla yaşadıkları mahalleler ve kent merkezi arasındaki ulaşım imkanlarının arttırılması basit fakat sonuçları açısından etkili bir öneri olarak değerlendirilebilir.

Sonuç olarak kültürleşme literatüründe çoğunlukla birbirinden ayrı yaşantılar olarak kavramsallaştırılan göçmenlik ve yerlilik deneyimleri, tek boyutlu ve tek yönlü bir süreç olarak değerlendirilmektedir (Örn Gordon, 1964). Bu bakış açısı zaman, mekan ve gruplar arası ilişkiler etkileşiminde hayat bulan bu deneyimlerin, iki uçlu kategorilere indirgenmesine ve sonucunda göçmenlikten, yerliliğe doğrudan gerçekleşen ideal bir geçiş sürecinin tanımlanmasına yol açmaktadır (Akt. Stevens vd., 2004). Araştırmamızda, bu bakış açısına karşıt olarak, bireyler açısından yerlilik ve göçmenlik deneyimlerinin bir tür "terk etmek ve kazanmak" gibi keskin kararlardan ziyade, bağlama özgü olarak aynı anda yaşanabilen grup aidiyetleri olduğu görülmüştür.

Teşekkür

Araştırmamız, Selçuk Belediyesi geçen dönem Belediye Başkanı Hüseyin Vefa Ülgür tarafından desteklenmiştir. Araştırmamıza verdiği önem ve maddi desteği açısından Sayın Hüseyin Vefa Ülgür'e çok teşekkür ederiz.

Bölüm 12: Türkiye'de Yerleşik Yabancılar: Avrupa Birliği Emeklilerin Güneşi Arayışı

Halil İbrahim Bahar

Son yıllarda, Türkiye'de yaşayan Avrupa kökenli yabancıların sayısı tahminlerin ötesinde artmıştır. Emniyet Genel Müdürlüğü (EGM) verilere göre, 10 Şubat 2014 tarihi itibarıyla 318.402 kişiye ikamet izni verilmiştir (EGM Yabancılar Daire Başkanlığı, 2014). Bu rakam 01-03-2007 tarihinde 202.085 olarak belirlenmişti (Bahar vd. 2009: 512). Yedi yıllık süre içinde ikamet izni sayısında gösterilen 116.317 kişilik artışta Suriye'de yaşanan iç savaş sonrası Türkiye'ye yerleşen Suriyelilerin sayısı da etkili olmuştur. Türkiye'de kamplarda geçici koruma statüsünde bulunan Suriyelilerin sayıya dahil değildir.

Son verilere baktığımızda, ikamet izni alanların 7.689'i aile birleşimi, 141'i araştırma, 43658'i çalışma, 53.693'ü eğitim-öğretim, 10414'ü iltica-sığınma, 74.253'ü kısa süreli ve 58.929'u da uzun süreli ikamet kategorisinde ikamet izin almışlardır (EGM Yabancılar Daire Başkanlığı İstatistikleri, 10 Şubat 2014). İkamet izni alanların başında Suriye (49.500); ikinci, Azerbaycan (22.142); üçüncü, Rusya Federasyonu (16574); dördüncü, Almanya (15.714) ve beşinci olarak da Britanya (14.982) gelmektedir. Hollanda (3.518), İtalya (2.805), Norveç (1.274), İsveç (1.137), Danimarka (1.105) ve İrlanda (1.096) kişiyle, ikamet alan yabancılar listesinde üst sıralarda yer almaktadır (EGM Yabancılar Daire Başkanlığı, 2014). İkamet izni alan yabancıların illere göre dağılımına bakıldığında İstanbul (113625), Antalya (38.155), Ankara (23.649), Bursa (17.480), İzmir (14.563), Muğla (13.581) ve Aydın (6.754) gelmektedir.

Bu rakamlar dışında kalan çok sayıda yabancının bulunduğu da bilinmektedir. İkamet izni alan yabancıların geldikleri ülkelere ve Türkiye'de yerleştikleri şehirlere bakıldığında Avrupa ülkelerinden Ege ve Akdeniz kıyılarına doğru bir göç dalgasının yaşandığı görülecektir.

Avrupa Birliği ülkelerinin emeklilerinin Akdeniz ve Ege kıyılarında güneşi aramaları, bilinen göç nedenlerinin ve dalgalarının dışında farklı bir göç dalgasını ortaya çıkarmıştır. Başta emekliler olmak üzere, Avrupa Birliği'ne üye olan ülkelerin vatandaşları, alışılmış göçlerden ayrı bir şekilde, yaşamlarının geri kalan kısımlarını, iklimi daha güzel olan ülkelerde geçirmek için çoğunlukla İspanya'ya, Yunanistan'a, İtalya'ya ve Türkiye'ye göç etmektedirler. Göçmenler yılın büyük bir bölümünü veya tamamını göç ettikleri ülkede satın aldıkları veya kiraladıkları evlerinde geçirmektedirler.

Yabancıların Türkiye'ye yerleşme hikayeleri farklılık göster-mektedir. Bazıları için, ilk başta tatil amaçlı gerçekleşen geziler, daha sonra sürekli kalma arzusunu uyandırmaktadır. Bazıları içinse, yaşamın ilerleyen aşamalarında doğan farklı ihtiyaçlar, kişileri daha sıcak, samimi ve yaşamın kendilerince daha kolay olduğu ülkelere çekmektedir. Bu çerçevede göçler daha çok İngiltere'den, Almanya'dan ve İskandinav ülkelerinden Akdeniz'in turistik bölge-lerine doğru yaşanmaktadır. Bu anlamda söz konusu göç eğilimin daha çok son birkaç on yıla özgü olduğu görülmektedir.

Avrupa'da sağlık ve diğer sosyal hizmetlerin maliyetinin yüksek olması, hükümetlerin yaşlılara yönelik harcamalarında artışa neden olmakta. Bu yükten kurtulmak isteyen bazı hükümetler, emeklilelerini Akdeniz veya Ege sahillerinde yerleşmeye teşvik edilmektedir. Böylece Türkiye'ye yerleşen yabancıların sayısı her geçen gün artmaktadır. Buna karşın yabancıların Türkiye'ye yerleşmelerini düzenleyen yasal ve idari düzenlemelerin ve uygulamaların ihtiyacı karşılayacak yeterlikte olduğunu söylemek zordur.

Avrupalıların Türkiye'ye göçü, uluslararası emekli göçü (King vd. 1998) veya yaşam tarzı göçü (O'Reilly ve Benson, 2009) olarak da kavramsallaştırılmaktadır. Alanya, Fethiye, Marmaris ve Didim yerleşik yabancı sayısının en fazla olduğu ilçelerin başında gelmektedir. Yerleşik yabancıların toplumsal, siyasal, hukuksal ve ekonomik sorunlarının çözümü ve onların toplumsal bütünleşmelerinin önündeki engellerin kaldırılması zorunluluk halini almıştır.

Bu çalışmada başta emekliler olmak üzere Avrupa Birliği vatandaşlarının Türkiye'nin Ege ve Akdeniz kıyılarına olan göçü ele alınmaktadır. Göçe karar vermede etkin olan faktörler, göç süreçleri ve Türkiye'deki toplumsal yaşama uyum süreçleri ve kaşılaşılan sorunlar bu çalışmanın ana konularını oluşturmaktadır.

Uluslararası emekli göçü yazını

Daha çok düşük gelirli veya orta gelirli ülkelerden ülkelerden, yüksek gelirli ülkelere göçü tanımlayan uluslararası emek göçü, literatürde yaygın olarak çalışılan konuların başında gelmektedir (King vd. 1998, 2000; Leontidou ve Marmaras, 2001; McHugh, 2000). Uluslararası emek göçü, göçmenlerin yerleştikleri ülke toplumu ile olan etkileşim kalıplarını da inceler. Göç litaratüründe uluslararası emek göçünden sonra uluslararası emekli göçü de hatırı sayılır bir yer almaktadır.

Emeklilik çağı, bir anlamda kişilerin yaşamlarının en geniş tatil dönemi olarak da değerlendirilebilir (Guilleard, 1996). Emekliler bu dönemde çalışma yaşamındayken elde edemedikleri boş zamana ve mali olanaklara kavuşmuş olurlar ve daha önce yaşayamadıkları yaşam biçimlerini yaşayarak, kendilerini ödüllendirirler (Ekerdt, 1986; Lowyck vd. 1992).

Emeklilerin göçü sadece Avrupalılara özgü değildir. Daha çok ülke içi olan Avustralya'daki ve Amerika'daki emekli göçü, uzun bir süreden beri devam eden bir gelenektir (Frey, 1999; Haas, 2000). Uluslararası olması nedeniyle, Avrupa'da emeklilerin göçü, ABD ve Avustralya'da olan göçten farklılıklar göstermektedir. Kuzey ve batı Avrupa ülkelerinin emeklilerini bir mıknatıs gibi çekmekte olan İspanya, İtalya ve Portekiz'in Akdeniz sahilleri, araştırmacıların ilgi odağı olmaktadır (Casado Diaz ve Rodriguez, 2002; Champion ve King, 1993, Williams, vd. 2000).

Avrupa ülkelerinden Akdeniz ve Ege kıyılarındaki ülkelere yönelik göç dalgası, sadece emeklilerle sınırlı olmaktan çıkmıştır. Kendilelerine yerleşik yabancılar da denilen ve aktif çalışma yaşında olan göçmenler de göç ettikleri bu ülkelerde kendi işlerini kurmakta veya başkalarının işletmelerinde çalışarak hem geçimlerini sağlamakta, hem de güneşin, denizin ve coğrafi güzelliklerin tadını çıkarmaktadırlar (Bahar vd., 2009).

Yunanistan'la birlikte Türkiye de Avrupalı emeklilerin yaşamlarının kalan süresini geçirmek istedikleri ülkeler listesinde yerini aldı. Türkiye'de sınırlı sayıda akademisyen Avrupalıların Ege ve Akdeniz kıyılarına olan göçünü çalışmaktadırlar (Apostolopoulos, Leivadi ve Yiannakis, 2001; Bahar, vd. 2009; Balkır, vd. 2008; Balkır ve Kırkulak, 2009; Kaiser, 2003; Südaş, 2005, 2011, 2012; Südaş ve Mutluer, 2006, 2009, 2010).

Yöntem ve veriler

Nitel ve nicel veri toplama yöntemlerinin uygulandığı bu araştırmada Ege ve Akdeniz kıyılarına yerleşen Avrupa Birliği'ne üye olan ülkelerin vatandaşları ele alınmıştır. Araştırmanın metedolojisini literatür taraması, resmi istatistiklerin elde edilmesi, anket, mülakat, gözlem ve yuvarlak masa toplantıları oluşmaktadır.

Yerleşik yabancıların ikamet izni alanlar ve almayalardan oluşması ve farklı konut şekilleri, tek bir anket yönteminin uygulanmasını olanaksız hale getirmiştir. Adreslerin tespiti daha çok, polis kayıtlarından ve Türk-yabancı derneklerinin yönlendirmeleri sayesinde mümkün olmuştur. Kartopu yöntemi olarak da adlandırılan yöntemle, ulaşılan bir adresten veya kişiden, başka bir adres veya kişilere ulaşılmaktadır. Bu kapsamda yabancılara yönelik çıkan yerel gazetelerdeki gazetecilerle, internet siteleriyle; yabancıların gittiği kafelerle, barlarla ve restoranlarla irtibata geçildi. Buralarda anketler yüz yüze olarak uygulanmıştır. Ayrıca yerleşik yabancıların alışveriş yaptığı büyük süper marketlerdeki ve alışveriş merkezlerindeki kafelerde de yüzyüze anketler uygulandı.

Anket çalışmasında "bırak ve topla" *(Drop and Pick)* yöntemi de kullanılmıştır. Anketler yerleşik yabancıların yaşadığı sitelerin yöneticilerine, devam ettikleri barlara, kafelere ve kulüplere bırakıldı. Belli bir zaman sonra anket formları bırakıldıkları yerlerden toplandı. Anketlerin yapıldığı yerlerdeki gazetecilerin, dernek yöneticilerinin ve derneklerin aktif üyelerin katkısı ne kadar çoksa, ankete olan ilgi de o kadar arttı. Yerel İngilizce ve Almanca gazetelerde proje hakkında bilgilerin yer alması sonucu, elektronik posta yoluyla da anket formu isteyen, formu doldurup USAK'a geri gönderen yerleşik yabancıların sayısı da az değildir. Özellikle önemli sorunlar yaşayan, yerleşik yabancılar, anket formunun "yorum" kısmına sorunlarını da aktardılar.

Yerleşik yabancıların çıkardığı Almanca ve İngilizce gazetelerle birlikte anket formları dağıtıldı. Gazeteler "Yerleşik Yabancılar" projesi hakkında haber yaparak, doldurulan formların USAK adresine USAK tarafından ödemeli olarak herhangi bir kargo şirketi aracılığıyla gönderilebileceği belirtildi. Ayrıca, doldurulan formların belli nokta-lara da bırakılabileceği ve formların USAK tarafından toplanacağı belirtildi. Bu yöntemle geri dönüşü olan anket formu sayısı oldukça sınırlıdır.

Pilot anketler ve mülakatlar 6-10 ve 27–29 Nisan 2006 tarihleri arasında Antalya ve Alanya'da yapıldı. Anketler sadece yerleşik yabancılara, açık uçlu sorulardan oluşan mülakatlar ise yabancılara ve yabancılarla etkileşim içinde olan Türklere uygulandı. Anket ve mülakatlarda yerleşik yabancıların Türkiye'yi tercih nedenleri, ülkeye yerleşme sürecinde yaşananlar, karşılaşılan sorunlar, yerleşik yabancıların Türk toplumu ile ilgili etkileşim düzeyleri ve Türk toplumunun yerleşik yabancılar hakkında, yerleşik yabancıların da Türk toplumu hakkında düşünceleri alındı.

Haziran-Kasım 2007 tarihleri arasında, Alanya, Antalya, Kaş, Kalkan, Fethiye, Marmaris, Bodrum, Didim, Kuşadası ve Çeşme'de yapılan anketlerde, anket formları, İngilizce, Flamanca ve Almanca olarak üç ayrı dilde ve optik okuyucuda değerlendirilecek şekilde basıldı. Toplam 504 yerleşik yabancı anketi cevaplandırdı.

Mülakatlar Türkçe, İngilizce, Flamanca ve Almanca yapıldı. Anketlerin yapıldığı yerler Alanya, Antalya, Kaş, Kalkan, Fethiye, Marmaris, Bodrum, Didim, Kuşadası ve Çeşme'dir. Mülakat yapılan kişiler, Türkler ve yerleşik yabancılar olmak üzere ikiye ayrılmaktadır. Kamu görevlileri ve yerel yönetim temsilcileriyle, bankacı, işletme sahibi ve dernek temsilcisi Türklerle yapılmıştır. Yerleşik yabancılar arasından da işletme sahibi ve çeşitli meslek gruplarından olanlarla, bölgedeki diğer yabancıların durumlarını iyi bilen, aktif ve sosyal etkinliklere katılan yabancılar seçilmiştir.

Yerleşik yabancıların sayısı

Yerleşik yabancıların sayısı tam olarak belirlenememektedir. Beldiyelerde veya konsolosluklarda da yabancılara ait sayılar tutulmamaktadır. Polisteki kayıtlar ise ikamet izni olanlarla sınırlıdır. Oysa bazı yabancılar, ikamet izni olmadan sadece turist vizesiyle üç aya kadar Türkiye'de kalabilmektedir. İkamet izni almadan bir seferde üç aydan fazla kalmak isteyenler ise, ülke dışına çıkıp yeniden Türkiye'ye ye giriş yapmak zorundadırlar. Bu yüzden özellkle Ege bölgesinde yerleşmiş olan yabancılar, hem ikamet ücreti ödememek, hem de ikamet izni alma işinin bürokratik sıkıntılarından kurtulmak için, günübirliğine bile, yakın olan Yunan adalarında gidip gelerek, Türkiyeden çıkış ve yeniden giriş yapmaktadırlar. Bu nedenle, ikamet izni olanların sayısı bilinmekle birlikte, turist vizesiyle kalanların sayısı bilinmediği için, yerleşik yabancıların sayısı tam olarak bilinmemektedir (Bahar vd. 2009: 513).

İkamet izni alanlardan ne kadarının emekli olduğu da bilinmemektedir. Diğer ülkelerde yapılan akademik çalışmalar da, genel ikamet izni içinden emekli olanların sayısının belirlenemediğini belirtmektedir (Bahar vd. 2009: 513).

Araştırmanın bulguları ve değerlendirmeler

Bu makalede yerleşik yabancıların Türkiye'ye yerleşme nedenleri, Türkiye'ye yerleşme süreçleri, ev sahipliği, Türkiye'deki toplumsal süreçleri, adalete, güvenliğe ve ikamete ilişkin sorunları ve sosyal kültürel yaşama ilişkin genel durumları hakkında elde edilen veriler değerlendirilmiştir.

Emekli yerleşik yabancılar Türkiye'ye yerleşme nedenleri

Daha çok emeklilerin oluşturduğu 504 kişiden oluşan örneklemde, 26 kişi yaşını belirtmemiştir. 478 kişiden 334 kişinin yaşı 50 ve daha üstüdür. Türkiye'ye yerleşen yabancıların büyük bir oranını emekliler oluşturmaktadır. Yabancılar, kendi ülkelerinden çok daha iyi ekonomik şartlarda ve daha güzel bir iklimde yaşamak amacıyla gelmektedirler.

Emekliler tarafından Ege ve Akdeniz kıyılarına yabancıların yerleşmelerine "yaşam biçimi göçü" olarak da ifade edilmektedir (Südaş ve Mutluer, 2010: 31-47). Yerleşik yabancıların Türkiye'yi tercihleri tek bir nedene dayanmamaktadır. Türkiye'ye yerleşen yabancıların temel amacı, kendi ülkelerinde bulamadıkları bir yaşam tarzına sahip olmaktır. Bu yüzden güzel iklim ve coğrafya, Türkiye'nin farklı yerlerini yabancıların gözünde cazip kılan etkenlerin başında gelmektedir. Buna ek olarak, yaşam koşullarının Avrupa'ya göre ucuz olması da yabancıları Türkiye'ye çeken nedenlerin başında gelmektedir.

Bazı Avrupa Birliği ülkelerinde, özellikle Almanya ve Hollanda'da, Avro'ya geçildikten sonra fiyatlar bir anda iki katına çıkmış ve hayat pahalanmıştır. Hayat pahalılığındaki bu yüksek artış, Türkiye'yi AB vatandaşları açısından çok daha cazip bir hale getirmiştir. Bir AB ülkesinden

Türkiye'ye gelen bir yabancının reel geliri bir anda katlanmakta ve Türkiye'de kendi deyimleriyle 'cennette' yaşamaktadırlar.

Türkiye'ye yerleşen emeklilerin en temel kaygısı sağlık sorunlarıdır. Bu sorun, yerleşik yabancıların hangi ülkeden geldiklerine ve nereye yerleştiklerine göre değişmektedir. Bazı ülkelerden gelen yabancıların sağlık sigortası geldikleri ülkeler tarafından kaşılanmakta; bazıları ise Türkiye'de sağlık sigortası yaptırmaktadır. Özel sağlık hizmetlerinin kalitesinin ve yaygınlığının yüksek olması, emekli yerleşik yabancıların sağlık kaygılarını kısmen de olsa hafifletmektedir.

Yerleşik yabancıların Türkiye'deki yaşmaları hakkında araştırılması gereken konuların başında Türkiye'ye yerleşme süreçleri, ev sahipliği, Türkiye'deki yaşamlarına ilişkin toplumsal süreçler gelmektedir.

Türkiye'ye yerleşme süreçleri

Avrupalı emeklilerin Akdeniz sahillerine olan göçü "güneşi arayış olarak" da adlandırılmaktadır. Güneşi arayış, Avrupalı emeklilerin çoğunun istediği ama, buna farklı nedenlerle cesaret edemediği bir süreçtir. Bu cesaretsizlik sadece ekonomik kaygılarla açıklanamaz. Başka bir ülkeye göç etmek, en başta göç edilen yerde sosyal sorunlarla mücadele etmek demektir. Göç edilen ülkedeki sosyal, ekonomik ve siyasal yaşama ne kadar uyum sağlanabilir?

Yerleşik yabancılar açısından Türkiye'yi çekici kılan avantajlar konusunda en fazla vurgu denize, güneşe, iklime, doğal güzelliğe, insanlar arası ilişkilerdeki samimiyete ve sıcaklığa, yaşlılara saygıya, güvenliğe, sakin hayata, içtenliğe ve ucuzluğa yapılmaktadır. Yerleşme süreçlerinde ikamet şekilleri önemli bir rol oynamaktadır. Yerleşik yabancıları ikamet şekillerine göre üç başlıkta incelemek gerekir: Bunlar; kalıcı ikamet edenler, mevsimlik ikamet edenler ve fırsat buldukça ikamet edenler.

Yabancıların yerleşecekleri yeri seçmelerinde toplumsal sınıf, yaş, cinsiyet ve daha önce Türkiye'ye tatil için geldikleri yerlerin özellikleri ve onlar üzerindeki etkileri rol oynamaktadır. Bazıları için ulaşım kolaylığı bir avantaj olarak değerlendirilmekte ve havaalanlarına yakın olan yerlere yerleşilmektedir. Örneğin Fethiye ile Dalaman havalimanı arasındaki mesafenin yaklaşık yirmi dakikada alınması, yerleşik yabancıların çoğu tarafından bir avantaj olarak değerlendirilmektedir. Ulaşımın kolaylığı, bazı yerleşik yabancılar tarafından ise dezavantaj olarak değerlendirilmektedir. Herkesin kolay ulaşamaması sonucu kendilerine has tarihi, kültürel ve coğrafik özellikleri korumasından dolayı, bazı yabancılar ulaşımın kolay olmadığı yerlere yerleşmeyi tercih etmektedir. Bu bağlamda Antalya'nın Kaş ilçesi, yukarıda belirtilen özellikler nedeniyle tercih edilen yerlerin başında gelmektedir. Yabancıların büyük bir kısmı da Avrupa'nın yoğun, monoton ve bireyin üzerinde sürekli baskı uygulayan yaşam kalıplarından uzaklaşmak amacıyla Türkiye'ye yerleşmişlerdir. Bu durum, bir yerleşik yabancı tarafından aşağıdaki şekilde dile getirilmiştir:

Londra'da binlerce kameranın olması, gözetim toplumunu andırmaktadır. Her yerde güvenlik kameralarının yerleştirilmesi, ister istemez gerilimi yükseltmektedir. Sürekli denetim altında olmak, insanın özgürlüğünü sınırlamaktadır. Fethiye'de kendimi daha özgür ve güvende hissetmekteyim.

Türkiye'ye turistik amaçlı gelip, daha sonra yerleşen yabancıların, Türkiye hakkındaki düşünceleri ilginçtir. Yetmişli yaşlarına yaklaşan ve 2004 yılında önce Türkiye'ye yerleşen Britanyalı bir kadın, mutluluğunu aşağıdaki şekilde dile getirmektedir:

Türkiye'nin güneyi ile 13 yaşındayken tanıştım. Emekli olunca Türkiye'ye yerleşmeyi her zaman hayal ettim. Bu hayalim gerçekleşti. Çok mutluyum.

Yabancıların bazıları, Türkiye'yi tercih etmelerindeki birinci nedenin ekonomik kaygılar olmadığını; bölgenin kendine özgü coğrafyası, iklimi, kültürü ve insanlar arası ilişkilerin kendilerini yerleştikleri yere çektiğini söylemektedir. Bu düşüncedeki yerleşik yabancılar, diğer yabancılarla ve Türklerle olan bağlarını daha rahat, kolay bir şekilde kurmaktadır. Yerleşilen yere duyulan heyecan ve hayranlık ne kadar devam etmektedir? Bu sorunun yanıtı kişiden kişiye değişmektedir. Yerleştikleri yerle ilgili heyecanlarını yitirenlerin bazıları evlerini satmayı düşünmektedir. Yerleşilen yerlerdeki belediye, elektrik, su, yol ve ulaşım hizmetlerinin standartları da yerleşik yabancıların tercihlerinde önemlidir.

Yerleşmeye karar verenler arasında önce bölgeye turistik amaçlı gelip, daha sonra yerleşmeye karar verenlerin sayısı azımsanmayacak kadardır. Bazı yabancılar ise yerleşmeyip, sadece yatırım amacıyla mülk satın almaktadırlar. Bazı yerlere kafile halinde gelerek, bölgeye yerleşmeye birlikte karar vermektedirler. Türkiye'ye yerleşen veya yerleşmek isteyenlerin takip ettiği websitelerin önemli işlevi vardır. Siteler mülk satışı, yerleşme, pasaport, ikamet izni, sürücü belgesi ve diğer konularda düzenli bilgiler vermektedir. Bazı sitelerde de bireysel sorular da yanıtlanmaktadır (örneğin, www.fethiyetimes.com).

Türkiye'ye tatil amacıyla gelen ve daha sonra yerleşmeye karar veren yabancıların hikâyeleri farklıdır. Bazı yerleşik yabancıların Türkiye'yi tercihlerinde, bulundukları ülkelerde gittikleri Türk restoranlarındaki yetkililerin tavsiyeleri bile rol oynamaktadır. Bazı yabancılar açısından Türkiye'ye yerleşme kararı büyük bir maceradır. Türkiye'de kuralların uygulanmasındaki eksiklere rağmen, kurallara sıkı sıkıya bağlı ve monoton bir yaşama sahip olan Avrupa'yla karşılaştırıldığında, Türkiye cazip, ilginç ve eğlenceli bir ülkedir. Türkiye'deki "esneklik", bazı yerleşik yabancılar tarafından "Akdeniz Kültürü" olarak da tanımladıkları "rahatlık" olarak da değerlendirilmektedir.

Avrupalılar için, katı kurallar ve bireyler arasındaki ilişkilerin sıcak olmaması "baskı" olarak da algılanabilmektedir. Avrupa'da var olan mesafeli ilişkilerin aksine, Türkiye'de bireylerarası ilişkilerin genellikle sıcak ve samimi olması, bazı Avrupalıların Türkiye'yi tercihlerinde önemli bir etkendir. Bir Türkle evli olan Britanyalı bir kadının Türkiye'ye yerleşme serüveni aşağıda özetlenmiştir:

1976'da Ölüdeniz'e tatile geldim ve kocamla burada tanıştım. Daha sonra evlendik ve 1977'de buraya (Ölüdeniz) yerleştik. Ben buradaki ilk İngiliz'im. Eşim Fethiyeli bir marangoz ve iki çocuğumuz var. Buraya gelen ilk İngiliz olarak belli bir risk aldım. Ancak ne olur ne olmaz diyerek Türk vatandaşlığı almadım ve İngiliz vatandaşlığını korudum. Şu an Türk vatandaşıyım, ancak vatandaşlığı almak çok zor oldu. Biraz para kazanmak için tekrar İngiltere'ye gittik. Amacımız dört-beş yıl çalışıp para biriktirerek Türkiye'ye dönmekti. Ben orada tekrar işime döndüm, çocuklar okumaya başladılar ve orada takılıp kaldık. Ancak yirmi yıl sonra 2001 yılında tekrar buraya dönebildik.

Yerleşik yabancıların veya daha sonra evlilik yoluyla Türk vatandaşlığını almış yabancıların, Türkiye'deki yaşama uyumlarında sorunlar yaşanmaktadır. Türkiye'ye alışmak, yabancılarla Türklerin toplumsal bütünleşmesi olarak da ele alınabilir. Bununla birlikte yerleşik yabancılarla Türklerin ilişkilerinin toplumsal bütünleşme kavramıyla açıklanması, akademik anlamda tartışılması gereken konular arasındadadır. Çünkü, yabancıların yalnızca bir kısmı Türk toplumuyla toplumsal yaşamın tamamında olması bile, geniş bir alanında bütünleşme çabası içindedirler. Oysa yabancıların çoğu Türk toplumuyla sınırlı düzeyde etkileşim içine girmek istemektedir. Yabancılar, kendi aralarında toplumsallaşma içindedirler. Bazı yabancılar ise kendi aralarında bile etkileşim içinde değildirler. "Türkiye'ye alıştınız mı", "kendinizi güvende hissediyor musunuz" sorularının yanıtı bir yerleşik yabancı tarafından aşağıdaki şekilde yanıtlanmıştır:

Türkiye'de kendimi evimde ve çoğu zaman kendimi güvende hissediyorum. Ancak bazı zamanlar da kendimi güvende hisset-miyorum. Özellikle trafikte kendimi hiç güvende hissetmiyorum. Türkiye'de düşünce ve inanç özgürlüğü bir noktaya kadar var. Düşünce ve inanç özgürlüğü veya güvende hissetme gibi durumların İngiltere'de biraz daha iyi olduğunu düşünüyorum.

Türklerle evli olan ve Türkçe konuşabilen yabancıların Türkiye'ye alışması daha kolaydır. Bu durum bir Türkle evli olan Britanyalı başka bir kadın tarafından aşağıdaki şekilde dile getirilmektedir:

Türklerle yabancılar arasındaki ilişkiler bazen iyi, bazen de kötü olabilmektedir. Ben bir Türk ile evliyim ve Türkçe konuşabiliyorum. Dolayısıyla benim ilişkilerimde bir sorun yok. Bu genel olarak da böyledir. Ancak bu herkes için geçerli değildir. Mesela Fethiye International Group (FIG), Belediye bünyesindeki FETAV çerçevesinde faaliyetlerini sürdürmektedir ve genel olarak Fethiye için bir şeyler yapmak amacındadır. Ancak insanlar FIG'e sadece İngilizlerin faaliyetleri gözüyle bakmaktadırlar. Burada İngilizlere kızan da birçok Türk var. İngilizlerin buraya gelmesiyle fiyatların artmasından, her şeyin bozulmasından şikâyet eden birçok Türk bulunmaktadır. Ayrıca Türk toplumunun bazı kesimlerinde de yabancılara karşı bir paranoya mevcuttur.

Yerleşik yabancıların Türkiye'ye yerleşme hikâyelerinden başka bir örnek:

Türkiye'ye gelişlerim ilk defa 1997 yılında başladı. 2002 yılında altı ay kaldım. Mayıs 2004 tarihinde ise İskoçya'dan Türkiye'ye sürekli kalacak şekilde taşındım. Türkiye'ye taşınmamdaki temel neden, Kasım 2004 tarihinde Türk kocamla evlenmemdir. 2002 yılında Britanya'dan bir arkadaşımla Türkiye'de kaldım ve Türkiye'de yaşayan bir yabancının neler hissettiğini çok iyi biliyorum. Burada yaşamaya başladıktan beri gerçekten çok fazla bir sorunla karşılaşmadım. Karşılaştığım temel sorunlar: Turkish red tape – Hiçbir şey kolay görülmüyor. Eğer doğru kişiyi biliyorsanız para her şeyi satın almaktadır. Bir Türk erkeğiyle evlenen yabancılara iyi bakılmamakta, etiketlemeler yapılmaktadır.

Fethiye'de otel işleten Britanyalı bir kadının yerleşme hikâyesi:

Ben burada İngiliz bir arkadaşımla otel işletmekteyim. Üç yıldır burada yaşıyorum. Tatillere hep Türkiye'ye gelirdim. Bir sene de arkadaşımla geldim. Buraya hayran kaldık ve iş kurmaya karar verdik. İngiltere'de HSBC'de insan kaynakları müdürüydüm. Çok da iyi bir kariyerim vardı. Ama haftada yetmiş, seksen saat çalışmaktaydım ve artık bundan farklı bir şey yapmak istedim. Bu yüzden de Fethiye'de otel işletmeye karar verdim.

Otelimize gelen müşterilerimizden Türkiye'ye ilk kez gelenler oluyor ve ben onlara neden Türkiye'yi tercih ettiklerini soruyorum. Genellikle Türkiye'ye uzun zamandır gelmeyi düşündüklerini söylemektedirler. Ancak gene de Türkiye hakkında bazı endişeleri olduğunu dile getirmektedirler. Bu endişelerin içeriğini dinlediğimde ise bunların ne kadar gereksiz ve temelsiz olduğunu anlıyorum. İnsanlar Türkiye hakkındaki bilgilerini ya diğer insanlardan ya da medyadan edinmektedirler. Bu da demek oluyor ki çok açık bir yanlış bilgilendirme olayı yaşanmaktadır. Fakat bizim otelimize gelen konuklarımız, tekrar ve tekrar gelmek istemektedirler. Ben şu ana kadar Türkiye'ye gelip de bir daha gelmek istemeyen yabancıya rastlamadım.

Bizim müşterilerimiz Türkiye'ye içki içip dans etmek, futbol maçı izlemek için gelen turistlerden oluşmuyor. Onlar buraya güzel bir yer olduğu için ve burayı tanımak için geliyorlar. Bu yüzden biz otelimizde müzik çalmıyoruz. Otelimizde çocukları ağırlamıyoruz. Belli bir hedef kitle tespit ettik ve ona göre iş yapıyoruz. Bu çok daha karlı oluyor. Oteldeki çalışanlar ise Türklerden oluşmaktadır.

Yerleşik yabancılara göre, İngiltere'nin (kendilerine göre) kasvetli havasından kaçıp, daha mutlu ve neşeli ortam arayışında olanlar için Türkiye güzel bir yerdir:

Buraya gelmemin nedeni aslında Türkiye'den çok İngiltere ile ilgili. İngiltere küçük ve çok kalabalık bir ülkedir. İngiltere'de mutsuz insanların sayısı çok fazladır ve bu da başka ülkelere yerleşmek için önemli bir neden oluşturmaktadır. İnsanlar buraya yerleşerek bir rüyayı gerçeğe dönüştürmektedirler. Neden daha önce burada (Fethiye'de) yaşamadıklarını düşünmektedirler. Dolayısıyla insanların İngiltere'de mutsuz olmaları buraya yerleşmeleri açısından en önemli faktör olmaktadır.

Türkiye'ye iş kurmak için yerleşmek aynı zamanda risk almak demektir. Bir yerleşik yabancı düşüncelerini şu şekilde dile getirmiştir:

Türkiye'ye gelirken gerçekten oldukça büyük bir riske girdik tabii. Başarısız olsaydık paralarımızı kaybedip ülkemize geri dönecektik. Ancak bu böyle olmadı. İşimizde oldukça başarılı olduk ve gerçekten iyi bir kazanç elde edebiliyoruz.

İngiliz olan Susan bir Türkle evlenerek Fethiye'ye yerleşmiştir. Yaşadığı ülkede güzel bir kariyer yapmış ve bunu bırakmak istemediğinden dolayı da oradaki işine de buradan devam etmektedir. Eşi de Fethiye'de bir dalış işletmesi sahibidir. Susan İngiltere'de bu işi yapan arkadaşları aracılığıyla kocasına yardımcı olmaktadır. Susan ile evlenmeden önce böyle bir iş olduğundan bile haberi olmayan kocası, dalış üzerine bir iş kurulabileceğini öğrenerek işini kurmuştur. Bu da yabancıların ülkemize yeni bakış açıları ve yeni iş alanları getirme potansiyeline verilebilecek bir örnektir.

Susan'a göre, Türkiye'ye yabancıların gelmesi güzel bir gelişmedir. Bu durum yerleşilen yerlerdeki Türklerin de ufkunu açmaktadır. Bunun yanında çok fazla yabancı gelmesinin olumsuz etkileri de bulunmaktadır. Mesela mülk edinmek artık oldukça pahalı hale gelmektedir. Bunun da en büyük nedeni ise, yerleşmek isteyen yabancıların fiyatlar üzerinde yarattığı baskıdır. Yabancıların çok fazla mülk satın alması, otellerin müşterilerinin azalmasına neden olmaktadır. Bunun dışında yerleşik yabancılar kendi ülkelerindeki insanlara Türkiye hakkında olumlu şeyler anlatmaktadır. Bu da Tür-kiye'nin Avrupa'da tanıtımı açısından oldukça önemli bir avantajdır.

Daha önce de belirtildiği gibi bazı yabancılar, kitle turizminin olmadığı sakin yerlere yerleşmektedir. Havaalanlarına yakın olmayan ve Avrupalıların olmadığı veya az olduğu yerler tercih edilmekte. Akademisyen olan bir yerleşik yabancı aşağıdakileri dile getirmiştir:

Bodrum ve benzeri yerlerden mülk satın alanların bazıları evlerini sadece "tatil evi" olarak kullanmaktadır. Türkiye'de yılın belli dönemlerinde tatil amaçlı yaşamaktadırlar. Bunlardan bazıları daha sonra Türkiye'ye yerleşmeye karar vermektedir. Ayvalığı seçmemin nedeni kitle turizminin egemen olmadığı, yabancıların fazla olmadığı otantik bir Türk kasabasında yaşamak istememdir. Yemekler, iklim, insanlar sosyolojik açıdan çok ilgimi çekmektedir. Bu açıdan bakıldığında Avrupalılar arasında yaşamanın bir anlamı olmadığını düşünüyorum. Sanırım Ayvalık iyi bir tercih.

Bazı yörelere yerleşen yabancılar, yerleştikleri yerin önceden var olan güzel özelliklerini yitirdiğini ve gittikçe kozmopolitleştiğini söylemektedir. Yerleşik yabancıların, sayısı az olsa da, istenmeyen uygulamalarla karşılaştıkları görülmektedir. Yerleşim yerlerinin gittikçe kalabalık ve kozmopolit hale gelmesi, yerleşik yabancılar açısından istenmeyen bir durumdur. İrlanda'da akademisyen olan Julia, Türkiye'ye yerleşme planını aşağıdaki şekilde belirtmiştir:

Gelecek üç yıl içinde Türkiye'ye yerleşmeyi planlıyorum. Her yıl Türkiye'de birkaç hafta geçirmekteyim. Birkaç yerleşik yabancı tanımaktayım. Şu anda Türkçe öğreniyorum. İklim, yiyecekler ve insanlarla birlikte, bir sosyolog olmam nedeniyle Türkiye hakkında derin bir sosyolojik ilgiye de sahibim. Bu da Türkiye'ye bana çekici kılan nedenlerdir.

Özellikle Türkiye'nin Avrupa Birliği'ne giriş sürecinde yerleşik yabancıların katkılarına yönelik potansiyelleri ilgimi çekmektedir. Sosyolog olarak çalışmalarım arasında Avrupa Birliği program ve politikaları, insan kaynakları programları gelmektedir. Bu uzmanlığımı ve deneyimlerimi yeni ülkemin yararına değerlendirebilmeyi ümit ediyorum.

Yerleşik yabancıların bazıları birikimlerini Türkiye'de paylaşmak istemektedirler. Uygun mekanizmalar hazırlanırsa yabancılar Türkiye için "fırsat" haline gelebilir. Yerleşik yabancıların Türkiye'yi tercih etme nedenleri ve Türkiye'deki yaşamları hakkındaki düşüncelerinde farklılıklar görülmektedir. Yerleşik yabancılar turizmin olumsuz etkilerini dile getirmektedirler. Kitle turizminin birçok olumsuz yanı vardır. Türkiye olumsuz etkilerinin daha az olduğu (niche) doğa turizmi için harika bir ülkedir. Fakat şu anda Türkiye'de çok az uygulanmaktadır. Bu konuda bir yerleşik yabancı aşağıdakileri dile getirmektedir:

Türkiye'ye öncelikle çalışmak için geldim. Ardından Türk erkek ardaşım oldu ve sonunda burada kalmaya karar vermek benim için kolay oldu. Şu anda Türklerin olduğu bölgede yaşıyorum. Köyümüzün çoğu yerinde turistler var. Turistlere karışmıyorum. Komuşaların son derece yardımsever. Dil engelini aşmak benim için çok zordur. Dil öğrenmeye başladım.

Ev sahipliği

Ev sahibi olan yabancılar, kendilerini kalıcı olarak gördükleri için karşılaştıkları sorunlara karşı da duyarlıdırlar. Bu duyarlılık onları ankete cevap vermeye itmiştir. 504 kişiden 360'ı Türkiye'de kendi evinde, 111 kişi ise kirada oturduğunu belirtmiştir. Örneklemin geri kalanı ev sahipliği sorusunu yanıtsız bırakmıştır. Yerleşik yabancılar arasında kirada oturanların sayısı yüksek olmasının birkaç nedeni vardır. Birincisi, yabancıların Türkiye'ye yeni yerleşmeleri ve nereden, nasıl bir ev satınalacakları konusunda araştırmalarının devam etmesidir. Onlar için Türkiye'de mülk satın alma kararının verilmesi kolay değildir. Kendilerini rasyonel olarak tanımlayan yabancılar, belli bir süreninin geçmesini beklemektedirler. Yatırım amacı dışında mülk satın almak isteyenler, çevresel koşulları da dikkate almaktadır. Güvenlik, kültür, komşuluk, sosyal etkinlikler, dışarıda zaman geçirmek, alışveriş ve hayat pahalılığı, mülk satın alma konusunda karar verme aşamasında olan yabancıların göz önünde bulundurduğu kriterlerin başında gelmektedir.

Mülk satın alanların bir kısmı evlerini "tatil evi" olarak değerlendirmektedirler. Bunlardan bazıları ise daha sonra (emeklilik veya uygun bir zamanda) yerleşmeyi planlamaktadırlar. Bazıları da evlerini resmi kayıtlara girmeden, para karşılığı kısa veya uzun dönem olarak kiraya vermektedir. Bu durum, haksız rekabet oluştuğu, müşteri kaybettikleri ve vergi kaybı olduğu gerekçesiyle yerli otel ve pansiyon işletmeciler tarafından şikayet edilmektedir.

Avrupalılar daha önce İspanya'ya gidiyorlardı. Ancak İspanya'nın AB üyesi olması ve eve olan taleplerdeki artışla beraber fiyatlar da oldukça yükseldi. İspanya'da bir ev satın almanın bedeli neredeyse Almanya ile aynı seviyeye geldi. Şimdi Türkiye'de de aynı durum yaşanmaktadır. Bazı insanlar Türkiye'nin pahalandığını öne sürerek Bulgaristan'ın daha ucuz olduğunu ve oraya taşınmayı düşündüklerini söylüyorlar.

Türkiye'de yaşam ve toplumsal süreçler

Türkiye'de yaşam ve toplumsal süreçler açısından Türkiye ile yerleşik yabancıların geldikleri ülkeler arasında benzerlikler ve farklılıklar vardır. Avrupa Birliği'ne giriş sürecinde çalışmalar yapan Türkiye, mevzuatını Avrupa Birliği standartına yükseltmede önemli gelişmeler gösterdi. Bununla birlikte yasalar ne kadar ileri olursa olsun, bilgisizlik veya ilgisizlik nedeniyle uygulamada sorunların yaşandığı da görülmektedir. Hukuk, adalet, güvenlik, ikamet, sosyal ve kültürel yaşam ve alışveriş kalıpları, yerleşik yabancıların üzerinde durdukları konuların başında gelmektedir.

Adalet

Bazı yabancılar Türkiye'de yanlış buldukları bazı şeyleri değiştirmek için çabalamakta ve bunu önemli bir amaç olarak benimsemektedir. Kendisiyle mülakat yapılan ve on yıldır Türkiye'de yaşamakta olan Almanya'dan gelen Gerhard da Türkiye'deki adaletsizliklerle mücadele etmekte çok istekli olduğunu belirtmektedir. Altı yıl boyunca bir tekne inşa edip, o teknede yaşamak için uğraşan Gerhard, dünyada normalde 50 ABD dolarına halledilen işler için, liman görevlilerinin binlerce dolarlık rüşvet taleplerine maruz kaldığını ifade etmektedir. Şu anda Kaş ve çevresinde çeşitli mülkleri bulunan Gerhard, ekolojik bir kamp alanı oluşturmak istediğini fakat, bu konudaki en büyük sorunun, yasaların çok sık değişmesi nedeniyle, Türkiye'deki yasal hakların garanti edilememesi olduğunu belirtmektedir. Gerhard, bütün bu sorunlara rağmen Türkiye'de kalmak istediğini, çünkü bu adaletsizliklerle mücadele etmek ve yabancılara karşı olan bu tutumu değiştirmek istediğini ifade etmektedir. Aynı zamanda, bürokrasinin yavaş ve şeffaf olmayan çalışmalarına sadece yabancıların değil, yerli halkın da maruz kaldığını belirtmekte ve Türkiye'de iş yaptırabilmek için resmi görevlilere rüşvet vermenin şart olduğunu söylemektedir. Gerhard, Türkiye'ye geldiğinden beri hemen hemen tüm istediklerinin de gerçekleşmekte olduğunu ifade ediyor ve ilerde Türk vatandaşlığını da aldığında her şeyin çok daha kolay olacağına inanıyor. Gerhard'a göre Türkiye AB'ye girmemelidir. Çünkü bu işten asıl kazancı sağlayacak olan AB'dir. Gerhard, aynı zamanda, Türkiyesiz bir AB'nin de ileride pek sürdürülebilir olamayacağını da düşünmektedir.

Yerleşik yabancılar ve diğer yabancılar için uygulamada olan mevzuat sayısı çok fazla. Bazı uygulamalar yasalarla değil de sadece yönetmeliklerle düzenlenmiştir. Bu da uygulamada belirsizlik, karışıklık, yanlışlık ve haksızlıklara neden olmaktadır. Hukukun uygulanmasında keyfi uygulamalara dikkat çeken bir Türk akademisyen:

Bazen yasalarda yazanlarla uygulamalar çok farklı olabiliyor. Yabancılara vize, oturma izni, sığınma hakkı gibi şeyler verilirken, iç hukuk veya uluslararası hukuk kurallarından ziyade kâğıt üzerinde olmayan başka şeyler de etkili olabilmektedir. Mesela bir İngilizin Türkiye'de oturma izni alması, bir Arnavut'un oturma izni almasından çok daha kolaydır. Bu tarz konuların ikili anlaşmalar ile belirlenmesine rağmen, uygulamalarda başka birçok faktör de etkili olmaktadır. Yani, ne kadar hukuk, yazılı kurallar olursa olsun, bazı memurlar kendi hukuklarını kendi yaratabilmekte ve keyfi uygulamalar yapabilmektedirler.

Türkiye'ye yerleşen yabancıların bazıları ise ülkedeki adaletsizliklerle ve çarpıklıklarla mücadele etmekten çok, iyi vakit geçirmek ve rahat bir hayat sürmek için buraya gelmektedir. Hollanda vatandaşı olan ve Türkiye'de Türk kız arkadaşıyla Kaş'ta yaşayan Peter, bunlardan biridir. Peter, Türkiye'yi çok sevdiğini söylemesine rağmen Kaş'a yerleşmesindeki asıl nedenin kız arkadaşının Türk olmasıdır.

Kız arkadaşı adına tescil edilmiş olan bir bilardo kafe işleten Peter, resmi anlamdaki bütün işlerini kız arkadaşı üzerinden yürüttüğü için pek fazla bir sorun yaşamamaktadır. Peter, Türkiye ile Avrupa arasında önemli bir fark göremediğini belirtmekte ve Türkiye'nin AB'ye girmek için hazır olduğunu düşünmektedir. Buna rağmen Peter, Avrupalıların Türkiye'ye akın edeceğini ve kıyıların daha da kalabalıklaşarak bozulağını öne sürmekte ve Türkiye'nin AB'ye girmesine soğuk bakmaktadır. Peter, Kaş'taki diğer yabancılarla bağlantı kurmak için bir çabası olmadığını ve burada daha çok Türk yaşam biçimine göre yaşamak istediğini belirtmektedir. Fiyatların artmakta olduğunu ve bu durumun ileride Türkiye'de kalmasını zorlaştırabileceğini belirten Peter, Türkiye'ye yerleşen ve yaşlanan yabancılar için bakım evleri kurulması gerektiğini belirtmiştir.

Güvenlik ve ikamet

Tüm toplumlarda olduğu gibi yerleşik yabancıların da can ve mal güvenliğine ilişkin kaygıları vardır. Bununla birlikte Türkiye, kendi ülkelerine göre daha güvenli bulunmaktadır. Yabancı bir ülkede yaşamak, yaşılar açısından gençlere göre çok daha zordur. Gençken bazı riskler göze alınsa da, yaşlılıkta risk almak kolay değildir.

Yabancıların büyük bir çoğunluğu Türklerden hiçbir zarar görmediklerini ve Türkiye'de yaşamayı sevdiklerini ifade etmişlerdir. Yabancılar Türkleri kibar ve misafirperver bulmaktadır Bu da onları olumlu yönde etkilemektedir. Yabancıların birbirleriyle veya Türklerle hiçbir önemli sorunu olmadığı gözlenmiştir.

Yabancılar Türkiye'yi güvenli bulsalar bile, bu durum onların suç mağduru olmadıkları anlamına gelmiyor. Evden hırsızlık, yabancıların şikayet ettiği ve mağduriyet hikayelerinin başında geliyor. Villada oturanlar kadar apartmanlarda oturanlar da hırsızlık mağduru olabiliyorlar. Soyguncular apartmanların girişindeki kapı zilleirndeki isimlerden yabancı bir isim görürlerse, buna göre hedef seçebiliyorlar. Bu yüzden bazı yabancılar kapı zillerinde bulunan isimlerini almışlar. Hırsızlar yabancıların evlerinde daha çok para veya değerli eşya bulunabileceğini düşünüyor. Yabancılar evden hırsızlıktan başka mağduriyetleri olabiliyor. Aşağıdaki habere göre

Bodrum'un Bitez bölgesine yerleşen İngiliz ve İrlandalı aileler, villalarını 'Ahtapot Çetesi' olarak bilinen çeteye kaptırmışlardır:

1990'lardan beri İngiliz Alan-Ann Chambers çifti tatillerini Bodrum'da geçirmektedir. 2002 yılında müteahhitlerden villa satın almışlardır. Chambers ailesinin tavsiyesiyle üç İngiliz, dört İrlandalı aile de tapularını teslimde almak koşuluyla ön anlaşma yapıp villaların parasını ödemiştir. Müteahhitler ise sekiz villanın tapusunu, yüksek faizle borç aldıkları kişiye devretmişlerdir. Çete lideri olan bu kişi 2004 yılında 'Ahtapot' operasyonunda tutuklanmış ve kendisinin ve elemanlarının mallarına ihtiyati tedbir konulmuştur. Chambers ailesi ve diğer yabancılar villalarının tapularını alamamıştır. Yedi aile evlerine yerleşmiş fakat çete liderinin elemanları ise evlerin başkalarına satıldığını, evleri terk etmeleri gerektiğini söylemiş ve ev sahiplerini tehdit etmiştir. Ellerinde sadece Tourmark Real Estate isimli emlak şirketinin aracılığıyla hazırlanan sözleşme ve müteahhitler adına bankaya yatırılan paraların dekontu bulunan aileler hukuk mücadelesi başlatmışlardır. Villalar üzerine ihtiyati tedbir kararı konulduğu için tapular sahiplerine verilmemiştir. Tehditler sonucu yedi aile ülkelerine döndü. Chambers çifti ise mücadeleye devam edeceklerini ve gerekirse AİHM'e gideceklerini söylemektedirler (Sabah 29 Temmuz 2006).

Suç mağduriyeti sadece Türkiye'ye özgü bir sorun değildir. Avrupalılar kendilerini Avrupa'da mı yoksa Türkiye'de mi daha güvende hissediyorlar sorusuyla karşı karşıyayız. Hiçbir ülkede hiç kimse kendisini tam olarak güvende hissetmemektedir. Güvenlik denildiğinde sadece suç mağduru olmak anlaşılmamaktadır. Sosyal ilişiklerde, alışverişte hayal kırıklılığına uğratılmak da güvenlik kaygısı içinde değerlendirilebilir. Alışverişte kazıklanma korkusu aşağıdaki şekilde dile getirilmiştir:

İnsanlar dostça yaklaşıyorlar. Ancak bu gerçekleri değiştirmiyor. İnsanlar fiyatlara bakıyorlar. Ayrıca Türklerle Almanlara farklı fiyatlar uygulanıyor. Çarşıda alışveriş yaparken kazık yememek için her zaman uyanık olmak zorundasınız.

Yerleşik yabancıların temel endişeleinin başında satış fiyatlarında aynı ürüne yönelik yabancı ve yerli ayrımı yapılmasıdır. Daha çok küçük esnafların yaptığı yabancılara yönelik farklı fiyat politikası, büyük alışveriş merkezlerinde mümkün değildir. Bu durum eskisi kadar yaygın olmasa da kaygı veririci durumunu korumaktadır.

Sosyal ve kültürel yaşam

Türkiye'deki yerleşik yabancılar nasıl bir kültürel yapı içinde yaşıyorlar? Alanya'ya yerleşen bir Alman'ın düşünceleri:

Burada insanlar keyif alıyorlar. Oldukça sosyal ve sıcak bir ortam var. Her şeyi yapabiliyorsunuz. İnsanlar birbirlerine çok dostça yaklaşıyorlar.

Burada insanlar yaşam tarzını çok seviyorlar. Hayat sorunlarla işgal edilmiyor. Türklerle iletişim kurmak hiç de zor değil. Almanların çoğunun Almanya'da kendilerine ait evleri var; ve yılda 3-4 kere Almanya'ya gidip gelmektedirler. Mesela çoğunluk Kasım'da gidip Şubat'ta geri döner, aşırı sıcakların bastırdığı haziranda tekrar giderler. 100 Avro ile Almanya'ya gidip gelebiliyorlar. Türkiye oldukça ucuz. Bu nedenle yılda üç dört kez Almanya'ya gidip geliyorlar. Trafik konusunda ise insanlar sorun yaşamıyorlar. Ben de yaşamıyorum. Türkiye'de seyahatin akışı insanları şaşırtıyor. Alman-lar bunun tadını çıkarıyor. Ben de öyle. Almanya'da insanlar oldukça düzenli yaşarlar ve bürokrasiye bağlıdırlar.

Bireyler arası etkileşim şekilleri, bir yerle olan ilişkiyi daha anlamlı hale getirmektedir. Kişiler kendilerini tanımlarken, insanlarla olan ilişkilerini ele alır ve yaşadıkları yerle de bir bağ kurar. Kimlik ile mekan ve ilişkiler arasındaki bağın kurulması tüm toplumlar için geçerlidir. Bu durum bir yerleşik yabancı tarafından aşağıdaki şekilde dile getirilmektedir:

Almanya'da kırk yıl yaşamama rağmen kendimi hiç oraya yerleşik hissetmedim. Yaklaşık üç yıldır Kaş'ta yaşamama rağmen sanki burada doğmuş ve yaşamımın tamamını burada geçirmiş gibiyim.

Türklerle etkileşim düzeyi, yabancıların Türkiye hakkındaki görüşlerini şekillendiren etkenlerin başında gelmektedir. Etkileşim arttıkça Türkiye ve Türkler hakkındaki olumlu görüşler artmaktadır. Etkileşim azaldığında ise olumlu düşünceler yerini eleştirilere bırakmaktadır.

Yerleşik yabancılar da kendi aralarındaki etkinliklere ve dernek faaliyetlerine katılarak kendi ülkelerindeki hayatlarından çok daha aktif roller üstlenmektedirler. Yerleşik yabancılar kendi aralarında, ülkelerinde olduğundan daha fazla görüştükleri gözlenmiştir. Türkiye'ye yeni yerleşen, bir işletme açan veya yeni evlenen çiftler, vakit kaybedilmeden ziyaret edilmekte. Okuma kulüpleri kurarak beraber kitap okuyorlar. Uzun mesafeli doğa yürüyüşleri ve düzenli sportif etkinlikler düzenliyorlar. Kendi aralarında kitap, CD ve VCD değiştiriyorlar. Yerleşik yabancıların vakit geçirip, eğlenebilecekleri birçok yer ve mekân vardır. Bu olanaklar kendi ülkelerinde ise sınırlıdır. Bazı yerleşik yabancılar ülkelerine hemen hemen hiç gitmemekte ve çocuklarını ve torunlarını yerleştikleri yerlere getirerek onlarla hasret gidermektedirler.

Yerleşik yabancılar Türkiye'deki kültürel değerlere sahip çıkılmasının önemini vurgulamaktadır. Türkiye'de kültürül değer-lerimize yeterince sahip çıkılmadığı bir gerçektir. Tarihsel değerlere sahip çıkılması, turizmin de etkisiyle yaygınlaşabilir. Küresel kapitalizm dünyayı "tek tip" bir hale sokmaya başladı. Artık insanlar mekânların, kültürlerin benzerliklerinden sıkılmaya başladı. Farklı yerel kültürel değerler ön plana çıktı. İnsanlar bu farklılıklarla tanışmak istemektedirler. Turizm bu farklılıkları insanlara sunabilir. Böylece kendi kültürümüzün farkına varmamız ve onu korumamız yolunda önemli bir adım atmış oluruz.

Türkiye'deki kültürel mirasın korunması hakkında bir yerleşik yabancı aşağıdakileri dile getirmiştir:

Eskiden Perge gibi birçok antik ve tarihi yerler oldukça köhneydi ve çok eskilerden kalma taşlardan oluşmaktaydı. Ancak 10 yıldır görüyorum ki bu tarz yerlere girişler artık paralı hale geldi ve daha sağlam hale getirilmeye başlandı. Bu tabi ki turizmin etkisiyle meydana gelen bir gelişme.

İleriye baktığımda Türkiye'nin de Avrupa'nın da, ciddi sorunlarla karşı karşıya olduğunu görüyorum. Avrupa'da hayat oldukça köklü biçimde değişmektedir. Bunun iki nedeni var. Birincisi ailelerin dağılmasıdır. Bu nedenle insanlar çocuk yapmıyorlar. Bu da nüfusun azalmasına ve yaşlanmasına neden oluyor. Nüfusun yaşlanması da depresif bir toplum yapısının ortaya çıkmasına neden olmaktadır. Mesela Almanya bunu yaşamaktadır. Okullar, çocuk yuvaları kapanmakta. Çocuk olmayan, gittikçe daha çok yaşlıdan oluşan toplumlar da daha kötümser ve depresif hale gelmektedir. Avrupa değerlerini tartışıyor. Hangi değerler üzerinde bir Avrupa olacak. Bunun üzerinde anlaşılamıyor bir türlü ve AB Anayasası'nın hala hayata geçirilememiş olmasının da nedeni budur. Gelecekteki amacının ne olduğu konusunda Avrupa henüz bir anlaşma sağlayamadı. Avrupa toplumlarında oldukça hızlı bir değişim olduğundan nereye varmak istediklerini bilmeyen bir Avrupa toplumu ortaya çıkmakta. Türkiye Avrupa Birliği'ne girmek istiyor. Ama bence esas sorun Avrupa bu kadar büyük bir ülkeyi kabul edebilecek mi? Öncelikle Avrupa'nın ortak değerleri üzerinde anlaşması gerekir. Ben çocukken bunlar belliydi: Demokrasi, Hıristiyanlık, özgürlük, Fransız Devrimi'nin ilkeleri. Fakat artık ortak değerler belli değil.

Avrupalıların tamamen benimseyebileceği ortak değerler bulmak mümkün mü? Bu sorunun yanıtı aşağıdaki şekildedir:

Temelde kesinlikle ortak değerler olmalı. Bu kadar büyük bir toplumun ayakta kalabilmesi için ortak değerler şarttır. Yoksa ayakta kalınamaz. Roma İmparatorluğu'na bakın. Zamanla oldukça büyüyen Roma İmparatorluğu ortak değerlerini yitirmiştir. Bu yüzden de dağılmıştır. Avrupa gibi çok büyük bir toplum için demokrasi ve özgürlük gibi değerler oldukça yetersiz.

Yabancıların Türkiye'de kendi kültürlerini yaşamaların konu-sunda sıkıntı yoktur. Örneğin kilise yaptırmak için belediye başvurular olmakta. Ancak, Türkiye'de camiler de devlet eliyle yapılmadığı için, belediye onlara sadece yer gösterebilmektedir. Bazı yabancıların İslamiyet'i seçtiği söylenmektedir. Bununla ilgili tam olarak istatistikî veriler bulunmamakla birlikte, Türklerle evlenen yabancıların büyük oranının Müslümanlığa geçiş yaptığı bilinmektedir. Ayrıca, uzun yıllar Türkiye'de kalıp İslamiyet'i araştırarak

Müslümanlığı tercih eden yabancılar da bulunmaktadır. Bazı yerleşik yabancılar, cenaze törenlerinin İslami geleneklere göre yapılmasını vasiyet etmektedir.

Farklı ülkelere mensup 10 Hıristiyan Datça mezarlığında gömülüdür. Başka bölgelerde Hıristiyanlar için ayrı mezarlık yerleri ayrılmıştır. Hıristiyan bir kadın, ölen kocası adına mezarlıkta bir çeşme yaptırmıştır. Yaşamlarında komşu olan Hıristiyanlar ve Müslümanlar ölümlerinde de komşudurlar. Bu uygulama Datçalılar tarafından son derece normal karşılanmaktadır. Datçalılar Datça'ya yerleşen herkesi hemşeri olarak kabul etmektedir. Bu nedenle ayrım yapmamaktadırlar. Datça'ya yerleşen yabancılar, Türklerle olan güzel dostluk ve komşuluklarının sonucu mezarlarının da komşu olmasını istemek-tedirler.

Yerleşik yabancılar Türkiye'de çok iyi bir insani iklim *(human climate)* olduğunu ifade etmektedir. İnsani iklimle, insanlar arasında mevcut bulunan sıcak ve samimi ilişkiler kastedilmektedir. Toplum-ların yaşaması için "ortak değerlerin" oluşması ve korunması gerek-mektedir. Bu ortaklık Türkiye'de vardır. Yerleşik yabancılar Türklerin kendilerine yönelik olumlu tavırlarını vurgulamaktadırlar. Fethiye'ye yerleşen bir yabancı:

Türkiye'ye geldiğimde, Fethiye'de insanlar bana inanılmaz derecede kibar davrandılar ve beni içlerine kabul ettiler. Bu gerçekten çok muhteşem bir olaydı. Buraya gelirken olumlu ya da olumsuz hiçbir fikrim yoktu. İnsanların beni bu şekilde karşılayıp kabul etmeleri gerçekten çok güzeldi.

Sonuç

Yerleşik yabancıların yarıdan fazlasının, güneşinden dolayı Tür-kiye'nin Ege ve Akdeniz sahillerine yerleştiği ortaya konulmuştur. Yerleşen yabancıların başında Britanya, Almanya, Hollanda ve İskandinav ülkeleri vatandaşları gelmektedir (Bahar vd. 2009: 520).

Yerleşik yabancılar açısından farklı bir ülkeye yerleşmenin getirdiği olumlu ve olumsuz yanlar vardır. Farklılıklarla birlikte yaşamak, karşılaşılan sorunların çözümüne çaba göstermek ve çözülmeyen sorunlara karşı sabırlı olmak, bireyin yaşam felsefesiyle yakından ilgilidir. Esnek ve yeniliğe açık bireyler farklılıklara karşı daha toleranslı olur. Bu kişiler sorunlarının çözümüne yönelik mücadeleci ve iyimser duygular taşır. Esnek ve yeniliğe açık kişiler, kendilerine ve çevrelerine yönelik pozitif duygular taşır.

Bununla birlikte sorunların çözümüne yönelik sadece bireysel tutumlar yeterli değildir. Yerleşik yabancılara yönelik toplumsal ve devlete ait sorumlulukların da yerine getirilmesi şarttır. Bu bağlamda yerleşik yabancılara yönelik mevzuatın günün koşullarına göre güncellenmesi ve uygulamada birliğin sağlanması gerekmeketdir. Bu sorumluluk merkezi hükümete aittir.

Yerel yönetimlerin yerleşik yabancılara hizmet sağlamada tartışımaz önemi ve sorumluluğu vardır. Belediye hizmetlerinin yerleşik yabancılara ulaştırılması ve yabancıların yerleştiklere yerlere uyum sağlamasında yerel yönetimlerin sağlayacağı sayısız hizmetler vardır. Yerel yönetimler, yerleşik yabancıları sadece tüketici konu-munda değil, onları aktif bireyler olarak değerlendirmelidirler. Yerleşik yabancıların vergilerini verdikleri, bölgeye ekonomik ve sosyal anlamda zenginlik kattıkları hesaba katılmalıdır. Bu yüzden yerel yönetimler yerleşik yabancıların doğrudan ve dolaylı katılımlarına açık hale gelmelidirler. Yabancıların kendilerini yerleştiklere yere ait hissetmelerinde yerel yönetimlerin rolü çok önemlidir.

Yerleşik yabancıların yerleştikleri yerlerle ilgili iki temel yaklaşım sergilediği görülmektedir. Birincisinde, yabancılar yerleştiği yeri kendi vatanları olarak kabul etmektedir. İkinci yaklaşım da ise vatanlaştırma kaygıları olmaksızın yaşıyorlar. Türkiye'yi kendi evleri gibi görenler, karşılaştıkları sorunlara karşı daha sabırlı bir tutum sergiliyorlar. Türkiye'yi kendi evi olarak görmeyenler ise, geldikleri ülke ile Türkiye arasında sürekli olarak karşılaştırma yapıyorlar.

Yabancıların şikâyet ettiği konuların başında dışarı bırakılmış çöpler, başıboş köpekler, otellerden gelen gürültüler ve elektrik, su ve kanalizasyon hizmetlerinin sağlanmasında ortaya çıkan sorunlar gelmektedir. Yabancıların bürokraside yaşanan sorunlara bakış açıları aynı değildir. Bazıları bürokrasiden şikâyet ederken, bazıları ise bürokrasinin tüm ülkelerde yaygın bir sorun olduğuna vurgu yapmaktadır. Türkiye hem kendi koşullarını, hem de yerleşik yabancıların beklentilerini göz önüne alarak gelişmelere karşı uyumlu hale gelecek düzenlemeler yapmalıdır. Aynı şekilde Türkiye'ye yerleşmeyi seçenler de ülkeye uyum için gerekli çabayı göstermeldirler (Bahar, vd. 2009: 509-522).

Yerleşik yabancıların Türkiye ve Türk toplumu hakkındaki yargıları ile yaşları arasında bir ilişki vardır. Yaşlılar tutumlarını değiştirmekte zorlanırken, gençler ise tutumlarını daha kolay bir şekilde değiştirmektedir. Bunun nedeni ise gençlerin daha kolay öğrenmeleri, yeniliklere açık olmaları ve daha esnek bir yaklaşım sergilemeleridir.

Türkiye'deki yabancılar dil, bilgi eksikliği, genel olarak iletişimsizlik, karşılıklı önyargılar ve diğer sorunlar nedeniyle haklarını yeterince koruyamamaktadırlar. Bazı yabancılar iyi niyetli olmayan kişiler tarafından mağdur edilme riskiyle karşı karşıya kalmaktadırlar. Bu durum hem başka yabancıların Türkiye'ye gelmesini önlemekte, hem de Türkiye'de yerleşmiş olan yabancıların ülkemize daha fazla katkı sağlamalarının da engellemektedir. Türkiye'ye yerleşmiş olan yabancıların haklarını ve sorumluluklarını öğrenmeleri, onların Türkiye'deki yaşama daha iyi uyum sağlamalarını kolaylaştıracaktır. Üstesinden gelinmesi gereken konuların başında dil sorunu, hizmet sağlayan kurumlar arasında koordine sağlayacak kurumların belirsizliği ve iletişim sorunu gelmektedir. Türkiye'nin yerleşik yabancılara yönelik somut politikalar geliştirmesi hem yerleşen yabancıların uyumunu kolaylaştıracak, hem de Türkiye'ye olan göçün yönetimi sağlanmış olacaktır.

Teşekkür ve Bilgilendirme

Bu makalenin verileri (SOBAG-105K091) TÜBİTAK tarafından desteklenen ve Uluslararası Stratejik Araştırmalar Kurumu (USAK) tarafında yapılan "Türkiye'deki Yerleşik Yabancıların Türk Toplumuna Entegrasyonu: Sorunlar ve Fırsatlar" projesinden alınmıştır.

Bölüm 13: Yerleşik Yabancıların Toplumla Bütünleşme Aracı Olarak Danışma Meclisleri ve Kent Konseyleri

İbrahim Güray Yontar

Avrupa Devletleri 1950'lilerde, II. Dünya Savaşı nedeniyle harap olan ekonomilerini, şehirlerini ve yaşamlarını yeniden inşa etmek için yeterli insan gücüne sahip değildi. Erkek nüfusun çoğu cephede savaşarak ölmüş, sağ kalanların ise çalışmasını engelleyecek derecede yaraları ve uzuv kayıpları söz konusuydu. Şehirlerin de bombalanması nedeniyle aktif kadın nüfus da azalmıştı. Avrupa'nın yeniden inşası için aktif iş gücüne yoğun bir şekilde ihtiyaç duyuluyordu. Bu nedenle Türkiye de dâhil olmak üzere birçok ülkeden işçi talebi söz konusu olmuştu. İşçi göçü dediğimiz göç, Avrupa'ya 1960 ve 1970'lerde yoğun bir şekilde gerçekleşmiştir.

Avrupa'ya göç edenler tarafından bu ülkelere gidip çalışmak iyi bir gelir kaynağı olarak değerlendiriliyordu. Elde edilen gelirleri memleketlerindeki ailelerine gönderenler olduğu gibi eş ve çocuğunu yanına aldıran göçmen işçiler de vardı. Ancak konu, başta yalnızca gelir elde etmek olarak görülse de göçmen işçilerin göç ettikleri ülkelerde yaşayacakları sosyal, kültürel, politik, ailesel, eğitimsel, dilsel, konut vb. sorunlar da süreç içerisinde yoğun bir şekilde kendini gösterdi. Misafir olarak görülen göçmen işçiler süreç içerisinde geri dönmeyip kalıcı hale geldiler.

Avrupa'nın misafir işçi dediği göçmenlerin artık misafir olmadıkları, kalıcı oldukları ve geri dönmeyecekleri anlaşılmıştı. Bu bağlamda misafir işçilerin demokratik Avrupa ideali doğrultusunda ev sahibi ülkenin yurttaşına olabildiğince yakın haklara sahip olması gerektiği düşüncesi de öne çıkmaya başlamıştı. Yaşanan sıkıntılar göç edilen ülke bakımından bir uyum ve toplumla bütünleşme sorunu olarak değerlendiriliyordu.

1970, 1980 ve 1990'lı yıllarda göçmenlerin taleplerini iletme, seslerini duyurma ve kamusal yaşama katılma ihtiyacı ile ev sahibi ülkenin toplumsal bütünleşme ve uyumu sağlama arzusu Avrupa Konseyi'nin (Council of Europe) Yerel ve Bölgesel Yönetimler Kongresi'nin çeşitli kararlarında yer almaya başlamıştır. Bu kararlarda yerleşik yabancıların kamusal yaşama katılımları ve özellikle politik alana katılımları önemi artan şekilde değerlendirilmeye başlanmıştır. Yerleşik yabancıların yerel kamusal yaşama katılımı ideal olarak yerel seçimlerde seçme ve seçilme hakkının tanınmasını gerektirse de bu hakkı tanımış ve/veya tanımamış Avrupa ülkelerinde işletilen danışma meclisi mekanizmalarını da dikkate almak gerekmektedir. Özellikle yerel düzeyde seçme ve seçilme hakkının tanınmadığı ülkelerde danışma meclisi mekanizması yerleşik yabancıların sesini duyurmasının ve yerel politikalara etki etmesinin temel aracı haline gelmiştir.

Avrupa Konseyi bağlamında danışma meclisleri

Avrupa Konseyi'nin Bakış Açısı

Danışma Meclisleri, kamusal yaşama katılamayan ve politik haklardan yararlanamayan yerleşik yabancıların ev sahibi topluma etkin bir şekilde uyumunu sağlamanın aracı olarak değerlendirilmelidir. Özellikle hızlı bir şekilde çokkültürlü hale gelen şehir ve kasabalarda sosyal ve politik uyumu sağlamak zor bir konudur. Bu nedenle Avrupa Konseyi, danışma meclisleri konusu üzerinde özellikle durmaktadır. Danışma meclisleri, farklı uluslara mensup yerleşiklerin barış içerisinde birlikte yaşama ve bir bütünün parçaları olma algısını güçlendirmektedir. Bu anlamda yerel demokrasinin geliştirilmesine de hizmet etmektedir.

Avrupa Konseyi, demokratik bir Avrupa yaratmak amacıyla hareket ederek tüm yerleşiklerin vatandaşlarla eşit haklardan veya olabildiğince vatandaşa en yakın şekilde bu haklardan yararlanması gerektiğini savunmaktadır. Avrupa Konseyi Yerel ve Bölgesel Yönetimler Kongresi'nin yerleşik yabancıların kamusal yaşama katılımı ve ev sahibi topluma uyumuyla ilgili olarak 5 Şubat 1992 tarihinde Strasbourg'da imzaya açılan "Yabancıların Yerel Düzeyde Kamusal Yaşama Katılımına Dair Sözleşme"sinde danışma meclislerine yönelik hükümler bulunmaktadır. Sözleşme 1992'de imzaya açılmış 1 Mayıs 1997 yılında yürürlüğe girmiştir.

Sözleşme incelendiğinde, öncelikle bu sözleşmenin hangi temel değerlere ve ilkelere dayandığı önsözde ortaya konulmuştur. Buna göre, üye ülkelerin ortak miras ve idealler doğrultusunda insan hakları ve temel özgürlüklere saygı göstererek daha büyük bir birliği sağlaması, sözleşmede temel amaç olarak belirtilmiştir. Bu çerçevede yabancıların ülke içinde ikametinin artık Avrupa toplumlarının kalıcı bir özelliği olduğunun ve yerleşik yabancıların yerel düzeyde genel olarak vatandaşlarla aynı sorumluluklara sahip olduğunun göz önünde tutulması gerektiği özgün noktalar olarak vurgulanmıştır. Bunun yanı sıra, yerleşik yabancıların yerel topluluk yaşamına, refahın gelişmesine aktif bir şekilde katılımını artırmanın, özellikle yerel kamu işlerine katılma imkanlarının geliştirilmesinin onların yerel topluluğa entegrasyon oranını yükselteceği belirtilmiştir (Yontar, 2011:41). Bunu sağlayacak mekanizmalardan bir tanesi yerleşik yabancılara "yerel düzeyde seçme ve seçilme hakkını vermek" olarak ele alınırken bir diğeri ise "danışma meclislerinin kurulması" şeklindedir.

Özellikle Sözleşme'nin B bölümü yani 5. maddesi "Yerleşik Yabancıları Yerel Düzeyde Temsil Edecek Danışma Organları" bahsini düzenlemektedir. Buna göre, sınırları içinde önemli sayıda yerleşik yabancı bulunan yerel yönetimlerin istişari organlar kurmasına veya diğer uygun kurumsal düzenlemeler yapmasına mâni olacak engelleri kaldırmak gerektiğini ortaya koymuştur. Bu çerçevede, i) Kendileri ile yerleşik yabancılar arasında bir bağlantı oluşturma, ii) Fikirlerin, dileklerin ve yerel kamusal yaşamla bağlantılı olarak özellikle onları etkileyen ve ilgili yerel yönetimlerin eylemlerini ve sorumluluklarını içeren konular üzerinde yerleşik yabancıların endişelerinin tartışılması ve formüle edilmesi için bir forum sağlama, iii) Onların topluluk yaşamına genel entegrasyonunu teşvik etmenin gerekliliği hüküm altına alınmıştır.

Aynı şekilde yine sınırları içinde önemli sayıda yerleşik yabancı bulunan yerel yönetimler tarafından, belirtilen istişari organların kurulmasını veya yerleşik yabancıların temsili için diğer uygun kurumsal düzenlemelerin yapılmasını teşvik etmenin ve kolaylaştırmanın gerekliliği ortaya konularak, her bir taraf devletin, yukarıda atıf yapılan istişari organlarda veya diğer kurumsal düzenlemelerde var olan yerleşik yabancıların temsilcilerinin, yerel yönetim alanındaki yerleşik yabancılar tarafından seçilebilmesinin veya yerleşik yabancıların müstakil dernekleri tarafından atanabilmesinin sağlanması gereği hüküm altına alınmıştır (Yontar, 2007:98).

Demokratik bir Avrupa için ortaya konulan yerel seçim hakları ve danışma meclisleri konularının yer aldığı Avrupa Konseyi'nin Yabancıların Yerel Düzeyde Kamusal Yaşama Katılımına Dair Sözleşmesi'ni 4 Nisan 2014 tarihi itibariyle 47 Avrupa Konseyi üyesi devletten 13 tanesi imzalamış ve bunlardan 8 tanesi onaylayarak yürürlüğe koymuş bulunmaktadır (Council of Europe, 2014).

Sözleşmenin çok sayıda devlet tarafından yürürlüğe konulmamış olması danışma meclisleri ve yerel düzeyde seçme ve seçilme hakkı konusunun dikkate alınmadığı anlamına gelmemektedir. 1970'lerden itibaren farklı devletlerde çok sayıda danışma meclisi kurulmuştur ve faaliyetlerini de halen devam ettirmektedirler.

Dikkatten kaçmaması gereken önemli bir konu da Avrupa Birliği (AB) vatandaşlığının yerel seçimlerde Birlik üyesi bir devletin vatandaşına ikamet ettiği bir diğer Birlik üyesi devletin yerel seçimlerinde oy verme hakkı tanımasıdır. Bu durum, Birlik üyesi olmayan devletlerin vatandaşları için danışma meclislerini seslerini duyurmada daha yaşamsal bir mekanizma haline getirmektedir.

Danışma meclisleri

Son kırk yılda ondan fazla ülkede yabancılar için yerel danışma meclisleri kurulmuştur. Belçika, Almanya, Lüksemburg, Fransa, Hollanda, İtalya, İspanya, Birleşik Krallık, İsveç, Danimarka, Norveç ve İsviçre danışma meclisi kuran ülkelerdir. Danimarka'da halen altmış civarı entegrasyon konseyi (integration council- Integrationsraad) bulunuyorken Almanya yaklaşık dört yüz yabancılar meclisine (foreigners' council- Ausländerbeiräte) sahiptir. Almanya'nın Kuzey-Ren Vestfalya Eyaleti'nde yabancı nüfusu beş bini geçen yerleşim yerlerinde yabancılar meclisi kurulması zorunludur (Huddleston, 2009:21). Danışma meclislerinin kuruldukları tarihlerde yapılan çalışmalardan daha ziyade Avrupa Konseyi'nin ve üye ülkelerinin geçirmiş oldukları zihinsel ve uygulamadaki dönüşümlere paralel olarak günümüz koşullarında hangi işlevlere sahip olduğu konusu öne çıkarılmalıdır. Çünkü misafir işçi olarak kabul edilen yabancıların süreç içerisinde yerleşik hale gelişi ve hatta ikinci ve üçüncü nesillerinin de ev sahibi ülkede doğup yaşaması gerçeği yerleşik yabancıları Avrupa'nın değişmez temel bir olgusu haline getirmiştir.

Günümüzde entegrasyon, toplumların yerliler ile göçmenler (ve bunların nesillerinin) arasındaki boşluğu kapatmasına izin veren politika ve uygulamaların tümü olarak değerlendirilmektedir. Politika yapıcılar entegrasyon amacına ulaşmada yerine getirilmesi gereken üç temel öncelikle karşılaşmaktadırlar. Bunlardan birincisi, Avrupa ülkelerinin tüm göçmenlere ve onların aile üyelerine göç tecrübelerinin daha en başında işgücü piyasasına adil ve eşit bir şekilde erişimlerini sağlama önceliğidir. Ekonomik entegrasyon, sosyal entegrasyonun en güvenilir belirleyicisidir. İkincisi, Avrupa ülkelerinin eğitim sisteminde yine göçün daha en başında tüm aile üyelerinin özellikle dil ve diğer eğitim hizmetine erişimini sağlama önceliğidir. Üçüncüsü ise, Avrupa ülkelerinin göçmenlere ev sahibi ülkede politik ve sosyal yaşama tam katılım için tüm yolları açması önceliğidir. (Johnson vd., 2007: 13)

Belirtilen bu son önceliğin yerine getirilmesinde, danışma meclisleri ve yerel seçimlerde seçme ve seçilme haklarının tanınması öne çıkmaktadır. Yerleşik yabancılar için yerel bir danışma mekanizması denildiğinde, yerel düzeyde seçilmiş temsilciler ile yerleşik yabancılar arasında danışma ortamı sağlayan demokratik bir yapı anlaşılmaktadır. Bu tanımlama aslında çerçeve bir tanım ortaya koymaktadır. Dolayısıyla bu çerçeve tanımlama kullanılarak yerleşik yabancılar için çeşitli amaçlar, aktiviteler, üyeler ve yapılar düşünülerek farklı tipte özgün danışma yapıları kurma imkânı ortaya çıkmaktadır. Bu nedenle danışma yapıları katı ve değişmez yapılar olarak değil, ihtiyaca binaen, günün getirdiği koşullara uygun olarak değişebilecek esnek yapılar olarak öngörülmüştür (Gsir ve Martiniello, 2004:11).

Danışma meclislerinin üç temel unsuru bulunmaktadır. Bunlardan birincisi, yerel seçilmiş temsilcilerdir. Yerel seçilmiş temsilcilerin hepsi aynı gruba dâhil kişiler değildir. Diğer bir deyişle, bu kategori içinde yerel yönetimde iktidarı elinde tutan gruba üye temsilcilerin yanı sıra muhalefetin seçilmiş temsilcileri de bulunmaktadır. Çünkü seçeneklerin tercihi ve kararların alınması seçilmiş temsilciler tarafından yerine getirilmekte ve bu şekilde alınan kararlarla belediyenin yönetilmesi vatandaşlar ile yerleşik yabancıları aynı şekilde etkilemektedir. İkinci unsur ise yerleşik yabancılardır. Yerleşik yabancı terimi Avrupa Konseyi'nin Yabancıların Yerel Düzeyde Kamusal Yaşama Katılımına Dair Sözleşmesi'nin ikinci maddesinde *"devletin uyruğu olmayan ve bu devletin topraklarında yasal olarak ikamet eden kişi"* şeklinde tanımlanmıştır. Kurulu bulunan bazı danışma meclisleri bu yabancı tanımını sığınma arayan, yeni gelmiş göçmen, yasadışı göçmen gibi tüm yabancı kategorilerine ve hatta yabancı kökenli olup vatandaşlığa kabul edilmişlere dahi genişletmiştir. Burada yabancının statüsünden daha ziyade yabancıların maruz kalabileceği her hangi bir ayrımcılık ya da dışlanma gibi ortak noktalara odaklanılmıştır. Dolayısıyla yerleşik yabancı tanımında da ve danışma mekanizmasına dâhil etmede de değişken ve esnek bir durum söz konusu olmuştur. Üçüncü unsur ise danışma faaliyetidir. Danışmanın anlamı bir fikir sorma veya tavsiye almadır. Bununla birlikte danışma, her görüşün birbiriyle uyumlu olacağı anlamına da gelmemektedir (Gsir ve Martiniello, 2004:12). Diğer bir deyişle, yerel seçilmiş temsilciler kendilerine verilen fikir ve tavsiyeleri mutlaka izlemek ve yerine getirmek zorunda değildirler. Fikirlerin ve tavsiyelerin bir bağlayıcılığı bulunmadığı için danışma meclislerinin görüşleri ve tavsiyeleri yerel seçilmiş temsilciler tarafından politik bakış açıları itibariyle kabul edilebilir veya reddedilebilir. Danışma meclislerinin, politika yapıcıların kendisiyle düzenli görüşmelerde bulunma zorunluluğu olmadığında ve onun tavsiyelerini dikkate alma zorunluluğu bulunmadığında etkisinin çok az olacağı belirtilmektedir (Huddleston, 2010:10). Esasında danışma mekanizmasının tavsiye ve görüş arayanlar (seçilmiş temsilciler) ile buna yanıt verenler arasında (danışma meclisi üyeleri) dinleme istekliliği, saygı, güven ve işbirliğine dayanan bir diyalog temelinde kurulduğu takdirde "görüşlerin bağlayıcı olmama durumu"nun bir sorun teşkil etmeyeceği düşünülmektedir. Burada doğrudan sürece katılanlar kadar tüm topluluğun da bir bütün olarak bu yapıdan etkilendiğini unutmamak gerekmektedir (Gsir ve Martiniello, 2004:12). Danışma meclislerinin tavsiyelerini dikkate alma ve bunlara yanıt verme alışkanlığının idari birimlerde oluşması bu meclislerin etkinliğinin en önemli koşullarındandır (Golubeva, 2012:18)

Yerel danışma meclisleri yerleşik yabancılar için bir temsil ve iletişim aracıdır. İletişim en azından yedi farklı yönde gerçekleşmektedir (Gsir ve Martiniello, 2004:14):

– Yerleşik yabancıların danışma meclisiyle iletişimi
– Danışma meclisinin yerleşik yabancılarla iletişimi
– Danışma meclisinin yerel seçilmiş temsilcilerle iletişimi
– Yerel seçilmiş temsilcilerin danışma meclisleriyle iletişimi
– Yerel seçilmiş temsilcilerin yerleşik yabancılarla iletişimi
– Yerleşik yabancıların yerel seçilmiş temsilcilerle iletişimi

- Danışma meclisinin medyayla iletişimi

Görüldüğü üzere danışma meclisleri, göçmen toplumu ile yerel temsilciler arasında diyalog ortamı sağlayarak köprü vazifesi gören bir yapıdır. Ayrıca yerleşik yabancıların bilgilenmesine ve bilgi vermesine aracılık ettiği gibi entegrasyon politikalarının iyileşmesini de sağlamaktadır (Huddleston, 2010:13). Danışma meclislerinin genel amaçlarına bakıldığında kurulmuş bulunan danışma meclislerinin özellikle iki temel amaç üzerinde yoğunlaştığı görülmektedir. Bunlardan ilki, yerleşik yabancıların yerel kamusal yaşama katılımlarını ve entegrasyonunu sağlamaktır. İkincisi ise, yerleşik yabancıların idari kuruluşlar ve yerliler ile ilişkilerini uyumlaştırmak ve geliştirmektir. Bu genel amaçlar yalnızca yerleşik yabancıların menfaatini değil tüm toplum menfaatini ilgilendiren amaçlardır.

Özel amaçlar ise doğrudan yerel ihtiyaç ve önceliklere odaklanılarak oluşturulmuştur. Bunlar genel amaçlara ulaşmayı sağlayacak orta vadeli hedefler gibi değerlendirilmelidir. Danışma meclislerinin özel amaçları da meclisten meclise değişkenlik ve farklılık göstermektedir. Özel amaçlara birkaç örnek aşağıda verilmiştir.

Yerleşik yabancılar ile yerel yönetimler arasındaki ilişkileri kolaylaştırmak (Neunkirchen'deki konsey gibi ve Lüksemburg'taki kasaba ve şehirlerdeki gibi)

Yerel düzeyde göçmenlere ve mültecilere verilen politik sözleri arttırmak/güçlendirmek (Kopenhag)

Irkçılığın her türüyle savaşmak (Barselona, Modena, Kuzey Ren Vestfalya)

Göçmenlerle ilgili tüm konularla ilgilenen bir yapı oluşturmak (Barselona)

Şehirdeki farklı kültürleri geliştirmek, kaynaştırmak (Barselona)

Yerleşik yabancıların haklarını geliştirmek, eğitim, sağlık, sosyal hizmetler ve istihdamla ilgili entegrasyonunu sağlamak (Modena)

Danışma meclislerinden bazıları amaçlarını özel bir belgede ifade edebilirler. Örneğin Grenoble'de "Grenoble Yerleşik Yabancılar Danışma Meclisi Şartı" 17 Aralık 2001 tarihinde Grenoble Belediye Meclisi tarafından kabul edilmiştir. Bu Şart, yedi temel ilke ortaya koymakta ve bu ilkelerin yerine getirilmesine odaklanmaktadır (Gsir ve Martiniello, 2004:18).

Danışma meclislerinin faaliyetlerine bakıldığında danışma faaliyeti, yerleşik yabancılarla ilgili belediye meclisine fikir verme, tavsiyede bulunma, görüş bildirme şeklindedir. Bu bağlamda bazı araştırmacıların da vurguladığı gibi danışma faaliyetinin katı bir şekilde yalnızca yabancılarla ilgili konulara indirgenmesinden kaçınmak gerekmektedir. Yerel topluluğu ilgilendiren konular denildiğinde bunlar aynı zamanda yerleşik yabancıları da ilgilendirmektedir. Yerli ya da yabancı hiçbir yerleşik, yerel topluluğun işleri ve sorunları hakkında tek başına uzmanlığa sahip değildir. Bu nedenle yerleşik yabancıların ekonomik, sosyal, kültürel, eğitim ve diğer bütün konularda görüş bildirmesi ve danışmada bulunması engellenmemelidir. Bu tarz bir yaklaşım Amsterdam'da uygulanmaktadır. Beş danışma meclisi, belediye meclisiyle tüm sosyal konularla ilgili danışma faaliyeti gerçekleştirmektedir. Daha spesifik olarak ise Esch-sur-Alzette Danışma Komitesi'nin belediye bütçesiyle ilgili danışma faaliyeti buna örnek verilebilir. Aşağıda danışma meclislerinden seçme faaliyetler sunulmuştur (Gsir ve Martiniello, 2004:23-24):

Yerel Siyasal Faaliyetler

- Vatandaşlık kazanımıyla ilgili bilgilendirme kampanyaları (Herne, Stuttgart)
- Çifte vatandaşlık isteği (Stuttgart)
- İkamete dayalı vatandaşlık seminerleri (Grenoble)
- Vatandaşların referanduma çağırılması (Grenoble)
- Belediye seçimlerine katılımın cesaretlendirilmesi / güçlendirilmesi (Dudelange)
- Seçimler için yabancıların kayıtlarının yapılması (Esch-sur-Alzette)
- Yabancıların resmi evraklara nasıl erişebileceği bilgisinin sağlanması (Modena)

Sosyal Faaliyetler

- Dil ve okuryazarlık sınıflarının organize edilmesi (Neunkirchen, Dudelange)
- Göçmenlerin statüsü gibi konularda toplantılar organize edilmesi (Osnabrück)
- Tercümanlık hizmetlerinin organize edilmesi (Stuttgart)
- Müslümanlar hakkında bilgilendirme broşürleri hazırlanması (Herne)
- Göçmenler ve mültecilerin entegrasyonu üzerine eylem programları (Roskilde)
- Okula giden yabancı çocukların velileri ile öğretmenleri arasındaki diyaloğun kolaylaştırılması (Bourg-en-Bresse)
- Göçmen dernekleri ile sosyal hizmet görevlilerinin arasındaki diyaloğun cesaretlendirilmesi/güçlendirilmesi (Barselona)
- Yabancı sürücülerin yol güvenliği bilgisini geliştirmek için İngilizce bir el kitabı hazırlanması (Modena)
- Yabancılar için çok dilli bir el kitabı basılması (Dudelange, Modena)
- Yabancılar için bir bilgilendirme bürosu kurulması (Dudelange)

- Okula giden yabancı çocukların ev ödevlerine yardımcı olunacak bir hizmet için teklif hazırlanması (Dudelange)
- Yabancı ve yerli topluluklar arasındaki tartışmalarda arabulucu olunması (Modena)

Kültürel Faaliyetler
- Çokkültürlü festivaller organize edilmesi (Neunkirchen)
- Kültürlerarası haftalar organize edilmesi (Osnabrück, Krefeld)
- Yerel kütüphanelerin yabancı kitaplar, videolar, kasetler vb. materyallerle donatılmasının sağlanması (Bourg-en-Bresse)
- Bir komşuluk festivali hazırlanması/desteklenmesi (Grenoble)
- Portekizli göçmenlerin takımları için bir futbol sahası sağlanması (Esch-sur-Alzette)

Danışma meclislerinin üyelerinin kimlerden oluşacağı da önemli konulardan bir tanesidir. Bu konuda da danışma meclislerinin birbirinden farklı esnek uygulamalarda bulunduğu görülmektedir. Bazı danışma meclisleri üyelik için yabancı uyruklu veya yabancı kökenli olmayı esas almaktadır. Paris'teki gibi bazı meclislere ise çifte vatandaşlığı olanın üye olması kabul edilmemektedir. Sonuç itibariyle bakıldığında temel olarak kişinin yabancı olması, ilgili belediye sınırları içinde ikamet ediyor olması, geçerli bir ikamet iznine sahip olması, belli bir yaşın üzerinde olması (örneğin 16 gibi), yabancılar derneği veya sendika gibi bir kuruluşa mensup olması ve özellikle bulunulan ülkenin dilini konuşabiliyor olması üyelik için önemli bir belirleyici olarak değerlendirilmektedir.

Danışma meclislerinin oluşumunda idari birimlerce atama yoluna gidilmemesi, seçim yapılması, yabancıların kendi arasından gerçek temsili sağlayıcı şekilde bu seçimi yapması ve meclis yapısının dengeli olması gibi konuların da önemli olduğu vurgulanmaktadır (Golubeva, 2012:17)

Aşağıda farklı danışma meclislerinin üye sayıları ve nitelikleri örnek olarak sunulmuştur (Gsir ve Martiniello, 2004:30):
- Daugavpils Toplumsal Entegrasyon Komisyonu: 9 üye
- Langenhagen Yabancılar Meclisi: 20 üye (15 üye meclisin alacağı kararlar için oy hakkına sahip, 5 üye ise oy hakkına sahip değil)
- Stuttgart Uluslararası Komitesi (2000'den beri): 33 üye (13 kişi belediye meclisi üyesi, 4 kişi AB vatandaşı, 8 kişi AB üyesi dışındaki ülkelerin uyruğu olan yabancı yerleşik ve oy hakkı olmaksızın 8 kişiye kadar uzman)

- Odense Entegrasyon Meclisi: 16 üye (13 üye belediye meclisince seçim yoluyla, 3 üye yerel mülteci ve göçmen dernekleri tarafından atama yoluyla)
- Roskilde Entegrasyon Meclisi: 13 üye (8 yabancı kişi ile belediye meclisi, yerel istihdam kuruluşları, konut firmaları, dil okulları ve yerel polisten temsilci olmak üzere 5 üye)
- Grenoble Yerleşik Yabancılar için Danışma Meclisi: 25 üye (20 kişi yerleşik yabancı, 5 kişi belediye meclis üyesi)
- Modena Belediyesi'nin yabancı ve vatansız mukimleri için Belediye Danışma Komitesi: 25 üye (20 kişi yabancıların temsilcisi ve 5 kişi belediye meclisi üyesi)
- Dudelange Danışma Komitesi: 40 üye (20 kişi Lüksemburg yurttaşı ve diğer 20 kişi yabancılardan)
- Huddinge Diyalog Grubu: 10 üye (6 kişi yerleşiklerden, 2 kişi yerel seçilmiş temsilci, 2 kişi yönetimden resmi görevli)

Danışma meclisleri genel ve özel amaçlarını yerine getirmek üzere faaliyette bulunurken çeşitli zorluk ve kısıtlamalarla da karşılaşırlar. Zorluklar ve kısıtlamalar, danışma meclislerinin yerel demokrasiyi ilerletme görevini de sekteye uğratmaktadır. Bu nedenle aşağıda genel olarak verilen zorlukların aşılması için tüm yerel topluluğun çaba göstermesi gerekmektedir. Yaşanan zorluk ve kısıtlamalardan bazıları şunlardır:

- Danışma meclisinin amaçları ve temel faaliyetleri üzerinde fikir birliğinin sağlanamaması
- Yerleşik yabancıların ilgisizliği ya da üyelerin seçimine düşük katılım
- Danışma meclisinin belediye meclisinin kararları üzerindeki etkisizliği
- Etkisizliğin varlığı karşısında üyelerin motivasyonunu sürdürme çabası
- Politikalarda ve politik konularda üyeler arasındaki yetersiz bilgi düzeyi
- Üyeler arasındaki farklılıkların takım çalışması yapmayı engellemesi
- Üyeliğin maddi karşılığı olmaması nedeniyle toplantılara çoğu kişinin gelmemesi
- Bazı yabancı üyelerdeki yetersiz dil bilgisi nedeniyle toplantı boyunca iletişim zorlukları yaşanması
- Belediye meclisiyle diyalog eksikliği
- Özerklik ve kaynak yokluğu
- Danışma eksikliği (Gsir ve Martiniello, 2004:41)

Yaşanan tüm kısıtlılıklara ve zorluklara rağmen Avrupa Konseyi için 1970'lerden itibaren belediye meclislerinin danışma meclislerini ciddiye alması, fikir ve tavsiyelerini dinleyip sorunlara çözümler üretmeye çalışması, diyalog ve güven ortamının gerçekleşmesi ve daha demokratik bir Avrupa idealine ulaşılması temel amaç olmuştur. Avrupa Konseyi'nin çalışmaları, toplantıları, tavsiye metinleri ve 1992 yılında imzaya açtığı "Yabancıların Yerel Düzeyde Kamusal Yaşama Katılımına Dair Sözleşme"si bu amaca hizmet etmektedir. Genel ve özel amaçları, üyelerin bileşimi, faaliyetleri, yaşadığı zorluklar ve kısıtlamalar çeşitli ülkelerden örneklerle genel olarak ifade edilen danışma meclislerinin Türkiye'de benzer bir örneği bulunmamaktadır. Hali hazırda Alanya Belediyesi bünyesinde Yabancılar Meclisi adında bir çalışma grubu söz konusu olsa da yukarıda özellikleri verilen danışma meclisleri gibi özelliklere sahip değildir. Göç alan ülkelerin toplumla bütünleşme ve uyum ihtiyacı için öngördüğü bu yapılar, o dönemde göç veren bir ülke olduğu için Türkiye'nin gündeminde yer almamıştır. Kaiser'in (2007:475) de belirttiği gibi Türkiye, yalnızca dünyanın dört bir yanına yönelen göçmenlerin çıkış ülkesi değil, aynı zamanda son yıllarda dikkat çeken ölçüde dış göç alan bir ülkedir. Bu bakımdan 2005 tarih ve 5393 sayılı Belediye Kanunu'nun 76. maddesinde düzenlenen Kent Konseyi yapılanmasının Türkiye'nin kendine özgü danışma meclisleri şeklinde çalıştırılıp çalıştırılamayacağı tarafımızdan değerlendirilmeye alınmıştır.

Hemşeri hukuku ve kent konseyleri

Hemşeri Hukuku

Şu an yürürlükte olmayan 1580 sayılı Belediye Kanunu'nda hemşeri hukuku 13. maddede, beldede oturanlar ise 14. maddede düzenlenmişti. 13. maddede *"yalnız Türk vatandaşlarının nüfus kütüğüne yerli olarak kaydedildiği beldenin hemşerisi olabileceği"* hüküm altına alınmıştı. Ayrıca *"hemşerilerin belediye işlerinde oy verme, seçilme, belediye yönetimine katılma ve belediye yardımlarından yararlanma hakları"* bulunmaktaydı. Net olarak anlaşılacağı gibi 1580 sayılı Belediye Kanunu'nun 13. maddesi kapsamında yerleşik yabancıları hemşeri olarak değerlendirebilmek mümkün değildi. Açıkça belediye işlerinde oy verme, seçilme ve belediye yönetimine katılma hakkı Türk vatandaşına tanınmıştı.

1580 Sayılı Belediye Kanunu'nun 14. maddesindeki beldede oturanlar kavramı ise, *"hemşeri olup olmadığına bakılmaksızın belediye yönetimine karşı bir takım yükümlülükleri bulunan kişileri"* ifade etmekteydi (Toprak, 2001:67). Belirtilen ifadeler çerçevesinde yerleşik yabancılar, 1580 sayılı Kanun'un 14. maddesindeki belde sınırları içinde bulunan şahıs statüsünde ele alınabilir. 13. ve 14. madde birlikte değerlendirildiğinde yerleşik yabancılar için haklardan yararlanma yaklaşımından ziyade yükümlülüklere tâbi olma yaklaşımının esas alındığı görülmektedir.

Buna karşılık yürürlükteki 2005 tarih ve 5393 sayılı Belediye Kanunu'nun 13. maddesi ile kütüğe yazılma, vatandaş olma gibi ölçütler hemşeri olmanın unsurları arasından çıkarılmış ve *"herkesin ikamet ettiği yerin hemşerisi olduğu"* hükme bağlanmıştır. Hemşeriliği yalnızca Türk vatandaşlığına bağlamak yerine o yerde ikamet eden herkese tanımak günün getirdiği koşullarda daha demokratik bir yaklaşımdır. Ancak literatürde Türk vatandaşı bakımından bile en azından belli bir süre ikamet şartının olması gerektiği şeklinde görüş bildirenler (Toprak, 2001:252) bulunmaktadır. İkamet etmek önemli bir ölçüttür ancak ikametin en az altı ay veya bir yıl gibi bir süreyi kapsaması da hemşerinin o yöreden "gelip geçen" bir kişi olmadığını göstermesi bakımından önemlidir.

5393 sayılı Belediye Kanunu'na göre, hemşerilerin belediye "karar ve hizmetlerine katılma", belediye faaliyetleri hakkında bilgilenme ve belediye idaresinin yardımlarından yararlanma hakları vardır. Yalnızca Türk vatandaşlarına tanınan hemşeri olma hakkının, 5393 sayılı Belediye Kanunu ile her Türk vatandaşı ifadesinin kaldırılarak "herkes" ifadesinin benimsenmesi yoluyla yerli-yabancı ikamet eden herkese tanınıyor şeklinde bir anlama gelmesi söz konusu olsa da belediye yönetimine katılma hakkının kullanımı bakımından bu anlamlandırma yanıltıcıdır. Hemşeri hukuku 5393 sayılı Belediye Kanunu ile daha fazla kişiyi ikamet temelinde kapsamakta fakat hemşeri olmaktan kaynaklanan yerel siyasete katılma haklarını ikamet temelinde kapsadığı herkese genişletememektedir (Yontar, 2011:122). Literatüre göre katılma, en temel haliyle seçme ve seçilme hakkının kullanımını kapsamaktadır ancak yeterli değildir(Özdemir, 2011:34). Belediye yönetimine katılma hakkı hemşeriye tanınmış bir hak olmasına karşın ikamet temelinde tüm hemşeriler tarafından seçme ve seçilme yoluyla bu hakkın kullanılması mümkün olmamaktadır. 1982 Anayasası ve ilgili seçim mevzuatına göre yerel düzeyde de olsa seçme ve seçilme hakkı yalnızca Türk vatandaşlarına ait bir haktır. 2013 tarih ve 6458 sayılı Yabancılar ve Uluslararası Koruma Kanunu'nun 44.maddesinde de yine bu durum özellikle vurgulanmıştır. Madde 44'e göre, uzun dönem ikamet izninin sağladığı haklar belirtilirken istisnaları da belirtilmiştir. Buna göre, *"Uzun dönem ikamet izni bulunan yabancılar;*

a) Askerlik yapma yükümlülüğü,

b) Seçme ve seçilme,

c) Kamu görevlerine girme,

ç) Muaf olarak araç ithal etme,

ve *özel kanunlardaki düzenlemeler hariç, sosyal güvenliğe ilişkin kazanılmış hakları saklı kalmak ve bu hakların kullanımında ilgili mevzuat hükümlerine tabi olmak şartıyla, Türk vatandaşlarına tanınan haklardan yararlanırlar."*

Görüldüğü gibi yerel düzeyde seçme ve seçilme hakkı Türkiye'de yabancılara tanınmış bir hak değildir. Literatüre göre katılma, temel olarak seçme ve seçilme hakkının kullanımını ifade etse de bu hakkın vatandaşlar açısından yeterli olup olmadığı tartışılmakta ve katılımın boyutlarını ve katılım mekanizmalarını geliştirmeye yönelik teorik ve pratik çalışmalar yapılmaktadır.

"Seçime katılma" çok önemli bir katılım göstergesidir ancak tek başına yeterli bir katılım olarak nitelendirmek doğru değildir. Demokrasinin temel teorisinde, katılma eyleminin bir işe etkin bir karışma hareketi olduğunun hiçbir zaman gözardı edilmediği vurgulanmaktadır. Kişilerin kendi istekleriyle kurdukları derneklerin, birliklerin önemli görülmesi, çok gruplu toplum teorisi ve parti içi demokrasi gibi konular, katılım konusunun demokrasi içindeki önemini artıran geniş bir katılım literatürünün varlığına işaret etmektedir (Sartori, 1996: 124-125)

1982 Anayasası, 5393 sayılı Belediye Kanunu ve 6458 sayılı Yabancılar ve Uluslararası Koruma Kanunu'ndan da açık bir şekilde görüldüğü üzere yerel düzeyde seçme ve seçilme hakkı uzun süredir ikamet eden yabancılara tanınmış bir hak olmadığı için Sartori'nin belirttiği gibi dernekler, birlikler gibi diğer katılımcı mekanizmaların işletilmesi katılımcı demokrasinin yalnızca seçimlere katılmaya indirgenmemesi bakımından önemle değerlendirilmelidir. Bu kapsamda yerel düzeyde seçme ve seçilme hakkı olmasa bile 5393 sayılı Belediye Kanunu'na göre ikamet ettiği yerin hemşerisi olan yabancının yine kendisine veya ikamet ettiği yere ilişkin yerel düzeydeki kararlara etki edebilmesi açısından 5393 sayılı Belediye Kanunu'nun 76. maddesinde öngörülen Kent Konseyleri üzerinde durulması gereken bir mekanizmadır.

Kent konseyleri ve çalışma grupları

1990'lı yıllardan itibaren geleneksel katılım yollarından birisi olan danışma toplantıları düzenlenmesi, müzakerelere ilişkin evrakların düzenlenmesi gibi yöntemlere ek olarak çalışma grupları, referandum, hemşeri panelleri gibi yeni katılım araçları da kullanılmaya başlanmıştır (Wilson, 1999:246-259). Türkiye'de de 1990'lı yıllardan sonra farklı adlarla da olsa, katılımcılığı özendiren, bilgi akışını hızlandıran, saydamlığı amaçlayan, yer yer karar alma süreçlerini de içeren, ilgili tarafların bir araya gelip görüş alışverişinde bulundukları ve belli konularda düşünce açıklamalarının yapıldığı platformlar oluşmuştur (Aydınlı, 2004:193).

Türkiye'de yerel yönetimlerde katılımı sağlamak için uygulanan çalışmaların en önemlileri şöyle sıralanabilir: Kent konseyi/kurultayı, halk oylaması, halk toplantıları, kampanyalar düzenlemek, iletişim demokrasisi kamuoyu yoklamaları, yurttaş kurulları, planlama çemberleri/forumları, danışma kurulları, Yerel Gündem 21, meclis toplantılarına katılım, gelecek atölyeleri, halkla ilişkiler uygulamaları vb. (Batal, 2011:78). Bu platformlardan birisi olan kent konseyleri Türkiye'de ilk kez 1996 yılından sonra Yerel Gündem 21 ortağı olan kentlerde (Bursa, Adana, Antalya, Edirne, İzmir, Adapazarı, Manisa, Diyarbakır, Eskişehir, Trabzon, Kars, Tekirdağ, Van ve Afyonkarahisar) oluşturulmuş, daha sonra program ortağı olmayan kentlere de yayılmıştır (Coşkun'dan akt. Kerman vd., 2011:23) 2007:105). 5393 sayılı Belediye Kanunu'nun 76. maddesi daha önceden Türkiye'nin çeşitli şehirlerinde uygulanmakta olan kent konseylerine yasal bir nitelik kazandırmıştır.

2005 tarih ve 5393 sayılı Belediye Kanunu'nun "Kent Konseyi" başlıklı 76. maddesinde Kent konseyi, *"kent yaşamında; kent vizyonunun ve hemşerilik bilincinin geliştirilmesi, kentin hak ve hukukunun korunması, sürdürülebilir kalkınma, çevreye duyarlılık, sosyal yardımlaşma ve dayanışma, saydamlık, hesap sorma ve hesap verme, katılım ve yerinden yönetim ilkelerini hayata geçirmeye çalışır. Belediyeler kamu kurumu niteliğindeki meslek kuruluşlarının, sendikaların, noterlerin, varsa üniversitelerin, ilgili sivil toplum örgütlerinin, siyasî partilerin, kamu kurum ve kuruluşlarının ve mahalle muhtarlarının temsilcileri ile diğer ilgililerin katılımıyla oluşan kent konseyinin faaliyetlerinin etkili ve verimli yürütülmesi konusunda yardım ve destek sağlar. Kent konseyinde oluşturulan görüşler belediye meclisinin ilk toplantısında gündeme alınarak değerlendirilir. Kent konseyinin çalışma usul ve esasları İçişleri Bakanlığınca hazırlanacak yönetmelikle belirlenir"* şeklinde hüküm altına alınmıştır.

Kanunda genel çerçevesi ve amacı belirlenen kent konseylerinin, oluşumu, yönetim ilkeleri, organları, görev ve yetkileri ile çalışma usul ve esasları 2006 tarihli Kent Konseyi Yönetmeliğinde düzenlenmiştir.

Yönetmeliğin 4. Maddesinin b) bendinde *"Kent konseyi: Merkezi yönetimin, yerel yönetimin, kamu kurumu niteliğindeki meslek kuruluşlarının ve sivil toplumun ortaklık anlayışıyla, hemşerilik hukuku çerçevesinde buluştuğu; kentin kalkınma önceliklerinin, sorunlarının, vizyonlarının sürdürülebilir kalkınma ilkeleri temelinde belirlendiği, tartışıldığı, çözümlerin geliştirildiği ortak aklın ve uzlaşmanın esas olduğu demokratik yapılar ile yönetişim mekanizmaları* şeklinde tanımlanmakta c)bendinde ise *Meclisler ve çalışma grupları: Kadın ve gençlik meclisleri başta olmak üzere kent konseyinin görev alanlarında, yönetişim anlayışına dayalı ve sürdürülebilir kalkınma içinde çeşitli toplum kesimlerinin kent yönetimine katkıda bulunmalarını, kaliteli ve yaşanabilir bir kentin yönetiminde aktif rol almalarını hedefleyen ve gönüllülük esasında oluşmuş ortak yapılar"* şeklinde tanımlanmaktadır.

Yönetmeliğin 5. ve 8. maddelerinde ise kent konseylerinin belediye teşkilatı olan yerlerde, mahalli idareler genel seçim sonuçlarını izleyen 3 ay içinde kurulacağı ve mahallin en büyük mülki idare amiri veya temsilcisi, belediye başkanı veya temsilcisi, sayısı 10'u geçmemek üzere illerde valiler ilçelerde kaymakamlar tarafından belirlenecek kamu kurum ve kuruluşlarının temsilcileri, mahalle sayısı 20'ye kadar olan belediyelerde bütün mahalle muhtarları, diğer belediyelerde belediye başkanının çağrısı üzerine toplanan mahalle muhtarlarının toplam muhtar sayısının yüzde 30'unu geçmemek ve 20'den az olmamak üzere kendi aralarından seçecekleri temsilcileri, beldede teşkilatını kurmuş olan siyasi partilerin temsilcileri, üniversitelerden ikiden fazla olmamak üzere en az bir temsilci ve üniversite sayısının birden fazla olması durumunda her üniversiteden birer temsilci, kamu kurumu niteliğindeki meslek kuruluşlarının, sendikaların, noterlerin, baroların ve ilgili dernekler ile vakıfların temsilcileri ile kent konseyince kurulan meclis ve çalışma gruplarının birer temsilcisinden oluşacağı ifade edilmiştir.

Yukarıda da belirtildiği gibi belediye teşkilatı olan yerlerde kent konseylerinin mevzuat gereği kuruluyor olması incelediğimiz konu bakımından önemli bir kazanım olarak ele alınmalıdır. Çünkü kent konseylerinin kimlerden oluşacağını belirten Yönetmeliğin 8. maddesi, şehirle ilgili karar verici makamların ve kurum-kuruluşların temsilcilerini de içermektedir.

Danışma meclislerinin yapı ve özelliklerinin belirtildiği daha önceki açıklamalar hatırlanacak olursa kent konseylerinin bahsi geçen danışma meclisleri gibi olmadığı açıkça görülür. Ancak, yerleşik yabancıların Avrupa ülkelerindeki danışma meclisleri mahiyetinde müstakil bir yapı şeklinde olmasa bile yine de görüşlerini aktarıp yerel karar alma makamlarını etkileyebileceği ya da sorunlarını ifade edebileceği bir platform olarak kent konseyleri mevcut durumda Türkiye'deki en uygun işletilebilir katılımcı mekanizma olarak karşımıza çıkmaktadır. Yönetmelikte kent konseylerinin kimlerden oluşacağı belirtilmekte ve yerleşik yabancıların bu kişiler arasında yer almadığı görülmektedir. Bu durumda sistemin nasıl işletilebileceği sorgulanmalıdır.

Yönetmeliğin 9. maddesinde kent konseyi organlarının genel kurul, yürütme kurulu, meclisler ve çalışma grupları ile kent konseyi başkanından oluşacağı ifade edilmiştir. Bu organlardan "meclisler ve çalışma grupları" olarak ifade edilen organ, yerleşik yabancıların yerel kamusal yaşama katılabilecekleri ve etkide bulunabilecekleri en temel organ olarak değerlendirilmelidir. Oluşturulabilecek meclise yabancılar meclisi ya da yabancı çalışma grubu denilebilir. Böyle bir çalışma grubuna, hâlihazırda işlevsel olan Alanya Belediyesi Yabancılar Meclisi örnek olarak verilebilir. Alanya Belediyesi Yabancılar Meclisi'ne her ne kadar yabancılar meclisi ismi verilmiş olsa da bir çalışma grubu şeklinde faaliyette bulunduğu tarafımızdan yerinde yapılan gözlem ve mülakatlarla tespit edilmiştir. Bu kapsamda yerleşik yabancılar ikamet ettikleri belediyede sorunlarını, taleplerini, görüşlerini, ihtiyaçlarını ve o beldenin diğer müşterek konuları hakkındaki fikirlerini ismi yabancılar meclisi ya da yabancı çalışma grubu olsun fark etmez bu tip mekanizmalar içinde değerlendirebilirler.

Alanya Belediyesi Yabancılar Meclisi, Avrupa örneklerindeki gibi bir danışma meclisi yapısında değildir ve ayrıca Alanya Kent Konseyi'nin çalışma gruplarından biri olarak da kurgulanmamıştır. Öztürk'ün tespitine göre, 2004 yılında Alanya Belediyesi Basın, Turizm ve Halkla İlişkiler Müdürlüğü'ne bağlı olarak oluşturulmuştur. Kuruluş amaçları ise, ilçede ikamet eden yerleşik yabancılar ile Alanya Belediyesi arasında iletişimi sağlamak, yerleşik yabancıları hak ve sorumlulukları hakkında (sağlık harcamaları, emlâk vergileri, telefon-su-elektrik abonelikleri, tapu işlemleri, ikamet tezkeresi gibi) ve karşılaştıkları sorunların çözümü konusunda bilgilendirmek, günlük hayatta karşılaşabilecekleri sorunları tespit edip çözüm yolları aramak, yerleşik yabancıların Alanya'ya uyum sağlamasına yardımcı olmak, uluslararası bağları güçlendirmek, kültürlerarası yakınlaşmayı sağlamak ve farklı kültürlerin tecrübelerinden yararlanarak ilçenin tanıtımında rol üstlenmek, belediye hizmetleri hakkında yabancıları bilgilendirmek olarak özetlenmiştir (Öztürk, 2013:234). Karşılıklı diyalog mekanizmasının kurulması, katılımcı bir yaklaşımla ve çözüm üretmeye yönelik bir anlayışla yaşanılan şehrin sorunlarına sahip çıkılması ve toplumla bütünleşmenin sağlanması Alanya Yabancılar Meclisi'ni işleyiş mantığı bakımından mutlaka dikkate alınması gereken iyi niyetli bir örnek olarak karşımıza getirmektedir. Aşağıda değerlendireceğimiz kent konseyleri çalışma grupları yaklaşımının da bu anlayışla ele alınması yerel demokrasiyi ilerletmemize büyük katkı sağlayacaktır.

Kent konseyleri bünyesinde kurulacak yabancılar çalışma grubu içinde farklı uyruktan yabancı grupların temsilcisi veya tek başına kişisel olarak katılma faaliyetini gösteren kişiler ne şekilde yerel makamları etkileyebilecek ya da talepte bulunabilecektir? sorusu hemen akla gelmektedir. Yönetmeliğe göre, çalışma grupları ve meclisler, kent konseylerinin organlarından birisi olduğundan bu grupların bir temsilcisi kent konseyi üyesi olarak Kent Konseyi Genel Kurulu'nda temsil edilme hakkına sahiptir ve genel kurulda yerel makamlarla ve diğer sivil toplum kuruluşları ve ilgililerle de temasta bulunma şansına sahiptirler. Ayrıca, Yönetmeliğin 12. maddesine göre, meclislerde ve çalışma gruplarında oluşturulan görüşler, kent konseyi genel kurulunda görüşülerek kabul edildikten sonra değerlendirilmek üzere ilgili belediye meclisine sunulur denilerek belediyenin bu konulardan haberdar olması sağlanabilir. Burada en temel sorun, kent konseyinde kabul edilen görüşlerin belediye tarafından dikkate alınıp alınmayacağıdır.

5393 sayılı Belediye Kanunu 76. maddede yazdığı gibi *"Kent konseyinde oluşturulan görüşler belediye meclisinin ilk toplantısında gündeme alınarak değerlendirilir"*. Yani kent konseyi kararları belediye meclisini bağlayıcı mahiyette değildir. Avrupa'daki danışma meclislerinin aldıkları kararlar veya ilettikleri görüşlerin de bağlayıcılığı bulunmamaktadır. O zaman katılımcı mekanizmaların işlevselliğini sağlamak için etik ilkelere uyma konusu en önemli nokta olarak karşımıza çıkmaktadır.

Danışma meclisleri bahsinde de belirttiğimiz gibi danışma mekanizmasının, tavsiye ve görüş arayanlar (seçilmiş temsilciler) ile buna yanıt verenler arasında (danışma meclisi üyeleri) dinleme istekliliği, saygı, güven ve işbirliğine dayanan bir diyalog temelinde kurulduğu takdirde görüşlerin bağlayıcı olmama durumu bir sorun teşkil etmeyecektir. Değer verilme, dikkate alınma ve ikamet edilen yerin hemşerisi olma durumunun gerek ikamet edenler gerekse de yönetsel makamlardakiler tarafından aynı demokratik yaklaşımla değerlendirilmesi gerekir.

Kent konseyleri ve daha da özel olarak bünyesindeki çalışma gruplarının, yerleşik yabancılar tarafından değerlendirilebilecek katılım mekanizmaları olmasına karşın kent konseylerinin oluşumu, kuruluşu ve işleyişi ile ilgili olarak yerli-yabancı tüm hemşerileri ilgilendiren çeşitli uygulama sıkıntıları da bulunmaktadır.

Gönüllülük temelinde hareket etmesi gereken bu konseyler yerel düzeyde temel aktörleri bir araya getirdiği için önemli bir işleve sahiptir. Bu işlevin başarıya ulaşması için yerel aktörlerin istekliliğini artırmak gerekmektedir (Toprak, 2009:393). Bu nedenle paydaşlardan birinin katılım konusunda isteksiz olması ya da yeterli bilinç düzeyinde olmaması durumunda istenen başarının sağlanması ihtimalini düşürmektedir. Sadece yasada yer aldığı için kurulmuş bir kent konseyinin kendisinden beklenilen amaca ulaşacak nitelikte faaliyet gösterebilmesi çok mümkün değildir. Kent konseyi niteliğinde bir oluşumun yerel demokrasiye katkı sağlayabilmesi için öncelikle kendi içerisinde de demokratik olması, katılımcılarının gönüllülük esasına göre belirlenmesi, yönetimin bu katılım şeklini destekliyor olması ve katılanların görüşlerini dikkate alması gerekmektedir. Söz konusu yasa ve yönetmelikle tüm bu şartların sağlandığı söylenemez. Kent konseyinde oluşturulan görüşlerin belediye meclisinde "değerlendirileceği" belirtilmekle yetinilmiştir. Bu ifadeyle kent konseyi kararlarının bağlayıcı nitelik taşımadığı da görülmektedir. Kent konseylerine belediye meclislerinde görüşlerinin değerlendirilip değerlendirilmediğini denetleme imkânı da sağlanmamıştır. Belediye meclisinin görevleri arasında kent konseylerinin görüşlerini değerlendirmeye dair bir ibare de bulunmadığından bunu gerçekleştirmedikleri takdirde herhangi bir sonuç da ortaya çıkmamaktadır.

Günümüzdeki haliyle kent konseylerinin gerçek yerel demokrasinin tesisinde etkili olabilmesi için yerel yönetimlerin bu konuda bilinçli ve istekli olması gerektiği açıktır. Uygulamalardaki başarı veya başarısızlık kentin özgün niteliklerine göre ve uygulayıcıların bu konudaki tutum ve davranışlarına göre şekillenmektedir (Görmez ve Altınışık, 2011:46). Yönetmeliğin 8. maddesindeki kent konseyi üyelerinin belirlenmesinde, ilgili sivil toplum kuruluşlarının neye göre seçilip davet edildiğinin net olmadığı ve belirlenen temsilciler dışında katılıma izin verilmediği ve bunun da konseyin işlevselliğini azalttığı eleştirisi yapılmaktadır (Akdoğan, 2008:17-27). Esasında olması gereken, ilgili olup olmadığına bakılmaksızın tüm sivil toplum kuruluşlarına kent konseylerinde görüşlerini bildirme imkânının sağlanmasıdır (Özer, 2013:174). Ortaya konulan bu eleştirilerin ve uygulamaya dair sıkıntıların yerleşik yabancılar kadar yerli halkın da bir demokrasi sorunu olduğu gözden uzak tutulmamalıdır. Bu bakımdan diyalog, ilişki kurma, dikkate alma ve kararlara etki etme konusu, yerli veya yabancı boyutu kadar topyekûn hemşeri hukuku içinde ele alınması gereken demokratik bir ideal olarak karşımıza çıkmaktadır.

Sonuç

Avrupa Konseyi'nin ve Avrupa Birliği'nin daha ileri ve demokratik bir Avrupa oluşturma amacı, yerleşik yabancıların da yerel demokratik yaşama entegrasyonunu önemli bir konu olarak gündemde tutmaktadır. Avrupa'ya 1960'lardan başlayarak gerçekleşen göç çerçevesinde Avrupa ülkeleri bahsi geçen göçmenlerin geri döneceği beklentisiyle bu kişilere misafir işçi nitelendirmesinde bulunmuştur. Ancak süreç içerisinde misafir işçiler kalıcı hale gelmişler ve Avrupa'nın kalıcı gerçeği haline dönüşmüşlerdir. Kalıcı hale gelen ve geri dönmeyen göçmenlerin toplumsal bütünleşmesinin sağlanması ev sahibi toplumun en önemli gündem maddesi ve iç siyaset malzemesi olmuştur. İç siyaset malzemesi olması, yabancı düşmanlığı ve uyum sorunlarını da bazen içinden çıkılmaz noktalara götürmüştür.

Avrupa Konseyi, tavsiye metinlerinde ve kabul ettiği kararlarda yerleşik yabancıların artık Avrupa toplumunun kalıcı bir özelliği olduğunu kabul ederek yerel seçimlere katılma dahil her türlü yerel siyasal katılım mekanizmasının ele alınması gerektiğini savunmuştur. Bu kapsamda da Yabancıların Yerel Düzeyde Kamusal Yaşama Katılımına Dair Sözleşmesi imzaya açılmış ve yürürlüğe girmiştir. Sözleşmede, yerleşik yabancıların ikamet ettiği yerin artık bir üyesi/hemşerisi olarak yerel siyasal yaşama katılımının sağlanması yerel demokrasinin ilerlemesi bakımından önemli bir unsur olarak değerlendirilmektedir. Yine, barışçıl toplanma hakkının önemi üzerinde durularak danışma meclisi gibi yapıların oluşturulması ve yerel düzeyde seçme ve seçilme hakkının tanınması da vurgulanan konulardır. Avrupa ülkeleri 1992 yılında bahsi geçen sözleşme imzaya açılmadan önce danışma meclisi mekanizmasını toplumsal bütünleşmenin bir aracı olarak görüp farklı farklı esnek modeller çerçevesinde uygulamışlardır. Günümüzde de bu tarz yapıların yerel siyaseti etkilemede ve yerleşik yabancıların sorunlarını çözüp ihtiyaçlarını karşılamada bir demokratik mekanizma olduğu genel kabul görmektedir.

Avrupa Konseyi üyelerinden olan Türkiye'de geleceğe ilişkin nüfus tahminlerinde göçle gelen nüfusun artacağı olasılığı üzerinde durulmaktadır. Ayrıca artan ekonomik iyileşme ve iklim faktörü nedeniyle göç veren ülke konumundan göç alan ülke konumuna da geçilmekte ve bu durum şehirlerde de kendini hissettirmektedir.

Demokrasinin yerelde başladığı ve yerleşiklerin kendisine en yakın yönetsel birimle ilişki içinde olduğu gerçeğinden hareket ederek yerleşik yabancıların yerel karar alıcılara etkide bulunabileceği ve sorunlarını iletebileceği mekanizmalara ihtiyaç duyulduğu görülmektedir. Bu konunun, artan göç nedeniyle Türkiye'nin gündemine de gireceği beklenmelidir. Türkiye'de Alanya örneğinde bu ihtiyaç, adına Yabancılar Meclisi denilen ancak Batı'daki örneklerine benzemeyen iyi niyetli bir girişimle karşılanmaya çalışılmış ve belli oranda da başarılı olmuştur. Burada başarılı olmasının temelinde belediye bünyesinde doğrudan temas edecekleri bir müdürlükle ilişkilendirilmiş olmaları ve iyi niyetin/güvenin var olması yatmaktadır.

5393 sayılı Belediye Kanunu'nun 76. maddesinde yer alan "Kent Konseyleri"nin Avrupa'da çeşitli adlarla kurulmuş olan danışma meclislerinin fonksiyonlarını yerine getirebileceği düşünülmektedir. Kent konseylerinin çalışma gruplarından bir tanesi ihtiyaca göre yabancılar çalışma grubu olarak çalışabilir. Yasada buna ilişkin bir kısıt bulunmamaktadır. Ayrıca belediye ile olan bağı nedeniyle kent konseylerinin yerleşik yabancıların etkili bir danışma aracı olarak işlev görmesi de mümkündür. Ancak, burada vurgulanması gereken önemli bir nokta da, kent konseylerinin kendi bünyesindeki üyelik ve katılıma ilişkin genel sorunlarını çözümlemesi gerektiğidir. Nüfus hareketleri, nüfus tahminleri, yerel demokrasinin geliştirilmesi gibi konular çerçevesinde kent konseyleri yerli ve yabancı yerleşiklerin birlikteliğini sağlayacak bir bütünleşme aracı olarak değerlendirilebilir. Bu doğrultuda en önemli gereksinim ise bu mekanizmaların çalıştırılmasındaki iyi niyet, güven ve demokrasiyi güçlendirme inancının varlığıdır.

Kaynakça

Abe-Kim, J., Takeuchi, D. T., Hong, S., Zane, N., Sue, S., Spencer, M. S., Appel, H., Nicdao, E., & Alegría, M., (2007). Use of mental health-related services among immigrant and US-born Asian Americans: Results from the National Latino and Asian American Study. *American Journal of Public Health, 97(1)*, 91-98.

Abu-Rayya, H. M. (2013). Psychological and socio-cultural adaptation of immigrant and national adolescents in Australia: A test of the acculturative stress hypothesis. *American Journal of Applied Psychology, 2*(1), 1-6.

Acosta-Belén, E., & Santiago, C. E. (2006). *Puerto Ricans in the United States: A contemporary portrait*. Boulder, CO: Lynne Rienner Publishers.

ACS (American Community Survey) (2006). Columbus, OH Metropolitan Statistical Area, *American Community Survey*, http://factfinder.census.gov/servlet/ ADPTable?_bm=y&-geo_id = 31000US18140&-qr_name=ACS_2006_EST _G00_DP5&-context=adp&-ds_name=&-tree_id = 306&-_lang=en&-redoLog=false&-format=, Vol. 2008 (accessed 16 October 2011).

Afonso, A., (2005). When the export of social problems is no longer possible: immigration policies and unemployment in Switzerland. *Social Policy & Administration, 39(6)*, 653-668.

Ager, A., & Strang, A., (2008), 'Understanding integration: a conceptual framework', *Journal of Refugee Studies, 26 (2)*, 166–91.

Aguila, A. Pilar N., (2009). "Living Long-distance Relationships through Computer-mediated Communication", *Sociela Science Diliman*, 5(1-2): 83-106.

Akdoğan, A. A., (2008). *"Yeni Yerel Yönetim Yasalarında Katılım", Yerel Yönetimlere Katılım Bülteni*, Ankara: Yayed.

Akkoyunlu, S. (2012). Forecasting Turkish workers' remittances from Germany during the financial crisis. İçinde: Sirkeci, I., Cohen, J.H., & Ratha, D. (der.) *Migration and Remittances during the Global Financial Crisis and Beyond.* Washington DC., USA: The World Bank. sf.273-288.

Aleinikoff, T. A., (2002). *Semblances of sovereignty: The constitution, the state, and American citizenship*. Harvard University Press, Cambridge, MA.

Allport, G. W., (1954). *The Nature of Prejudice*, Cambridge, MA: Perseus Books. [Aktaran Pettigrew (1998)]

Altuğ, Y., (1966). *Yabancıların Hukuki Durumu*, İsmail Akgün Matbaası, 2. Baskı, İstanbul.

Altun, B., (2006). *Avrupa Birliği Yurttaşlığı ve Avrupa Kimliği,* Ankara Üniversitesi, Kamu Yönetimi ve Siyaset Bilimi yüksek lisans tezi, acikarsiv.ankara.edu.tr/eng/browse/2606/3378.pdf, (Erişim Tarihi: 12.09.2014).

Ambrosini, M. (2010). *Richiesti e respinti: l'immigrazione in Italia: come e perché* (Vol. 687). Il saggiatore.

Apostolopoulos, Y.; Leivadi, S. ve Yiannakis, A. (2001). *The Sociology of Tourism,* London: Routledge.

Arends-Tóth, J. ve Van De Vijver, F. J. (2003). Multiculturalism and acculturation: views of Dutch and Turkish–Dutch. *European Journal of Social Psychology, 33*(2), 249-266.

Ashforth, B. E., ve Mael, F., (1989). "Social Identity Theory and the Organization", *The Academy of Management Review*, 14(1): 20-39.

Aydın, S., (1999). *Kimlik Sorunu, Ulusallık ve Türk Kimliği*, Ankara: Öteki Yayınları.

Aydınlı, H.İ., (2004). *Sosyo-Ekonomik Dönüşüm Sürecinde Belediyeler*, Ankara: Nobel Yay.

Azzolini, D., Cvajner, M., & Santero, A., (2013). Sui banchi di scuola. I figli degli immigrati, in Saraceno, C., Sartor, N., Sciortino, G., (Der) *Stranieri e disuguali*, Bologna, Il Mulino.

Bacigalupe, G. ve Cámara, M., (2012). "Transnational Families and Social Technologies: Reassessing Immigration Psychology", *Journal of Ethnic and Migration Studies*, 38(9): 1425-1438.

Bahar, H.İ.; Laçiner, S.; Bal, İ. and Özcan, M. (2009). "Older Migrants to the Mediterranean: The Turkish Example", *Journal Population, Space and Place*, (15): 509-522.

Balkır, C. ve Kırkulak, B. (2009). "Turkey, the New Destination for International Retirement Migration", H. Fassmann, M. Haller ve D. Lane (Ed.) *Migration and Mobility in Europe: Trends, Patterns and Control*, Cheltenham, Edward Elgar Publishing Ltd, ss. 123-143.

Balkır, C.; Toprak-Karaman, Z. ve Kırkulak, B. (2008). "Yabancı Emekli Göçünün Ekonomik ve Sosyal Etkileri: Antalya Örneği", İçinde: Canan Balkır (Ed.) *Uluslararası Emekli Göçünün Ekonomik ve Sosyal Etkileri: Antalya Örneği: Çalıştay Tebliğleri*, Antalya, ss: 8–38.

Barcus, H. R. (2007). The emergence of new Hispanic settlement patterns in Appalachia. *The professional geographer*, 59(3), 298-315.

Barker, R. G. (1968). *Ecological Psychology: Concepts and Methods For Studying the Environment of Human Behavior*, California: Stanford University Press.

Barry, B., (2001). *Culture and Equality: An Egalitarian Critique of Multiculturalism*, Cambridge: Polity Press.

Barut, M. (2001). Zorunlu göçe maruz kalan Kürt kökenli T.C. vatandaşlarının göç öncesi ve göç sonrası sosyoekonomik, sosyokültürel durumları, göçün ortaya çıkardığı sorunlar; askeri çatışma ve gerginlik politikaları sonucu yaşam alanlarını terk eden göç mağdurlarının geri dönüş eğilimleri. İstanbul: Göç-Der Yayımlanmamış Rapor.

Bastian, B. ve Haslam, N. (2008). Immigration from the perspective of hosts and immigrants roles of psychological essentialism and social identity. *Asian Journal of Social Psychology* 11, 127–140.

Batal, Salih, (2011). "Avrupa Birliği Yönetime Katılım İlkesinin Türkiye Uygulaması Örneği: Kent Konseyleri", *Kent Konseyleri Sempozyumu Bildiri Kitabı*, Bursa:Bursa BŞB.

Bayındırlık ve İskan Bakanlığı Çalışmaları, Kentleşme Şurası, (2009). Şura Hazırlık Kitapları, "Kentlilik Bilinci, Kültür ve Eğitim" 9. Kitabı, Bayındırlık ve İskan Bakanlığı Yayını, Ankara. http://www.bayindirlik.gov.tr/turkce/kentlesme.php , (erişim tarihi 25.2.2014).

Beck, R. (1970). Spatial Meaning and the Properties of the Environment. In Proshansky, H. M., Ittelson, W. H., Rivlin, L. G. (Eds.) Environmental Psychology, Man and His Physical Setting (134-141), New York: Holt Rinehert.

Becker, G., Beyene, Y., & Ken, P. (2000). Health, welfare reform, and narratives of uncertainty among Cambodian refugees. *Culture, Medicine and Psychiatry, 24(2)*, 139-163.

Beger, K.U., (2000). *Migration und Integration: eine Einführung in das Wanderungsgeschehen und die Integration der Zugewanderten in Deutschland*, Opladen: Leske and Budrich .

Beirens, H., Hughes, N., Hek, R., & Spicer, N., (2007). Preventing social exclusion of refugee and asylum seeking children: building new networks. *Social Policy and Society*, 6(2), 219-229.

Bell, P. A., Fisher, J. D. ve Loomis, R. J. (1978). *Environmental Psychology*. Philadelphia: Saunders.

Berry, J. W. (1997). Immigration, acculturation, and adaptation. *Applied psychology*, 46(1), 5-34.

Berry, J. W. (2001). A psychology of immigration. *Journal of social issues*, 57(3), 615-631.

Berry, J. W. (2005). Acculturation: Living successfully in two cultures. *International journal of intercultural relations*, 29(6), 697-712.

Berry, J. W. (2006). Stress perspectives on acculturation. In D. L. Sam & J. W. Berry (Eds.), *The Cambridge of acculturation psychology* (pp. 43–57). New York, NY: Cambridge University Press.

Berry, J. W. (2011). Integration and multiculturalism: Ways towards social solidarity. *Papers on Social Representations, 20*(2), 1-20.
Berry, J. W. Poortinga Y.H, Segall M. H. ve Dasen P.R (Ed.). (2002). *Cross-cultural psychology: Research and applications.* NY: Cambridge University Press.
Berry, J. W. ve Sam, D. L., (1997). Acculturation and Adaptation, John W. Berry, Marshall H. Segall ve Cigdem Kagitcibasi (Der.), *Handbook of Cross-cultural Psychology (Vol.3. Social Behavior and Applications).*USA: Allyn & Bacon, ss.291-326.
Berry, J. W., Kim, U, Power, S., Young, M ve Bujaki, M, (1989). "Acculturation Attitudes in Plural Societies", *Applied Psychology*, 38: 185-206.
Berry, J. W., Kim, U., Minde, T., ve Mok, D. (1987). Comparative studies of acculturative stress. *International Migration Review,21*, 491-511.
Berry, J. W., Phinney, J. S., Sam, D. L., ve Vedder, P. (2006). Immigrant youth: Acculturation, identity, and adaptation. *Applied psychology, 55*(3), 303-332.
Berry, J. W., ve Sabatier, C. (2010). Acculturation, discrimination, and adaptation among second generation immigrant youth in Montreal and Paris. *International Journal of Intercultural Relations, 34*(3), 191-207.
Berry, J. W; Phinney, J. S; Sam, D. L; Vedder, P., (2006). "Immigrant Youth: Acculturation, Identity, and Adaptation", *Applied Psychology: An International Review,* 55 (3), 303-332, Oxford: Blackwell Publishing, http://opendepot.org/1932/1/sr_IJIR-1007.pdf (Erişim Tarihi: 12.09.2014).
Berry, J., W., (1997). "Immigration, Acculturation, and Adaptation", *Applied Psychology: An International Review,* 1997, *46* (1), Queen's University, Ontario, ss. 5-68, http://isites.harvard.edu/fs/docs/icb.topic1063337.files/ immigrationacculturtion%20Reading.pdf, (Erişim Tarihi: 29.11.2014).
Berry, J.W. (1984). Multicultural policy in Canada: A social psychological analysis. *Canadian Journal of Behavioural Science*, 16, 353–370.
Berry, J.W. (1990). The role of psychology in ethnic studies. *Canadian Ethnic Studies*, 22, 8-21.
Berry, J.W. (1997). Immigration, acculturation, and adaptation". *Applied Psychology: An International Review*, 46, 5–68.
Berry, J.W. (2001). A psychology of immigration. *Journal of Social Issues*, 57, 615-631.
Berry, J.W. (2013). Kültürel Açıdan Çoğulcu Toplumlarda Bir Arada Yaşamak: Kültürlenme ve Çok-kültürlülüğü Anlamak ve Yönetmek. İçinde: *İnsan Gelişimi, Aile ve Kültür* Berkman Aksu-Koç (derleyen) Koç Üniversitesi Yayınları: İstanbul. 275-286
Berry, J.W. ve Kalin, R (1995). Multicultural and Ethnic Attitudes in Canada, *Canadian Journal of Behavioural Science*, 27: 301-320.
Biffl, G. (2012). Turkey and Europe: The role of migration and trade in economic development. *Migration Letters*. 9(1): 47-63.
Bilgin, Nuri, (Ed.) (2008). *Sosyal Psikoloji*, İzmir: Ege Üniversitesi Yayınları.
Blumenfeld, H., (1967). *The Modern Metropolis*, London, MIT Yayını.
Bordens, K. S. ve Horowitz, I. A., (2002). *Social Psychology*. New Jersey: Lawrence Erlbaum Associates Inc.
Borjas, G. J., & Tienda, M. (Eds.). (1985). *Hispanics in the US Economy*. New York: Academic Press.
Bouras, N., (2013). Shifting perspectives on transnationalism: analysing Dutch political discourse on Moroccan migrants' transnational ties, 1960–2010. *Ethnic and Racial Studies, 36(7)*, 1219-1231.
Bourhis, R. Y., Moise, L. C., Perreault, S., ve Senecal, S. (1997). Towards an interactive acculturation model: A social psychological approach. International journal of psychology, 32(6), 369-386.

Brehm, S. S. ve Kassin, S. M., (1996). *Social Psychology*. USA: Houghton Mifflin Company.
Brewer, M. B. ve Miller, N, (1984). "Beyond the Contact Hypothesis: Theoretical Perspectives on Desegregation", N. Miller & M. B. Brewer (Der.), *Groups in Contact: The Psychology of Desegregation*, Orlando FL: Academic Press, ss.281–302. [Aktaran Dovidio vd. (2003)].
Brewer, M.B. ve Campbell, D. T., (1976). Ethnocentrism and intergroup attitudes: East African Evidence, Beverly Hills, CA: Sage.
Brown, B., Perkins, D.D ve Brown, G. (2003). Place attachment in a revitalizing neighbourhood: Individual and block levels of analysis. *Journal of Environmental Psychology*, 23, 259-271.
Brown, R, (1996). "Tajfel's Contribution to the Reduction of İntergroup Conflict". W.Peter Robinson (Der.), *Social Groups and Identities: Developing the Legacy of Henri Tajfel*, UK: Butterworth-Heinemann (Reed Pbl), ss.191-214.
Brown, M. S. (2000). Religion and economic activity in the South Asian population. *Ethnic and Racial Studies*, 23(6), 1035-1061.
Brubaker, R., (1992). *Citizenship and nationhood in France and Germany*. Cambridge, MA: Harvard University Press.
Bürgin, A., & Erzene-Bürgin, D. (2013). Educated in Germany, Working in Turkey: The Emigration Motivations of Persons of Turkish Origin. *German Politics, 22(4)*, 461-476.
Calhoun-Brown, A., (1996). "African American Churches and Political Mobilization: The Psychological Impact of Organizational Resources", *The Journal of Politics*, 58 (4): 935-953.
Campbell, S. (2013). Overeducation among A8 migrants in the UK. *Institute of Edcuation DoQSS Working Paper* No. 13-09 (May 2013) [http://repec.ioe.ac.uk/repec/pdf/qsswp1309.pdf].
Campbell, D. T., (1965). "Ethnocentric and Other Altruistic Motives". D.L. LeVine (Der.), *Nebraska Symposium on Motivation: 1965*, Lincoln: University of Nebraska Press, ss.283-311. [Aktaran: Kenrick vd. (2007)].
Campomori, F. (2005). Come integrare l'immigrato? Modelli locali di intervento a Prato, Vicenza e Caserta. *Caponio T., Colombo A.(a cura di), Migrazioni globali, integrazioni locali, Il Mulino, Bologna*, 235-265.
Caponio, T. (2002). Policy networks e immigrazione. Il caso delle politiche sociali a Milano ea Napoli. *Assimilati ed esclusi. Stranieri in Italia*, 253-282.
Caponio, T. (2013). Il quadro normativo nazionale e internazionale, in Saraceno C, Sartor N, Sciortino, G, (Der) *Stranieri e disuguali*, Bologna, Il Mulino.
Candless, C. A. Mc, (1970). *Urban Government and Politics*, New York, Mc Graw Hill Book Company.
Casado-Diaz, M. A. ve Rodriguez, V., (2002). "Migracion Internacional de Retirados en Espana: Limitacion de Les Fuentes de Informacion", *Estudios Geograficos*, 63(248/9): 533-558.
Castles, S., Korac, M., Vasta, M., & Vertovec, S. (2002), *Integration Mapping the Field*, Oxford:Oxford University.
Castles, S. & Miller, M. J. (2009). *The Age of Migration: International Population Movements in the Modern World*, fourth edition, London: Macmillan.
Ceceli K., S., (2012). Çokkültürcülük Politikalarından Entegrasyon Politikalarına Geçiş: Hollanda'daki Türkiye Kökenli Göçmenler Üzerine Bir İnceleme, Hacettepe Üniversitesi Siyaset Bilimi ve Kamu Yönetimi Anabilim Dalı Siyaset Bilimi Programı, Yayınlanmamış Yüksek Lisans Tezi.
Champion, T. King, R. (1993). "New Trends in International Migration in Europe", *Geographica Viewpoint*, (21):45-56.

Chavez, L., (1998). *Shadowed Lives: Undocumented Migrants in American Society*. Fort Worth, TX: Harcourt Brace College Publishers.

Chirkov, V. (2009). Critical psychology of acculturation: What do we study and how do we study it, when we investigate acculturation?, *International Journal of Intercultural Relations*. 33, 94-105.

Cingano, F., Giorgi, F., & Rosolia, A. (2013). Lavoro, retribuzioni e vulnerabilità [Work, Wages and Vulnerability]. *Stranieri e disuguali. Le disuguaglianze nei diritti e nelle condizioni di vita degli immigrati*, 87-109.

Cinnirella, M. ve Hamilton, S. (2007). Are all Britons reluctant Europeans? Exploring European identity and attitudes to Europe among citizens of South Asian ethnicity. *Ethnic and Racial Studies*. 30, 481-501.

Clark, K., & Drinkwater, S. (2008). The labour-market performance of recent migrants. *Oxford Review of Economic Policy*, 24(3), 495-516.

Cohen, J.H. & Sirkeci, I. (2011). *Cultures of Migration, the Global Nature of Contemporary Mobility*. Austin, TX, US: University of Texas Press.

Cohon, J. D. (1981). Psychological adaptation and dysfunction among refugees. *International Migration Review*, 15, 255–275.

Colombo, A. (2012). Fuori controllo?. *Icon*, *39*(051), 256011.

Colombo, A., & Sciortino, G. (2004). Gli immigrati in Italia. *icon*, *39*(051), 256011.

Cook, J., Dwyer, P., & Waite, L. (2011). The experiences of accession 8 migrants in England: motivations, work and agency. *International Migration*, 49(2), 54-79.

Council of Europe Publishing, (2004). Foreigners' Integration and Participation in European Cities,15-16 September 2003, Strasbourg, *Council of Europe Studies and texts no: 90*.

Council of Europe, (2014). http://conventions.coe.int/Treaty/ Commun/ChercheSig.asp? NT=144&CM=&DF=&CL=ENG, (erişim tarihi: 04.04.2014)

CRP (Community Research Partners, (2003). *Geographic Patterns of Latino Population Growth, Community Research Partners Outreach*, CRP, Columbus, OH.

Çağlar, A., (2011). *Türkiye'de Sığınmacılar: Sorunlar, Beklentiler ve Sosyal Uyum*, Ankara: Hacettepe Üniversitesi Yayınları.

Çağlayan, H., Özar, Ş. ve Doğan, A. T. (2011). *Ne değişti? Kürt kadınların zorunlu göç deneyimleri*. A. Bora (Ed). Ankara: Ayizi Yayınları 11.

Çağlayan, S. (2007). *Bulgaristan'dan Türkiye'ye Göçler*. Yayınlanmamış Doktora tezi, Ege Üniversitesi, İzmir.

Çinar, D., (1994). *From Aliens to Citizens. A Comparative Analysis of Rules of Transition*. Vienna: Institute for Advanced Studies.

Da Costa, R., (2006). *Rights of Refugees in the Context of Integration: Legal Standards and Recommendations*, United Nations High Commissioner for Refugees Publication, Geneva, www.refworld.org/pdfid/44bb9b684.pdf, (Erişim Tarihi: 12.09.2014).

Dal Lago, A. (2002), *Non-persone: l'esclusione dei migranti in una società globale*, Milano, Feltrinelli.

Dale, A., Fieldhouse, E., Shaheen, N. and Kalra, V. (2002). 'The Labour Market Prospects for Pakistani and Bangladeshi Women', *Work Employment & Society* 16(1): 5-25.

Daminato, C., & Kulic, N. (2013). Disuguaglianze e differenze nell'abitare. *Saraceno C., Sartor N., Sciortino G.(2013, a cura di), Stranieri e disuguali. Le disuguaglianze nei diritti e nelle condizioni di vita degli immigrati, Il Mulino, Bologna*.

Davies, J. B., & Winer, S.L. (2011). Closing the 49th Parallel: An Unexpected Episode in Canadian Economic and Political History, *Canadian Public Policy, 37(3)*, 307-341.

De Amicis, E. (2010). Istanbul, Istanbul: Yapi Kredi Yayınları.

De Gasperis, A., & Ferrazza, R. (Eds.) (2007). *Italiani di Istanbul: figure, comunità e istituzioni dalle riforme alla Repubblica, 1839-1923*. Fondazione Giovanni Agnelli.

Demirtaş, A. H. (2003). Sosyal Kimlik Kuramı, Temel Kavram ve Varsayımlar. *İletişim Araştırmaları. 1*(1). 123- 144.
Diaz-Más, P. (1992). *Sephardim: The Jews from Spain*, University of Chicago Press, Chicago.
Dixon, J. ve Durrheim, K. (2000). Displacing place-identity: A discursive approach to locating self and other. *The British Journal of Social Psychology, 39*, 27-45.
Dovidio, J. F., & Esses, V. M. (2001). Immigrants and Immigration: Advancing the Psychological Perspective. *Journal of Social Issues, 57*, 375 – 387.
Dovidio, J.F., Gaertner, S. L. & Kawakami, K., (2003). "Intergroup Contact: The Past, Present, and the Future", *Group Processes & Intergroup Relations*, 6(1): 5-21.
Doytcheva, M., (2013). *Çokkültürlülük*, İstanbul: İletişim.
Drinkwater, S. & Robinson, C. (2013). Welfare participation by immigrants in the UK. *International Journal of Manpower*, 34(2), 100-112.
Droseltis, O. & Vignoles, V.L. (2010). Towards an integrative model of place identification: Dimensionality and predictors of intrapersonal-level place preferences. *Journal of Environmental Psychology*, 30, 23-34.
Durand, J., Massey, D. S., & Charvet, F. (2000). The changing geography of Mexican immigration to the United States: 1910-1996. *Social Science Quarterly*, 1-15.
Dutton, J. E., Dukerich, J. M. & Harquail, C. V., (1994). "Organizational Images and Member Identification", *Administrative Science Quarterly,* 39(2): 239–263.
Ekerdt, D., J. (1986). "The Busy Ethic: Moral Continuity Between Work and Retirement", *The Gerontologist*, 26(3): 239-244.
Erelçin, F. G. (1988). *Collectivistic norms in Turkey: Tendency to give and receive support*. Yayınlanmamış master tezi. Boğaziçi Üniversitesi.
Ermağan, İ., (2013). "Almanya'da Üçüncü Türk Kuşağının Kimlik Problemleri", *Electronic Journal of Political Science Studies* (Elektronik Siyaset Bilimi Araştırmaları Dergisi), 4(1): 37-47.
Erman, T. (1998). Becoming urban or remaining rural: the views of Turkish rural-to-urban migrants on the integration question. *International Journal of Middle East Studies*, 30, 541-561.
Ertürk, H., (1997). *Kent Ekonomisi*, Bursa.
Escaffre-Dublet, A. (2012), Concepts and practices of tolerance in French political life, ACCEPT PLURALISM project report. Erişim Tarihi: 12.09.2014, http://cadmus.eui.eu/handle/1814/22319.
Ethier, K. A. & Deaux, K., (1994). "Negotiating Social Identity When Contexts Change: Maintaining Identification and Responding to Threat", *Journal of Personality and Social Psychology*, 67(2): 243-251.
European Council on Refugees and Exiles (ECRE), (2002). *Position on the Integration of Refugees in Europe*, London. http://www.ecre.org/component/ downloads/ downloads/168.html, (Erişim Tarihi: 12.09.2014).
European Union (EU), (2005). *A Common Agenda for Integration: Framework for the Integration of Third-Country Nationals in the European Union*, COM (2005) 389 final, Brussels, http://europa.eu/legislation_summaries/ justice_ freedom_security/ free_movement_of_persons_asylum_immigration/l14502_en.htm, (Erişim Tarihi: 12.09.2014).
Farley, R., & Alba, R. (2002). The new second generation in the United States. *International migration review, 36*(3), 669-701.
Favell, A., (1998). *Philosophies of Integration, Immigration and the Idea of Citizenship in France and Britain*. London: Macmillan.
Felonneau, M.L. (2004). Love and loathing of the city: urbanophilia and urbanophobia, topological identity and perceived incivilities. *Journal of Environmental Psychology*, 24, 43-52.

Fethiye Times (2006). www.fethiyetimes.com (erişim tarihi: 20.08.2006)
Fiske, S. T. & Taylor, S. E., (1991). "Social Cognition", *Social Cognition (2nd Ed.)*, New York, NY, England: Mcgraw-Hill Book Company. (Aktaran Bilgin, 2008)
Fitrakis, B. (2010). "The return of Ken Blackwell: Mad Hatter back with the Tea Party in Ohio", http://freepress.org/departments/display/18/2010/3808 (accessed 16 October 2011).
Franz, B., (2003). Bosnian refugee women in (re) settlement: Gender relations and social mobility. *Feminist review, 73(1)*, 86-103.
Frazier, J. W., & Reisinger, M. E. (2006). The New South in perspective: Observations and commentary. in H.A. Smith and O. Furuseth (Eds). *Latinos in the New South: Transformations of Place*, 257-283.
French, S. (2012). Beyond ESOL? Assessing the propensity of east European migrant workers to undertake further and higher education. *Research in Post-Compulsory Education*, 17(1), 125-142.
Frey, W. (1999). "New Sun Belt, Metros and Suburbs are Magnets for Retirees", *Population Today*, 27(9): 1-3.
Fried, M. (2000). Continuities and discontinuities of place. *Journal of Environmental Psychology*. 20, 193-205.
Friedmann, J., (1972). "A General Theory of Polarized Development", N. M. Hanser (Ed.), *Growth Centers in Regional Economic Development* , New York, Free Press, ss. 82-90.
Fyvie, A., Ager, A., Curley, G., & Korac, M. (2003), 'Integration mapping the field volume II:distilling policy lessons from the "mapping the field" exercise', Home Office Online Report 29/03.
Gezici-Yalçın, M., (2009). "The Effects of Citizenship Status on Political Participation in the Case of Young Immigrants Living in Germany", Ditta Dolejšiová, Miguel Ángel García López (Der.), *European Citizenship: In the Process of Construction: Challenges for Citizenship, Citizenship Education and Democratic Practice in Europe*, Strasbourg: Council of Europe Publishing, ss.86-98.
Gibson, J. J. (1979). *An Ecological Approach to Visual Perception*. Boston: Houghton Mifflin.
Gifford, R., Scanell, L., Kormos, C., Smolova, L., Biel, A. ve Boncu, S., (2009). Temporal pessimism and spatial optimism in environmental assessment: an 18-nation study. *Journal of Environmental Psychology*, 29, 1–12.
Gitmez, A. S. (1983). Yurtdışına işçi göçü ve geri dönüşler. Istanbul: Alan Yayincilik.
Göksen, F. ve Cemalcılar, Z. (2010). Social capital and cultural distance as predictors of early school dropout: Implications for community action for Turkish internal migrants. *International Journal of Intercultural Relations*. 34, 163-175.
Golledge, R.G. (1987). Environmental Cognition. In Stokols, D. & Altman, I. (Ed.). *Handbook of Environmental Psychology*. John Wiley & Sons.
Golubeva, M., (2012). "Consultative bodies and dialogue platforms for immigrant communities: lessonsfrom three EUcountries", http://www.providus.lv/public/27747.html, (erişim:04.04.2014)
Gouveia, L., & Saenz, R. (2000). Global forces and Latino population growth in the Midwest: a regional and subregional analysis, *Great Plains Research, 10*: 305–328.
Göregenli, M. (1992). *Toplumumuzda bireycilik-toplulukçuluk eğilimleri konusunda bir ölçek geliştirme çalışması*. VII. Ulusal Psikoloji Kongresi Bildirileri. Ankara: Hacettepe Üniversitesi.
Göregenli, M. (1995). Toplumumuzda bireycilik-toplulukçuluk eğilimleri. *Türk Psikoloji Dergisi*, 11, 1-13.
Göregenli, M. (1997) *Kent Kimlikleri ve Kent Kültürleri. I. Ulusal Kültür Kongresi Bildirileri*. İKSEV Yayınları: 1-12.

Göregenli, M. (2013). *Çevre psikolojisinde temel konular*. İstanbul: İstanbul Bilgi Üniversitesi Yayınları (2. Baskı).
Göregenli, M. ve Karakuş, P. (2008). İzmit'te yer kimliği ve kentin bilişsel temsilleri. E.Y. Özgen (Ed) *İzmit'in Değişen Yüzü* içinde (9-45). İzmit: Saraybahçe Belediyesi Yayınları.
Göregenli, M., Karakuş, P., Kösten, Y. Ö. ve Umuroğlu, G. İ. (2014). Mahalleye bağlılık düzeyinin yer kimliği ile ilişkisi içinde incelenmesi. *Türk Psikoloji Dergisi* 29 (73), 73-85.
Göregenli, M., Karakuş, P., Umuroğlu, G. İ. ve Ömüriş, E. (2013). *Selçuk kent belleği: Dün, bugün ve geleceğin zihinsel temsilleri*. İzmir, Selçuk Belediyesi: Selçuk Efes Kent Belleği Yayınları. Mediform.
Görmez, Kemal, ve Altınışık, Harika Uçar, (2011). "Yerel Demokrasi ve Kent Konseyleri", *Kent Konseyleri Sempozyumu Bildiri Kitabı*, Bursa:Bursa BŞB.
Greif, M. J. (2009). Neighborhood attachment in the multiethnic metropolis. *City & Community*, 8, 27-45.
Grote, M., (2011). Integration von Zuwanderern: Die Assimilationstheorie von Hartmut Esser und die Multikulturalismustheorie von Seyla Benhabib im Vergleich, http://www.migremus.uni-bremen.de/images/stories/workingpapers/ grote_2011_assimilationmultikulturalismus.pdf , (Erişim Tarihi: 29.11.2014)
Gsir, S., & Martiniello, M., (2004). *Local Consultative Bodies for Foreign Residents- A Handbook*, Strasbourg:Council of Europe Publishing.
Gudykunst, W., B., & Bond, M. H., (1997). "Intergroup Relations across Cultures", John W. Berry, Marshall H. Segall, Cigdem Kagitcibasi (Der.), *Handbook of Cross-cultural Psychology (Vol.3. Social Behavior and Applications)*.USA: Allyn & Bacon, ss.119-163.
Gui, Y., Berry, J. W. ve Zheng, Y. (2012). Migrant worker acculturation in China. *International Journal of Intercultural Relations*, 36, 598-610.
Guilleard, C., (1996). "Consumption and Identity in Later Life: Toward a Cultural Gerontology", *Ageing and Society*, (21): 371-394.
Gül, V. ve Kolb, S., (2009). "Almanya'da Yaşayan Genç Türk Hastalarda Kültürel Uyum, İki Kültürlülük ve Psikiyatrik Bozukluklar", *Türk Psikiyatri Dergisi*, 20(2): 138-143.
Güngör, D., Bornstein, M. H., & Phalet, K. (2012). Religiosity, values, and acculturation. A study of Turkish, Turkish-Belgian, and Belgian adolescents. *International journal of behavioral development*, *36*(5), 367-373.
Güngör, D., Fleischmann, F., & Phalet, K. (2011). Religious Identification, Beliefs, and Practices Among Turkish Belgian and Moroccan Belgian Muslims Intergenerational Continuity and Acculturative Change. *Journal of Cross-Cultural Psychology*, *42*(8), 1356-1374.
Güvenç, B., (2010). *İnsan ve Kültür*, 12.Baskı, İstanbul: Boyut Yayınları.
Güvenç, S., Teselli, F.Ş. ve Barut, M. (2011). *Zorla yerinden edilenler için ekonomik, sosyal ve kültürel haklar araştırma raporu*. Göç Platformu.
Haas, W.H., & Serow, W. (2000). "The Baby Boom, Amenity Retirement and Retirement Communities: Will the Gold Age of Retirement Continue?" *Research on Ageing*, 24(1): 150-164.
Hainsworth, P., (2008). *The Extreme Right in Western Europe*. New York: Palgrave.
Hammar, T. (1990). Democracy and the nation state: aliens denizens and citizens in a world of international migration, Aldershot, Avebury.
Hasırcı, O. N., (2008). *Almanya'da Türklerin Siyasal Katılımı: Köln Örneği*, Sakarya Üniversitesi Kamu Yönetimi Bölümü doktora tezi, http://www.politikadergisi.com/sites/ default/files/almanyada_kimlik_sorunu_ve_turkler_-_soner_ulu.pdf, (Erişim Tarihi: 12.09.2014).
Hay, R. (1998). Sense of Place in Developmental Context. *Journal of Environmental Psychology*, 18, 5-29.

Haverluk, T. W. (1998). Hispanic Community Types and Assimilation in Mex-America. *The Professional Geographer, 50*(4), 465-480.
Heath, A. & McMahon, D. (2005). 'Social mobility of ethnic minorities', in G. C. Loury, T. Modood and S. M. Teles (eds) *Ethnicity, Social Mobility and Public Policy*, Cambridge: Cambridge University Press.
Heath, A.,Yu, S. (2005). 'Explaining ethnic minority disadvantage', in *Understanding Social Change* Eds A Heath, J Ermisch, D Gallie (Oxford University Press for the British Academy, Oxford), pp 187 ^ 224
Hernandez, B., Hidalgo, M.C., Salazar-Laplace, M.E., & Hess, S. (2007). Place attachment and place identity in natives and non-natives. *Journal of Environmental Psychology*, 27, 310-319.
Hernandez, M. Y. (2009). Psychological theories of immigration. *Journal of Human Behavior in the Social Environment, 19*(6), 713-729.
Hewstone, M. ve Jaspars, J. M.F., (1984). "Social Dimensions of Attribution", Henry Tajfel (Der.), *The Social Dimension: European Developments in Social Psychology*, Cambridge, UK: Cambridge University Press, ss.379–404.
Hewstone, Miles, Cairns, Ed, Voci, Alberto, Hamberger, Juergen ve Niens, Ulrike, (2006). "Intergroup contact, forgiveness, and experience of 'The Troubles' in Northern Ireland", *Journal of Social Issues*, 62(1): 99-120.
Hidalgo, M.C. & Hernandez, B. (2001). Place attachment: Conceptual and empirical questions. *Journal of Environmental Psychology*, 21, 273-281.
Hinds, J., & Sparks, P. (2008). Engaging with the natural environment: the role affective connection and identity. *Journal of Environmental Psychology*, 28, 109-120.
Hoare, A., & Johnston, R. (2011). Widening participation through admissions policy–a British case study of school and university performance. *Studies in Higher Education*, 36(1), 21-41.
Hofstede, G. (1980). *Culture's consequences: International differences in work-related values*. Beverly Hills, CA: Sage Publications.
Hofstede, G. (1991). *Cultures and organisations: Software of the mind*. London: McGraw-Hill.
Hogg, M. A., (2006). "Social Identity Theory", Peter James Burke (Der.), *Contemporary Social Psychological Theories*, Stanford: Stanford University Press, ss.111-136.
Hogg, M. A., Terry, D. J. ve White, K. M., (1995). "A Tale of Two Theories: A Critical Comparison of Identity Theory with Social Identity Theory", *Social Psychology Quarterly*, 58(4): 255-269.
Hollifield, J. (1998). Grand Bargain Strategies for Immigration and Immigrant Policy. In *Conference on Migration and the Welfare State in Contemporary Europe, European University Institute, Florence, May*.
Home Office, (2000). *Full and equal citizens: A strategy for the integration of refugees into the United Kingdom*, London: HMSO.
Hondagneu-Sotelo, P., (2003). Gender and Immigration: A Retrospective and Introduction. (ss. 3-19). in *Gender and U.S. immigration: Contemporary Trends*, (Edited by) P. Hondagneu-Sotelo. Berkeley and Los Angeles, CA: University of California Press.
Hopkins, N., & Dixon, J. (2006). Space, place, and identity: Issues for political psychology. *Political Psychology*, 27, 173-185.
Hopkins, N., Reicher, S. & Harrison, K. (2006). Young people's deliberations on geographic mobility: Identity and cross-border relocation. *Political Psychology*, 27, 227-245.
Horenczyk, G. (1996). Migrant identities in conflict: Acculturation attitudes and perceived acculturation ideologies. *Changing European identities: Social psychological analyses of social change*, 241-250.

Huddleston, T., (2010). "Consulting immigrants to improve national policies" http://ec.europa.eu/ewsi/UDRW/images/items/static_38_88303889.pdf , (erişim: 04.04.2014)
Hui, H.C., & Triandis, H.C. (1986). Individualism-collectivism: A study of cross-cultural researchers, *Journal of Cross-Cultural psychology*, 17, 225-248.
Hummon, D.M. (1992). Community attachment: Local sentiment and sense of place. I. Altman, I. & S. M. Low (Eds), *Place Attachment* içinde (253-276). New York: Plenum.
Hunt, G. L., & Mueller, R. E., (2013). Fiscal Policy, Returns to Skills, and Canada-US Migration: Evidence from the Late 1990s. *Canadian Public Policy, 39(1)*, 153-182.
Hyndman, J., (2011). *Research Summary on Resettled Refugee Integration in Canada,* York Univesity Centre for Refugee Studies, Toronto, www.unhcr.org/4e4123d19.pdf (Erişim Tarihi: 12.09.2014).
International Organization for Migration (IOM), (2012). *Assisted Voluntary Return and Migration: Annual Report of Activities (2011),* Geneva, http://publications.iom.int/ bookstore/index.php?main_page=product_info&cPath=41_7&products_id=819, (Erişim Tarihi: 12.09.2014).
International Organization for Migration, (2010a). *The Future of Integration Policy* (World Migration Report 2010, Background Paper), Geneva, http://publications.iom.int/bookstore/free/WMR2010_migration_governance_alternative _futures.pdf, (Erişim Tarihi: 12.09.2014).
International Organization for Migration, (2010b). *The Future of Migration: Building Capacities for Change,* Geneva, publications.iom.int/bookstore/free/WMR _2010_ENGLISH.pdf, *(Erişim Tarihi:* 12.09.2014).
IOM (2013). 'World Migration Report 2013: Migrant wellbeing and development.' Geneva, International Organization for Migration.
IOM (International Organization for Migration) (2014). https://www.iom.int/cms/en/ sites/iom/home/about-migration/key-migration-terms-1.html#Migration (erişim tarihi: 10.03.2014).
Ismu, F. (2011). *Sedicesimo Rapporto sulle migrazioni 2010.* FrancoAngeli.
ISMU, (2014). I numeri dell'immigrazione, http://www.ismu.org/2014/11/numeri-immigrazione/.
Ittelson, W.H. (1973). Environment perception and contemporary conceptual theory. In W.H. Ittelson (Ed.), *Environment and Cognition* (ss.1-19), New York: Seminar Press.
İbn Haldun, (1968). Mukaddime, Zakir Kadri, Ugan, (çev.), Cilt II, İkinci Baskı, İstanbul, ss. 295–296.
İçişleri Bakanlığı, Dernekler Dairesi İstatistikleri (2013). Kurulan Derneklerin Hedefleri İtibariyle Dağılımı, http://www.dernekler.gov.tr/tr/AnasayfaLinkler /dernekler-grafik-tablo.aspx (erişim tarihi 25.02.2014)
II. Ulusal Sivil Toplum Kuruluşları Kongresi Bildiri kitapçığı, 15–16 Ekim 2005, Çanakkale OMÜ, http://www.comu.edu.tr/yayinlar/II_stk_ kongre_kitabi_2005.pdf, (Erişim Tarihi: 28.11.2014)
İmamoğlu, O. (1987). An interdependence model of human development. *Growth and Progress in Cross-Psychology,* 24, 26-42.
İmamoğlu, O. ve Gültekin, Y.Y. (1993). Önerilen dergelenmiş toplumsal birey modeli ışığında üniversite gençliğinin sorunları. *Türk Psikoloji Dergisi,* 8 (30), 27-42.
İnsel, A., (2010). "Çokkültürlülük dışarı mı?", *Radikal, 24.10.2010,* http://www.radikal.com.tr/radikal2/cokkulturluluk_disari_mi-1025618, (Erişim Tarihi: 12.09.2014).
İzmir Yerel Gündem 21 Tanıtım Filmi, (1998). İzmir Büyükşehir Belediyesi Görsel Yayın Arşivi, İzmir.

İzmir Yerel Gündem 21(YG21) Çalışmalarından, 21. Yüzyıla Başlarken Türkiye'de Uzlaşmacı ve Çatışmacı Değerler, (2004). Zerrin Toprak, Emin Köktaş, ve Gökhan Tenikler (Ed.), İzmir, Yerel Gündem 21 Yayını. ss.19-23.

İzmir Yerel Gündem 21(YG21) *Çalışmalarından, İzmir'in Kentleşme-Çevre-Göç Sorunları ve Çözüm Önerileri, Göç Raporu* (Taslak Rapor), 3.Kitap, (1998). Zerrin Toprak ve İlkim Kaya vd (Ed.), İzmir Yerel Gündem 21 Yayını, İzmir.

İzmir Yerel Gündem 21(YG21) Çalışmalarından, Yerel Gündem 21 İşbirliğinde Türkiye Doğumlu Olmayan Yerleşik Yabancılar (2007). Zerrin Toprak, İlkim Kaya ve Gökhan Tenikler (Ed.), İzmir, İzmir Yerel Gündem 21 Yayını. ss.1-29 ve tartışmalar

Jackson, J.A, (1969). "Editorial Introduction", *Migration*, (Ed. J. A. Jackson), Cambridge University Press.

Ji, P., ve Duan, C. (2006). The relationship among acculturation, acculturation stress, and depression for a Korean and a Korean-American sample. *Asian Journal of Counselling, 13*(2), 235-270.

Johnson, J. D.; Katseli, L. T.; Maniatis, G.; Münz, R.; Papademetriou, D. (2007). "Gaining from Migration: Towards a New Mobility System", http://www.migrationpolicy.org/pubs/Gaining_from_Migration_Summary.pdf , (erişim: 15.03.2014)

Johnson, K.M., & Lichter, D.T. (2008). Population growth in new Hispanic destinations, *Policy Brief No. 8, The Carsey Institute Reports on Rural America*, University of New Hampshire.

Johnson-Webb, K. (2003). *Recruiting Hispanic Labor: Immigrants in Non-Traditional Areas*, NewYork: LFB Scholarly Publishing.

Johnston, R., Sirkeci, I., Khattab, N. and Modood, T. (2010). "Ethno-religious categories and measuring occupational attainment in relation to Education in England and Wales: a multi-level analysis", *Environment and Planning A*. 42(3) 578 – 591.

Johnston, R., Poulsen, M., & Forrest, J. (2006). Ethnic residential segregation and assimilation in British towns and cities: A comparison of those claiming single and dual ethnic identities. *Migration Letters*, 3(1), 11-30.

Joppke, C., (1999). *Immigration and the Nation-State: The United States, Germany, and Great Britain*, London: Oxford University Press.

Joppke, C., (2004). The retreat of multiculturalism in the liberal state: theory and policy1. *The British Journal of Sociology*, 55(2): 237-257.

Kağıtçıbaşı, Ç. (1972). *Sosyal değişmenin psikolojik boyutları*. Ankara: Sosyal Bilimler Derneği Yayınları.

Kağıtçıbaşı, Ç. (1991). *İnsan, aile, kültür*. İstanbul: Remzi Kitabevi.

Kağıtçıbaşı, Ç. (1994). A critical appraisal of individualism and collectivism: Toward a new formulation. U. Kim, H. Triandis, Ç. Kağıtçıbaşı, S. Choi ve G. Yoon *Individualism and collectivism theory, method, and applications* içinde (52-65). Beverly Hills, CA: Sage Publications.

Kağıtçıbaşı, Ç. (1996). The autonomous-relational self: A new synthesis. *European Psychologist*, 1, 180-186.

Kağıtçıbaşı, Ç. (2007). *Family, self and human development across cultures: Theory and applications*. (Revised Second Edition). Hillsdale, NJ: Lawrance Erlbaum.

Kağıtçıbaşı, Ç. (2010). *Benlik, aile ve insan gelişimi: Kültürel psikoloji*. Koç Üniversitesi Yayınları: İstanbul.

Kağıtçıbaşı, Ç. (2012). *Benlik, aile ve insan gelişimi*. İstanbul: Koç Üniversitesi Yayınları: 25.

Kağıtçıbaşı, C., & Berry, J. W. (1989). Cross-cultural psychology: Current research and trends, *Annual Review of Psychology*, 40, 493-531.

Kaiser, B. (2010). "Life Worlds of EU Immigrants in Turkey", In: Emrehan Zeybekoğlu ve Bo Johansson (ed), *Migration and Labour in Europe: Views from Turkey and Sweden*, İstanbul: Murcir ve Niwl, ss. 269-289.

Kaiser, B., (2007). "Türkiye'deki Avrupa Birliği Yurttaşları: Siyasal ve Toplumsal Katılımın Önündeki Engeller", Ayhan Kaya, Bahar Şahin (Der.), *Kökler ve Yollar: Türkiye'de Göç Süreçleri*, İstanbul: Bilgi Üniversitesi yayınları.

Kalandides, A., & Vaiou, D. (2012). 'Ethnic'neighbourhoods? Practices of belonging and claims to the city. *European Urban and Regional Studies, 19(3)*: 254-266.

Kalkınma Bakanlığı, (2013). *Onuncu Kalkınma Planı (2014–2018)*, Kalkınma Bakanlığı Yayını, Ankara.

Kangasniemi, M., & Kauhanen, M. (2013). *Characteristics and labour market performance of the new member state (NMS12) immigrants in Finland, Germany, the Netherlands and the United Kingdom* (No. 2013002). Norface Research Programme on Migration, Department of Economics, University College London.

Kandel, W., & Parrado, E. A. (2005). Restructuring of the US meat processing industry and new Hispanic migrant destinations. *Population and Development Review, 31*(3), 447-471.

Karadayı, F. (1994). *Toplumumuzda bireycilik toplulukçuluk eğilimlerinin bir göstergesi olarak ilişkili özerklik ölçeğini geliştirme çalışması*. VIII. Ulusal Psikoloji Kongresi Bildirileri. İzmir: Ege Üniversitesi Edebiyat Fakültesi Psikoloji Bölümü.

Karaduman, S., (2010). *"Modernizmden Postmodernizme Kimliğin Yapısal Dönüşümü"*, Journal of Yasar University 2010 17(5) 2886-2899, journal.yasar.edu.tr/wp-content/.../No17Vol5_6_Sibel_Karaduman.pdf, (Erişim Tarihi: 12.09.2014).

Karakuş, P. ve Göregenli, M. (2008). Linking place attachment with social identity orientation: An examination of the relationship between place attachment, social identity orientation and integration to city. *International Journal of Psychology*. 43, 406.

Karaman . Toprak, Z. (2009a). "Democratic Gains in Public Administration at Local Level in terms of CSR: Theory- and Practice-Based Approaches- Turkey and Izmir Metropolitan City" , Idowu, Samuel O.; Leal Filho, Walter (Der.), *Professionals' Perspectives of Corporate Social Responsibility*, Springer- Social Policy Book, ss. 322-324.

Karaman, Toprak Z. (2001). "Türkiye'de Kıyı Yönetimine Katılım Analizi", *Türk İdare Dergisi*, Yıl. 73, Sayı.430.

Karaman, Toprak Z., (2012a). "An Analytical Study of Turkish Immigrants and Other Foreigners in the United Kingdom in Terms of the Philosophy of the Council of Europe" *American International Journal of Contemporary Research*, Vol. 2 No. 3; March.

Karaman, Toprak Z., (2012b). "An Emprical Study Of The Effects Of Social And Cultural Differences Of Foreign Retired Residents On Local Citizens Around Antalya Area Of Turkey" *International Journal of Business and Social Science*, Vol. 3 No. 1;

Karaman, Toprak, Z. (2008b). "Willingness of Foreign Retired Residents to Participate in Local Public Life and Strategic Approaches to Relationship Networks Within the Local Community; Example of Antalya, Turkey", *European Journal of Economic and Political Studies (EJEPS)*, 1(2).

Karaman, Toprak, Z., (2013). "Yöneticinin Notu", Dış Göçler -İzmir'de Bulgaristan'dan Gelen Türk Soylu Yerleşik Göçmenler, Zerrin Toprak Karaman, Ömür Nezcan Timurcanday Özmen, İbrahim Güray Yontar, Yunus Emre Özer (Ed.), , (2013). İzmir, İzmir BŞB Yayını.

Karataş, A., (2006). *Almanya'daki Türkiyeli Göçmenler Özelinde Asimilasyon ve Entegrasyon*, Hacettepe Üniversitesi Antropoloji Anabilim Dalı yayınlanmamış yüksek lisans tezi, Ankara.

Kasarda, J.D. ve Janowitz, M. (1974). Community attachment in mass society. American Sociological Review, 39, 328-339.

Kashima,Y. (1987). Conceptions of person: Implications in individualism /collectivism research. Ç.Kağıtçıbaşı (Ed), *Growth and Progress in Cross-Cultural Psychology* içinde (104-112), Lisse, Holland: Swests and Zeitinger.

Kastoryano, R., (2000). Kimlik Pazarlığı: Fransa ve Almanya'da Devlet ve Göçmen İlişkileri, İstanbul: İletişim

Kaya, A., Işık, İ. E., Şahin, B., Elmas, E., Çağlayan, B., Aksoy, P. ve Velioğlu, Ş. (2009). Giriş: Göç, kent ve kalkınma. A. Kaya (Ed), *Türkiye'de iç göçler. Bütünleşme mi, geri dönüş mü? İstanbul, Diyarbakır, Mersin* içinde (1-31). İstanbul: İstanbul Bilgi Üniversitesi Yayınları 246, Göç Çalışmaları 11.

Kaygalak, S.,(2009). *Kentin Mültecileri,* Ankara: Dipnot Yayınları.

Kayitsinga, J. (2009). Household poverty among Latinos in the Midwest: the influence of race/ethnicity, location, and local opportunity structures. *The Julian Samora Research Institute Newsletter, Michigan State University, 12*(3), 1-19.

Kelly, P. (Ed.). (2005). *Multiculturalism Reconsidered,* Cambridge: Polity Press

Kenrick, D. T., Neuberg, S. L. ve Cialdini, R. B. (2007). *Social Psychology: Goals in Interaction.* USA: Pearson International.

Kerman, U.; Altan, Y.; Aktel, M; Lamba, M. (2011). "Yerel Yönetişim ve Kent Konseyleri", *Kent Konseyleri Sempozyumu Bildiri Kitabı,* Bursa:Bursa BŞB

Kertzer, D. I., Arel, D. (2002). 'Censuses, identity formation, and the struggle for political power', in *Censuses and Identity: The Politics of Race, Ethnicity, and Language in National Censuses* Eds D I Kertzer, D Arel (Cambridge University Press, Cambridge) pp 1 ^ 42

Khattab, N. (2009). Ethno-religious back ground as a determinant of educational and occupational attainment in Britain. *Sociology,* 43(2), 304-322.

Khattab, N. Johnston, R., Sirkeci, I. and Modood, T. (2010). 'The impact of spatial segregation on the employment outcomes amongst Bangladeshi men and women in England and Wales', *Sociological Research Online,* 15(1) available at http://www.socresonline.org.uk/15/1/3.html.

Khattab, N., & Johnston, R. (2013). Ethnic and religious penalties in a changing British labour market from 2002 to 2010: the case of unemployment. *Environment and Planning A,* 45(6), 1358-1371.

Khattab, N., Sirkeci, I., Johnston, R. & Modood, T. (2011). "Ethnicity, religion, residential segregation and life chances." In Tariq Modood and John Salt (eds.) *Global Migration, Ethnicity and Britishness,* Palgrave, Macmillan, pp.153-176.

Kıldış, S. (1998). "Göçle Gelenler ve İmar Afları", İzmir'in Kentleşme-Çevre-Göç Sorunları ve Çözüm Önerileri, Göç Raporu (Taslak Rapor 3.Kitap, İzmir Yerel Gündem 21 Yayını, İzmir.

Kılıçaslan, E., (2006). Almanya'daki Türklerin Türk-Alman İlişkileri Açısından Önemi ve Türk Nüfusunun Etkinliğinin Artırılmasına Yönelik Alınabilecek Tedbirler, Atılım Üniversitesi Uluslararası İlişkiler Bölümü yüksek lisans tezi, acikarsiv.atilim.edu.tr/browse/163/175.pdf , (Erişim Tarihi: 12.09.2014).

Kim, U., Triandis, H., Kağıtçıbaşı, Ç., Choi, S.C. ve Yoon,G., (1994). *Individualism and collectivism: Theory, method and applications.* USA: Sage Publications.

Kirişci, K. (2007). Turkey: A Country of Transition from Emigration to Immigration. *Mediterranean Politics,* 12(1): 91 - 97.

Kirişci, K., (1999). "Türkiye'ye Yönelik Göç Hareketlerinin Değerlendirilmesi", *Bilanço 1923-1998 I. Cilt,* İstanbul: Türkiye Bilimler Akademisi, ss.111-121.

Koehler, J.; Laczko, F.; Aghazarm, C.; Schad, J., (2010). *Migration and the Economic Crisis in the European Union: Implications for Policy,* International Organization for Migration,

Brussels, publications.iom.int/bookstore/free/ WMR_2010_ENGLISH.pdf, Erişim Tarihi: 12.09.2014).
Kofman, E., (2005). Citizenship, migration and the reassertion of national identity. *Citizenship studies, 9(5)*, 453-467.
Komito, L., (2011). "Social media and migration: Virtual community", *Journal of the American Society for Information Science and Technology*, 62: 1075–1086.
Koopmans, R., (2010). Trade-offs between equality and difference: Immigrant integration, multiculturalism and the welfare state in cross-national perspective. Journal of Ethnic and Migration Studies, 36(1), 1-26.
Kosic, A. ve Phalet, K. (2006). Ethnic categorization of immigrants: The role of prejudice, preceived acculturation strategies and group size. *International Journal of Intercultural Relations*. 30, 769-782.
Kosic, A., Manetti, L. ve Sam, D. L. (2005). The role of majority attitudes towards out-group in the perception of the acculturation strategies of immigrants. *International Journal of Intercultural Relations*. 29, 273-288.
Kosic, A., Mannetti, L., ve Sam, D. L. (2006). Self-monitoring: A moderating role between acculturation strategies and adaptation of immigrants. *International Journal of Intercultural Relations, 30*(2), 141-157.
Kristen, C. & Granato, N. (2007). The educational attainment of the second generation in Germany Social origins and ethnic inequality. *Ethnicities*, 7(3): 343-366.
Kristen, C., Reimer, D., & Kogan, I. (2008). Higher education entry of Turkish immigrant youth in Germany. *International Journal of Comparative Sociology*, 49(2-3): 127-151.
Kuo, B. C. (2014). Coping, acculturation, and psychological adaptation among migrants: a theoretical and empirical review and synthesis of the literature. *Health Psychology and Behavioral Medicine: an Open Access Journal, 2*(1), 16-33.
Kuo, B. C. H., ve Roysircar, G. (2006). An exploratory study of cross-cultural adaptation of adolescent Taiwanese unaccompanied sojourners in Canada. *International Journal of Intercultural Relations, 30*, 159–183.
Kuşdil, M. E. (2014). Göçün İncelenmesinde Sosyal Psikolojik Bakışın Önemi: Bulgaristan Göçmenleri Örneği. *Eğitim Bilim Toplum, 12*(48).
Kwak, K. (2003).Adolescents and their parents: A review of intérgenerational family relations for immigrant and non-immigrant families, *Human Development*, 46, 115-136.
Kymlicka, W., (1995) *Multicultural Citizenship: A Liberal Theory of Minority Rights*, Oxford: Clarendon Press
Lalli, M. (1992). Urban-related Identity: Theory, measurement and emprical findings. *Journal of Environmental Psycholoy*, 12, 285-303.
Lalli, M. (1992). Urban-related identity: theory, measurement, and empirical findings. *Journal of Environmental Psychology*, 12, 285–303.
Larcher, M. S., (2013). *Rapport d'information No : 862*, Session extraordinaire de 2012-2013, Enregistré à la Présidence du Sénat le 25 septembre 2013, http://www.senat.fr/rap/r12-862/r12-8620.html, (Erişim Tarihi: 12.09.2014).
Leggewie, C., (2011). "Blick zurück nach vorn: Begriffsgeschichte Multikulturalismus", *Multi Kultur 2.0: Willkommen im Einwanderungsland Deutschland*, (Ed. Susanne Stemmler), Göttingen: Wallstein Verlag
Leigh, A. (2006). Trust, inequality and ethnic heterogenity. *The Economic Record*, 82, 268-290.
Leontidou, L ve Marmaras, E (2001). "From Tourists to Migrants. Residential Tourism and 'Littoralization'", *Mediterranean Tourism: Facets of Socioeconomic Development and Cultural Change*, Apostolopoulos Y., Loukissas, P, Leontidou, L (ed.) London: Routledge, ss. 257-267.

LeVine, R. A. ve Campbell, D. T., (1972). *Ethnocentrism: Theories of Conflict, Ethnic Attitudes, and Group Behavior*, New York: Wiley.
Lewicka, (2010). What makes neighbourhood different from home and city? Effects of place scale on place attachment. *Journal of Environmental Psychology*, 30, 35-51.
Lewicka, M. (2005). Ways to make people active: role of place attachment, cultural capital and neighborhood ties. *Journal of Environmental Psychology*, 4, 381–395.
Lewicka, M. (2008). Place attachment, place identity, and place memory: restoring the forgotten city past. *Journal of Environmental Psychology*. 28, 209–231.
Lewicka, M. (2011). Place attachment: how far have we come in the last 40 years? *Journal of Environmental Psychology*, 31, 207-230.
Liberman, N., Trope, Y., ve Stephan, E. (2007). Psychological distance. In A. W. Kruglanski, ve E. T. Higgins (Eds.), *Social psychology: Handbook of basic principles* (ss. 353–381). New York: The Guilford Press.
Liebkind, K., ve Jasinskaja-Lahti, I. (2000). The influence of experiences of discrimination on psychological stress: A comparison of seven immigrant groups, *Journal of Community and Applied Social Psychology*, 10 (1), 1-16.
Lindley, J. and Lenton, P. (2006). *The Over-education of UK Immigrants: Evidence from the Labour Force Survey.* Working Paper. Department of Economics, University of Sheffield. SERP no: 2006001.
Löffler, B., (2011). *Integration in Deutschland,* München: Oldenbourg Wissenschaftsverlag
Lombardi-Diop, C., & Romeo, C. (Eds.). (2012). *Postcolonial Italy: challenging national homogeneity*. Palgrave Macmillan.
Lopez, M. H., Morin, R., & Taylor, P. (2011) *Illegal Immigration Backlash Worries, Divides Latinos*, Washington, DC: Pew Hispanic Center.
Lopez-Rodríguez, L., Zagefka, H., Navas, M. ve Cuadrado, I. (2013). Explaining majority members' acculturation preferences for minority members: A mediation model. *International Journal of Intercultural Relations*, http://dx.doi.org/10.1016/j.ijintrel.2013.07.001.
Low, S.M. ve Altman, I. (1992). Place Attachment: Human Behavior and Environment. *Advances in Theory and Research*. Vol. 12, New York & London: Plenum Pres.
Lowyck; E., Van Langenhove, L. ve Bollaert, L. (1992). "Typologies of Tourist Roles", *Choice and Demand in Tourism*, En Johnson, P., Thomas, B. (ed), London: Mansell, ss. 13-32.
Maalouf, A. (2004) *Ölümcül Kimlikler*; İstanbul: Yapı Kredi Yayınları.
Macioti, M. I., & Pugliese, E. (2010). *L'esperienza migratoria: immigrati e rifugiati in Italia* (Vol. 446). Laterza.
Manzo, L.C. (2003). Beyond house and haven: toward a revisioning of emotional relationship with places. *Journal of Environmental Psychology*. 23, 47-61.
Marchetti A., (2009). Lavoro e conflitto nel servizio domestico , in R. Catanzaro, A. Colombo (Der), *Badanti & Co. Il lavoro domestico straniero in Italia*, Il Mulino, Bologna.
Marshall, T.H., (1950). Citizenship and Social Class and Other Essays. Cambridge: Cambridge University Press.
Masgoret, A.M., ve C. Ward. 2006. Culture learning approach to adaptation. In *The Cambridge handbook of adaptation psychology*, ed. D.L. Sam and J.W. Berry, 58 77. Cambridge: Cambridge University Press.
Massey, D., Arango, J., Hugo, G., Kouaouci, A., Pellegrino, A., & Taylor, J. (2014). Uluslararası göç kuramlarının bir değerlendirmesi. *Göç Dergisi*, 1(1), 11-46. http://www.tplondon.com/dergi/index.php/gd/article/view/1 adresinden erişildi.
Masters, B. A. (2004). *Christians and Jews in the Ottoman Arab World: The Roots of Sectarianism*, Cambridge University Press, Cambridge.

Maussen, M., & Veerstegt, I., (2011), Contested policies of exclusion in the Netherlands: The lamentable asylum cases of Sahar and Mauro. ACCEPT Pluralism Project Report. Erişim Tarihi:19.10.2014, http://cadmus.eui.eu/handle/1814/22635.

McAdam, J., (2011). "Environmental Migration", *Global Migration Governance*, (Ed.:Alexander Betts), Oxford University Press.

McCollum, D., & Findlay, A. (2011). Trends in A8 migration to the UK during the recession. *Population Trends*, 145(1), 77-89.

McHough, K. E. (2000). "The 'ageles self!? Emplacement of identities in sun belt retirement communities", *Journal of Aging Studies*, (14): 103-115.

Mellino, A., (2013). Migrazioni, razza e cittadinanza postcoloniale, in Mezzadra S, Ricciardi M, (Der) *Movimenti indisciplinati*, Verone, Ombre corte.

Mercer, J. ve Clayton, D., (2012). *Social Psychology*, UK: Pearson.

Messick, D. M. ve Mackie, D. M., (1989). "Intergroup Relations", *Annual Review of Psychology*, 40: 51-81.

Meyers, E. (2004). *International Immigration Policy*, New York: Palgrave MacMillan.

Millard, A. V., Chapa, J., & Burillo, C. (2004). *Apple Pie & Enciladas*, Austin, TX: University of Texas Press.

Modood, T., (2003). Muslims and the Politics of Difference. *The Political Quarterly, 74(s1)*, 100-115.

Modood, T. (2003). Ethnic Differences in Educational Performance. Explaining Ethnic Differences: Changing Patterns of Disadvantage in Britain. D. Mason. Bristol, Policy Press: 53-67.

Modood, T. (2005). *Multicultural Politics: Racism, Ethnicity and Muslims in Britain*, Edinburgh: Edinburgh University Press.

Modood, T., (2013). *Multiculturalism*, Cambridge: Polity Press

Montreuil, A., ve Bourhis, R. Y. (2001). Majority acculturation orientations toward "valued" and "devalued" immigrants. *Journal of Cross-Cultural Psychology, 32*(6), 698-719.

Montreuil, A., ve Bourhis, R. Y. (2004). Acculturation orientations of competing host communities toward valued and devalued immigrants. International *Journal of Intercultural Relations, 28*(6), 507-532.

Morawska, E. (2005). Immigrati di ieri e di oggi in Europa e fuori: insediamento e integrazione. Caponio T. e Colombo A., *a cura di, Stranieri in Italia. Migrazioni globali, integrazioni locali*, il Mulino, Bologna, 23-85.

Morín, J. L. (2009). Latino/a *Rights and Justice in the United States* (second edition). Durham, NC:Carolina Academic Press.

Munz, R. (2004). "Migration, labour markets and migrants' integration in Europe: a comparison", paper given at EU-US Seminar on Integrating Immigrants into theWorkforce, 26 - 29 June, OECD,Washington, DC.

Neto, F. (2002). Acculturation strategies among adolescents from immigrant families in Portugal. *International Journal of Intercultural Relations*, 26, 17–38.

Neto, F., Barros, J., ve Schmitz, P. G. (2005). Acculturation Attitudes and Adaptation among Portuguese Immigrants in Germany Integration or Separation. *Psychology & Developing Societies, 17*(1), 19-32.

Nguyen, A. M. D., ve Benet-Martinez, V. (2007). Biculturalism unpacked: Components, measurement, individual differences, and outcomes. *Social and Personality Psychology Compass, 1*(1), 101-114.

Nicado, E.G., Hong, S., & Takeuchi, D.T., (2008), Social support and the use of mental health services among Asian Americans: results from the National Latino and Asian American Study, *Research in Sociology of Health Care*, 26:167-184.

Nielsen, H. S., Rosholm, M., Smith, N. and Husted, L. (2003). 'The school-to-work transition of 2nd generation immigrants in Denmark', *Journal of Population Economics* 16: 755-786.
O'Reilly, K., M. Benson, (2009). "Lifestyle Migration: Escaping to the Good Life?" K. O'Reilly ve M. Benson (Ed.) *Lifestyle Migration. Expectations, Aspirations and Experiences*, Farnham: Ashgate, ss. 1-13.
Sabah Gazetesi, 29 Temmuz 2006
OECD (1984). *Continuous Reporting System on Migration. SOPEMI 1983 Report*. Paris: OECD.
OECD (1985). *Continuous Reporting System on Migration. SOPEMI 1984 Report*. Paris: OECD.
OECD (Organisation for Economic Co-operation and Development) (2013). *International Migration Outlook 2013*. OECD Publishing. http://dx.doi.org/10.1787/migr_outlook-2013-en (erişim tarihi: 18.02.2014).
OECD (Organisation for Economic Co-operation and Development) (2010). "Entrepreneurship and Migrants", Report by the OECD Working Party on SMEs and Entrepreneurship, OECD.
OHCHR (United Nations, Office of the High Commissioner for Human Rights) (2014). http://www.ohchr.org/en/Issues/Migration/Pages/Migration And Human RightsIndex.aspx (erişim tarihi: 18.02.2014)
Oiarzabal, P. J. ve Reips, U.-D., (2012). "Migration and Diaspora in the Age of Information and Communication Technologies", *Journal of Ethnic and Migration Studies*, 38(9):1333-1338.
Organista, K. C., Organista, P. B., Morán, M. A. C., & Carrillo, L. E. U., (1997). Survey of condom-related beliefs, behaviors, and perceived social norms in Mexican migrant laborers. *Journal of Community Health, 22(3)*, 185-198.
Owen, D. (2003). 'The demographic characteristics of people from minority ethnic groups in Britain', in D. Mason (ed) *Explaining Ethnic Differences*, Bristol: The Policy Press.
Oyserman, D., Kemmelmeier, M. ve Coon. H.M. (2002). Cultural Psychology A New Look Reply To Bond Fiske (2002), Kitayama (2002) and Miller. *Psychological Bulletin*, 128, (1), 110-117.
Önder, A. T., (2007). *Türkiye'nin Etnik Yapısı*, Ankara: Fark Yayınları.
Özdemir, A. T., (2011). "Mahalli İdarelerde Halk Katılımı Bağlamında Kent Konseyleri", *Sayıştay Dergisi*, Ankara: Sayıştay Yay.
Özdeş, G., (1962). *Şehirciliğe Giriş ve Toplum Mikyası*, İstanbul: İTÜMF Yayını.
Özer, Y. E., (2013). "Bulgaristan'dan İzmir'e Göç Eden Türk Soylu Göçmenlerin Kamusal Hayatta Görünürlüğü ve Yerel Düzeydeki Katılım Araçlarıyla İlişkisi", *Dış Göçler-İzmir'de Bulgaristan'dan Gelen Türk Soylu Göçmenler*, İzmir: İzmir BŞB Kent Kitaplığı yay.
Öztoprak Sağır, M., ve Akıllı, S., (2004). "Etnisite Kuramları ve Eleştirisi", *C.Ü. Sosyal Bilimler Dergisi*, Mayıs 2004 Cilt: 28 No:1 S: 1-22, MÖ Sağır, HS Akıllı – kulturelcogulcugundem, (Erişim Tarihi: 12.09.2014).
Öztürk, N., (2013). "Avrupa Konseyi Yabancıların Yerel Düzeyde Kamu Hayatına Katılım Sözleşmesi Çerçevesinde Danışma Kurulları Oluşturulması: Alanya Yabancılar Meclisi", *Akdeniz Üniversitesi İİBF Dergisi*, Antalya.
Özer, B., Şeker, G., & Ökmen, M., (2014). Arendtçi Yaklaşım Bakımından Ulus-Ötesi Süreçlerde İnsan Hakları ve Vatansızlık: Önleyici Güvenlik Yaklaşımı Açısından Bazı Değerlendirmeler. *KMÜ Sosyal ve Ekonomik Araştırmalar Dergisi*, 16 (Özel Sayı I): 85-91.

Parekh, B., (2002). *Çokkültürlülüğü Yeniden Düşünmek: Kültürel Çeşitlilik ve Siyasi Teori*, Ankara: Phoenix
Parla, A. (2007). Irregular Workers or Ethnic Kin? Post-1990s Labour Migration from Bulgaria to Turkey. *International Migration*, 45(3): 157-181.
Partridge, M. D., Ali, K., & Olfert, M., (2010). Rural-to-Urban Commuting: Three Degrees of Integration. *Growth and Change, 41(2)*: 303-335.
Penninx, R., (2005). "Integration of Migrants: Economic, Social, Cultural and Political Dimensions", Miroslav Macura, Alphonse L. Macdonald, Werner Haug (Der.), *The New Demographic Regime: Population Challenges and Policy Responses*, Geneva: United Nations, ss.137-151.
Pentzopoulos, D. (1962). *The Balkan Exchange of Minorities and its Impact upon Greece*. Paris, The Hague: Mouton.
Pereira, C., Vala, J., ve Costa-Lopes, R., (2010). "From Prejudice to Discrimination: The Legitimizing Role of Perceived Threat in Discrimination against Immigrants", *European Journal of Social Psychology*, 40(7), 1231-1250.
Pessar, P., (2003). Engendering Migration Studies: The Case of New Migrants in the United States.(ss. 20-42). in *Gender and U.S. Immigration: Contemporary Trends*, (edited by) P. Hondagneu- Sotelo. Berkeley and Los Angeles, CA: University of California Press.
Pessar, P. R., & Mahler, S. J., (2003). Transnational migration: Bringing gender in. *International Migration Review*, 37(3), 812-846.
Pettigrew, T. F. ve Tropp, L. R., (2008). "How Does İntergroup Contact Reduce Prejudice? Meta-analytic Tests of Three Mediators", *European Journal of Social Psychology*, 38(6): 922-934.
Pettigrew, T. F., (1998). "Intergroup Contact Theory", *Annual Review of Psychology*, 49(1): 65-85.
Phalet, K. ve Güngör, D. (2013). Türk göçmen ailelerde kültürel süreklilik ve süreksizlik: Aile değişim modelinin genişletilmesi. S. Bekman ve A. Aksu-Koç (Ed.), *İnsan gelişimi, aile ve kültür: Farklı bakış açıları* içinde (289-310). İstanbul: Koç Üniversitesi Yayınları.
Phillimore, J. (2011). Refugees, acculturation strategies, stress and integration. *Journal of Social Policy, 40(3)*, 575-593.
Phillimore, J., (2012). Implementing integration in the UK: lessons for integration theory, policy and practice. *Policy & Politics, 40(4)*, 525-545.
Phinney, J. S., Horenczyk, G., Liebkind, K. ve Vedder, P., (2001). "Ethnic Identity, Immigration, and Well-Being: An Interactional Perspective", *Journal of Social Issues*, 57(3): 493-510.
Pietikäinen, A. M. (2012). *Discourses of Integration: Immigrants' perceptions of cross-cultural adaptation in letters to the editor,* University of Jyväskylä, Department of Communication, Master's Thesis, https://jyx.jyu.fi/ .../URN:NBN:fi:jyu-20120620, (Erişim Tarihi: 12.09.2014).
Piontkowski, U., Florack, A., Hoelker, P., ve Obdrzalek, P. (2000). Predicting acculturation attitudes of dominant and nondominant groups. *International Journal of Intercultural Relations*, 24, 1-26.
Pitkanen, P. ve Matinheikki-Kokko, K., (2005). "Multicultural Education as an Educational Response to the Increase in Immigration in Finland", A. Antikainen (Der.), T*ransforming a Learning Society: The Case of Finland*. Bern: Peter Lang., ss.179-198.
Plascencia, L. F. (2009). The" Undocumented" Mexican Migrant Question: Re-Examining the Framing of Law and Illegalization in the United States. *Urban Anthropology and Studies of Cultural Systems and World Economic Development*, 38(2-4): 375–434.
Platt, L. (2005). 'The Intergenerational Social Mobility of Minority Ethnic Groups', *Sociology* 39(3): 445-461.

Pollard, N., Latorre, M., & Sriskandarajah, D. (2008). Floodgates or turnstiles. *Post-EU Enlargement Migration Flows to (and from) the UK*.
Price, C., (1969). "The Study of Assimilation", *Migration*, (Ed. J.A.Jackson), Cambridge University Press.
Proshansky H. M. (1978). "The city and self-identity", *Environment and Behavior*, 10, 147-170.
Proshansky, H.M., Fabian, A.K. ve Kaminoff, R. (1983). Place-identity: physical world socialization of the self. *Journal of Environmental Psychology*, 3, 57-83.
Pugliese, E., (2002). *L'Italia tra migrazioni internazionali e migrazioni interne*, Bologna, Il Mulino.
Qian, J., Zhu, H., ve Liu, Y. (2011). Investigating urban migrants' sense of place through a multi-scalar perspective. *Journal of Environmental Psychology*, 31, 170-183.
Quassoli, F., (2004). La criminalizzazione dei migranti: dalle politiche migratorie alle prassi del sistema giudiziario, Berti F, Malevoli F, (Der) *Carceri e detenuti stranieri. Percorsi, trattamenti e reinserimento*, Milano, Franco Angeli.
Rapoport, A. (1982). *The Meanings of Built Environment. A Nonverbal Communication Approach*. Sage Publications.
Reicher, S. (2004). The Context of Social Identity: Domination, Resistance, and Change. *Political Psychology*, 25, 6
Richardson, R., Wood, A.G. (1999). *Inclusive Schools, Inclusive Society: Race and Identity on the Agenda*. Trentham Books, Stoke on Trent)
Roos, C., (2013). How to Overcome Deadlock in EU Immigration Politics. *International Migration, 51(6)*, 67-79.
Rörig, F., (1946). "Avrupa Şehirlerinin Doğuş ve Gelişme Tarihi", Cemil Ziya Şanbey, (Çev.) *İdare Dergisi*, Yıl: 17, Sayı. 181, Temmuz-Ağustos 1946, ss. 136.
Safdar, S., Dupuis, D.R., Lewis, R.J., El-Geledi, S. ve Bourish, R. Y. (2008). Social axioms and acculturation orientations of English Canadians toward British and Arab Muslim immigrants. *International Journal of Intercultural Relations*. 32, 415-426.
Safran, W., (1997). Citizenship and Nationality in Democratic Systems: Approaches to Defining and Acquiring Membership in the Political Community, *International Political Science Review*, 18(3): 313-35.
Saraceno, C., Sartor, N., & Sciortino, G., (Der.) (2013). *Stranieri e disuguali*, Bologna, Il Mulino.
Saraceno, C., Sartor, N., & Sciortino, G., (2013). Introduzione. Stranieri e disuguali: uno sguardo d'insieme, in Saraceno C, Sartor N, Sciortino, G, (Der) *Stranieri e disuguali*, Bologna, Il Mulino.
Simbandumwe, L., Bailey, K., Denetto, S., Migliardi, P., Bacon, B.& Nighswander, M. (2008). Family Violence Prevention Programs In Immigrant Communities: Perspectives of Immigrant Men. *Journal of Community Psychology, 36(7)*, 899-914.
Sujoldžić, A., De Lucia, A., Buchegger, R., Terzić, R., Behluli, I.,& Bajrami, Z., (2004). A European Project on Health Problems, Mental Disorders And Cross-Cultural Aspects Of Developing Effective Rehabilitation Procedures For Refugee And Immigrant Youth. *International Journal of Anthropology, 19(1-2)*, 145-154.
Stuppini, A., (2013). Tra centro e periferie: le politiche locali per l'integrazione, in Saraceno C, Sartor N, Sciortino, G, (Der) *Stranieri e disuguali*, Bologna, Il Mulino.
Şahin, B., (2010). "Almanya'daki Türk Göçmenlerin Sosyal Entegrasyonunun Kuşaklar Arası Karşılaştırması: Kültürleşme", *Bilig*, 55: 103- 134.
Şeker, G., (2015). Vatansızlık Kavramı. Başıbüyük, O. & Sever, M. içinde, *Güvenlik ve Terör Kavramları Ansiklopedisi*. Yayın Aşamasında, Ankara: UTSAM.

Sam, D. L., ve Berry, J. W. (2010). Acculturation when individuals and groups of different cultural backgrounds meet. *Perspectives on Psychological Science, 5*(4), 472-481.

Sam, D. L., Vedder, P., Liebkind, K., Neto, F., ve Virta, E. (2008). Immigration, acculturation and the paradox of adaptation in Europe. *European Journal of Developmental Psychology, 5*(2), 138-158.

Sam, D. ve Berry, J. W. (2006). Introduction. D. L. Sam ve J. W. Berry (Ed.). *The Cambridge handbook of acculturation psychology* içinde (1-10). Cambridge University Press.

Sanromá, E., Ramos, R., & Simón, H. (2009). *Immigrant wages in the Spanish labour market: does the origin of human capital matter?* (No. 4157). IZA discussion papers.

Sartori, G., (1996). *Demokrasi Teorisine Geri Dönüş*, (Çev. Tunçer Karamustafaoğlu ve Mehmet Turhan). Ankara: Yetkin Yayınları.

Sauer, M. ve Dirk H., (2007). "Parallelgesellschaft und Integration", *Integration und Einwanderung,* (Ed: Wichard Woyke), Schwalbach: Wochenschau Verlag

Sauer, M. ve Dirk H., (2009). *Erfolge und Defizite der Integration türkeistämmiger Einwanderer*, Wiesbaden: VS Verlag.

Schwartz, S. J., Unger, J. B., Zamboanga, B. L., ve Szapocznik, J. (2010). Rethinking the concept of acculturation: implications for theory and research. *American Psychologist, 65*(4), 237.

Scottham, K. M., ve Dias, R. H. (2010). Acculturative strategies and the psychological adaptation of Brazilian migrants to Japan. Identity: *An International Journal of Theory and Research, 10*(4), 284-303.

Searle, W. & Ward, C. (1990). The prediction of psychological and sociocultural adjustment during cross-cultural transitions. *International Journal of Intercultural Relations, 14*(4), 449-464.

Searle, W., ve Ward, C. (1990). The prediction of psychological and sociocultural adjustment during cross-cultural transitions. *International Journal of Intercultural Relations, 14*(4), 449-464.

Selm, J. V., (2013). *Evaluation of the effectiveness of measures for the integration of Trafficked persons,* Report prepared for the International Organization for Migration, Paris, www.iom.int/france, (Erişim Tarihi: 12.09.2014).

Shamai, S. ve Ilatov, Z. (2004). Measuring Sense of Place: Methodological Aspects. *Tijdschrift voor Economische en Sociale Geografie,* 96, 467-476.

Sherif, M., Harvey, O. J., White, B.J., Hood, W.R. ve Sherif, C.W. ,(1961). *Intergroup Cooperation and Competition: The Robbers Cave Experiment,* OK: Norman.(Aktaran: Zarate vd., 2004).

Sirkeci, I., Acik, N., and Saunders, B. (2014). "Discriminatory labour market experiences of A8 national high skilled workers in the UK". *Border Crossing: Transnational Working Papers,* No. 1402, pp.17-31. Available at: http://tplondon.com/journal/index.php/bc/article/view/373.

Sirkeci, I. & Esipova, N. (2013). Turkish migration in Europe and desire to migrate to and from Turkey. *Border Crossing: Transnational Working Papers*, No. 1301. Available at: http://www.regents.ac.uk/ home/research/bctwp/.

Sirkeci, I. & Martin, P.L. (2013). "Sources of Irregularity and Managing Migration in Turkey". Konferans tebliği: *IUSSP International Seminar: International Migration in the Middle East and North Africa after the Arab Uprising: A Long Term Perspective*, Cairo, Mısır, 22-23 Nisan 2013.

Sirkeci, I. & Zeyneloğlu, S. (2014). Abwanderung aus Deutschland in die Türkei: Eine Trendwende im Migrationsgeschehen?. İçinde: Krienbriek, A. & Obergfell, J. (der.) *Migration from Germany.* Almanya: BAMF, sf. 18-62.

Sirkeci, I. (2000). Exploring the Kurdish population in the Turkish context. *Genus,* 56(1-2): 149-175.

Sirkeci, I. (2006). *Emigration of Turkish Kurds from Turkey to Germany*. New York: Edwin Mellen Press.
Sirkeci, I. (2014). Globalisation is Over: The era of transnational marketing and connected consumers", *The World Financial Review*, (January-February), sf.18-20. http://www.worldfinancialreview.com/?p=3981 (erişim: 25 Mart 2014).
Sirkeci, I., Cohen, J. & Can, N. (2012a). Internal Mobility of foreign-born in Turkey. In: Finney, N. & Catney, G., eds., *Minority Internal Migration in Europe*. Farnham: Ashgate, sf.175-193.
Sirkeci, I., Cohen, J.H., & Yazgan, P. (2012b). The Turkish culture of migration: Flows between Turkey and Germany, socio-economic development and conflict. *Migration Letters*, 9(1): 33-46.
Smith, H. A., & Furuseth, O. J. (Eds.). (2006). *Latinos in the new south: Transformations of place*. Aldershot: Ashgate Publishing, Ltd.
Stevens, G.W.J.M., Pels, T.V.M., Volleberg, W.A.M., ve Crijnen, A.A.M. (2004). Patterns of psychological acculturation in adult and adolescent Morroccon immigrants living in the Netherlands. *Journal of Cross Cultural Psychology*, 35, 689-704.
Stolle, D., Soroka, S. ve Johnston, R. (2008). When does diversity erode trust? Neighborhood diversity, interpersonal trust and the mediating effect of social interactions. *Journal of Leisure Research*, 34, 368-382.
Suro, R., & Singer, A. (2002). *Latino growth in metropolitan America: Changing patterns, new locations*. Washington, DC: Brooings Institution, Center on Urban and Metropolitan Policy in collaboration with the Pew Hispanic Center.
Südaş, İ., (2005). *Türkiye'ye Yönelik Göçler ve Türkiye'de Yaşayan Yabancılar: Alanya Örneği*, İzmir: Ege Üniversitesi Sosyal Bilimler Enstitüsü Yüksek Lisans Tezi.
Südaş, İ., (2011). "Two Distinct Groups of EU Immigrants in Coastal Turkey: A Case Study on the Retired and Non-Retired Europeans in Marmaris", *Siirtolaisuus-Migration Quarterly*, (1): 26-37.
Südaş, İ., (2012). *Avrupa Ülkelerinden Türkiye'nin Batı Kıyılarına Yönelik Göçler: Marmaris, Kuşadası ve Ayvalık İlçelerinde Karşılaştırmalı Bir Araştırma*, İzmir: Ege Üniversitesi Sosyal Bilimler Enstitüsü Yayımlanmamış Doktora Tezi.
Südaş, İ.; Mutluer, M., (2006). "Immigration européenne de retraités vers la «Riviera turque»: le cas d'Alanya (côte méditerranéenne)", *Revue Européenne Des Migrations Internationales (REMI)*, 22 (3): 203–223.
Südaş, İ.; Mutluer, M., (2010). "Daha iyi bir yaşama doğru: yaşam biçimi göçü", *Ege Coğrafya Dergisi*, (19/1): 31-47.
Şeker, B D. (2005). *Kente göç etmiş bir örneklemde bireycilik toplulukçuluk ve değerler açısından kente uyum (kültürlenme) süreçleri*. Yayınlanmamış Doktora Tezi. İzmir: Ege Üniversitesi, Sosyal Bilimler Enstitüsü, Sosyal Psikoloji Anabilim Dalı.
Şeker, B. D., ve Boysan, M. (2013). İranlı Geçici Sığınmacıların Kültürleşme Tercihlerinin Demografik Özelliklere Göre İncelenmesi. *YDÜ Sosyal Bilimler* Dergisi, 18 (1) 18-39.
Tajfel, H. ve Turner, J. C., (1979). "An Integrative Theory of Social Conflict", W.G. Austin ve S. Worchel (Der.), *The Social Psychology of Intergroup Relations*, Monterey, CA: Brooks/Cole, ss.33-47.
Tajfel, H. ve Turner, J. C. (1985). "The Social Identity Theory of Group Behavior", Henri Tajfel (Der.), *The Social Dimension: European Developments in Social Psychology*, Cambridge, UK: Cambridge University Press, ss.15–40.
Taylor, P., Lopez, M. H., & Center, P. H. (2010). National Latino leader? The job is open. Washington. DC: *Pew Research Center Report. November*, 15.
Taylor, C. ve Gutmann, A. (2014). *Çokkültürcülük ve Tanınma Politikası*, İstanbul: Yapı Kredi Yayınları.

Tekeli, İ. (1977). *Bağımlı Kentleşme*, Ankara, Ankara Mimarlar Odası Yayını.
TeLindert, A., Korzilius, H., van de Vijver, F.J.R., Kroon,S. ve Arends-Toth, J. (2008). Perceived discrimination and acculturation among Iranian refugees in the Netherlands. *International Journal of Intercultural Relations*, 32, 578-588.
TESEV (2008). Zorunlu göç ile yüzleşmek: Türkiye'de yerinden edilme sonrası vatandaşlığın inşası. İstanbul: TESEV Yayınları.
Tijdens, K.G., & Klaveren, M. van. (2011). Over- and underqualifiction of migrant workers. Evidence from Wage Indicator survey data. Amsterdam, University of Amsterdam, *AIAS Working Paper* 11-110.
Ting-Toomey, S. (1999). *Communication across Cultures*. USA: Guilford Press.
TMMOB (2014). *11. Dönem 2012-2014 Çalışma Raporu* Jeoloji Mühendisleri Odası İzmir Şubesi Yayını, İzmir.
Toprak, Z. (1987). "Mevsimlik Nüfus Hareketleri Nedeniyle Kıyı Belediyelerinin Karşılaştıkları Sorunlar", *Türk İdare Dergisi*, Yıl.59, Sayı.377.
Toprak, Z. (1990). "Kıyı Yerleşimlerinde Turizm Faaliyetleri ve Belediyelerin Karşılaştıkları Sorunlar: Çeşme Belediyesi Örneği", *Amme İdaresi Dergisi*, C.24, S.24.
Toprak, Z. (1998). "Kentlere Gelişin Kontrol Dinamikleri", İzmir'in Kentleşme-Çevre-Göç Sorunları ve Çözüm Önerileri, Göç Raporu (Taslak Rapor), 3.Kitap, İzmir Yerel Gündem 21 Yayını, İzmir.
Toprak, Z. (2001). *Yerel Yönetimler*, İzmir: Birleşik Matbaa.
Toprak, Z. (2008a). *Kent Yönetimi ve Politikası*, İzmir, Birleşik Matbaa.
Toprak, Z. (2009). "Yerel Siyasetin Demokratik Gelişimi-Bütünleşik Stratejik Yönetişim Pratikleri:İzmir için bir yaklaşım", *I. Uluslararası Müzakereci Demokrasi Sempozyumu, İstanbul.*
Toprak, Z. (2009b). "Emekli Yerleşiklerin Yerelde Kamusal Hayata Katılım İstekliliği ve Yerel Halkla İlişkileri" (Antalya İçin Bir Yaklaşım), Çanakkale Üniversitesi, *Yönetim Bilimleri Dergisi*, C.7, S. 2
Toprak, Z. ve Karakurt A. (2009). "Türkiye'de Yabancı Mezarlıkları ve Küresel İlişkiler Ağında Stratejik Gelişmeler; İzmir İçin Bir Yaklaşım", Çanakkale Üniversitesi, *Yönetim Bilimleri Dergisi*, C.7, S. 1
Triandis, H. C., Mc Cusker, C. ve Hui, C. H. (1990). Multimethod probes of individualism and collectivism. *Journal of Personality and Social Psychology*, 59, 1006-1020.
Triandafyllidou, A., (2010). Greece: The challenge of native and immigrant Muslim population. In: Triandafyllidou, A. (ed.) *Muslims in 21st Century Europe. Structural and Cultural Perspectives.* (ss. 199–217). London: Routledge,
Triandafyllidou, A., & Kouki, H. (2013). Muslim immigrants and the Greek nation: The emergence of nationalist intolerance. *Ethnicities, 13(6)*, 709-728.
TÜİK (Turkish Statistical Institute) (2011). Population, demography, housing and gender statistics. [Online] available at http://www.TÜİK.gov.tr (erişim: 5 Aralık 2011).
TÜİK (Turkish Statistical Institute) (2013). *Population and Housing Census 2011*. Ankara: Turkish Statistical Institute.
Tümtaş, M. S. (2007). *Türkiye'de iç göçün kentsel gerileme etkisi: Mersin örneği.* Yayınlanmamış yüksek lisans tezi. Muğla: Muğla Üniversitesi Sosyal Bilimler Enstitüsü, Kamu Yönetimi Anabilim Dalı.
Tunçay, M. (2003). "Sivil Toplum Kuruluslarıyla İlgili Kavramlar" *Sivil Toplum Düsünce&Arastırma Dergisi*, Yıl:1, Sayı: 1, Ocak-Subat-Mart. ss.9-13, http://www.siviltoplum.com.tr/?ynt=icerikdetay&id=98, (Erişim Tarihi: 28.11.2014)
Türk Dil Kurumu (2014). http://www.tdk.gov.tr/index.php?option=com_gts Erişim: 25.11.2014.
Türker, D. (2013). "Balkan ve Rumeli Göçmenlerinde Sosyo-Psikolojik Bütünleşme Analizi", Z.T. Karaman, Ö.N.T. Özmen, İ.G. Yontar, Y.E. Özer (Der.), *Bulgaristan'dan Gelip,*

İzmir'de Yerleşmiş Türk Soylu Göçmenleri Kamusal Alanda Görünür Kılma ve Toplumla Uyumlarının Sağlanması, İzmir: İzmir Kent Kitaplığı, ss. 145-168.
Turner, John C. (1982). "Towards a Cognitive Redefinition of the Social Group", Henri Tajfel (Der.), *Social Identity and Intergroup Relations*, Cambridge, UK: Cambridge University Press, ss. 15-40.
Twigger-Ross, C.L. ve Uzzell, D.L. (1996). Place and Identity processes. *Journal of Environmental Psychology*, 16, 205-220.
Uğur, F. (2007). *Almanya'daki Türklere Yönelik Medya Kuruluşlarının Yayın Politikaları ve PR Çalışması*, Marmara Üniversitesi Halkla İlişkiler ve Tanıtım Bölümü yayınlanmamış yüksek lisans tezi, İstanbul.
UN (United Nations). (2013). http://esa.un.org/unmigration/wallchart2013.htm (erişim tarihi: 10.03.2014).
UNHCR (2013). http://data.unhcr.org/syrianrefugees/regional.php (erişim: 30 Mayıs 2013)
United Nations High Commissioner for Refugees (UNHCR), 2013. *A New Beginning: Refugee Integration in Europe*, www.refworld.org/pdfid/ 522980604.pdf, Erişim Tarihi: 12.09.2014).
United Nations High Commissioner for Refugees, (UNHCR) (2009). *UNHCFR Note on Refugee Integration in Central Europe*, Budapest, http://unhcr.org.ua/img/uploads/docs/11%20UNHCR-Integration_note-screen.pdf, (Erişim Tarihi: 12.09.2014).
UNHCR-Syria Regional Refugee Response (2014). Erişim Tarihi: 28.12.2014, http://data.unhcr.org/syrianrefugees/regional.php.
Urso, G. ve Schuster, A. (Eds.), (2013). *Migration, Employment and Labour Market Integration Policies in the European Union (2011)*. International Organization for Migration, Brussels, ec.europa.eu/social/BlobServlet?docId=9989 &langId=en, (Erişim Tarihi: 12.09.2014).
US Census, (2011). State & County QuickFacts. Data derived from Population Estimates, Census of Population and Housing, Small Area Income and Poverty Estimates, County Business Patterns, Economic Census, Minority- and Women-Owned Business, Building Permits, Consolidated Federal Funds Report, Census of Governments. 3 June.
Ünalan, T., Çelik, A. B. & Kurban, D. (2008). Türkiye'nin yerinden edilme sorunu: Sorun, mevzuat ve uygulama. D. Kurban, D. Yükseker, A. B. Çelik, T. Ünalan ve A. T. Aker (Eds). *Zorunlu Göç ile Yüzleşmek: Türkiyede Yerinden Edilme Sonrası Vatandaşlığın İnşası* içinde (69-92). İstanbul: TESEV Yayınları
Valera, S. ve Guardia, J. (2002). Urban social identity and sustainability. Barcelona's Olympic Village. *Environment and Behavior*, 34, 54-66.
van Acker, K. V. ve Vanbeselaere, N. (2011). Bringing together acculturation theory and intergroup contact theory: Predictors of Flemings' expectations of Turks' acculturation behavior. *International Journal of Intercultural Relations*, 35, 334-345.
van Acker, K. ve Vanbeselaere, N. (2012). Heritage culture maintenance precludes host culture adoption and vice versa: Flemings' perceptions of Turks' acculturation behavior. *Group Processes and Intergroup Relations*, 15, 133-145.
Van Oudenhoven, J. P. V., ve Eisses, A. M. (1998). Integration and assimilation of Moroccan immigrants in Israel and the Netherlands. *International Journal of Intercultural Relations*, 22(3), 293-307.
Van Oudenhoven, J. P., Ward, C., ve Masgoret, A. M. (2006). Patterns of relations between immigrants and host societies. *International Journal of Intercultural Relations, 30*(6), 637-651.
Varsanyi, M. W., (2011). Neoliberalism and Nativism: Local Anti-Immigrant Policy Activism and an Emerging Politics of Scale. *International Journal of Urban and Regional Research, 35(2)*, 295-311.

Verkuyten, M. (2001). Abnormalization of ethnic minorities in conversation. *British Journal of Social Psychology*, 32, 781-800.

Verkuyten, M., ve Yıldız, A. A. (2007). National (dis)identification, and ethnic and religious identity: A study among Turkish-Dutch Muslims. *Personality and Social Psychology Bulletin, 33*, 1448-1464.

Vignoles, V.L., Chryssochoou, X. ve Breakwell, G.M. (2000). The distinctiveness principle: identitiy, meaning and the bounds of cultural relativity. *Personality and Social Pschology Review*, 4, 337-354.

Voci, A. ve Hewstone, M., (2003). "Intergroup Contact and Prejudice toward İmmigrants in Italy: The Mediational Role of Anxiety and the Moderational Role of Group Salience". *Group Processes & Intergroup Relations*, 6(1): 37-54.

Walter, B. (1998). 'Challenging the Black/White binary: the need for an Irish category in the 2001 Census' Patterns of Prejudice 32 73 - 86

Ward, C. (2001). The A, B, Cs of acculturation. In D. Masumoto (Ed.), *The handbook of culture and psychology* (pp. 411–445). New York, NY: Oxford University Press.

Ward, C. (2013). Probing identity, integration and adaptation: Big questions, little answers. *International Journal of Intercultural Relations, 37*(4), 391-404.

Ward, C. ve Kagitcibasi, C. (2010). Introduction to acculturation theory, research and application: Working with and for communities. *International Journal of Intercultural Relations*, 34, 97-100.

Ward, C., Bochner, S., ve Furnham, A. (2001). *The psychology of culture shock*. Psychology Press.

Ward, C., Stuart, J., ve Kus, L. (2011). The construction and validation of a measure of ethno-cultural identity conflict. *Journal of personality assessment, 93*(5), 462-473.

Ward, C., ve Kennedy, A. (1992). Locus of control, mood disturbance, and social difficulty during cross-cultural transitions. *International Journal of Intercultural Relations.* 6, 175-194.

Ward, C., ve Kennedy, A. (1994). Acculturation strategies, psychological adjustment, and sociocultural competence during cross-cultural transitions. *International Journal of Intercultural Relations, 18*(3), 329-343.

Ward, C., ve Kennedy, A. (2001). Coping with cross-cultural transition. *Journal of Cross-Cultural Psychology, 32*, 636–642.

Ward, C., ve Masgoret, A. M. (2006). An integrative model of attitudes toward immigrants. *International Journal of Intercultural Relations, 30*(6), 671-682.

Ward, C., ve Rana-Deuba, A. (1999). Acculturation and adaptation revisited. *Journal of cross-cultural psychology, 30*(4), 422-442.

Werner, H., (1994). "Economic Change, the Labour Market and Migration in the Single European Market", *Social Europe*, 1: 39–60.

Werner, H., (1996). "Temporary Migration of Foreing Workers", *Temporary Migration for Employment and Training Purposes.* Strasbourg: European Commission. http://doku.iab.de/topics/1996/topics18.pdf (erişim tarihi: 18.02.2014).

Williams, A., King, R. Warnes. A. ve Patterson, G. (2000). "Tourism and International Retirement Migration: New Forms of an Old Relationship in Southern Europe", *Tourism Geographies*, (2): 28-49.

Williams, D. R., Patterson, M. E., Roggenbuck, J. W. ve Watson, A. (1992). Beyond the commodity metaphor: examining emotional and symbolic attachment to place. *Leisure Sciences*, 14, 29–46.

Wilson, D. (1999). "Exploring The Limits of Public Participation in Local Government", *Parliamentary Affairs, cilt 52, no:2, USA*.

Winter, E. W. (2008). "Les logiques du multiculturalisme dans les sociétés multinationales : une analyse des discours canadiens", *Revue européenne des migrations internationales*, Vol. 24 - n°3 | 2008, http://remi.revues.org/4827 (Erişim Tarihi: 29.11.2014)

Wong, L. ve Primecz, H. (2011). "Chinese Migrant Entrepreneurs in Budapest: Changing Entrepreneurial Effects and Forms", *Journal of Asia Business Studies*, 5(1) :61-76.

Yağmur, K., ve Vijver, F.J.R. van de (2012). Acculturation and language orientations of Turkish immigrants in Australia, France, Germany, and the Netherlands. *Journal of Cross-Cultural Psychology*, 43, 1110-1130.

Yakushko, O., Watson, M., ve Thompson, S. (2008). Stress and coping in the lives of recent immigrants and refugees: Considerations for counseling. *International Journal for the Advancement of Counseling, 30*, 167–178.

Yang, H., Tian, L., van Oudenhoven, J.P., Hofstra, J. ve Wang, Q. (2010). Urban residents' subtle prejudice towards rural-to-urban migrants in China: The role of socioeconomic status and adaptation styles. *Journal of Community & Applied Social Psychology*, 20, 202-216.

Yontar, İ. G. (2007). "Yabancıların Yerel Düzeyde Kamusal Yaşama Katılımına Dair Sözleşme", *Türkiye Doğumlu Olmayan Yerleşik Yabancılar*, İzmir: İzmir BŞB YG 21 Yayını.

Yontar, İ. G. (2011). *Yerleşik Yabancıların Yerel Düzeyde Seçme ve Seçilme Hakları*, Ankara: Seçkin Yayınevi.

Yörükan, A. (1968). *Şehir Sosyolojisinin Teorik Temelleri*, Ankara: İmar ve İskan Bakanlığı, Sos. Arş. Dairesi, Yayını.9, Ankara.

Yu, B. (2010). Learning Chinese abroad: The role of language attitudes and motivation in the adaptation of international students in China. *Journal of Multilingual and Multicultural Development, 31*(3), 301-321.

Yurdusev, A.N. (1997). "Avrupa Kimliğinin Oluşumu ve Türk Kimliği", Atila Eralp (der.), *Türkiye ve Avrupa: Batılılaşma, Kalkınma ve Demokrasi*, Ankara, İmge kitabevi, 1997, s. 17-85.

Zanfrini, L. (2013). Immigration in Italy, http://migrationeducation.de/fileadmin/uploads/CountryprofileItaly_aggiornamento.pdf

Zagefka, H., ve Brown, R. (2002). The relationship between acculturation strategies, relative fit and intergroup relations: immigrant-majority relations in Germany. *European Journal of Social Psychology, 32*(2), 171-188.

Zarate, M. A., Garcia, B., Garza, A. A. ve Hitlan, R. T., (2004). "Cultural Threat and Perceived Realistic Group Conflict as Dual Predictors of Prejudice", *Journal of Experimental Social Psychology*, 40(1): 99-105.

Zeyneloğlu, S. (2010). Türkiye'deki tarımsal istihdamın gerçek boyutu 1927-2006. *18.İstatistik Araştırma Sempozyumu Bildiriler Kitabı*, Ankara: TÜİK. s.28-64.

Zeyneloğlu, S., Civelek, Y., Coşkun,Y. (2011). Kürt sorununda antropolojik ve demografik boyut: Sayım ve araştırma verilerinden elde edilen bulgular, *Uluslararası İnsan Bilimleri Dergisi*, 8(1): 335-384.

Zick, A., Wagner, U., Van Dick, R., & Petzel, T. (2001). Acculturation and prejudice in Germany: Majority and minority perspectives. *Journal of Social Issues, 57*(3), 541-557.

Zincone, G. (2005). Cittadinanza e migrazioni. Un'applicazione al caso italiano, in Livi Bacci M, *L'incidenza economica dell'immigrazione*, Torino, Giappichelli.

Zincone, G. (2009). *Immigrazione: Segnali di integrazione. Sanità, scuola, casa*, Bologna, Il Mulino.

Zlotnik, H. (2014). *Migrant Entrepreneurship: An Overview. Population Division Department of Economic and Social Affairs*, United Nations.

http://www.un.org/esa/population/migration/turin/Turin_Statements/ZLOTNIK1.pdf (erişim tarihi: 10.03.2014).

Zuniga, V., & Hernandez-Leon, R. (2001). A new destination for an old migration: Origins, trajectories, and labor market incorporation of Latinos in Dalton, Georgia. in A.D. Murphy, C. Blanchard and J.A. Hill (Eds). *Latino workers in the contemporary south*, The University of Georgia Press, Athens, 126-135.

www.ingramcontent.com/pod-product-compliance
Lightning Source LLC
Chambersburg PA
CBHW021820300426
44114CB00009BA/246